Ravensburger

Webbuch

Erika Arndt

Ravensburger Webbuch

Otto Maier Verlag
Ravensburg

CIP-Kurztitelaufnahme der Deutschen Bibliothek

Arndt, Erika:
Ravensburger Webbuch / Erika Arndt. [Fotos: Lutz Engelhardt. Zeichn.: Burckhardt Aickele. Patronenzeichn.: Gisela Thommel]. – Ravensburg: Maier, 1984.
ISBN 3-473-42333-5

Umschlagentwurf: A. Köppel, Otto Maier Verlag
Umschlagfoto: Lutz Engelhardt
Fotos: Lutz Engelhardt
Zeichnungen: Burckhard Aickele
Patronenzeichnungen: Gisela Thommel
Reproduktion: Druckvorbereitung Peter Gänßlen
Satz: acomp, Wemding
Gesamtherstellung: aprinta, Wemding
Printed in Germany

87 86 85 84 4 3 2 1

ISBN 3-473-42333-5

Einleitung

Spinnen und Weben gehört zu den ältesten Kulturtechniken der Menschen. Die Notwendigkeit zu weben war zunächst, wie jede andere handwerkliche Arbeit, eine äußere, sachliche Notwendigkeit. Man mußte sich wärmen, kleiden, man brauchte Decken, Taschen, Jagdsäcke und anderes mehr.

Mit jeder Musterung aber, schon mit der Farbigkeit, war die äußere Notwendigkeit überschritten, es kam ein innerer Anlaß hinzu.

Da ist zunächst das Schmuckbedürfnis: Ein Ding soll schön sein, es soll zieren, es soll auszeichnen oder hervorheben. Der entscheidende Grund ist aber ein tieferer. Von den ersten in den Stein geritzten Höhlenzeichnungen an will der Mensch etwas schaffen, das durch ihn in die Welt kommt, das ihm Ichbestätigung und Sinngebung ist. Er will einmal von den Fesseln des Nützlichen und Notwendigen frei sein und etwas schaffen, das durch ihn da ist, möglicherweise über ihn hinaus.

Spinnen und Weben ist Hand-Werk, Werk der Hände. Keine noch so raffinierte Textilmaschine vermag zu ersetzen, was das Besondere eines eigenen Webstücks ausmacht: das Persönliche! In den Unvollkommenheiten – den darum reizvollen Besonderheiten – erkennen wir den Menschen, das Einmalige eines bestimmten Werkstücks.

Aber Weben heißt nicht nur etwas Nützliches oder Schönes schaffen zu wollen. Handwerk heißt vor allem, die Disziplin und Konzentration aufzubringen, Werkzeug in sicherer Handhabung einzusetzen und sich der Forderung und dem Zwang eines Materials unterzuordnen. Exaktheit und Gefühl werden vom Weber verlangt.

Über die manuellen Fähigkeiten hinaus ist ein hohes Maß theoretischer Kenntnisse erforderlich, wenn man dieses Handwerk Weben wirklich umfassend und zur eigenen Freude ausüben und erfahren will. Daraus folgt, daß unter Handweberei hier nicht verstanden wird, was vielfach dafür gilt. Wie ein fingerdicker, unregelmäßig gedrehter Faden noch kein gut gesponnenes Garn sein muß, ist nicht jedes textile Objekt ein gutes Gewebe oder gar Kunst. – Dem Weber kann man auf die Finger schauen, er muß etwas können.

Aus gutem Grund wollen wir uns im folgenden ein wenig mit der Geschichte der Textilkunst befassen. Einige interessante Funde, berühmte Kunstwerke oder Zeugnisse der Volkskunst sollen Sie neugierig machen, was dieses Buch Ihnen später – technisch – nahebringen will. Um den Reichtum des Stoffes überschaubar zu halten, wird im wesentlichen die Entwicklung im deutschen Kulturraum betrachtet.

Inhalt

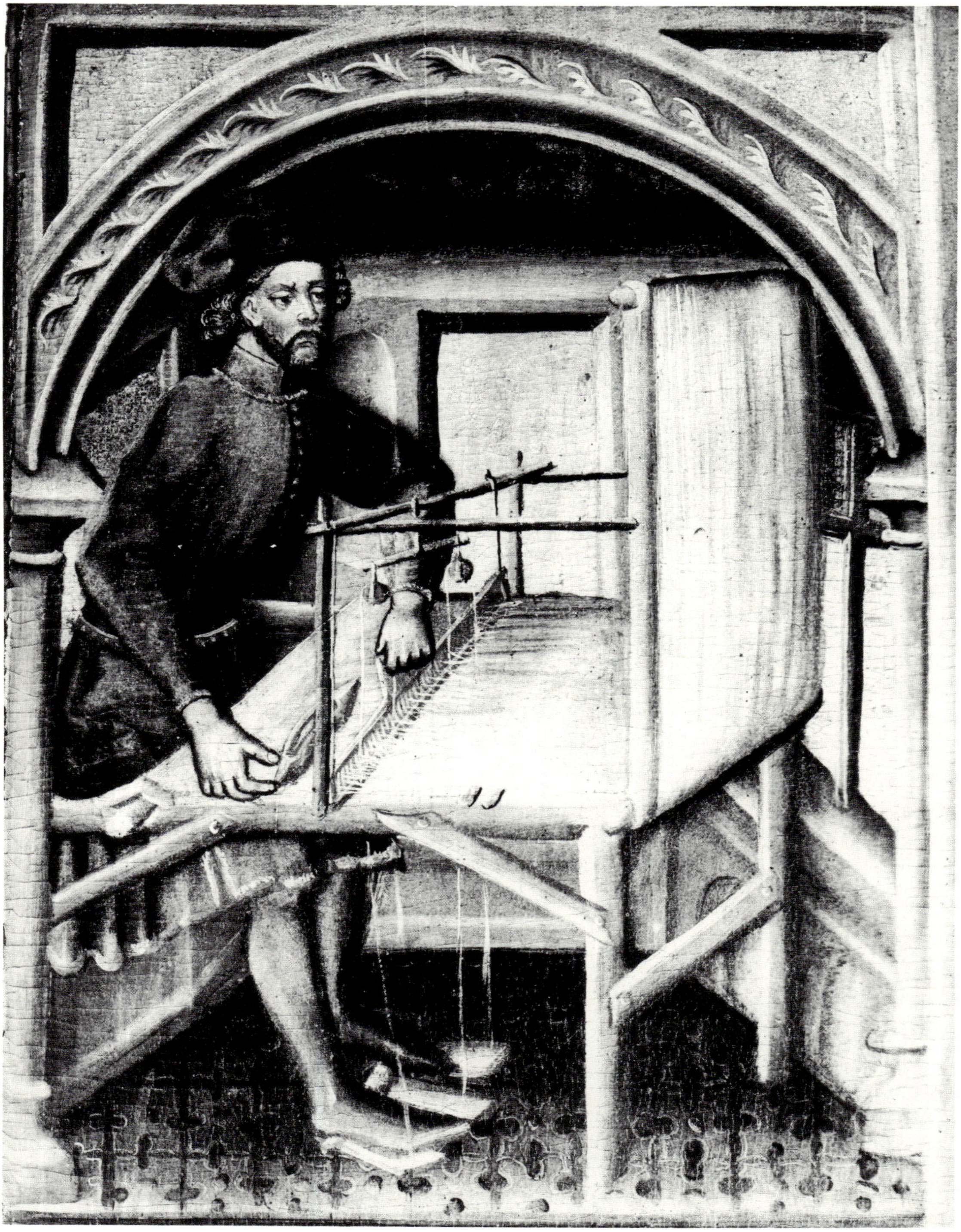

1: Severus am Webstuhl, Regensburg, 1456

Zur Geschichte der Webkunst

Das Weben gehört zu den frühesten technisch-handwerklichen Erfindungen. Seine Ursprünge liegen im Dunkel unserer menschlichen Geschichte. Werkzeug und Produkte sind aus vergänglichem Material, so gibt es nur wenig Zeugnisse, wie die primitiven Vorläufer des Webstuhls oder Spinngeräts aussahen. Man ist daher auf bildliche Darstellungen, frühgeschichtliche Texte und Ausgrabungen angewiesen.
In einigen seltenen Fällen haben der Zufall und die Gunst des Klimas Gewebe und Gerät erhalten. So finden sich Textilien aus pflanzlichen Fasern (Flachs) in Ägypten schon um 3200 v. Chr., wo sehr viele Leinenstoffe bei der Konservierung der Mumien gebraucht wurden. Leinen- und Wollgewebe sind in Mesopotamien durch Funde aus dem 4. Jahrtausend v. Chr. nachgewiesen worden. Mindestens bis ins 2. Jahrtausend v. Chr. geht die Weberei in China zurück. Auch wenn man aus den schriftlichen Überlieferungen schließen kann, daß es in diesen frühen Zeiten schon reich und kostbar gemusterte Gewebe gab, so sind doch die Funde nur einfache leinenbindige Stoffe.
Das älteste erhaltene gemusterte Gewebe der Welt ist der berühmte Knüpfteppich, den 1949 der russische Archäologe S. I. Rudenko in einem Tal des Altaigebirges bei der Ausgrabung skythischer Gräber fand (Abb. 2). Dieser Teppich aus dem Pasyryktal hat sich über 2500 Jahre im sibirischen Eis erhalten.

Auch im nordeuropäisch-germanischen Raum gibt es Funde, die Aufklärung über die Bauart des von unseren Vorfahren benutzten Webgeräts und ihre Webtechnik geben
Eines der wichtigsten Dokumente früher Webkunst ist der 1859 im Thorsbergmoor in Angeln (Schleswig-Holstein) gefundene germanische Prachtmantel (Abb. 5, S. 11). Dieser reinwollene Mantel, der im 3. Jahrhundert n. Chr. entstand, ist in einer außerordentlich komplizierten Weise gewebt worden. Seine Rekonstruktion erforderte ebensoviel Geduld wie technische Phantasie! Doch werden in manchen abgelegenen Gegenden Lapplands heute noch Techniken angewandt, die Rückschlüsse auf die eisenzeitlichen Webmethoden zulassen. Der Mantel aus dem Thorsbergmoor ist auf einem aufrecht stehenden Gewichtswebstuhl gewebt worden (Abb. 3, S. 10). Die dafür verwendeten Garne wurden besonders fein und ebenmäßig mit Handspindeln gesponnen und in lebhaften blauen und Alabaster-Farbtönen eingefärbt. Der Grund des karogemusterten Umhangs weist eine gleichseitige Köperbindung auf; begrenzt wird er jedoch nicht von zwei „normalen" Webekanten und Säumen oder Fransen, sondern man hat in einer Art Endlostechnik das ganze Gewebe mit Brettchenweberei eingefaßt.
Die Technik der Brettchenweberei dient eigentlich der Herstellung von Bändern Man benötigt dazu eine Reihe quadratischer, drei- oder sechs-

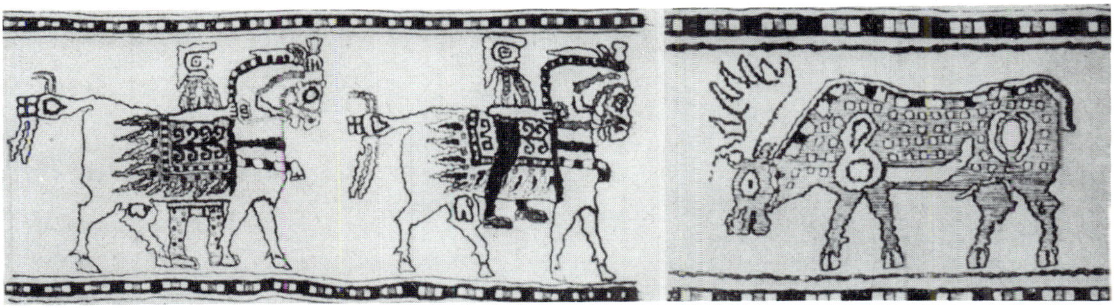

2: Teppich aus dem Pasyrktal, Ausschnitt, etwa 500 v. Chr.

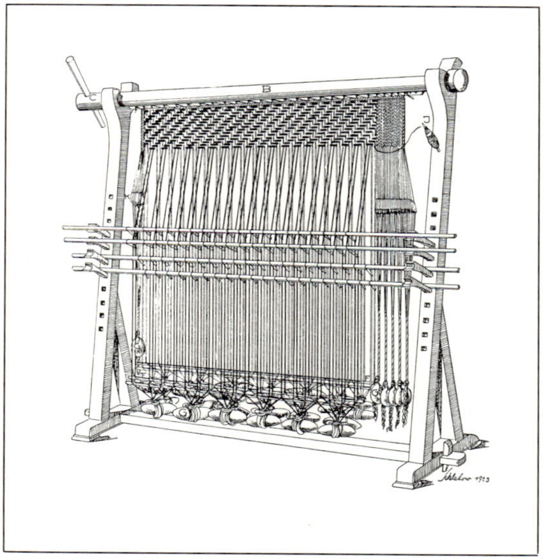

3: Gewichtswebstuhl zum Weben des Thorsbergmoor-Mantels

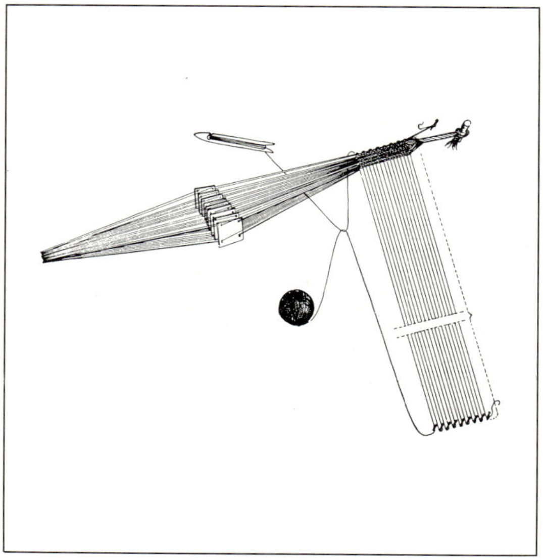

4: Das Schären der Kette für den Prachtmantel

eckiger Plättchen, die an allen Ecken eine Bohrung haben. Durch jedes dieser Löcher zieht man einen Kettfaden. Die Plättchen bilden mit ihren Fäden ein Fach, in das der Schußfaden eingetragen wird. Durch Drehen der Plättchen um 90° erhält man dann das nächste Fach, wobei eine andere Farbzusammenstellung erscheint.

Bei der Herstellung des Thorsbergmoor-Umhangs wurde zunächst mit einer solchen Brettchenweberei begonnen (Abb. 4). Man legte den Schußfaden jedoch nicht in der gewohnten Weise ins Fach, indem man ihn dicht um die Webekante zog, sondern ließ an einer Seite den Schuß lang heraushängen. Diese langen Schußfäden bildeten später die Kette des Hauptgewebes, wobei das gewebte Band an dem oberen Querbaum des Webstuhls befestigt wurde. Die Kettfäden ordnete man in vier Litzenstäbe, gab ihnen die erforderliche Spannung durch Steingewichte und webte nun von oben nach unten, d. h. den eingetragenen Schußfaden schlug man mit dem Webschwert oder mit der flachen Hand nach oben fest.

Den Kettschwanz des anfangs gewebten Bandes führte man im rechten Winkel neben dem großen Gewebestück herunter, so daß jeder Schußfaden an den Seiten durch die Brettchen und in der Mitte durch die Litzenstäbe abgebunden wurde. Der Mantel schließt auch an seinem unteren Ende mit einer Brettchenkante ab. Die an zwei seiner Seiten entstandenen Fransen bildeten einen dekorativen zusätzlichen Schmuck.

Die Rekonstruktion dieses Gewebes (ein weiterer Umhang wurde im Vehnemoor bei Oldenburg gefunden) ergab, daß zwei Weberinnen ein Jahr lang arbeiten mußten, um den Mantel fertigzustellen. Das ist sicher ein Aufwand, der nur für eine hochgestellte Persönlichkeit erbracht wurde.

Aus den darauffolgenden Jahrhunderten ist uns aus dem nordeuropäischen Raum kein weiteres textiles Zeugnis bekannt.

Kostbare und fast zerfallene Seidengewebe fand man in Kirchen- und Klosterschätzen, deren Entstehung bis in die Zeit der Ottonischen Kaiser zurückreicht. Sie dienten als Ornate der Geistlichen, als Hülle für Reliquien und als Altardecken. In Deutschland hat man diese Seidengewebe zunächst nicht hergestellt. Sie wurden über Italien aus Byzanz eingeführt und trugen dessen Kunststil in die Welt des frühen Mittelalters (Abb. 6). Die ältesten uns bekannten Stücke stammen noch aus dem Ende des ersten Jahrtausends. Eine kunstvolle und kompli-

5: Mantel aus dem Thorsbergmoor

6: Sivardsudarium, Byzanz, um 1000 nach Chr.

zierte Webtechnik war zusammen mit der Seide aus dem fernen China bekannt geworden: die Damastweberei. Den Namen Damast führt man auf die Stadt Damaskus zurück, jedoch war Byzanz das große Zentrum der Damastweberei.

Erst in der zweiten Hälfte des 13. Jahrhunderts entstanden in Regensburg einige berühmt gewordene Seidengewebe. Obwohl sich bei ihnen der byzantinische und italienische Einfluß noch bemerkbar macht, kann man diese Brokate und Teppiche doch dem Stil der deutschen Gotik zuweisen (Abb. 7). Übrigens waren diese Stoffe halbseiden. Sie hatten eine gezwirnte Leinenkette und leinenen Unterschuß, nur der Musterschuß bestand aus Seide.

In der um 900 einsetzenden geistig und politisch machtvollen Epoche der Romanik finden wir auf deutschem Boden Bildteppiche, die zu den bedeutendsten Zeugnissen europäischer Kunst gehören. Die strengen stilistischen Gesetze der Bildwirkerei ergeben sich dabei aus der besonderen handwerklichen Technik, die sich

7: Seidengewebe, Regensburg, 13 Jahrhundert

von der der Schaftweberei grundsätzlich unterscheidet. Gelegentlich wird die Wirkerei sogar zwischen Weberei und Stickerei eingeordnet.

Das Wort „Wirken" beschreibt in seinem ursprünglichen Sinn die Technik der Bildweberei, erst in neuerer Zeit hat es seinen heute gebräuchlichen Sinn erhalten.

Bei der Bildwirkerei wird der Schußfaden einer bestimmten Farbe nur so weit in die Kette eingelegt, wie es die Bildkontur verlangt, dann

8: Wirkteppich aus Sankt Gereon, Köln, um 1000

läuft er wieder zurück. Im Unterschied zur Malerei und auch der Stickerei hat die Wirkerei nicht die Möglichkeit, Farben ineinanderfließen zu lassen. Der Wirkteppichstil ist flächig und dekorativ. Bei dem Bestreben, trotz der technischen Schwierigkeiten ein langsames Steigern und Abklingen der Farben zu erreichen, haben sich zwei Möglichkeiten herausgebildet:

In den frühen Wirkereien setzte man Fläche neben Fläche, jede eine Nuance von der anderen unterschieden. Bei dem Christus des Halberstädter Apostelteppichs zum Beispiel liegen die Farben Hellrot, Rosa, Blaßrosa in konzentrischen Kreisen um das kräftige Rot der Wangen (Abb. 9).

Später, in der Gotik und vor allem in der Renaissance, ließ man die aufeinanderstoßenden Farbflächen wie mit kleinen Flammen (Zacken, Schraffen, Schraffuren) ineinandergreifen und erreichte ein Ineinanderfließen der Farben.

Die Technik der Wirkerei entsprach dem monumentalen Stil der Wandmalerei, die oft die Vorlagen für die Wirkerei lieferte.

Zunächst wurden die Arbeiten ausschließlich in Frauenklöstern ausgeführt. Bedeutende Frauen wie die Äbtissin Roswitha von Gandersheim haben diese Kunst gefördert und gepflegt. Theophanu (um 990) und andere deutsche Kaiserinnen standen mit den deutschen Frauenstiften in Verbindung und waren wichtige Vermittlerinnen dieser Kunst.

Der älteste erhaltene Teppich, ein Fragment, ist der von St. Gereon in Köln (Abb. 8). Er ist um

10: Abrahamsteppich, Ausschnitt „Die drei Engel“

das Jahr 1000 entstanden. Seine Darstellungen sind einem byzantinischen Seidengewebe nachgearbeitet. Eine Palmettenborte umschließt das Mittelfeld, in dem der Kampf zwischen einem Greifen und einem Stier dargestellt ist.

Etwa um 1120 entstand in dem Quedlinburger Frauenstift der Abrahams- oder Engelteppich, der sich heute im Halberstädter Dom befindet (Abb. 10). Hier begegnen wir deutscher Kunst, die zwar noch ungelenk, aber vollkommen frei von byzantinischen und antiken Vorlagen gestaltet. Die Rankenbäume des Teppichs finden wir in den Bronzereliefs der Bernwardstüren in Hildesheim wieder. Die Vereinfachung der Linien, Ausdruck und Deutlichkeit der Gebärden

9: Apostelteppich, Halberstadt, Mitte 12. Jahrhundert

11: Karlsteppich, Halberstadt, um 1225

sind noch Elemente der Ottonischen Malerei um 1000, die dem frühromanischen Stil Niedersachsens vorausging.
Unter Friedrich Barbarossa beginnt um 1160 in allen Zweigen der Kunst der byzantinische Stil erneut Einfluß zu nehmen. Jetzt allerdings sind diese Stilelemente keine Fremdkörper mehr, sondern der nordeuropäischen Kultur entsprechend umgebildet und organisch eingegliedert.

12: Knüpfteppich der Agnes von Quedlinburg, Hochzeit des Merkur und der Philologie, um 1200

Der Halberstädter Aposteltеppich ist in dieser Zeit entstanden (Abb. 9). Er zeigt den segnenden Christus auf dem Regenbogen mit den Erzengeln Michael und Gabriel, an seinen Seiten je sechs Apostel. Byzantinische Stilelemente zeigen sich hier in den dunklen Umrandungen der Augen, in den hellen und dunklen Umrißlinien der Konturen und der blitzartigen Auflichtung der Farben durch weiße Zickzacklinien. Außerdem setzt jetzt ein Streben nach malerischer

Durchgestaltung ein, die Figuren verlieren an Starrheit und Strenge.
Um 1225 entstand, ebenfalls in Niedersachsen, der Karlsteppich (Abb. 11), heute im Halberstädter Dom. In seinem rautenförmigen Mittelfeld thront Karl der Große. Die vier antiken Philosophen Cato, Catilina, Cicero und Seneca umgeben ihn. Hier ist der bewegte malerische Stil zur Reife gelangt.
Auf das großartigste äußert sich dieser Stil auch in dem Knüpfteppich der Äbtissin Agnes von Quedlinburg (Abb. 12), die ihn um 1200 als Geschenk für den Papst in Rom gearbeitet hatte. Der Knüpfteppich der Äbtissin Agnes von Quedlinburg nimmt eine Sonderstellung ein, da Knüpfen zu jener Zeit und in jenem Raum eine kaum geübte Technik war.
Aus der Zeit des früh- und hochgotischen Stils (1250–1350) gibt es fast keine Wirkteppiche. Diese Epoche war die Blütezeit der Bildstickerei, die in deutschen und französischen Frauenklöstern, voran Wienhausen und Lüne (Niedersachsen), gepflegt wurde. Erst gegen Ende des 14. Jahrhunderts entstanden in Frankreich und Deutschland wieder gewebte Teppiche. Aber während in Deutschland die Bildteppiche nur in Frauenklöstern, allenfalls in kleinen gewerblichen Werkstätten hergestellt wurden, entstanden die französisch-flämischen Gobelins (so genannt nach einer späteren Pariser Wirkerfamilie) von Anfang an in Manufakturen, die von Kirche und Fürstenhöfen außerordentlich gefördert wurden. Um die Mitte des 14. Jahrhunderts entstand mit den Pariser Wirkereistätten ein großes Zentrum dieses Handwerks von hohem künstlerischem Ruf.
Der kunstsinnige König Karl V. förderte das junge Kunsthandwerk in jeder Hinsicht. So ent-

13: Apokalypse von Angers, 1376–1382

14: Jüngling und Jungfrau mit Greif, Minneteppich, Basel, um 1450

standen Teppichfolgen mit Darstellungen des Alten und Neuen Testaments, von denen die „Apokalypse von Angers" die berühmteste ist (Abb. 13). Nicolas Bataille webte diesen Teppich 1376–1382 für den Herzog von Anjou. Das gewaltige, viele Bildfolgen umfassende Werk schildert die Offenbarungen des Johannes aus dem Neuen Testament in handwerklicher Perfektion und hoher künstlerischer und geistiger Vollendung. Mit Beginn des 15. Jahrhunderts ging die frühe Blüte der Bildwirkerei in Frankreich zu Ende, die führende Rolle übernahm das flandrische Arras.

In dieser Zeit entstanden, besonders in Süddeutschland und im Elsaß, eine beträchtliche Menge von Teppichen, die jedoch in ihrer künstlerischen Bedeutung an die große Tradition der deutschen, französischen und flandrischen Wirkteppiche nicht anschließen konnten.

Nicht nur in Klöstern, auch in reichen patrizischen Häusern arbeiteten Frauen, die die „Heidnischwerk-Tücher" herstellten, wie man in dieser Zeit die Bildwirkerei nannte. Es entstanden Antependien und Dorsalien (Rücklaken für das Chorgestühl der Geistlichen); große, repräsentative Stücke sind selten. In steigendem Maße dienten die Wirkereien jetzt auch profanen Zwecken, so daß sich ihr Bildinhalt häufig von religiösen Themen abwendete. Diese sogenannten Gesellschafts-, Minne- oder Wilde-Leute-Teppiche (Abb. 14) schilderten das höfische Leben oder stellten ein freizügiges, ungebundenes Leben inmitten der Natur der Etikette der Gesellschaft gegenüber, wie man es später im Rokoko in Darstellungen vom Schäferleben wiederfindet.

In der Renaissance erreichte die Wirkkunst in den Niederlanden einen glanzvollen Höhepunkt. Hier entstanden Großmanufakturen, die durch den Kaiser gefördert wurden.

Das Prinzip des ursprünglichen, handwerkli-

Segne mich in meinem Stande.
Zeug mein Herz mit Klugheit an,
das ich solches ohne Schande
und mit Ehren führen kann.
Gib die Mittel auch mit drein,
die dazu von Nöthen seyn.

Segne mich in Kreutz und Leiden.
Mit Vertrauen und Gedult.
Segne mich in Glück und Freuden
mit dem Reichthum Deiner Huld,
daß ich Dir im Kreutz getreu
und im Glück voll Demuth sey.

Erste Seite
aus dem Musterbuch
des Webers

Hans Jürgen Lahsen
Holm, den 27. May anno 1778

chen Webens war in diesen Großbetrieben endgültig aufgebrochen. Die schöpferische Einheit, die in den früheren Jahrhunderten während des Entstehungsprozesses eingehalten war, wird in verschiedene Gewerke aufgeteilt: Maler, Cartonnier und Wirker. Und auch die Wirker waren noch streng unterteilt. Man unterschied nach Können, ob einer die Blumen im Hintergrund, den Faltenwurf oder die Feinheit der Gesichtszüge weben durfte, entsprechend wurde auch entlohnt.

Die Weberei von Gebrauchstextilien (Abb. 1, S. 8) hatte sich in Deutschland seit dem frühen Mittelalter im Bereich des häuslichen Lebens und besonders in den Zünften und Gilden entwickelt. Die Zunftbriefe der „Bettziechenweber“ in Köln von 1149 gehören zu den ältesten bekannten Dokumenten aus der Geschichte des Zunftwesens. Ämter oder Gilden, so hießen die Zünfte in Norddeutschland, waren Zusammenschlüsse eines Gewerbes zur Förderung seiner wirtschaftlichen, sozialen – ja politischen Interessen. Für die verschiedenen Zweige der Weberei entwickelten sich im Laufe der Jahrhunderte gesonderte Zusammenschlüsse, die auch sehr unterschiedliches öffentliches Ansehen genossen. Einige der Zünfte gewannen Reichtum und

15: Erste Seite aus einem Webmusterbuch aus Schleswig-Holstein (Text siehe oben)

politischen Einfluß. Vor allem die Wollenweber, die sich wiederum in verschiedenen Gilden wie Tuchmacher und Kammgarnweber aufteilten, erlangten im späteren Mittelalter im Zuge der Stadtentwicklung einen Aufstieg zu Reichtum und Wohlstand.

Den Leinenwebern blieb dagegen in manchen Landstrichen der Erfolg und damit auch das gesellschaftliche Ansehen versagt. In manchen alten Kinder- und Volksliedern wird dies auch heute noch deutlich:

Leineweber haben eine saubere Zunft,
Mittfasten halten sie Zusammenkunft!
Die Leineweber schlachten alle Jahre zwei Schwein,
das eine ist gestohlen, das andere nicht sein ...

Man hielt sie für Schlingel und unredlich. Sie gehörten eigentlich immer zu den letzten in der handwerklichen und sozialen Zunfthierarchie.

Andererseits entwickelte sich im ausgehenden 17. und 18. Jahrhundert in Sachsen und Schlesien eine bedeutende Leinenweberei. 1666 entstand in Groß-Schönau in Sachsen die erste Damastmanufaktur für Leinen. Als 1685 durch die Aufhebung des Toleranzediktes von Nantes Hunderttausende von Protestanten, unter ihnen viele Weber (Seidenweber!) Frankreich verließen, fanden sie Aufnahme in Preußen, dessen Handwerk und Gewerbe von dieser Zuwanderung profitierte und aufblühte.

Friedrich der Große (1740–1786) förderte alle Zweige der textilen Produktion und Wirtschaft. In seiner Regierungszeit kam wiederum eine Welle hugenottischer Einwanderer nach Preußen, die vorwiegend in der Lausitz, Sachsen und Schlesien angesiedelt wurden. Eine reiche und schöne Handwerkskunst entwickelte sich in den verschiedenen deutschen Landschaften. Aus Schleswig-Holstein stammt ein altes Musterbuch von 1778, das über Technik und Feinheit der damaligen Arbeiten Aufschluß gibt (Abb. 15 und 16). Die Abbildungen 347 und 348 (S. 223) zeigen zwei dieser alten 20schäftigen Drellmuster.

Eine ganz eigentümliche und typische Technik entwickelte sich an der deutschen Ostseeküste: Die als mecklenburgischer, pommerscher oder schleswig-holsteinischer Beiderwand bekannten, reich figurierten Gewebe entstanden zunächst aus den einfachen Drellmustern (Abb. 17). Später wurden die Muster lebhafter und reich gegliedert (Abb. 18). Man webte sie

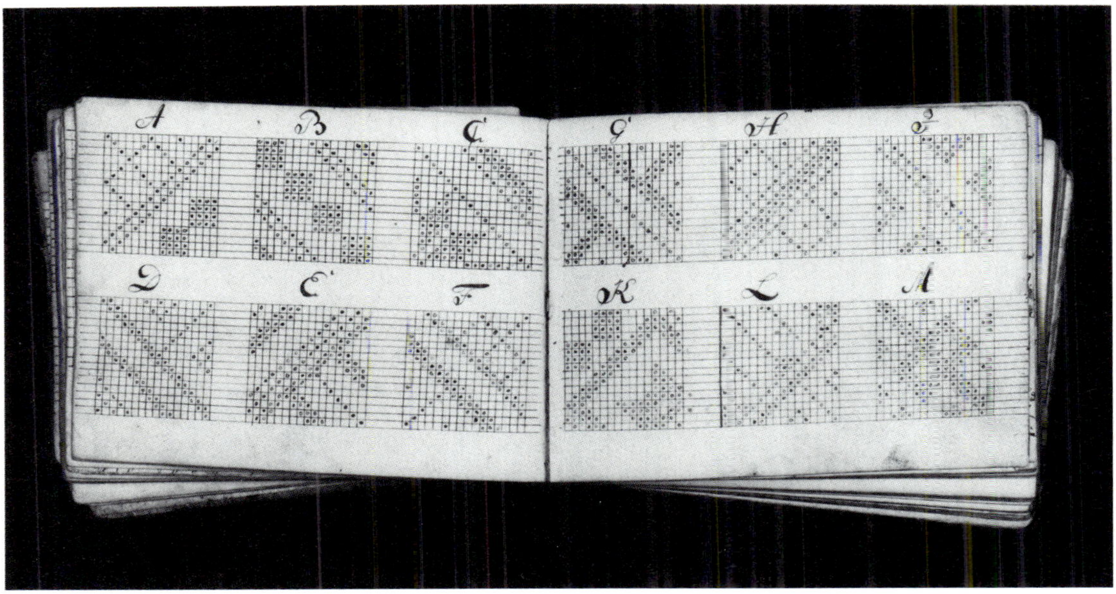

16: Webmuster aus dem Webmusterbuch, Verschnürungen

17: 20schäftiges Drellmuster, Ende 18. Jahrhundert

18: Pyramus und Thisbe, Ende 18. Jahrhundert

auf Zug- und Zampelwebstühlen. Wie der Name „Beiderwandstoffe" schon sagt, haben die Stoffe zwei Seiten, wobei die eine das Negativ der anderen ist.

Im Jahre 1733 wurde in England von John Kay der Schnellschütze erfunden, der infolge mechanischer Kraftübertragung viel schneller durch das Fach fliegt. Ebenfalls in England wurde 1787 von dem Geistlichen Cartwright der erste „Kraftstuhl" gebaut, die erste mechanische Webmaschine. Joseph-Maria Jacquard (1752–1834) gelang es 1808 in Lyon, die mühsame und zeitraubende Musterweberei durch die Konstruktion eines mechanischen Apparates zu vereinfachen. Dadurch wurden die Ziehjungen oder Latzenzieher entbehrlich, die vorher für jeden einzelnen Schußeintrag durch vorgeordnete Schnüre die Kettfäden aushoben. Bereits 1812 arbeiteten in Frankreich 18000 solcher Jacquard-Webstühle.

So gehörten die Weber zu den ersten, denen die beginnende Industrialisierung den Arbeitsplatz vernichtete. Gerhart Hauptmanns Drama „Die Weber" oder die Bilder und Grafiken von Käthe Kollwitz dokumentieren das Elend der betroffenen Menschen. Ein altes Handwerk erlebte einen beispiellosen Niedergang.

Mit Ausgang des 19. Jahrhunderts begann in der Kunst und Öffentlichkeit eine Rückbesinnung auf die Bedeutung der alten Volkskunst. In Norwegen waren es vor allem Frida Hansen und Gerhard Munthe, die sich um die Erneuerung der Wirkerei bemühten. Sie fanden die Motive zu ihren Arbeiten in der Sagen- und Mythenwelt ihrer Heimat. Frida Hansen gehört zu den großen Wegbereitern der modernen Textilkunst. Sie hatte eine Ausbildung als Malerin und stellte ihre Entwürfe und Kartons selbst her, reiste nach Köln und Paris, wo sie weitere Studien betrieb und Eindrücke aus der Jugendstilbewegung aufnahm. In Norwegen hatte sie eine Bildteppichweberei und Färberei gegründet, wo sie zeitweise 22 Frauen beschäftigen konnte. Berühmt sind neben den Wirkteppichen ihre dekorativen, großartigen Transparentvorhänge (Abb. 19).

Überall in Skandinavien entstanden in dieser Zeit Initiativen zur Belebung der alten Volkskunst. Die Hausfleiß-Bewegung bemühte sich in einer bis heute ununterbrochenen Arbeit um

den Fortbestand und die Weiterentwicklung alter Kunsthandwerke, vor allem auch der Weberei.
Auch in Deutschland fand eine ähnliche Entwicklung statt, der allerdings eine vergleichbare Dauerhaftigkeit und Breitenwirkung wie in Skandinavien versagt blieb. 1896 wurde in Scherrebek, einem Dorf in Nordschleswig, eine Webschule errichtet, in der die alte Küsten-Webkunst wieder belebt werden sollte. Eine Zeitlang hatte diese Schule, für die Künstler der Jugendstilbewegung wie zum Beispiel Otto Eckmann, Alfred Mohrbutter (Abb. 20) und Heinrich Vogeler Entwürfe lieferten, einen bedeutenden Einfluß auf die Kunst.
In den zwanziger Jahren unseres Jahrhunderts ging dann eine starke künstlerische und handwerkliche Erneuerung von der Bauhaus-Bewegung aus, die gerade auch der Handweberei vollkommen neue Aufgabengebiete zuwies. Dies galt sowohl für die Gebrauchs- wie für die künstlerische Weberei (Abb. 21). Zum einen wurden systematisch neue Werkstoffe, Geräte und Bindungen mit dem Ziel der industriellen Nutzung erprobt und entwickelt. Zum anderen gingen von Künstlern wie Georg Muche und Paul Klee entscheidende Impulse zur Entwicklung der modernen Tapisserie aus.
Das Handwerk „Weben" war in Deutschland nach dem Zweiten Weltkrieg über viele Jahre hin fast vollkommen in Vergessenheit geraten. Sei es, daß die Hektik des Wiederaufbaus für Dinge dieser Art geistig weder Raum noch Zeit ließ oder auch, daß die Handweberei formal den Anschluß an Stil, Geschmack und Erfordernisse der Zeit nicht fand. Viele der vorher zahlreichen handwerklichen Betriebe mußten ihre Pforten schließen. Auch im häuslichen Bereich ging das Interesse immer weiter zurück. Viele Webstühle wurden im Krieg vernichtet, noch mehr verbrannten in den Stubenöfen der Nachkriegszeit.
Tatsächlich hat die Handweberei heute, volkswirtschaftlich und industriell betrachtet, keinerlei Bedeutung mehr. Webmaschinen und -automaten haben Leistungen von bis zu 700 Schußeinträgen je Minute, der Schußfaden wird bei den modernsten Apparaten auf einem Wasser- oder Luftstrahl in das Fach transportiert. Kett- oder Schußfadenbrüche werden automatisch überwacht und bringen die Maschine augenblicklich zum Stillstand. Leere Schußspulen werden selbsttätig ausgewechselt. Die Webstühle brauchen zu ihrer Bedienung keine Weber mehr, sondern Ingenieure.

19: Transparentgewebe „Glockenblumen", Frida Hansen

20: „Flamingos", Alfred Mohrbutter, 1901

Unentbehrlich ist eine gute handwerkliche Ausbildung allerdings auch heute noch bei der Entwicklung neuer Stoffe und Muster, die von Textilgestaltern an Handwebstühlen ausgearbeitet werden.
Darüber hinaus wirkt jede handwerkliche Betätigung heute der Entfremdung entgegen, die unsere hochtechnisierte Welt mit sich bringt. Sie schafft etwas Persönliches, Schöpferisches, Sinngebendes.
Die Entwicklung in den letzten Jahren zeigt ein neues Interesse junger und älterer Menschen an der Weberei. Es gilt jetzt, dieses schöne, alte, sinnreiche und nützliche Handwerk wieder zu vervollkommnen und ihm eine neue Aufgabe und einen neuen Platz zuzuweisen.

21: Gobelin, Gunta Stölzl, 1927/28

Kleine Textilkunde

Vor der Erfindung der Kunststoffe wurden die textilen Fasern fast ausschließlich aus tierischen Haaren oder pflanzlichen Fasern, selten aus mineralischen Bestandteilen gewonnen. In verschiedenen, oft aufwendigen Verarbeitungsprozessen wurden diese Ausgangssubstanzen zu Textilien weiterverarbeitet. Die klimatischen Bedingungen begünstigten in einem bestimmten Gebiet meist nur das Vorkommen ganz bestimmter, weniger Spinnfasern. So war zum Beispiel der Anbau von Baumwolle auf Indien, Pakistan, die Länder südlich des Mittelmeeres und auf Amerika beschränkt. Leinen war neben Wolle die wichtigste Textilfaser der Germanen und im Orient ursprünglich völlig unbekannt. Die Seidenraupenzucht war zunächst nur in China und Japan verbreitet.

Uns steht heute eine Fülle der raffiniertesten Textilfasern zur Verfügung. Das Auge hat sich an Glanz, Flimmer und Effekt synthetischer Garne gewöhnt. Eine andere Faszination geht immer noch von den natürlichen Rohstoffen aus, von ihrem matten, feinen Glanz, ihrer rauhen Struktur oder ihrem glatten, kühlen „Griff". Ein gut gewähltes Material vermag dem einfachsten Gewebe große Schönheit zu verleihen. Darum – und in Anbetracht der großen Mühe, der wir uns beim Weben unterziehen – sollte auch das hochwertigste Material gerade gut genug sein. Garne minderer Qualität lohnen den Aufwand nicht.

Der Weber benötigt eine umfangreiche Materialkenntnis, die er überwiegend durch Erfahrung gewinnt. Die hier zusammengestellte „Kleine Textilkunde" kann daher nur ein gewisses Grundwissen vermitteln, indem Herkunft und Geschichte unserer textilen Naturfasern, deren Gewinnung, Qualitäten, physikalische Eigenschaften und praktische Eignung erläutert werden.

Die textilen Rohprodukte kann man nach ihrer Herkunft grob einteilen in Naturfasern und Chemiefasern. Mit den Naturfasern werden die großen Gruppen der Pflanzenfasern und tierischen Fasern und die kleine Gruppe der mineralischen Fasern (Metallfäden) erfaßt. Je nach Pflanzenteil, das die Faser liefert, wird zwischen Samenfasern (Baumwolle, Kapok), Stengelfasern (Flachs, Hanf, Jute, Ramie) und Blattfasern (Manilahanf, Sisal) unterschieden. Von den tierischen Fasern ist die Schafwolle die bekannteste. Eine andere Gruppe bilden die feinen Tierhaare (Alpaka, Vikunja, Mohair, Angora usw.). Selbstverständlich gehört auch die Seide zu den tierischen Fasern, ein Gespinst von Schmetterlingsraupen.

22: Die verschiedenen Gütezeichen für Schurwolle, Baumwolle, Leinen und Seide

48 Prozent der Weltproduktion von textilen Fasern wird durch die Baumwolle abgedeckt. Chemiefasern, d. h. also Zellulose- und Synthesefasern, werden in fast der gleichen Menge produziert wie Baumwolle. Es läßt sich vorhersagen, daß sich das Verhältnis in den nächsten Jahren noch weiter zugunsten der Chemiefasern verschieben wird. Wolle deckt, bei steigender Produktion, 5 Prozent des Weltbedarfs, während Flachs und Seide mit 0,3 Prozent bzw. 0,1 Prozent heute kaum noch eine Rolle spielen.

Baumwolle

Geschichte

Die ältesten uns bekannten Funde von baumwollenen Textilien stammen aus einer Höhle in Tehuacan in Mexiko, sie sind auf die Zeit um 5800 v.Chr. datiert. In Pakistan fand man baumwollene Gewebe aus der Zeit um 3000 v.Chr., aus der gleichen Zeit ist auch in China die Verwendung von Baumwolle belegt.
Die Araber brachten die neue Faser auf ihren Eroberungszügen über Spanien nach Europa, aber dort spielte sie zunächst eine untergeordnete Rolle neben den einheimischen Gespinsten aus Leinen und Wolle und der – ebenfalls eingeführten – kostbaren Seide. Als man in Amerika im 18. Jahrhundert begann, die aus indischem Saatgut eingeführte Pflanze in großem Umfang anzubauen, gewann sie an Bedeutung. Da die Gewinnung der Faser sehr arbeitsintensiv ist, konnte erst durch die Mechanisierung der Ernte eine weltweite Verbreitung der Baumwolle einsetzen.
Heute beträgt der Anteil der Baumwolle an den gesamten in der Welt verbreiteten Textilfasern 48 Prozent.

23: Blüte der Baumwollpflanze

Die Pflanze

Die Baumwolle ist das Samenhaar einer Malvenart (Gossypium), ihre Blüte ähnelt unserer heimischen Stockrose (Abb. 23). Die Pflanze ist ein einjähriger Strauch, der in rund 7 Monaten von der Aussaat zur Erntereife gedeiht. Selten wird Baumwolle von mehrjährigen Sträuchern gewonnen (in Südamerika). Die Anbaugebiete liegen zwischen 43° nördlicher und 36° südlicher Breite, also in Regionen subtropischer und tropischer Vegetation, in denen die Pflanze die benötigte Feuchtigkeit und Wärme findet.

Die Gewinnung

Zur Reifezeit springen die Samenkapseln (Abb. 24) auf und lassen 4–5 Faserkissen herausquellen. Da die Fruchtkapseln nicht alle zur gleichen Zeit reifen, werden nur die vollreifen, blendend weißen Fasern gepflückt (Abb. 25). Für die maschinelle Ernte werden die Pflanzen künstlich entlaubt, bevor die großen Spindelfinger der Maschine die Faserbüschel vom Strauch abziehen. Handgepflückte Baumwolle ist jedoch hochwertiger, denn die Maschine erfaßt natürlich auch jene Kapseln, die noch nicht voll ausgereift sind, und beschädigt die Fasern mehr, als es bei Handarbeit der Fall ist.
Die Stapellänge der Baumwolle, d.h. die Länge der einzelnen Fasern, beträgt etwa 15–50 mm. Je länger die Faser ist, desto feiner und fester ist sie auch. Langstapelige Baumwolle, also Baumwolle von hoher Qualität, liefern vor allem Ägypten und der Sudan, weniger auch Peru und die USA.
Die Qualitätsklassen der Baumwolle sind: Kurzstapel bis 26 mm, Mittelstapel 26–29 mm, Langstapel 30–39 mm, Extralangstapel über 39 mm. 90% der Weltproduktion sind Kurz- und Mittelstapel, 2–3% nur Extralangstapel.
Nach der Ernte wird die Baumwolle noch etwa 30 Tage zur Trocknung gelagert und anschließend in den sogenannten Gins (Egriniermaschinen) von den Samenkörnern getrennt. 100 kg Pflückgut enthalten etwa 35 kg Fasern, 62 kg Samenkörner und 3 kg Abfall.
Die Baumwollfasern preßt man in riesige Ballen (Standardgewicht 230 kg) und verschifft sie.

24: Baumwollkapsel

25: Reife Baumwollfaser

In den Spinnereien werden die Partien gemischt, gereinigt, kardiert und dann dem eigentlichen Spinnprozeß zugeführt.

Eigenschaften
Die einzelne Faser hat eine Feinheit (Durchmesser) von 12–45 Mikrometer (0,012 bis 0,045 mm). Unter dem Mikroskop sieht sie aus wie ein gewundenes Band mit verdickten Rändern. Der Querschnitt zeigt einen Faseraufbau mit konzentrischen Ringen, deren Hohl- und Zwischenräume Wasserspeicherung ermöglichen. Bis zu 20% ihres Eigengewichts kann Baumwolle an Wasser speichern, ohne sich feucht anzufühlen, 60% Wasser nimmt sie auf, ohne zu tropfen. Diese Eigenschaft bewährt sich besonders bei der Verwendung als Wäsche, Kleidung und im Haushalt.
Die Farbe der Baumwolle schwankt je nach Herkunft zwischen Bräunlich-gelblich bis Weiß. Die Reißfestigkeit ist im nassen Zustand noch größer als im trockenen, darum läßt sich Baumwolle ohne Schaden waschen, sogar kochen (soweit es die Färbung zuläßt!) und schleudern. Sie läuft aber in den ersten, heißen Wäschen, wenn sie nicht entsprechend vorbehandelt wurde, 8–15% ein.
Sie lädt sich nicht elektrostatisch auf und bildet keine Faserknötchen an Scheuerstellen. Ihre Faserstruktur ist so glatt und fein, daß sie auf der Haut weder kratzt noch Allergien hervorruft.

Brennprobe: Wenn man einen Baumwollfaden anzündet, verbrennt er schnell mit heller Flamme. Die leichte, weiße Asche riecht wie verbranntes Papier (Zellulose!).

Veredelung
Baumwolle läßt sich in mancher Weise veredeln (Knitterarm, schrumpfecht, indanthrengefärbt). Am bekanntesten und wichtigsten ist die Mercerisation. Bei diesem Verfahren, das 1844 der Engländer John Mercer entwickelte, werden die Fasern mit Natronlauge behandelt und dabei gestreckt. Die sonst „stumpfe" Baumwolle erhält dadurch dauerhaften Glanz, größere Festigkeit und läßt sich leuchtender einfärben.

Flachs

Geschichte

Flachs ist eine der ältesten Kulturpflanzen. Aus seinen Stengelfasern gewinnt man Leinen, das neben der Wolle die wichtigste Spinnfaser der Germanen war. Noch älter sind Leinenfunde aus Ägypten: Dort ist schon für etwa 5000 v.Chr. Leinengewebe nachgewiesen. Zur gleichen Zeit wurde auch von den Babyloniern, Phöniziern und anderen damaligen Kulturvölkern Leinen angebaut und verarbeitet. Die Kleidung im alten Ägypten war aus feinem weißen Leinen zum Teil von kaum vorstellbarer Feinheit. Von manchen Stoffen hieß es, sie seien so fein, daß man sie durch einen Siegelring habe ziehen können.

Anbau und Gewinnung

Kultur und Aufbereitung des Flachses sind außerordentlich aufwendig. Er gedeiht am besten in kühler feuchter Witterung und erreicht eine Höhe von 60 bis 120 cm. Bei Trockenheit bleiben seine Stengel kurz. Eine alte norddeutsche Bauernregel sagt, daß der Flachs am 100. Tag des Jahres gesät wird, also um den 10. April herum. Jedes Jahr benötigt er einen anderen Standort und sollte ziemlich dicht gesät werden, damit sich nicht zu viele Verästelungen bilden können. Während seiner Vegetationszeit wird er 1- bis 2mal gejätet und steht dann Mitte bis Ende Juni in voller blauer Blüte, Ende Juli ist er erntereif (Abb. 26).

Noch vor einigen Jahrzehnten baute man überall in Deutschland in bäuerlichen Betrieben Flachs für den eigenen Bedarf an. Dem Gesinde des Hofes stand als Lohn ein Teil des Ertrages zu, der auch unentgeltlich zu Leinwand weiterverarbeitet wurde. War es schon nicht einfach, Flachs zu kultivieren, so begann mit der Ernte eine Arbeit, die besonders große Mühe, Kenntnisse und Geduld erforderte.

Der reife Flachs wurde gerauft, d.h. mit der Hand ausgerissen, gebündelt, getrocknet und eingefahren. In der Scheune befreite man sogleich die Stengel von ihren Samen und Blättern (nordd.: Reepeln, Riffeln).

26: Blühende Leinenpflanzen

Die wertvolle Flachsfaser, die man gewinnen will, liegt unter der dünnen Rinde des Stengels, mit Pflanzenleim fest verklebt, um einen Kern aus Holz und Mark. Alle nun folgenden Arbeiten zielen darauf, diese Fasern möglichst unbeschädigt vom Kern zu trennen.

In verschiedenen, aufeinanderfolgenden Arbeitsvorgängen gewinnt man aus dem Rohflachs oder Flachsstroh die kostbare Faser. In der Rotte oder Röste findet ein Gärungsprozeß statt, bei dem die Stengelbündel der Einwirkung von stehendem oder fließendem Wasser (Wasserrotte) oder Tau (Taurotte) ausgesetzt werden, damit sich der Pflanzenleim löst. Die Taurotte dauerte mehrere Wochen, in der Wasserrotte war der Prozeß je nach Witterung und Wasserbeschaffenheit in 5–14 Tagen abgeschlossen. Durch Art und Dauer der Rotte und Beigabe von Zusätzen konnte hier schon Einfluß auf die Qualität und Farbe des Flachses genommen werden. Danach wurden die Bündel wieder getrocknet und für die spätere Weiterverarbeitung gelagert.

Bei den folgenden Arbeiten trennte man auf mechanischem Wege die Fasern vom Holzkern. Zuerst wurde der Flachs gebokt, d. h. mit einem hölzernen Schlegel (Treitsche oder Tröte) geschlagen. In manchen Gegenden folgte dann eine Trocknung bei milder Wärme, damit die Holzteile brüchig wurden. Dies geschah in besonderen Öfen oder in den Backöfen des Dorfes. Der noch warme Flachs kam in die Brake, einem Gerät zum Brechen der Stengel. Auf der Schwinge oder dem Schwingbock wurden dann die Holzteile abgeschlagen.
Jeweils eine Handvoll Flachs, eine Riste, zog man nun zunächst durch die groben und dann die immer feineren Hecheln. Das sind mit etwa 8 cm hohen, eisernen Zinken besetzte Bretter oder Kästen. Beim Hecheln blieb der langfaserige Flachs in der Hand, während die Hede (oder der Werg) ausgekämmt wurde.
Die gehechelten Riste (jeweils 15 Stück) drehte man zu Knocken, aus 2–3 Knocken wickelte sich die Spinnerin den Wocken, der auf dem Spinnrad steckte. Auch das ausgekämmte Werggarn (Hedegarn, Towgarn) wurde ver-

27: Reines Leinen (zusammengedrehte und geöffnete Knocken, handgesponnenes feines Rohleinen, Drellhandtücher)

sponnen, zu Garnen minderer Qualität. Wenn später das Garn gesponnen und zu Leinwand verwebt war, breitete man es auf den Wiesen zum Bleichen aus, damit die silbriggraue Rohleinenfarbe sich zu hellem Weiß änderte.
Bis vor einigen Jahrzehnten wurden alle diese Arbeiten noch in vielen bäuerlichen Betrieben durchgeführt. Heute wird die Flachserzeugung praktisch ausschließlich industriell betrieben.

Eigenschaften
Die Farbe ungebleichten Flachses schwankt zwischen Silbergrau, Mattblond bis Graubraun. Er hat einen matten, edlen Glanz und zeigt selbst in den feinen Garnen die typischen Verdickungsstellen, die von unterschiedlich starken Faserbündeln herrühren.
Die Flachsfaser ist außerordentlich haltbar und widerstandsfähig, im nassen Zustand noch mehr als im trockenen. Die Reißfestigkeit ist etwa 2- bis 3mal so groß wie die der Baumwolle. Flachs ist unelastisch und glatt, nimmt Feuchtigkeit leicht auf und gibt sie schnell wieder ab. Er ist flusenfrei, schmutzabweisend und kochfest. Wenn Waschhinweise geringere Temperaturen vorschreiben, ist das durch Farbe oder Ausrüstung bedingt. Allerdings sollte man bei Leinen (und nicht nur dem handgewebten!) möglichst auf das Schleudern verzichten! Nach mehreren Wäschen wird Rohleinen, also ungebleichtes Leinen immer heller und schöner. Daran sollte man denken, wenn man in Geweben Rohleinen bewußt als „Farbe" einsetzt (Abb. 27, S. 27).
Das Gütezeichen für Leinen war früher die Schurhand, die heute durch das abgebildete Zeichen (Abb. 22) ersetzt worden ist. Bezeichnungen wie Rotschild, Blauschild, Gelbzettel usw. deuten auf alte Gütebezeichnungen hin. Flachsgarne bekamen früher als Verkaufsmarke ein rechteckiges Schild, Werggarne einen ovalen Zettel. Die verschiedenen Güteklassen wurden durch Farben unterschieden. So bedeutet die Bezeichnung „Orangeschild" oder „Rotschild" beste Kettqualität.

Brennprobe: Bei der Brennprobe verbrennt Flachs schnell mit heller Flamme und läßt leichte helle Flugasche zurück, Geruch wie bei brennendem Papier.

Andere Pflanzenfasern

Hanf gehört zu den Stengelfasern wie der Flachs, dem er in Anbau und Gewinnung sehr ähnlich ist. Nur wächst er höher, die weibliche Pflanze wird bis 2,4 m hoch.
Hanffasern sind gröber als die des Flachses, besitzen aber von allen pflanzlichen Fasern die größte Festigkeit. Auch im Aussehen ist Hanf von gröberen Leinengarnen oder -geweben fast nicht zu unterscheiden. Er findet heute vorwiegend Verwendung als Teppichgarn (Hanfzwirn), für Segel, Seile, Planen und Bindfäden. Hauptanbaugebiet ist die UdSSR.

Ramie (malaiisch) ist eine Bastfaser, die aus den Stengeln einer nesselähnlichen Pflanze (Boehmeria) gewonnen wird. Ihre Eigenschaften und Verarbeitung sind denen des Flachses sehr ähnlich, ja fast überlegen; denn ihre Haltbarkeit ist noch größer als die des Leinens. Sie hat feine, glänzende, schneeweiße Fasern von 60–250 mm Länge. Ramie wird vor allem in China, Japan, Indonesien und den USA angebaut. Sie ist auch unter dem Namen Chinagras bekannt.

Jute gewinnt man aus einer Pflanzenart aus Indien und Pakistan. Ihre Fasern sind zwar sehr haltbar, aber hart und spröde. Jute wird zu Verpackungsstoffen und Teppichgrundgeweben verarbeitet.

Sisalhanf wird aus einer mittelamerikanischen Agave gewonnen. Die etwa 1 m langen Fasern sind in den Blättern enthalten, deren Fleisch man ausquetscht. Die getrockneten Fasern lassen sich gut färben und werden für Seilerwaren und Teppiche verarbeitet.

Manilahanf wird aus den Blättern einer Bananenpflanze gewonnen, die vor allem auf den Philippinen angebaut wird. Die Faser wird zu Seilererzeugnisse verarbeitet.

Schafwolle

Geschichte

Sehr früh schon lernten die Menschen, sich vor den Härten der Natur durch warme, wollene Kleidung zu schützen. Das Schaf lieferte ihnen dazu mit seinem dichten Haarkleid, dem Vlies, ein vorzügliches Spinngut, das man den Tieren zur Zeit des Haarwechsels im Frühjahr ausrupfte. Wahrscheinlich gehören Schafe zu den ersten Tieren, die sich unsere Vorfahren zum Haustier zähmten; sie lieferten ja außer Wolle, Pelz und Leder auch Milch, Fleisch und Fett. Dabei können diese genügsamen Tiere in allen Klimaräumen gedeihen – im arktischen Norden genauso wie in heißen Wüstenzonen. Ihr Vlies schützt sie vor Kälte und Wärme gleichermaßen.

Soweit wir die menschliche Geschichte überhaupt zurückverfolgen können, stoßen wir immer wieder auf Zeugnisse, daß Wolle ein unentbehrlicher Artikel des täglichen Lebens war, ein wichtiges Handelsgut, das nicht selten sogar politische Bedeutung gewann. Der Besitz von Herden verhieß Reichtum, Macht und Ansehen. Man nimmt an, daß schon seit 9000 v. Chr. im Vorderen Orient Schafe gezüchtet und veredelt wurden. So erfahren wir aus babylonischen Schrifttafeln, daß es dort 2000 v. Chr. Herden von bis zu 20000 Schafen gab, daß man bereits zwischen Fleisch- und Wollrassen unterschied und daß die Verarbeitung der Wolle, das Spinnen und das Weben, nicht nur im häuslichen Bereich erfolgte, sondern staatlich geleitete Manufakturen im großen Umfang die Bevölkerung versorgten. Aus dem klassischen Griechenland ist uns der Mythos vom Goldenen Vlies bekannt, auch in der Odyssee ist immer wieder von Schafen, Wolle, Spinnen und Weben die Rede. Die Verarbeitung der Wolle, das Spinnen, Färben und Weben, lag in Griechenland und auch später in Rom allein im häuslichen Bereich.

Die Römer förderten Zucht und Veredelung der Schafrassen nicht nur im Mutterland, sondern auch in ihren Kolonien. Welche wichtige Rolle der Schafhirte im Vorderen Orient einnahm, bezeugen das Alte und Neue Testament immer wieder. Dort in Kleinasien vermutet man auch den Ursprung der berühmten, feinwolligen Merinos, die mit der Eroberung durch die Mauren im 8. Jahrhundert nach Spanien eingeführt wurden. Bis ins 18. Jahrhundert hinein besaß der spanische Königshof, in dessen Besitz alle Merinoherden waren, das Monopol auf dieses begehrte hochwertige Handelsgut.

Heute sind Australien, Neuseeland, Argentinien und die UdSSR die größten Wollproduzenten der Welt. In Europa hat Großbritannien den bedeutendsten Schafbestand und eine hochqualifizierte Wollindustrie.

Schafrassen

Die Schafrassen werden in drei Gruppen eingeteilt. Zu den Feinwoll- oder Merinoschafen gehören das deutsche Merino-Fleischschaf und das veredelte Landschaf. Sie liefern hochwertige, feine, stark gekräuselte Wolle mit einer Stapel-(Faser)länge bis zu 100 mm. Schlichtwollschafe sind die englischen Cheviot- und Shetlandschafe, das deutsche Leineschaf und die Crossbreads. Sie haben Wollen von 200 mm Stapellänge und mehr, die zur Herstellung von gröberen Streich- und Kammgarnen geeignet sind. Mischwollschafe haben grobe Wolle, die in erster Linie für Teppichgarne verwendet wird.

Gewinnung der Wolle

Die Schafe werden einmal (Vollschur) oder zweimal (Halbschur) jährlich geschoren. Früher wusch man die Tiere häufig einige Tage vor der Schur, um Unreinheiten möglichst auszusondern; das ist heute, vor allem bei industriell verwerteter Wolle, seltener üblich.

In der Wollverwertung werden die Partien des Vlieses sorgfältig und fachkundig sortiert (Abb. 28) und jeweils verschiedenen Bearbeitungen und Zwecken zugeführt. Für denjenigen, der sich zum Handspinnen und Weben ein oder zwei Vliese vom Schäfer kauft, reicht es aus, wenn er ganz kurze und verfilzte Teile aussortiert, stark verschmutzte Teile von Bauch und Hinterkeule absondert und diese Teile intensiver wäscht. Die wertvollsten, langen Haarteile der Flanken, Vorderkeulen und des Halses werden zu besonders feinem glänzendem Garn versponnen. Wenn es die Verschmutzung der Wolle zuläßt, kann das sogar geschehen, ohne daß die Wolle gewaschen wird.

Wir unterscheiden folgende **Wollsorten:**

- Schurwolle. Sie wird vom lebenden Schaf gewonnen und ist für die Handweberei eine der wichtigsten Materialien. Schurwolle „muß ausschließlich aus einer Faser bestehen, die niemals in einem Fertigerzeugnis enthalten war ... noch einer faserschädigenden Behandlung oder Benutzung ausgesetzt wurde" (aus Textilkennzeichnungsgesetz).
  Zur Schurwolle gehören die Lammwolle (erste Schur), die Jährlingswolle (von einjährigen Tieren, die schon einmal geschoren wurden) und die Mutter-, Hammel- und Bockwolle von älteren Schafen.
- Hautwolle. Sie wird von den Häuten gesunder geschlachteter Tiere gewonnen und ist der Schurwolle gleichgestellt.
- Gerberwolle und Sterblingswolle. Sie hat den geringsten Wert und darf nicht als Schurwolle gekennzeichnet sein.
- Reißwolle. Sie ist durch mechanische Zerkleinerung (Reißwolf) und chemische Behandlung mit Schwefelsäurelösung (Karbonisation) aus Spinnereiabfällen und Lumpen zurückgewonnene Wolle und wird, meist unter Hinzufügung „frischer" Fasern, einem neuen Verarbeitungsprozeß zugeführt. Darf nicht als Schurwolle bezeichnet werden.

Behandlung, Wäsche, Pflege

Schweiß- oder Schmutzwolle nennt man die Wolle, wie sie vom Schaf kommt. Je nach Rasse, Alter des Tieres und Verschmutzung wiegt ein Vlies zwischen 3 und 5 kg. Schweißwolle hat eine Menge Verunreinigungen wie Stroh, Erde und Kot; vor allem enthält sie jedoch viel Wollfett, das hautpflegende Lanolin.

Durch die Wäsche verliert die Wolle 40–70% ihres Gewichts. Dabei sollte man versuchen, ihr möglichst wenig Fett zu entziehen, weil sie dadurch elastischer bleibt und sich später leichter verspinnen läßt.

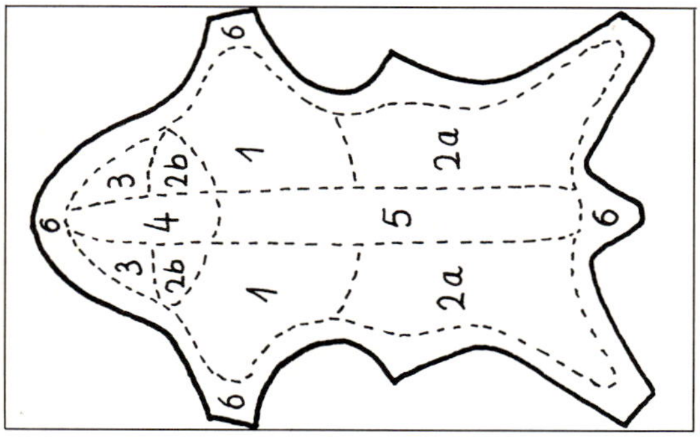

28: Aufteilung eines Vlieses in Qualitätspartien (1: gute Qualität, 6: schlechte Qualität)

Waschrezept für Schweißwolle: Nachdem man das Vlies in der oben beschriebenen Weise vorsortiert hat, weicht man es in verschiedenen Gefäßen ein. Je Kilogramm Wolle braucht man etwa 30–40 l kalkarmes Wasser, nicht wärmer als 30 °C. Regenwasser eignet sich besonders gut. Nach einigen Stunden läßt man das Schmutzwasser ablaufen und wiederholt den Vorgang nach Bedarf. Den besonders stark verschmutzten Partien kann man dabei etwas alkalifreie Seife (Feinwaschmittel) zusetzen. Vorsichtiges Bewegen und Durcharbeiten der eingeweichten Wolle mit einem Holzstiel oder den Händen ist gut und nützlich. Starke mechanische, „walkende" Bearbeitung verfilzt das Wollhaar und erschwert später das Zupfen, Kardieren und Spinnen. Die Waschmaschine ist für die Wollwäsche wirklich ungeeignet!

Soll die Wolle im Vlies gefärbt werden, muß sie ganz fettfrei sein. Man fügt dann dem Seifenwasser auf 10 l Wasser 1 Teelöffel Soda bei. Wolle ist jedoch empfindlich gegenüber allen alkalischen Lösungen (z. B. Soda), während ihr die Behandlung mit Säuren nicht schadet. Darum setzt man dem ersten Spülbad einige Eßlöffel Essig zur Neutralisation zu. Zum Trocknen eignen sich große Körbe, in die man die Wolle locker einschichtet und in denen man sie langsam an der frischen Luft trocknen läßt. Ofenwärme und direkte Sonneneinstrahlung müssen vermieden werden.

Wenn man bereits versponnene Wolle waschen oder zum Färben vorbereiten will, haspelt man sie zu einem Strang. Die Abbindungen dieses Strangs müssen locker sein, damit das Seifen- oder Farbbad überall hingelangen kann, aber auch so sicher, daß sich die Lagen nicht verheddern. Die gewaschenen, ausgedrückten oder leicht angeschleuderten Wollstränge werden zum Trocknen über eine Stange gehängt und mit einer weiteren beschwert, damit das Garn in gestrecktem Zustand trocknen kann.

Eigenschaften
Das Schaf trägt mit seinem dicken Pelz so etwas wie eine Klimaanlage mit sich herum. Es ist weniger das einzelne Wollhaar, das die starke Wärmerückhaltung bewirkt, sondern es ist die große Menge der zwischen den gekräuselten Fasern eingeschlossenen Luft, die die Wärmedämmung zur Folge hat. Die feine Kräuselung sorgt für den Abstand von Faser zu Faser, für die hohe Elastizität und den federnden „Griff" des Materials. Durch Einwirkung von neblig-feuchter Luft saugen die Fasern Feuchtigkeit auf, strecken, dehnen und kräuseln sich in ihre alte Form.
Damit ist eine weitere gute Eigenschaft der Wolle angesprochen: Sie kann bis zu einem Drittel ihres eigenen Gewichts an Wasserdampf aufnehmen, ohne sich feucht anzufühlen und ohne dadurch ihre Wärmewirkung zu verlieren. Sie gibt die im Faserinneren aufgenommene Feuchtigkeit nur langsam wieder ab und erzeugt dadurch keine Verdunstungskälte auf der Haut, anders als bei synthetischen Fasern, die sehr schnell trocknen. Wolle widersteht auch eine ganze Zeit dem Wasser in Tropfenform, das abperlt und sich abschütteln läßt. Schließlich ist Wolle in hohem Maße schmutzabweisend und läßt sich leicht waschen und reinigen.

Hier sind einige allgemeine Ratschläge zur Pflege und Reinigung von handgewebten Wolltextilien:

- Waschen sollten Sie nur die Teile, von denen Sie wissen, daß Sie sie hinterher auch bügeln können: Kostüm, Mantel u.ä. gehören also in die Reinigung.
- Decken, Stoffe, kleinere Teile können ohne weiteres gewaschen werden. Verwenden Sie viel Wasser (etwa 30 °C) und nicht zu viel Feinwaschmittel.
- Vermeiden Sie starke mechanische Einwirkung wie Reiben, Ziehen usw., um eine Walkwirkung, d.h. also Einlaufen und Verfilzen des Materials, zu vermeiden.

Brennprobe: Über offener Flamme verbrennen Wollfasern brodelnd, sie verlöschen leicht. Es entsteht ein unangenehmer Geruch nach verbranntem Haar. Brennrückstand ist eine Schlacke, die sich leicht verreiben läßt.

Anderes Tierhaar

Auch andere Tiere liefern zum Spinnen und Weben geeignetes Fasermaterial, das durch seine Seltenheit, Feinheit und seinen erlesenen Glanz zum Teil kostbarer ist als Schafwolle.

Das Lama ist ein südamerikanisches Haustier, den Kamelen und Schafen verwandt, dessen Fleisch und Wolle schon von den frühen Einwohnern Südamerikas verwendet wurden. Alle zwei Jahre wird es geschoren, seine Wolle hat alle Farbschattierungen von Schwarz bis Hellbeige oder Silbergrau.

Das Alpaka ist aus dem Lama gezüchtet und wird in Südamerika ebenfalls als Haustier gehalten. Seine Wolle hat seidenartigen Glanz und ist schwach gekräuselt, die Farben der Wolle sind wie beim Lama.

Das Vikunja ist eine Wildform des Alpaka, es ist kleiner als die beiden vorherigen Tiere. Seine Wolle ist noch feiner und seidiger als die des Alpaka und Lama.

Das Kamel ist ein Wüstenbewohner, es lebt in Asien und Nordafrika. Seine hochwertige Wolle in hellen Brauntönen wird nicht geschoren, sondern vom Tier im Frühjahr abgeworfen.

Die Kaschmirziege (Cashmere – Tibetziege) liefert die feinste und kostbarste aller Wollen. Ihre Heimat ist Ostindien und der Himalaja in extremer Kälte und Höhe.

Die Wolle der **Mohairziege** (Angoraziege) ist ebenfalls eine sehr beliebte Faser. Diese Tiere leben vorwiegend in Vorderasien.

Angorawolle vom **Angorakaninchen** ist die leichteste Naturfaser überhaupt, sie kann nur in Mischung mit anderen Fasern versponnen werden.

Rinder-, Kaninchen- und Hundehaare werden, häufig zusammen mit Schafwolle, zu Haargarn verarbeitet (Teppichqualität).

Seide

Geschichte

Die edelste und kostbarste unserer Textilfasern ist sicher die Seide. Ihr Ursprungsland ist China, das bis heute die größten Mengen produziert und ausführt. Die Geschichte der Seide ist fast so alt wie die der chinesischen Kultur und immer eng mit ihr verbunden gewesen. Nachweislich züchtete man Seidenraupen dort schon im 3. Jahrtausend v. Chr. Die Kaiserin Si-Lung-Shi soll 2700 Jahre v. Chr. die Zucht der Seidenraupe und die Verarbeitung der Seide intensiv gefördert haben. Fast 3 Jahrtausende blieb die Produktion ein Monopol des chinesischen Kaiserhauses, das die Ausfuhr der Raupen und Eier bei Androhung der Todesstrafe verboten hatte.

Aber die Chinesen verkauften die fertigen Garne und Stoffe! Wie eine Urkunde belegt, kamen spätestens seit 114 v. Chr. Kamelkarawanen mit diesem kostbaren Gut nach Westen. Es entstanden die legendären Seidenstraßen, Landwege, die von China durch die unwegsamen Gebirge Innerasiens auf verschiedenen Routen bis nach Rom und später Venedig führten. Fast 10000 km lang war diese Reise, die viele Jahre dauerte. Im Altertum war Seide so kostbar, daß sie mit Gold aufgewogen wurde.

Man nimmt aber an, daß nicht die Chinesen den Transport besorgten. Sie übergaben ihre Waren den Parthern, die sie weiterführten. So blieb der Ursprung der Seide lange von Geheimnis umhüllt. Die Römer nannten sie serica und hielten sie teilweise für ein feines pflanzliches Gespinst aus dem Lande der „Serer".

Aber schließlich gelangten die begehrten Seidenraupen über Korea und Japan um 500 n. Chr. doch nach Europa, und in kurzer Zeit entstand in den Mittelmeerländern eine blühende Seidenkultur. Nach Deutschland wurde sie erst im 16. Jahrhundert eingeführt, und später war es Friedrich der Große, der die Seidenraupenzucht außerordentlich förderte und verbreitete. Im 19. Jahrhundert wurden die europäischen Zuchten durch Krankheit der Tiere fast vollständig vernichtet, so daß die Erzeugung heute mengenmäßig vollkommen unbedeutend ist. Es gibt in Europa auch keine Kokonwäschereien mehr, in denen die Seide abgehaspelt wird. Wo noch geringe Mengen erzeugt werden, z. B. in Italien, schickt man sie nach China zur Verarbeitung!

Gewinnung und Verarbeitung

Seide nennt man den Faden, mit dem sich die Raupe des Maulbeerspinners (Bombyx mori) einspinnt und einen Kokon bildet (Abb. 30). Dies ist die sogenannte „Echte", „Reale" oder Maulbeerseide, ein reines Zuchtprodukt.

Tussah- oder Wildseide kommt von dem wildlebenden Tussahspinner aus China, Japan und Indien.

Das Weibchen des Maulbeerspinners legt etwa 500 stecknadelkopfgroße Eier. Nach einiger Zeit schlüpfen 2–3 mm lange Raupen aus, die innerhalb von 30–35 Tagen zu etwa 9 cm Länge heranwachsen (Abb. 29). Die Raupen werden auf gelochten Hürdengestellen gezogen, auf denen sie sich durch Schichten von frischen Maulbeerblättern nach oben fressen, von denen sie sich in riesigen Mengen und ausschließlich ernähren. Die Tiere sind sehr empfindlich gegenüber Schwankungen von Temperatur und Luftfeuchtigkeit und brauchen peinliche Sauberkeit.

Während dieser 30tägigen Entwicklung häuten sich die Raupen 4mal, nach ungefähr 33 Tagen

29: Raupe (Seide)

beginnen sie sich einzuspinnen. Man gibt ihnen dann trockene Zweige in die Hürden, in denen sie sich einspinnen können. In 2–4 Tagen ununterbrochener Arbeit sondern die Raupen ein Sekret aus ihren zwei Spinndrüsen am Kopf ab und bilden um sich einen Kokon aus einem Faden von etwa 3000 m Länge. Ein Kokon ist etwa 3,5 cm lang. Nun beginnt die Metamorphose zum Schmetterling, der sich nach weiteren 35 Tagen aus seinem Seidenhaus herausbeißt. Er lebt 3–4 Tage ohne zu fressen und legt seine Eier ab – der Kreislauf beginnt von neuem. Aus etwa 25 g Raupeneiern gewinnt man 35 kg Kokons, das sind etwa 18 000 Stück!

Da der Seidenfaden vom unverletzten Kokon gewonnen wird, läßt man nur einige zur Zucht erforderliche Schmetterlinge ausschlüpfen. Alle anderen Tiere werden vorher durch Hitzebehandlung getötet.

Je nach Rasse sehen diese Kokons weiß, gelblich, rosa bis grünlich aus. Die Form ist eiförmig mit einer Einschnürung.

Der Rohseidenfaden enthält zwei Einzelfäden, die vom Seidenbast(-leim) umhüllt sind. Im Bast sind die natürlichen Farbstoffe enthalten. Zum Abhaspeln wird der Seidenleim im warmen Wasser erweicht, zarte Bürsten fangen den Anfang des Spinnfadens auf. 800–1000 m der Fadenlänge eignen sich als Haspelseide (Grège), die von 8–11 Kokons zusammengelegt werden. Anfang und Ende des Kokonfadens verspinnt man zu Schappeseide. Grège ist der kostbarste Teil des Seidenfadens.

Bourretteseide nennt man die bei der Schappespinnerei anfallenden ausgekämmten kurzen Fasern. Bourretteseide ist bräunlich bis weißgelb oder grau, hat eine sehr typische, körniggriffige Struktur von besonderem Reiz, dabei kaum Glanz.

Durch Abkochen in Seifenwasser kann die Rohseide entbastet werden. Sie bekommt dadurch Glanz und verliert bis zu 30% ihres Gewichtes. Dieser Gewichtsverlust kann durch verschiedene Verfahren der Behandlung mit Metallsalzen (Erschweren oder Beschweren) wieder ausgeglichen werden, die Seide wird dadurch noch glänzender und leichter färbbar, doch auch brüchig.

Wildseiden gewinnt man vom Tussahspinner. Die bekannten Seidenstoffe Honan und Shantung gehören zum Beispiel dazu. Auch Wildseiden können abgehaspelt werden, doch häufiger verspinnt man sie insgesamt als Schappeseide. Beim Abkochen bleibt ihre natürliche bräunliche oder grünliche Farbe erhalten, die nur durch Bleichen entfernt werden kann (Qualitätsverlust!). Wildseiden sind meist etwas stärker als Maulbeerseiden, dadurch auch fester.

30: Kokon (Seide)

Als Material in der Handweberei wird Seide häufig in Ketten aus feiner Baumwolle oder Wolle verarbeitet. Auch Kammzüge aus Maulbeer- oder Tussahschappe zum Verspinnen sind erhältlich, ebenso Mischungen aus Seide und Wolle.
Wer reinseidene Gewebe herstellen möchte, wählt für die Kette Schappezwirn Nm 100/3, Nm 70/3 und stärker oder Organsin, ein sehr feiner Grègefaden mit Kettdrehung. Die Numerierung der Seidengarne erfolgt international nach dem titer-denier-System, aber auch metrisch (Erklärung siehe Kapitel „Numerierung der Garne" S. 47).

Eigenschaften und Pflege
Das Aussehen der Seide ist unendlich vielfältig. Je nach Herkunft und Verarbeitung glänzt sie oder ist matt, „fließt" oder „hat Stand". Sie rauscht oder knirscht und besitzt – und verleiht – immer einen Hauch von Exklusivität. Ihre Farben haben eine besonders große Leuchtkraft.
Seide ist außerordentlich hautfreundlich, denn ihr Faseraufbau ist dem der menschlichen Haut sehr ähnlich. Sie hat die höchste Reißfestigkeit aller Naturfasern, ist leicht und wärmt trotzdem gut. Wegen ihrer Fähigkeit, Feuchtigkeit aufzunehmen, ohne sich feucht anzufühlen (wie bei Wolle bis zu 30% des Eigengewichtes), ist sie für Wäsche und Bekleidung besonders geeignet.
In den meisten Fällen ist Seide im lauwarmen kalkarmen Wasser waschbar. Man verwendet Feinwaschmittel, neutrale Seife oder auch Ei-Shampoon. Niemals gehören seidene Stücke in die Waschmaschine oder gar Schleuder und Trockner! Dem letzten Spülwasser kann man ein wenig Essig hinzufügen. Dann drückt man vorsichtig aus und trocknet die Teile, aber nie in der Sonne und nie am Ofen! Gebügelt wird im feuchten Zustand, aber ohne einzusprengen (Wasserflecke!). Wenn Zweifel über die Waschfestigkeit oder Farbechtheit bestehen, gibt man Seidengewebe in die Reinigung.

Brennprobe: wie Wolle. Seide entwickelt beim Brennen den charakteristischen Horngeruch aller Tierfasern, sie brennt jedoch nur wenige Millimeter, dann verlöscht die Flamme. Als Rückstand bleibt zerreibbare Asche in Form von Knötchen oder Blasen.

Chemiefasern und mineralische Fasern

Die große Gruppe der Chemiefasern ist heute neben der Baumwolle der wichtigste textile Rohstoff. Wenn auch in der Handweberei (und daher in diesem Buch) den Naturfasern der Vorzug gegeben wird, sollte man die Chemiefasern doch in Zellulose- und Synthesefasern unterscheiden können.
Die Grundsubstanz der Synthesefasern sind Kohlenwasserstoffe, die man aus Kohle, Erdöl oder Erdgas gewinnt. Die Zellulosefasern dagegen haben die Eigenschaften natürlicher Faserstoffe weitgehend erhalten, denn sie sind zwar nicht natürlich gewachsene Fasern, aber der Rohstoff zu ihrer Herstellung ist der gleiche, wie bei pflanzlichen Naturfasern, nämlich eben Zellulose. Sie wird aus Holz und Abfällen der Baumwollverarbeitung gewonnen. Die reine Zellulose wird gelöst, durch Spinndüsen gepreßt und nach weiteren Arbeitsgängen versponnen.
Je nach Herstellungsverfahren unterscheidet man Viskose (Modal), Kupfer- und Acetatrayon. Die in der Handweberei am häufigsten verwendete Zellulosefaser ist Viskose (Zellwolle!). Sie hat ähnliche Eigenschaften wie Baumwolle.

Brennprobe: verbrennt rasch mit heller Flamme, Geruch nach verbranntem Papier, wenig Flugasche.

Anorganische Spinnstoffe haben in der Handweberei eine untergeordnete Bedeutung. Allein die Metallgarne finden bei der Herstellung festlicher Stoffe Verwendung (Brokat). Metallfäden haben eine textile „Seele", die mit einem flach ausgewalzten feinen Draht aus Kupfer, Messing, Aluminium oder Edelmetall umsponnen ist. Ein Lacküberzug verhindert die Oxidation des Metalls. Glasfasern stellt man aus Glasmasse her. Dieses nicht brennbare Material wird (industriell) zu Dekorationsstoffen verarbeitet.

Herstellung der Garne

Nehmen Sie eine Handvoll Wolle von Ihrem sorgfältig gewaschenen Vlies. Die Fasern hängen zusammen, und das Fett, das ja nicht ganz ausgewaschen wurde, gibt ihnen einen etwas klebrigen Griff. Ziehen Sie vorsichtig ein paar Fasern aus dem Büschel heraus, drehen Sie sie zwischen Daumen und Zeigefinger, ziehen weiter, drehen weiter, und schon ist ein Stück Faden entstanden (Abb. 33). Es ist gut, wenn die Hände und Finger bei dieser Übung die Wolle immer wieder begreifen und Sie auf diese Weise ein Gefühl für den Werkstoff entwickeln, bevor Sie beginnen, mit Spindel oder Rad zu spinnen. Aber die Wolle zieht sich unregelmäßig ab. Einmal kommt ein dickes Büschel, dann wieder reißen die Fasern fast vom Vlies ab. Bald ist auch der Arm nicht mehr lang genug für den ausgezogenen Faden ...

Offensichtlich muß das Fasermaterial zum Spinnen vorbereitet werden, und es wird ein Gerät benötigt, das den Fasern Drehung gibt und den fertigen Faden speichert. Ein solches einfaches Gerät, mit dem seit prähistorischer Zeit gesponnen wird, ist die Spindel (Abb. 32, 37). Die Spindel ist ein etwa 35–40 cm langer, dünner Stab aus Holz mit einer Schwungscheibe, dem Spinnwirtel, am unteren Ende. Dieser Spinnwirtel ist aus Holz, Ton oder Stein hergestellt und wurde oft kunstvoll gestaltet. Je feiner und zarter der Faden sein sollte, desto zierlicher

31: Aufmachung der Garne (Strang, Knäuel, Scheibenspule, Kreuzspule, Konus, Kops)

mußte die Spindel sein. In Indien wurden für schleierartig feine Baumwollgewebe Fäden auf stricknadeldicken Spindeln aus Elfenbein gesponnen. Hauchfeine Garne spann man auch in Ägypten – dort meist aus Leinen – und Peru, wo man Baumwollgarne gefunden hat, von fast unvorstellbarer Feinheit.
Mit dem Spinnrad, das vermutlich in der ersten Hälfte des ersten Jahrtausends in Asien erfunden wurde, ist die Spindel weiterentwickelt worden. Der Spindelstab wurde an seinen beiden Enden in zwei Lager gelegt, die Schwungscheibe wurde zum Antriebsrad, das seine Bewegung von einem sich kontinuierlich drehenden größeren Rad erhielt. Die Entwicklung ging dann weiter bis zu dem Spinnrad, das wir heute noch als Handspinnrad benutzen. Aber das Spinnrad hat die Spindel niemals vollständig verdrängt. Vielen älteren Menschen ist aus ihrer Kindheit und Jugend noch das Bild vertraut, wie Frauen, mit dem Spinngut auf dem Wocken im Gürtel, spinnend zu ihrer Arbeit auf dem Feld gingen und jede freie Minute des Tages mit dieser Tätigkeit ausfüllten.

Vorbereitung des Spinnmaterials

Wir gehen in diesem Kapitel immer von Wolle als Spinngut aus. Sie ist von allen Naturfasern am einfachsten und preisgünstigsten zu erhalten. Andere Fasern entsprechen in der Spinntechnik im wesentlichen der Schafwolle. Flachs – früher das am häufigsten verarbeitete Material – ist als Spinngut kaum noch auf dem Markt. Seide ist ein vorzügliches und kostbares Spinnmaterial, sie ist allerdings schwieriger zu verspinnen als Wolle. Man kauft sie als Kammzug von Maulbeer- oder Tussahschappe. Baumwolle ist zwar sehr kurzstapelig, kann aber dennoch von Hand versponnen werden.

Zupfen

Die Wollstapel – so heißen die zusammenhängenden Locken – müssen gleichmäßig und lokker aufgezupft werden, damit die Fasern sich wie von selbst in den Faden einziehen lassen (Abb. 33). Beim Öffnen der Stapel wenden wir niemals Kraft an, sondern ziehen in der Rich-

32: **Beim Spinnen braucht der linke Arm Bewegungsfreiheit, darum hat der alte Spinnstuhl nur eine Armlehne**

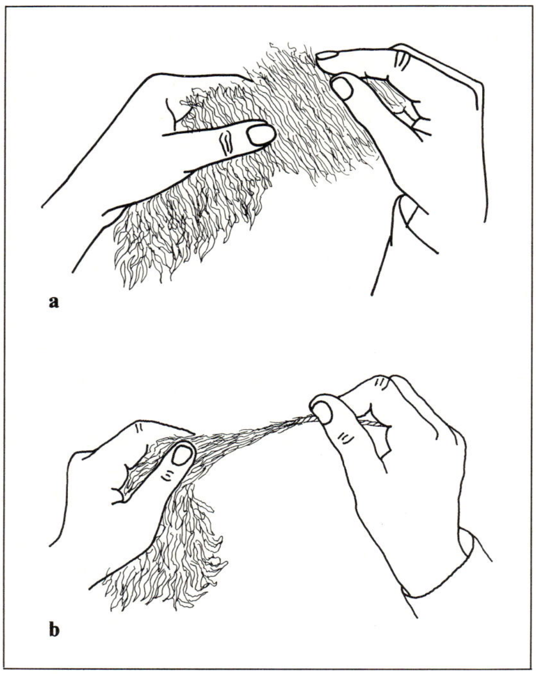

33: **Auflockern des Wollstapels und Spinnen eines Fadens mit den Fingern**

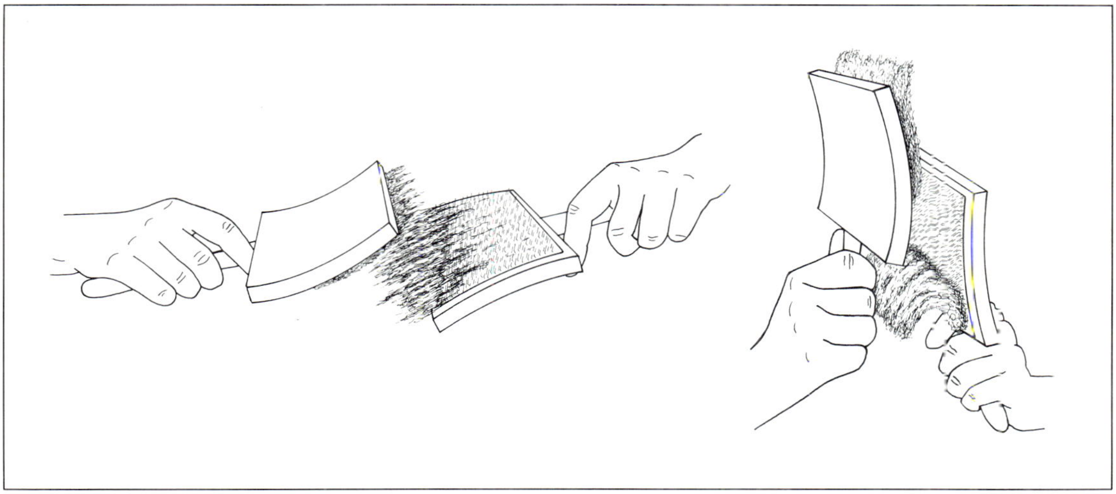

34: Zwei verschiedene Arbeitsvorgänge beim Kardieren von Wolle

tung, in der sie leicht nachgeben, also quer zur Faserrichtung. Die Wollhaare sollen ihre parallele Lage wie im Stapel möglichst behalten und noch zusammenhängen wie eine kleine Wolke. Unsauberkeiten, wie Kletten, Stroh, Schafläuse oder Grassamen und kurze klumpige Wollnester (Tweed), werden ausgelesen. Je sorgfältiger die Wolle gezupft wird, desto leichter und schneller läßt sie sich verspinnen und desto besser und gleichmäßiger wird der Faden.

Auflockern mit Handkarden (Kratzen)

Handkarden sind flache oder gewölbte Bretter mit einem Griff, die dicht mit einem Pelz feiner, federnder gebogener Nägel besetzt sind. Entweder benutzt man zwei Griffkarden oder, wenn oft und viel Wolle verarbeitet wird, eine Kardenplatte, die auf einem Arbeitstisch befestigt ist, und eine Griffkarde, die man dann mit beiden Händen führen kann. Kardieren ist nicht so zeitraubend wie Zupfen, aber anstrengender. Die eine Karde liegt in der linken Hand. Mit der rechten ziehen Sie Wolle in die Nägel hinein, wobei die Fasern schon ihre erste Streckung erhalten, eine Reihe neben die andere, bis die Nadelauflage gut gefüllt ist. Dann nimmt man die zweite Karde in die rechte Hand, setzt sie etwa in der Mitte der linken Karde auf und zieht sie vorsichtig über die Wolle, ohne daß die Nadeln der oberen Karde die der unteren berühren. Die Karden werden mit ruhiger Bewegung parallel voneinander fortgeführt und ganz durchgezogen, bevor man zum zweiten Strich etwas tiefer und fester ansetzt. Beim dritten und vierten Durchziehen haben sich die Fasern auf beide Karden verteilt und hängen wie ein Bart über den unteren Rand hinaus (Abb. 34).
Nun wird die Wolle von der rechten Karde abgestreift. Man kehrt die Griffe zueinander und setzt den oberen Rand der rechten am unteren Rand der linken Karde an und zieht hoch. Dabei löst sich die Wolle aus den Nadeln und liegt, wie ein Kissen, umgekehrt auf der linken Karde. Diesen Vorgang wiederholt man und streift das nächste Mal die linke Karde leer. Je nach Qualität und Art der Wolle ist sie jetzt schon gut geöffnet. Wenn nicht, kratzen Sie das Büschel ein drittes und viertes Mal durch.
Man kann die Wolle in der beschriebenen Weise wie ein Kissen von den Karden abnehmen oder auch zu einer Locke drehen, die sich dann besonders leicht verspinnen läßt. Sie eignet sich auch, nur grob mit der Hand gedreht, als Einlage (Schuß) für Teppiche. Man bildet die Locken, indem man die eine Karde mit kleinen Stößen gegen die Nadeln der anderen führt, die Kardengriffe zueinandergekehrt, und dann mit dem Kardenrücken oder der Hand eine rollende Bewegung ausführt.

Auflockern mit Kardiertrommeln (Kratzen, Krempeln)
Eine Vereinfachung der Arbeit ermöglichen Kardiertrommeln. Zwei verschieden große Trommeln drehen sich gegeneinander, die, wie die Handkarden, mit einem Nadelbelag überzogen sind. Die Kardiertrommel wird am Tisch fest angeschraubt (Abb. 35).
Vor dem Kardieren werden Unsauberkeiten ausgelesen und die Wollstapel ein bißchen aufgelockert. Die rechte Hand setzt dann mit einer Kurbel die Walzen in Bewegung, während die linke langsam kleine Mengen Vlies an die Nadeln der kleinen Walze heranführt und einziehen läßt. Die große Walze nimmt dann die Fasern ab und streckt sie. Die Wolle wird möglichst gleichmäßig über die ganze Walzenfläche verteilt. Lassen Sie den Pelz aber nicht zu dick werden! Sie erzielen bessere Ergebnisse, wenn Sie öfter kleine Partien auflegen!
Zum Abnehmen des fertigen Kardenbandes öffnet man den Pelz mit einem festen glatten Stab, z. B. einer dicken Stricknadel oder einem Schraubendreher. Auf keinen Fall dürfen Sie das Kardenband durchschneiden! Drehen Sie die Walze langsam zurück, während Sie den Pelz aus den Nadeln lösen. Für manche Karden gibt es ein Netz, das man vor dem Kardieren auf die Walze wickelt und mit dessen Hilfe sich die Wolle besonders leicht abziehen läßt. Achten Sie darauf, daß die Walzen nach jedem Abziehen gut geleert sind.
Mechanisch kardierte oder gekrempelte Wolle erhalten Sie im Fachhandel. Die Maschinen – sie arbeiten im großen wie unsere kleinen Kardiertrommeln – haben die Wolle zu einem makellos gleichmäßigen Spinngut vorbereitet. Zweifellos ist es für den Anfänger am einfachsten, mit diesem Material zu arbeiten. Sie erhalten mechanisch kardierte Wolle als Kardenband oder zu einer großen Walze aufgewickelt.

Schmälzen
Wenn man beim Auflockern der Wolle Schwierigkeiten hat, weil das Vlies vielleicht zu scharf ausgewaschen wurde und kein Restfett mehr enthält und verfilzt ist, kann man die Wolle schmälzen. Industrielle Schmälze ist eine Emulsion aus synthetischen Fetten und Wasser, sie wird in den seltensten Fällen zur Verfügung stehen. Wir benutzen statt dessen 1 Teil Speiseöl, das, mit 3 Teilen Wasser versetzt, kräftig geschüttelt und mit einer Blumenspritze aufgesprüht wird. Lassen Sie die Schmälze über Nacht einwirken, sie hat sich dann gut verteilt und ist in die Wollfaser eingedrungen. Die Schmälze wird nach dem Verspinnen und Verweben wieder ausgewaschen. Spinnschmälze verstärkt den Walkvorgang (s. Kapitel „Nachbehandlung" S. 116).

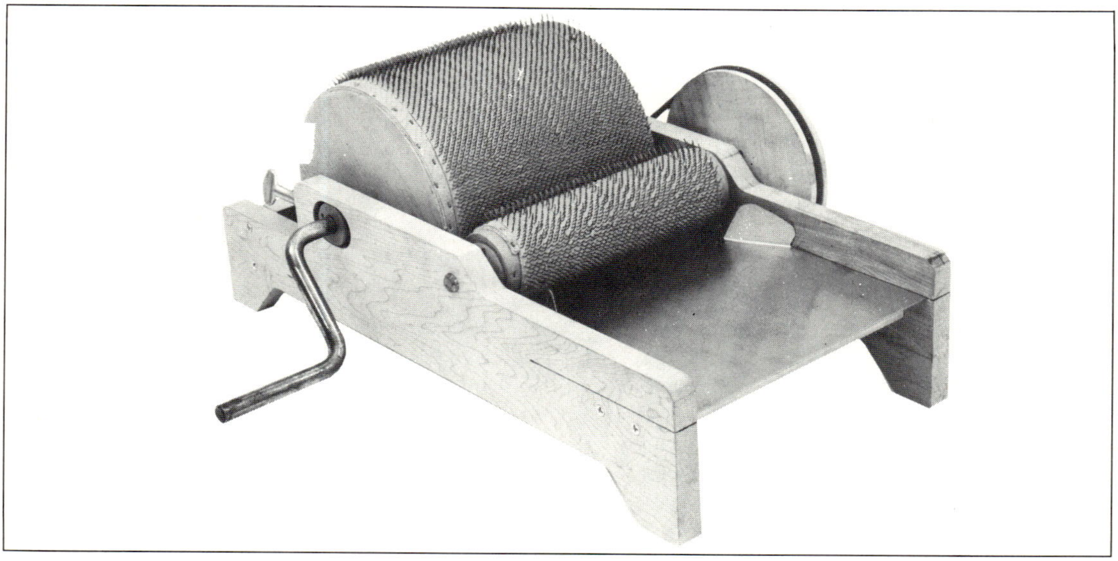

35: Kardiertrommel aus hartem Ahornholz

Spinnen mit der Handspindel

Bevor wir jetzt mit der Spindel zu arbeiten beginnen, wiederholen wir unseren anfänglichen Versuch und drehen einen etwa 1 m langen Faden mit den Fingern. Dieser Faden wird oberhalb des Spinnwirtels fest auf den Spindelstab gewickelt, um die untere Spitze gelegt und um das obere Ende des Stabes geschlungen. Die Spindel hängt frei herunter. Nun treiben Sie sie mit Daumen und Zeigefinger der rechten Hand an. Achten Sie auf die Richtung, mit der Sie Ihren Anfangsfaden mit den Händen gesponnen haben, sonst nehmen Sie die Drehung, den „Drall“, wieder heraus, und durch das Gewicht der Spindel reißt der Faden. Je nach Drehrichtung des Garns unterscheidet man zwischen Z- und S-Garnen (Abb. 36).

Das vorbereitete Spinngut liegt in der linken Hand, ebenso halten Zeigefinger und Daumen der linken Hand das Fadenende, an dem die Spindel hängt und, von der rechten Hand angetrieben, kräftig rotiert. Der Faden bekommt immer mehr Drehung, und nun bringen Sie das Fasergut so nahe an den Faden, daß der Drall überspringt, einige Wollhaare erfaßt und mitdreht (Abb. 37). Sie brauchen den Faden mit der Spindel nun nicht mehr festzuhalten, er hängt am Faserpelz in der linken Hand, und die Finger beider Hände haben zu tun, dem Drall langsam immer die richtige Menge Fasern zuzuführen.

Der Faden wird länger, Sie treiben die Spindel wieder an, bald reicht sie bis an die Erde. Früher standen die Spinner oft auf einem Schemel, damit der Faden noch ein Stück länger ausgezogen werden konnte.

Das Anspinnen des Fasergutes an den alten Faden ist zunächst die größte Schwierigkeit. Achten Sie darauf, daß der fertige Faden nicht in eine gedrehte Spitze ausläuft, sondern ein büscheliges Ende hat, damit die Fasern greifen können.

Zum Speichern des fertigen Garns wird die Spindel aufgenommen und die obere und untere Schlaufe gelöst. Man setzt die Spindelspitze auf den Oberschenkel, dreht den Stab und wikkelt dabei den Faden auf, und zwar direkt über dem Wirtel beginnend, kegelförmig nach oben. Dann wird der Faden erneut festgeschlungen und die Spindel in Drehung versetzt.

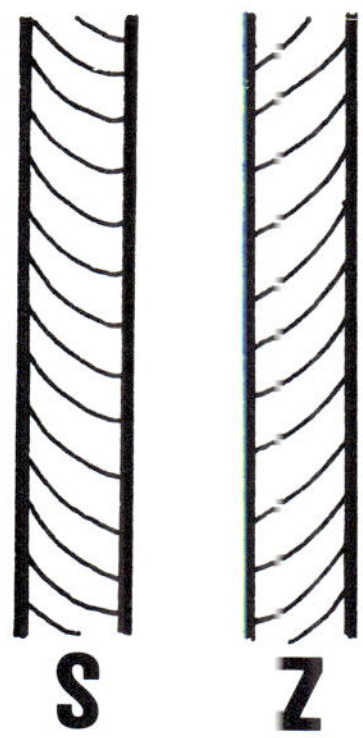

Wenn Spindel oder Spinnrad im Uhrzeigersinn angetrieben werden, entsteht ein Garn, das einen Drall von links unten nach rechts oben hat. Natürlich kann man Garne auch in umgekehrter Richtung drehen. Um sie einfach und einleuchtend zu unterscheiden, bezeichnet man mit S oder Z ihre Drallrichtung.

36: Garn mit Z-Drehung und S-Drehung

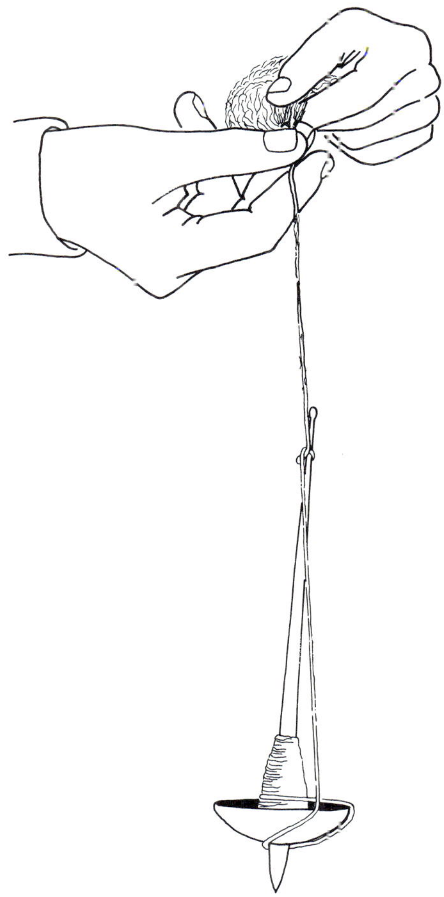

37: Spinnen mit der Handspindel

Spinnen mit dem Spinnrad

Beim Spinnrad liegt die Spindel waagerecht in einem Gestell. Zwei Arbeitsphasen, die bei der Handspindel von den Händen ausgeführt werden müssen, nämlich das Drallgeben und das Aufwickeln, übernimmt beim Spinnrad eine Mechanik, die mit dem Fuß angetrieben wird. So sind beide Hände frei zum Verziehen und Liefern des Spinngutes. Dementsprechend geht die Arbeit sehr viel schneller voran.

Form und Mechanik des Spinnrades haben sich im Laufe der Jahrhunderte unendlich vielfältig entwickelt; nur die gebräuchlichen Räder sollen hier betrachtet werden.

Der Form nach unterscheidet man das Bockspinnrad (Abb. 38), das eine kompakte, hohe Bauart hat, und das lange Spinnrad oder die „Ziege", bei dem die Spindel seitlich vom Antriebsrad angebracht ist (Abb. 39).

Das lange Spinnrad hat eine schräggestellte Bank (Grundbrett) mit 3 oder 4 Beinen, rechts lagert das Antriebsrad, das durch eine endlose Schnur mit Spindel, Spinnflügel und Triebscheibe verbunden ist. Zwischen den Beinen ist ein Trittbrett angebracht, das über einen Schwengel das Schwungrad in Drehung versetzt.

Das Bockspinnrad hat eine kurze, gerade Bank, auf der das Antriebsrad sitzt (Abb. 41). Oberhalb des Rades befinden sich Spindellager, Spindel, Spule und Spinnflügel. Das Antriebsrad des Bockspinnrads ist im allgemeinen kleiner als bei der „Ziege", damit die Spindel in arbeitsgünstiger Höhe angebracht werden kann.

38: Altes Bockspinnrad

39: Altes langes Spinnrad oder „Ziege"

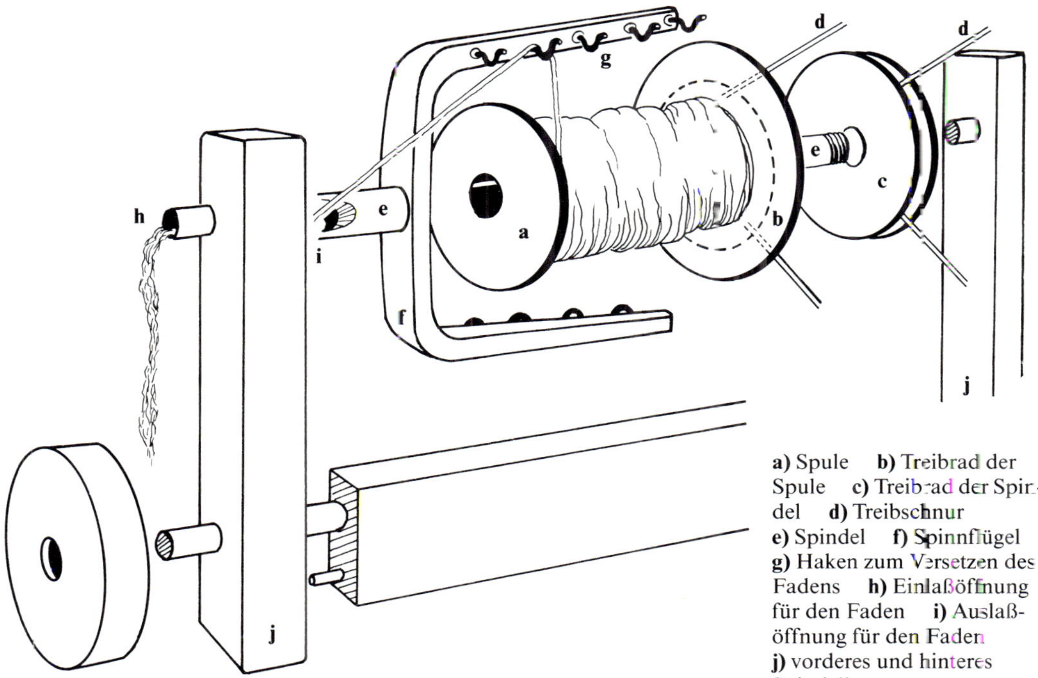

a) Spule **b)** Treibrad der Spule **c)** Treibrad der Spindel **d)** Treibschnur **e)** Spindel **f)** Spinnflügel **g)** Haken zum Versetzen des Fadens **h)** Einlaßöffnung für den Faden **i)** Auslaßöffnung für den Faden **j)** vorderes und hinteres Spindellager

40: Explosionszeichnung, Spinnkopf mit zweifacher Antriebsschnur

Dadurch wird die Laufgeschwindigkeit kleiner: Die Spule dreht sich um so langsamer, je kleiner das Antriebsrad ist. Für den Anfänger ist das erwünscht; wenn man jedoch Übung hat, zieht man das langsame, ruhige Treten mit einer großen Übersetzung am langen Spinnrad vor.
Beide Spinnradformen gibt es mit einfachem oder doppelten Antrieb. Sehen wir uns zunächst die Funktion eines Spinnrades mit **einfacher Antriebsschnur** (Abb. 41) an.

Versetzen Sie das große Antriebsrad im Uhrzeigersinn in Drehung. Die Bewegung überträgt sich durch eine Schnur direkt auf die Spule. Der Spinnflügel steht noch still. Üben Sie ein wenig das gleichmäßige und ruhige Treten, ohne Material, ohne also Ihre Hände zu beschäftigen. Nun befestigen Sie einen etwa 1,5 m langen Faden so auf der Spule, daß er nicht rutscht, und wickeln ihn ein Stück auf. Dann wird er über einen Haken am Spinnflügel geführt und durch das Spinnloch nach vorn gezogen. Dazu hängt ein kleiner Haken aus gebogenem Draht immer griffbereit. Vorn, an der Fadenauslaß-Öffnung, ist ein Knebel mit einer Schnur angebracht. Durch Anziehen oder Lockern dieses Knebels reguliert man die Drehgeschwindigkeit des Spinnflügels. Zunächst wird die Schnur nur schwach angezogen. In der linken Hand liegt die gut vorbereitete Wolle, man setzt das große Rad in Bewegung und führt den Faden, der durch den Spinnflügel nun mehr Drall bekommt, 5–6 cm vor seinem Ende an das Spinngut heran. Halten Sie dabei den Faden gut fest, er wird Ihnen sonst vom Zug der Spindel aus den Fingern gezogen, und Sie müssen wieder neu einfädeln. Lassen Sie den Drall des Fadens in das Wollgut überspringen. Verziehen Sie das Spinngut mit der linken Hand, die drei ersten Finger der rechten Hand bleiben am Faden

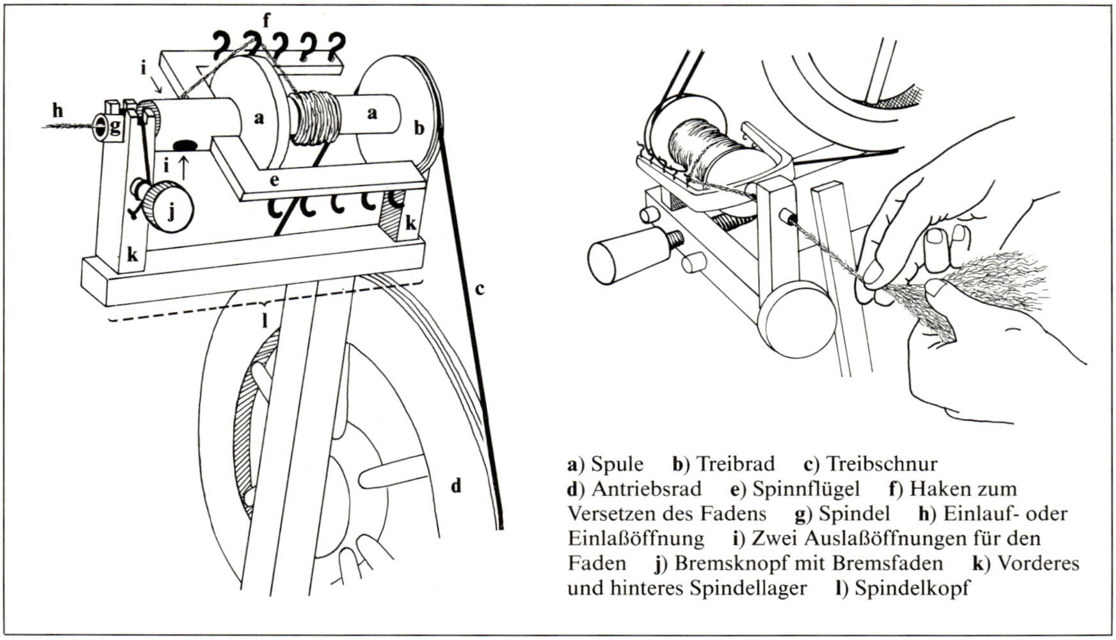

41: Spinnrad mit einfacher und Spinnrad mit zweifacher Antriebsschnur

(Abb. 41). Sie bilden die Drallschleuse des entstehenden Garns. Solange die linke ordnet, drückt die rechte den Drall ab. Dann öffnet sie sich vorsichtig und kaum sichtbar und läßt den aufgestauten Drall in das Spinngut fließen. Sie streicht dabei den Faden entlang und läßt ihn von der Spule einziehen.

Sicher geht das nicht gleich so reibungslos wie hier beschrieben. Entweder läuft der Faden davon oder er wird gar nicht eingezogen und bildet ein fingerdickes überdrehtes Seil. Oder das Schwungrad dreht sich ruckartig in die Gegenrichtung und der Faden verwirrt sich ... Man bekommt erst mit der Zeit ein Gefühl für den ruhigen, gleichmäßigen Rhythmus des Tretens gegen den Zug des Fadens (d. h. der Finger!).

Wenn der Faden zu schnell wegzieht, lockert man die Bremse, wenn der Drall zu stark und der Faden nicht genug eingezogen wird, dreht man den Bremsknebel etwas fester.

Ein stumpf und faserig endender Faden ist leichter anzuspinnen als ein spitz gedrehter!

Setzen Sie von Zeit zu Zeit den Faden auf einen anderen Führungshaken am Spinnflügel. Man beginnt an der hinteren Schwungscheibe und läßt kegelförmig weiter nach vorn aufrollen.

Die Technik beim Spinnrad mit **zweifach umgelegter Schnur** ist die gleiche wie die vorher beschriebene. Bei diesem Spinnradtyp wird eine unterschiedliche Drehgeschwindigkeit von Spule und Spinnflügel dadurch erzielt, daß beide eine eigene, verschieden große Triebscheibe haben. Der Spinnflügel hat die größere (die sich langsamer dreht), die Spule die kleinere. Die endlose Schnur überkreuzt sich einmal. Sie läuft über das große Schwungrad zum Triebrad des Spinnflügels und wieder über das große Rad zum Triebrad an der Spule. Die Schnur wird nicht verknotet sondern zusammengenäht.

Eine große hölzerne Stellschraube ermöglicht das Spannen oder Nachlassen der Schnur. Je stärker die Spannung, desto schneller ist der Fadeneinzug, je schwächer die Spannung, desto mehr Drall bekommt der Faden und desto weniger wird er eingezogen.

Solange man noch ungeübt ist, arbeiten die Hände in einem Abstand von 20–30 cm vor dem Fadenauslaß. Einen besonders schönen und feinen Faden von gleichmäßigem Drall erhält man jedoch durch langes Ausziehen des Fadens (Abb. 32). Für das Spinnen mit langem Auszug braucht man völlige Bewegungsfreiheit für den linken Arm, der das Spinngut langsam weit nach hinten oben führt. Die rechte Hand folgt ihm dabei mit etwas Abstand und reguliert den Drall durch Abklemmen oder Öffnen. Wenn der lang ausgezogene Faden – bei mäßiger Spannung der Schnur – gut gedreht ist, läßt man ihn zügig auf die Spule laufen. Spinnen mit langem Auszug sollte man erst, wenn man einige Erfahrung gewonnen hat.

Abhaspeln

Wenn eine Spule vollgesponnen ist, wird das Garn, soweit es nicht verzwirnt werden soll, abgewickelt. Man nimmt die Antriebsschnur von der Spule, damit sie frei laufen kann, führt den Faden unter dem Spinnkopf herum, und wikkelt das Garn auf ein Knäuel oder eine Haspel (Abb. 42 und 43).

Gehaspeltes Garn hat den Vorteil, daß Sie seine Lauflänge errechnen können. Man mißt den Umfang der Haspel, zählt die Umdrehungen des Garns und wiegt es. (Beispiel: Haspelumfang 2,4 m, 50 Umdrehungen, Gewicht 120 g. 50 × 2,4 = 120 m Garn wiegen 120 g. 1 g = 1 m = Nm 1, siehe auch „Numerierung der Garne", S. 47)

Wenn Handgespinst ungezwirnt verstrickt werden soll, muß man es im Strang durch eine sanfte Wäsche fixieren, damit sich das Strickgut nicht verzieht (Kap. „Nachbehandlung", S. 116).

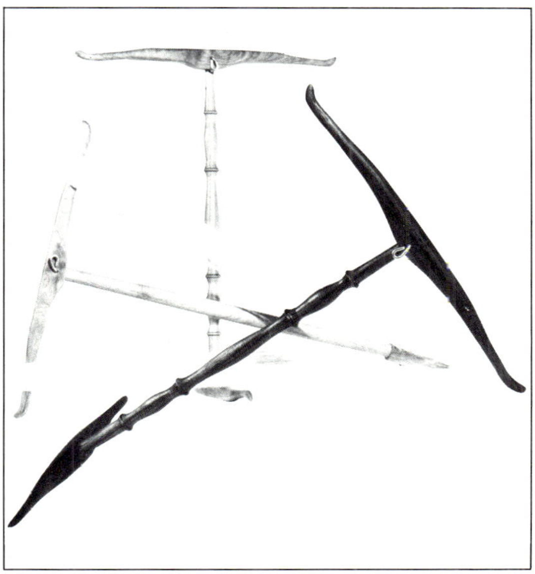

42: **Kreuzhaspel (Haspelstock)**

43: **Alte Uhrhaspel**

Zwirnen

Zum Zwirnen von zwei oder mehreren Fäden steckt man die vollen Spulen auf ein Spulgestell, führt die Einzelfäden durch den Fadenauslaß, über einen Haken am Spinnflügel und befestigt sie auf der Spule. Man kann auch von zwei Garnwinden oder Knäulen ablaufen lassen, wichtig ist, daß Sie die Fäden ungehindert und schnell abziehen können. Nützlich ist es, die Fäden durch einen Schlüsselring o. ä. laufen zu lassen, weil dadurch der Zug gleichmäßiger wird. Das Spinnrad setzt man jetzt entgegen dem Uhrzeigersinn in Gang und läßt die Fäden bei starker Spannung der Schnur von der Spule einziehen. Das heißt also, Z-Garn wird in S-Richtung gezwirnt, S-Garn in Z-Richtung (Abb. 36). Dadurch wird der Drall des Fadens aufgefangen, er wird stabiler und reißfester. Als Kettgarn wird daher vorwiegend gezwirntes Material verwendet.

Maschinell gesponnene Garne

Auch in der Handweberei ist der größte Teil der verarbeiteten Garne maschinell gesponnen, wobei unterschiedliche technische Spinnverfahren angewendet werden. Im folgenden sollen die wichtigsten gebräuchlichen Garntypen abgebildet und auch kurz erläutert werden (Abb. 44):

1. Kammgarn, Schurwolle Nm 20/2. Kammgarn ist eine Bezeichnung für die Herstellungsart eines Garnes und des daraus hergestellten Gewebes. Im Fertigungsprozeß des Fadens wurden die kurzen Fasern ausgekämmt, es finden also vorwiegend Wollsorten mit längerem, glattem Stapel Verwendung. Auch andere Materialien (Baumwolle, Misch- und Synthesefasern) lassen sich als Spinngut für die Kammgarnspinnerei verwenden. Der Ausdruck bezeichnet also die Herstellungstechnik, nicht den Rohstoff.

2. Streichgarn, Schurwolle Nm 8/2. Das Spinngut für Streichgarn ist im allgemeinen weicher, kürzer und stärker gekräuselt als das des Kammgarns. Das Garn hat eine faserige, wärmende, „unklare" Oberfläche. Zusätze aus Tierhaaren und anderen Fasern sind möglich.

3. Flachszwirn Nm 9,6/2 (NeL 16/2)

4. Werggarn, die aus dem Langflachs ausgekämmten kürzeren Leinenfasern. Flachsgarne erhielten früher im Handel ein farbiges Schild, Werggarne einen Zettel. Zusätzlich zeigten unterschiedliche Farben noch die Qualität an. Die Bezeichnungen werden heute noch häufig ver-

1 2 3 4 5 6 7 8 9 10

44: Verschiedene Garne (Beschreibung siehe Text oben)

wandt. „Rotschild“ heißt z. B.: Sehr gute Kettqualität, Flachsgarn, naßgesponnen. „Braunzettel“: Schußqualität, Werggarn, trockengesponnen.
5. Baumwoll-Cordonnet, Kettzwirn für Teppiche
6. Seiden-Schappe, Nm 100/3
7. Bourrette, Seide Nm 40
8. Haargarn Nm 1, Schurwolle mit hohem Anteil von Tierhaaren (Rind, Ziege usw.)
9. Flammengarn, Nm 2,4. Leinen mit Einschluß von Baumwollvlies. Flammen sind verdickte, spitz verlaufende Stellen.
10. Raupenzwirn, Baumwolleffektgarn.
11. Frotteezwirn, Baumwolle.
12. Knötchenzwirn, Reine Seide
13. Bouclézwirn aus Mohairwolle. Bouclé ist ein dreifacher Zwirn, bei dem sich ein fülliger Faden mit Schlaufen um einen glatten dünnen zwirnt. Ein feiner dritter Faden fixiert die Schlingen.
14. Noppengarn, Schurwolle Nm 2,3. Noppen entstehen durch unregelmäßige Zuführung von gleich- oder andersfarbigen Fasern.
15. Mohairgarn
16. Chenille (von franz.: Raupe) entsteht durch Zerschneiden eines Gewebes in Kettrichtung in schmale Streifen, die zusätzlich gedreht werden können (wie bei einer Flaschenbürste!).
17. handgesponnenes Flachsgarn, etwa Nm 10
18. handgesponnenes Wollgarn, etwa Nm 2,5

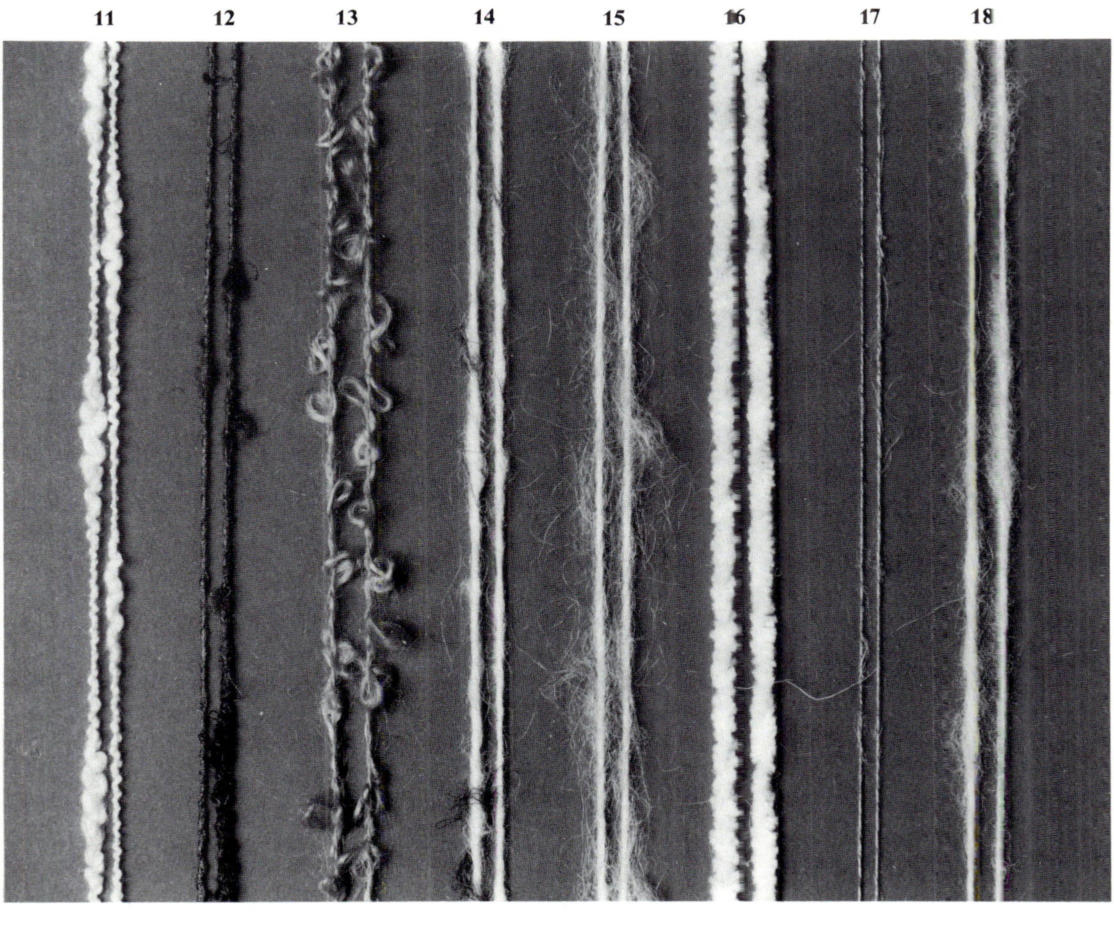

Tabelle zur Umrechnung von Garnnummern (aufgerundet)

Längennumerierungen			Gewichtsnumerierungen		Lauflänge
Ne L	Ne B	Nm	tex	titer denier	Meter je kg
1,65	0,6	1,0	1000	9000	1000
3,3	1,2	2,0	500	4500	2000
4,0	1,5	2,4	416	3750	2400
4,1	1,5	2,5	400	3600	2500
5,0	1,7	3,0	333	3000	3000
5,8	2,0	3,5	280	2570	3500
6,6	2,4	4,0	250	2250	4000
8,0	2,8	4,8	208	1875	4800
8,3	3,0	5,0	200	1800	5000
10,0	3,5	6,0	167	1500	6000
12,0	4,0	7,0	140	1285	7000
13,0	4,7	8,0	125	1125	8000
15,0	5,3	9,0	111	1000	9000
16,0	5,7	9,6	104	938	9600
16,5	6,0	10,0	100	900	10000
20,0	7,1	12,0	84	750	12000
23,0	8,2	14,0	72	643	14000
25,0	8,9	15,0	67	600	15000
26,0	9,4	16,0	64	563	16000
30,0	10,6	18,0	56	500	18000
46,0	16,5	28,0	36	320	28000
56,0	20,0	34,0	30	265	34000
66,0	23,0	40,0	25	225	40000
83,0	30,0	50,0	20	180	50000

Numerierung der Garne

Um die Feinheit eines Garns benennen zu können und damit eine Grundlage zur Errechnung des Materialgewichtes zu finden, hat man Systeme geschaffen, die das Verhältnis zwischen Gewicht des Fadens und seiner Lauflänge angeben.
Im Laufe der Jahrhunderte haben sich in den verschiedenen Ländern, Regionen, ja auch in den verschiedenen Gewerbezweigen der Weberei unterschiedliche Systeme entwickelt und eingebürgert. So legten z.B. die Leinenweber andere Gewichts- und Längenmaße zugrunde als die Tuchmacher oder Barchentweber (Baumwollweber). England war seit dem 18. und 19. Jahrhundert führender Wollieferant (Baumwolle und Schafwolle). Herstellung und Handel mit Seide war französisches Monopol. Leinen wurde in großem Umfang in Irland und Flandern produziert. So verwundert es nicht, daß bei Beginn der Industrialisierung in Europa eine Fülle verschiedener Normen für die Bestimmung der Garnfeinheit bestand und seither Bemühungen unternommen werden, diese Systeme zu vereinheitlichen.
In den meisten Ländern, in Deutschland seit 1942, werden alle Garne metrisch numeriert, mit einigen Ausnahmen bei Seide, Kunstseide und synthetischen Materialien. Das neugeschaffene, international gültige tex-System hat sich in vielen Ländern noch nicht durchgesetzt, wird aber sicher in einiger Zeit die anderen Normen ablösen.
Eine alte englische Garnnummer für Baumwolle gibt an, wieviel Strähnen dieses Garns bei einem Haspelumfang von 1,5 yards ein englisches Pfund wiegen (1 Strähne sind 7 × 80 Fäden × 1,5 yards = 768 m). So muß man umrechnen, wie yards und lbs. sich zu Meter und Kilogramm verhalten. Leider sind außerdem noch die Umfänge der Haspeln für zum Beispiel Kammgarn, Streichgarn und Leinen jeweils verschieden!
Noch immer wird eine Reihe von Leinen- und Baumwollgarnen englisch numeriert. Um Ihnen die Umrechnerei zu ersparen, finden Sie auf der gegenüberliegenden Seite eine Tabelle, aus der Sie die einander entsprechenden englischen, metrischen und tex-Nummern ablesen können. In diesem Buch wird nur mit metrischer Nummer gerechnet, Ne-Nummern werden aber zusätzlich angegeben.
Bei der Numerierung eines Garns bezieht sich die Einheit entweder auf seine Länge oder sein Gewicht.

Längennumerierung Die Nummer gibt an, wieviel Meter eines Garns 1 Gramm wiegen. Je höher die Nummer, desto feiner das Garn.
Nm 7 (gelesen: Nummer metrisch 7) heißt also: 7 m dieses Garnes wiegen 1 Gramm.

Gewichtsnumerierung Der Titer denier (td, den-System) ist ein altes französisches System zur Normung von Seiden und Kunstseiden und stellt in seiner heutigen Form schon eine Vereinfachung dar. Seiden werden heute außer in Titer denier auch metrisch numeriert. Ein Titer denier gibt an, wieviel Gramm ein Seidenfaden von 9000 m Länge wiegt. 20 den heißt also: Ein Faden von 9000 m Länge wiegt 20 g.
Ein tex gibt an, wieviel Gramm ein Faden von 1000 m Länge wiegt. Je höher die Nummer, desto stärker ist das Garn.
Tex 200 heißt also: 1000 m Garn wiegen 200 g.

Die Längennummer bezieht sich also auf ein Gewicht von einem Gramm und nennt die Länge des Fadens. Bei der Gewichtsnummer geht man immer von der festen Länge von 1000 m aus und nennt das Gewicht. In fabrikationstechnischer und rechnerischer Hinsicht bietet das zweite System Vorteile gegenüber dem ersten.

Numerierung von Zwirnen
Ein Zwirn besteht aus zwei oder mehreren einzelnen Fäden. In der Längennumerierung gibt man an, wie viele einzelne Fäden den Zwirn bilden, indem man diese Zahl mit einem Schrägstrich hinter die Nummer des Fadens setzt.

Beispiel:
Nm 6/2 heißt: 2 Fäden Nm 6 wurden miteinander verzwirnt, das Garn ist doppelt so dick geworden.

1 Faden von 6 m Länge wiegt 1 g
1 Doppelfaden von 3 m wiegt 1 g
Nm 6/2 entspricht Nm 3
Nm 15/3 entspricht Nm 5
Nm 28/2 entspricht Nm 14

Man teilt also, um die Lauflänge eines Zwirns zu ermitteln, die Nummer durch die Anzahl der Zwirne.
Werden zwei oder mehrere Zwirne miteinander verzwirnt, setzt man die zweite Zwirnung hinter einen weiteren Schrägstrich.

Nm 20/4/3 heißt: 3 Zwirne Nm 20/4 wurden verzwirnt (Schreibweise auch Nm 20/4 × 3).
Nm 20/4/3 entspricht Nm 1,7

In der Gewichtsnumerierung wird die Anzahl der miteinander verzwirnten Fäden mit einem × hinter die Nummer gesetzt.

tex 28 × 2 heißt:
1 Faden von 1000 m wiegt 28 g,
2 Fäden von 1000 m wiegen 28 × 2 = 56 g

Beispiele für die Umrechnung von Garnen und Zwirnen, tex – Nm – den:

Welcher Nm entspricht tex 200?

200 g Garn sind 1000 m lang
1 g Garn ist (1000 : 200) 5 m lang
tex 200 entspricht Nm 5

Welchem tex entspricht Nm 34/2? Bei Zwirnen wird erst die Einfach-Nummer des Garnes ermittelt:

Nm 34/2 entspricht Nm 17
17 m Garn wiegen 1 Gramm
1000 m Garn wiegen (1000 : 17) 58 g
Nm 34/2 entspricht tex 58 bzw., da es sich um einen Zwirn handelt, tex 29 × 2.

Welcher Nummer metrisch und welchem tex entspricht 225 den?

225 g sind 9000 m lang
1 g ist (9000 : 225) 40 m lang
225 den entspricht Nm 40
9000 m wiegen 225 g
1000 m wiegen (225 : 9) 25 g
225 den entspricht tex 25

Einzwirnung
Die ermittelten Zwirnnummern weichen von ihrer tatsächlichen Lauflänge geringfügig ab. Der Faden verkürzt sich durch die Drehung, und zwar um so mehr, je stärker die Zwirnung und je dicker das Garn ist. Dieser Längenverlust muß bei Materialberechnungen für Kette und Schuß in Ansatz gebracht werden (siehe Kapitel „Gewebeplanung" S. 69).

Ermitteln der Garnnummer
Wenn Sie ein Garn haben, dessen Lauflänge Sie nicht kennen und ermitteln möchten, verfährt man auf folgende Weise: Wickeln Sie von dem Garn etwa 30–50 Umdrehungen zum Beispiel auf eine Haspel oder Stuhllehne, deren Umfang Sie genau ausgemessen haben. Legen Sie die Fäden neben-, nicht übereinander, damit die letzten Umdrehungen nicht länger sind als die ersten. Nehmen Sie den abgebundenen Strang von der Haspel und wiegen Sie ihn möglichst genau.

Beispiel:
Haspelumfang 2,4 m, 30 Umdrehungen
Fadenlänge von 72 m
Gewicht: 24 g
Lauflänge: 72 m : 24 g = 3
3 m wiegen 1 g = Nm 3

Der auf diese Weise ermittelte Wert birgt viele Ungenauigkeiten. Zu einer genauen Bestimmung müssen die Materialien konditioniert sein, d. h. eine bestimmte Faserfeuchtigkeit enthalten. Erforderlich wäre auch eine elektronische Feinwaage. Je mehr Material und je genauer Sie abmessen und wiegen, desto geringer wird die Fehlerquote.

Grundbegriffe des Webens

Ein Gewebe besteht aus zwei Fadensystemen, die sich rechtwinklig kreuzen und auf diese Weise miteinander eine Fläche bilden. Die Gesamtheit der längslaufenden Fäden nennen wir Kette oder Zettel oder Aufzug, während der Schuß (Einschlag) quer zur Länge des Gewebes, zur Webekante, läuft und sich dabei in fester Ordnung über oder unter die Kettfäden legt. In der einfachsten Art der Fadenverkreuzung, der Leinenbindung, läuft der Schußfaden immer abwechselnd über einen Kettfaden und unter dem nächsten hindurch (Abb. 45). In der folgenden Reihe werden dann die Kettfäden gesenkt, die in der vorigen über dem Schußfaden lagen. Sie kennen diesen Arbeitsvorgang von den Flechtarbeiten der Kinder mit buntem Papier, auch Stopfen ist nichts anderes. In anderen Geweben überspringt der Schußfaden mehrere Kettfäden und kehrt auch erst einige Fäden später wieder an die Gewebeoberseite zurück. Die Gesetzmäßigkeit der Fadenverkreuzungen, die Bindung, wird in der Bindungslehre ausführlich erläutert.

Zunächst waren die ersten Webgeräte sicher nichts anderes als zwei stabile, gerade und geglättete Baumstämme, parallel zueinander befestigt, zwischen denen man die Fäden hin- und herspannte. In diese Kettfäden stopfte man dann den Schußfaden ein. Noch bis in die Neuzeit hinein entstanden bei den Naturvölkern Gewebe auf diese Weise.

45: Schema eines leinenbindigen Stoffes

Es ist wichtig, daß während des Webvorganges die Kettfäden in gleichmäßiger und fester Spannung gehalten werden.

Da die Kett- und Schußfäden sich in einer leichten Wellenlinie miteinander verkreuzen, wird mit zunehmender Arbeit die Spannung der Kette größer. So lernte man, die Kettfäden auf dem hinteren, dem Kettbaum, aufzuwickeln und rollte das fertige Gewebe vorn auf den Warenbaum. Das ermöglichte einen ständigen Ausgleich der Gewebespannung, außerdem war die Länge des Webstückes nicht mehr begrenzt auf die Entfernung der beiden Webbäume voneinander. In manchen Gegenden band sich die Weberin mit einem Gurt den Stab mit dem fertigen Gewebe um die Hüften und hielt, im Sitzen arbeitend, durch ihr Körpergewicht die Kette in Spannung. Noch heute ist diese einfache Form des Webgerätes zu finden.

Ein weiterer, ganz wichtiger Schritt zur Weiterentwicklung des Webvorgangs war der, die mühsame und zeitraubende Arbeit des „Einstopfens“ zu vereinfachen. Wenn man jeden Kettfaden durch eine Garnöse (Litze) führt, und dann jeweils die geradzahligen Litzen an einem Stab befestigt und alle ungeradzahligen an einem anderen, so bildet sich durch Anhebung des einen Stabes ein Fach (Abb. 46), in das man den Schußfaden leicht einlegen kann. Mit Hilfe eines Webschwertes wird dieser Schußfaden fest an die vorigen geschlagen, der andere Litzenstab aufgehoben, wodurch sich das Gegenfach bildet und der nächste Schußfaden eingelegt werden kann usw.

Dabei ist sowohl die horizontale wie auch die vertikale Anordnung des Webgeräts möglich. So war in manchen Regionen und Zeiträumen ausschließlich die aufrechte Form des Webstuhls, der Hochwebstuhl, bekannt, in anderen der horizontale, teilweise wurden beide neben-

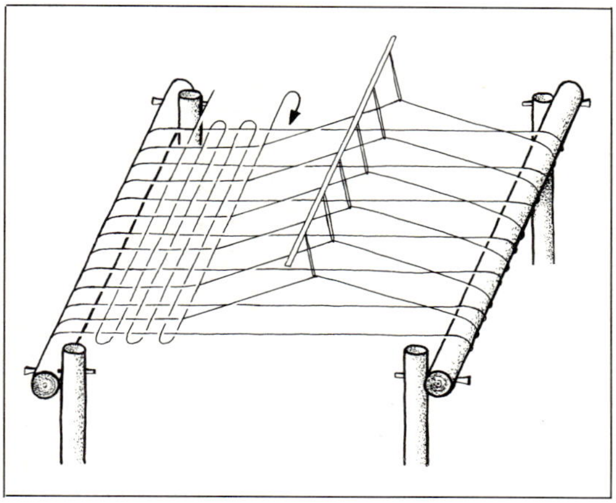

46: Schema eines einfachen Webrahmens (der Übersichtlichkeit halber ist nur ein Litzenstab gezeichnet)

einander gebraucht. In den alten Hochkulturen entwickelten sich diese Webtechniken schon früh. In Ägypten verstand man schon um 3500 v. Chr. zu weben, das Material war Leinen. Hier war ein Webgerät in Gebrauch, das flach auf der Erde befestigt war, zwei oder mehr Frauen arbeiteten gleichzeitig daran. Sie warfen sich durch das geöffnete Fach den Schuß mit einem Weberschiffchen zu, einem kleinen Gerät, in dem auf einer Spule der Schußfaden gespeichert ist und abrollen kann. Später wurde auch an aufrecht stehenden Stühlen gearbeitet, vor denen man zu mehreren Personen sitzen und weben konnte.

Eine besondere Form des Hochwebstuhls wurde im klassischen Griechenland benutzt. Auch die Menschen im Norden Europas arbeiteten mit dem sogenannten „Nordischen Gewichtswebstuhl". Hierbei waren die senkrecht hängenden Kettfäden oben auf einem Rundholz befestigt. Die erforderliche Spannung der Kette erreichte man, indem man den Kettvorrat zu mehreren Fäden gebündelt auf Steine wickelte. Der Schußfaden wurde nach oben angeschlagen, das fertige Gewebe also nach oben auf den Baum gewickelt. Während in Griechenland der Gewichtswebstuhl mit ein oder zwei Litzenstäben benutzt wurde, zahlreiche Vasenbilder und Abbildungen dokumentieren dies, fand man in den Mooren Nordeuropas Gewebe, die auf viel kompliziertere Geräte hinweisen (siehe „Thorsbergmoormantel", S. 10). Diese technische Eigenheit, die Spannung der Kette durch Gewichte zu bewirken, hat sich als nicht entwicklungsfähig erwiesen, so daß sie später ganz verschwand.

Damit waren bereits in geschichtlicher Zeit die drei grundlegenden Arbeitsschritte entwickelt und die wesentlichen Erfindungen für den Webvorgang getan:

- Das Spannen der Kette zwischen 2 Bäumen;
- das Speichern der ungewebten Kette auf dem Kettbaum und des fertigen Gewebes auf dem Warenbaum und
- die mechanische Fachbildung mit Hilfe von Litzenstäben.

Webgeräte

Webrahmen, Bandwebe

Der Webrahmen entspricht in seiner Konstruktion eigentlich ganz den frühen historischen Geräten: Zwei drehbare Wellen (Kett- und Warenbaum) lagern seitlich in Hölzern. Die Kette wird auf dem hinteren, dem Kettbaum, aufgewickelt und am vorderen, dem Warenbaum, befestigt. Die Kettspannung wird durch eine einfache Klinkenscheibe (Zahnrad) erreicht. Die Fachbildung geschieht hier meist nicht durch Litzenstäbe oder Schäfte, sondern mit Hilfe eines Webkamms, der gleichzeitig zum Anschlagen des Schußfadens an das fertige Gewebe dient. Dieser Kamm besteht aus zwei stabilen Leisten, zwischen denen glatte, flache Stäbe in gleichmäßigen Abständen eingesetzt sind. Jedes Stäbchen ist in der Mitte gelocht. Man fädelt immer abwechselnd einen Faden durch ein Loch und den nächsten durch den Schlitz (das Riet genannt). Wenn man den Kamm anhebt, werden die Lochfäden mit hochgezogen, während die Rietfäden in ihrer Ebene stehen bleiben. So entsteht zwischen beiden ein Fach. Das Gegenfach bildet sich durch Herabdrücken des Kamms. Webrahmen können entweder einfach auf dem Schoß und einem Tisch aufliegen, bequemer ist die Handhabung mit einem passenden Untergestell, das auch die Feststellung in einer günstigen Arbeitshöhe und -position erlaubt (Abb. 47).

Mit einem Webrahmen kann man nur Leinenbindung und einige ihrer Ableitungen (Panama, Schußrips) bilden, Muster müssen eingelesen werden. Webrahmen haben sich sehr bewährt für Bildweberei, für den Werkunterricht, für therapeutische Zwecke und zur Herstellung einer Vielzahl einfacher Gebrauchsgewebe. Da in diesem Buch im wesentlichen die Erarbeitung mehrschäftiger Gewebe behandelt wird, kom-

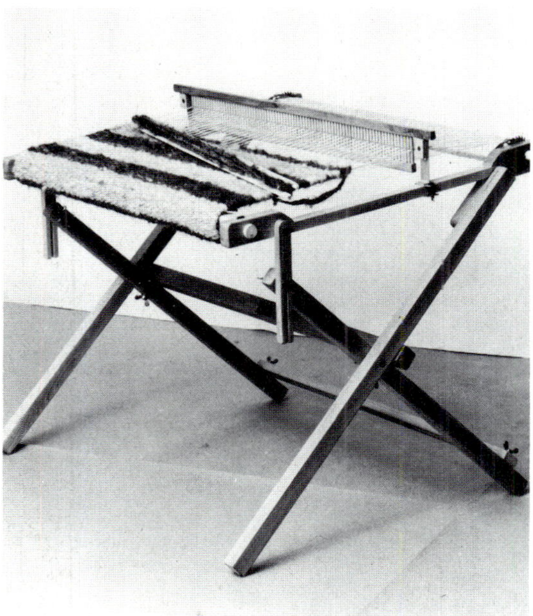

47: Webrahmen auf Untergestell

48: Ein moderner Bandwebstuhl

men Sie bei den hier gewählten Beispielen mit einem Webrahmen nur selten aus.
Der oben beschriebene Webkamm allein diente früher in der bäuerlichen Weberei zur Anfertigung von Bändern und Gürteln (Nddt. Gördelkamm). Die Kette wird an einem festen Punkt (Schraubzwinge, Türgriff) und das fertige Band am Gürtel der Weberin befestigt. Der Kamm bildet das Fach, indem man ihn bei gespannter Kette nach oben oder unten drückt (Abb. 49). Der Griff des Kammes war oft kunstvoll geschnitzt und verziert. Bekannt war in der bäuerlichen Weberei auch von alters her der Bandwebstuhl, der ein bequemes Arbeiten erlaubte. Ein moderner Bandwebstuhl hat statt des Holzkammes oft Schäfte mit Litzen, die über Tritte bewegt werden (Abb. 48).

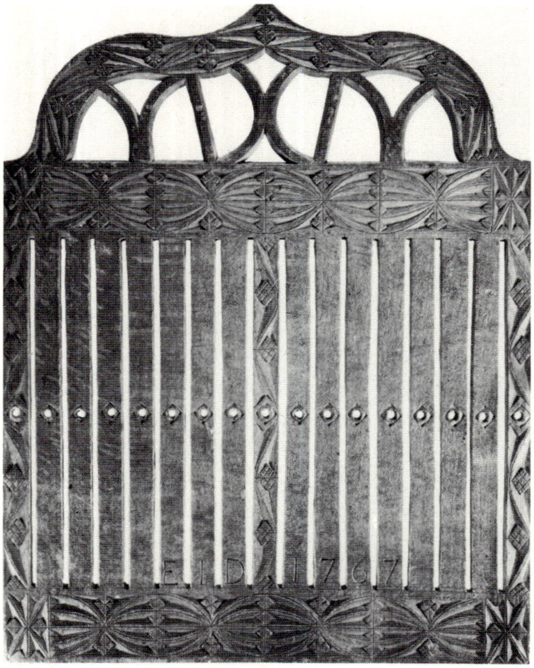

49: Webkamm oder Gördelkamm

Flachwebstuhl

Die große Gruppe der Flachwebstühle ist am vielseitigsten verwendbar. Die vorher beschriebenen Urformen des Webstuhls wiesen eine Reihe von Unzulänglichkeiten auf. So war es sehr mühsam, das Webfach mit einem Schlingenstab auszuheben, bei größeren Breiten ging es ohne Hilfe gar nicht. So erweiterte man die Schlingenstäbe zu leichten Rahmen, den sogenannten Schäften, die über Wellen und Schnüre durch Tritte mit den Füßen bewegt werden konnten. Auf diese Weise hebt sich ein Teil der Kettfäden, während der andere durch die Hebelwirkung nach unten gezogen wird. Alle Fäden werden dadurch gleichmäßig gestreckt und belastet, das so entstehende Fach ist größer und sauberer. Auch hat der Weber die Hände frei, um das Schiffchen ins Fach zu werfen und wieder aufzufangen.
Das setzt voraus, daß die nötigen Gerätschaften eine stabile, arbeitstechnisch günstige Anordnung erhalten. Man lagert Kett- und Warenbaum in zwei Rahmen aus schweren Hölzern. Auch eine Bank, auf der die Weberin bei der Arbeit sitzen kann, ist einbezogen in diese oft großen Gestelle. An der sogenannten Überlage werden Wellen, Rollen oder Wippen angebracht, an denen zwei oder mehr Schäfte hängen. Das Anschlagen des Schußfadens an das bereits Gewebte geschieht mit der Kammlade und dem darin eingesetzten Webblatt, zwischen dessen flachen Rieten (so genannt, weil sie aus Rietgras hergestellt wurden) von etwa 15–18 cm Höhe die Kettfäden durchgezogen werden.
Trittwebstühle dieser Ausrüstung sind im europäischen Raum seit etwa dem 14. Jahrhundert nachgewiesen und haben sich bis in die ersten Jahrzehnte unseres Jahrhunderts in der bäuerlichen Weberei gehalten. Unverstand und falscher Fortschrittsglaube ließen dann eine große Zahl dieser alten Stühle im Ofen enden. Erst in den letzten Jahren wird man sich ihres Wertes wieder bewußt und läßt die alten, restaurierten Geräte wieder zu Ehren kommen.

Das Gestell

Das Gestell des Webstuhls ist aus hartem, abgelagertem Holz hergestellt. Sehr gut geeignet ist Eiche, auch Buche findet oft Verwendung. In

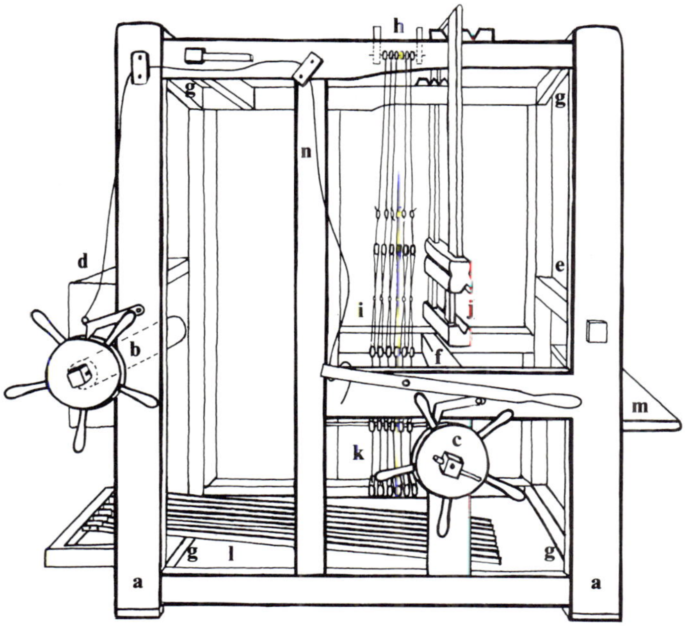

a) Stuhlsäulen
b) Kettbaum mit Zahnrad und Handrad zum Spannen der Kette
c) Warenbaum
d) Hinterer Streichriegel oder Streichbaum
e) Brustbaum
f) Kniebaum
g) Kanthölzer
h) Kontermarschüberlage mit Pferden oder Wippen
i) Schäfte mit Litzen
j) Weblade
k) Obere und untere Querschemel
l) Tritte
m) Webbank
n) Schnurverbindung zum Kettbaum

50: Kontermarschwebstuhl, von der Seite gesehen

Schweden werden die Stühle vorwiegend aus der langfaserigen Kiefer gebaut, während man in Finnland die dort sehr langsam wachsende und darum harte Birke verarbeitet. Die Oberfläche aller Teile muß gut geglättet und imprägniert sein. Schwere und Stabilität sind ein wichtiges Qualitätsmerkmal des Handwebstuhls.

Die beiden Seitenteile (Wangen) bilden entweder einen Vollrahmen (Abb. 50) oder haben Stuhlsäulen (a), die hinten höher sind als vorn (Halbrahmen oder offene Form). Sie werden miteinander verbunden und stabilisiert durch den Kettbaum (b), den Warenbaum (c), den hinteren Streichriegel (d), den Brustbaum (e), den Kniebaum (f) (die letzteren drei nennt man einfach auch nur Streichriegel) und die drei oder vier Kanthölzer an den Enden der Stuhlsäulen (g).

Alle Streichriegel sind besonders gut geglättet und abgerundet; denn sie dienen zur Führung der Kette bzw. der Ware. Der Abstand der beiden Wangen voneinander, also die Länge der Riegel und Bäume, ist bestimmend für die Webbreite. Alle Kanthölzer sind durch Zapfen oder Schrauben miteinander verbunden. Sie lassen sich für Transportzwecke leicht lösen. Brust- und Kniebaum können herausgenommen werden, weil das für den Einzug bequemer ist. In deutschen Webstühlen, vor allem den älteren, ist die Sitzbank, in der Höhe verstellbar, in das Gestell eingebaut, während man in Skandinavien ein Sitzbänkchen extra hat.

Der Kettbaum

Der Kettbaum ist eine zylindrische Walze aus Holz, Stahlrohr oder auch Holz mit einem Stahlkern. Seine Enden (Zapfen) lagern drehbar in den beiden Wangen des Gestelles. In alten Stühlen ist der Kettbaum oft in der Webebene angebracht (wie beim Rahmen). Das hat den Nachteil, daß bei dick bespannten Kettbäumen die Lage der Kette sehr hoch kommt, auch

51: Baumscheiben am Kettbaum

gleichen sich Spannungsungleichheiten nicht so leicht aus. So hängt man den Kettbaum besser oben oder unten in den Rahmen und leitet die Kette über einen Streichriegel (d) in die Webebene. Man kann auch einen zweiten Kettbaum (mit zweitem Streichriegel) anbringen, was bei bestimmten Gewebebindungen von Vorteil ist.
An einem Ende des Baumes, außerhalb des Webgestells, ist ein Drehkreuz oder eine Drehscheibe mit Zapfen fest aufgesteckt, mit deren Hilfe die Kette aufgewickelt wird. Zur Befestigung der Kette beim Bäumen hat die Kettwalze entweder Bohrungen, durch die man eine lange Schnur für den Anlängerer (oder Peitschenstab) fädelt, oder eine Nut zur Aufnahme der Fitzrute. Wenn beides fehlt, nagelt man mit kurzen Stahlnägeln eine Schürze an (siehe nächster Absatz). Manche Stühle sind mit Baumscheiben ausgerüstet, die verhindern, daß bei langen Ketten die Kettfäden seitwärts abrutschen (Abb. 51).

Der Warenbaum
Der Warenbaum (c, hinter der Drehscheibe) entspricht in seinem Bau etwa dem Kettbaum, er lagert unter dem Kniebaum im Gestell. Arbeitstechnisch am angenehmsten ist das Arbeiten mit Baumtuch oder Schürze, wie beim Kettbaum auch. Wenn ein Stuhl nicht damit ausgerüstet ist, kann man das leicht selbst nachholen: Weben Sie sich Ihre zwei Baumtücher selbst, am besten aus festem glattem Leinen, in der größtmöglichen Breite. Die Schürze muß so lang sein, daß sie vom Waren- bzw. Kettbaum über die entsprechenden Streichbäume bis etwa 30 cm vor das Webblatt bzw. hinter die Schäfte reicht, dazu etwa je 12 cm Saum zur Aufnahme des Peitschenstockes. Auch der Warenbaum hat eine Drehscheibe mit Zapfen oder ein Zahnrad mit Klinkenspannung zum Aufwickeln des fertigen Gewebes.

Spannvorrichtungen
In der Einleitung zu diesem Kapitel wurde dargelegt, daß die Kette zum Weben in Spannung gehalten werden muß. Der Zug des Kettbaumes und der Zug des Warenbaumes müssen dabei in entgegengesetzter Richtung wirken und feststellbar sein. Am einfachsten erreicht man das mit einer Sperrvorrichtung von Zapfen und Hebeln. Heute werden statt dessen meistens Zahnräder und Klinken verwendet. Zum Aufwickeln eines Gewebestückes löst man die Klinken am Kettbaum, was in den meisten Fällen durch eine Schnurverbindung (n) geschehen kann, ohne daß die Weberin oder der Weber dazu aufstehen muß.
Diese Art der Kettspannung ist die einfachste und gebräuchlichste, aber nicht die beste. Bei jedem Schußeintrag verkürzt sich der Kettfaden durch die Wellenbewegung, mit der er sich um den Schuß legt. Die Spannung verstärkt sich also, und damit wird auch das Fach straffer und flacher. Manche Stühle sind daher mit elastischen Bremsen ausgerüstet (Abb. 52), die mit Gewichten arbeiten. An einer Seite des Kettbaumes (oder bei breiten Ketten mit großer Spannung auch an beiden) ist eine Scheibe von etwa 30 cm Durchmesser starr befestigt, die so dick ist, daß ein festes, unelastisches Seil mehrere Male herumgelegt werden kann. Das eine Ende des Seiles wird am Webstuhlrahmen befe-

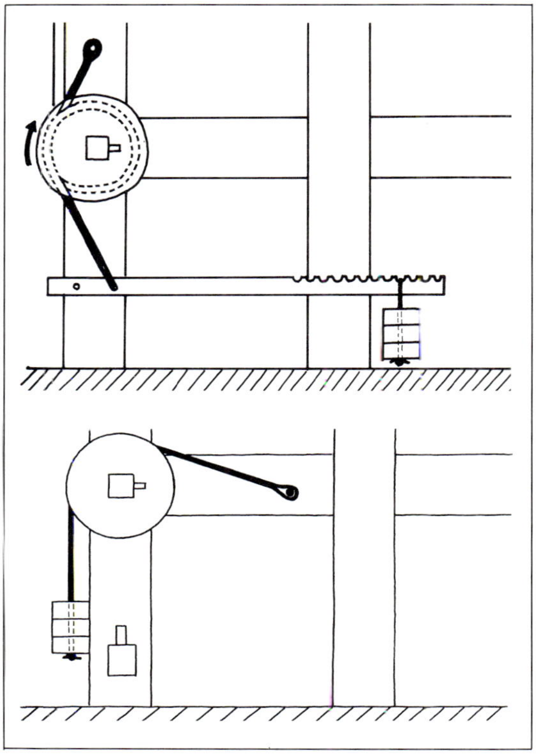

52: Zwei verschiedene Bauweisen von elastischen Bremsen

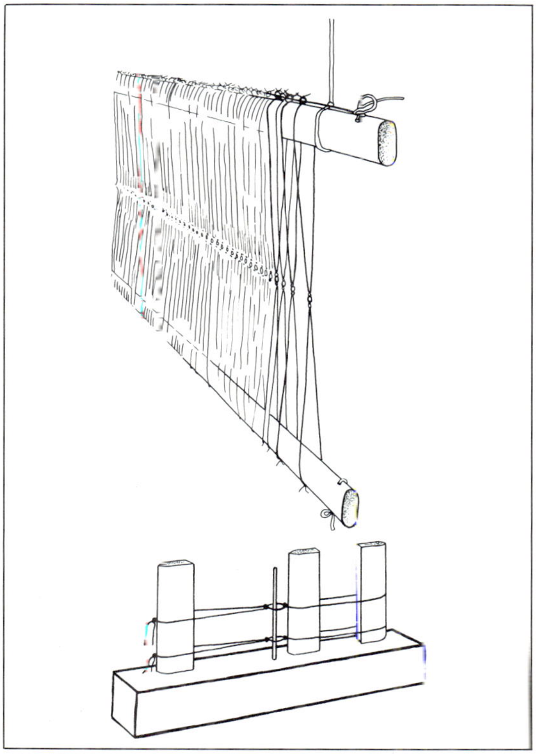

53: Litzenmodel und Schaft

stigt. Am anderen Ende sind Gewichte befestigt. Das Bremsgewicht wird der erforderlichen Kettspannung angepaßt. Durch die Bewegung, die die Kette beim Fachwechsel und Anschlag des Schusses macht, lockert sich die Spannung ein kleines bißchen, während das Gewicht der Bremsen in Ruhestellung den Kettbaum wieder festzieht.

Das Geschirr

Die Schäfte mit den Litzen (oder Helfen) (i) dienen zur Fachbildung der Kette, alle Schäfte zusammen nennen wir das Geschirr. Die Schäfte werden in der Webstuhlüberlage aufgehängt und über Wellen, Rollen oder Wippen bewegt (h).

Ein Schaft (Abb. 53) besteht aus einer oberen und einer unteren Schaftleiste (oder einem ganzen Schaftrahmen). Die Litzen haben oben und unten große Schlingen, die auf die Schaftleisten geschoben werden. In der Mitte befindet sich das Litzenauge, durch das jeweils ein Kettfaden gezogen wird.

Wer Geld sparen will und die Mühe nicht scheut, knüpft sich seine Litzen selbst und benutzt dazu Schablonen mit Zapfen (Abb. 53), die gewährleisten, daß auch wirklich alle Litzen gleich lang werden. Man verwendet dazu ein feines, aber festgedrehtes und glattes Garn (am besten Spezialgarn für Litzen) und knüpft unter Anwendung des Kreuzknotens aus vorher gleich lang geschnittenen Garnenden. Arbeiten Sie dabei sehr gleichmäßig, denn Unterschiede in der Litzenhöhe ergeben ein unsauberes Fach! Jeweils 50 fertige Litzen bündelt man oben und unten in ihrer großen Schlinge (Abb. 54).

Außer den Litzen, die ganz aus Garn bestehen, gibt es auch noch solche, die Metallaugen (Maillons) haben (Abb. 55). Sie sind besonders haltbar und können auch selbst hergestellt werden. Die Maillons sind in verschiedenen Größen für feine bis schwere Gewebe im Handel erhältlich.

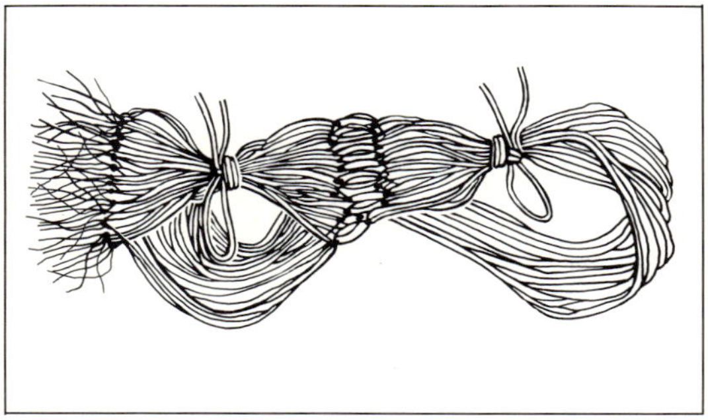

54: Abbinden von Litzen zur Aufbewahrung

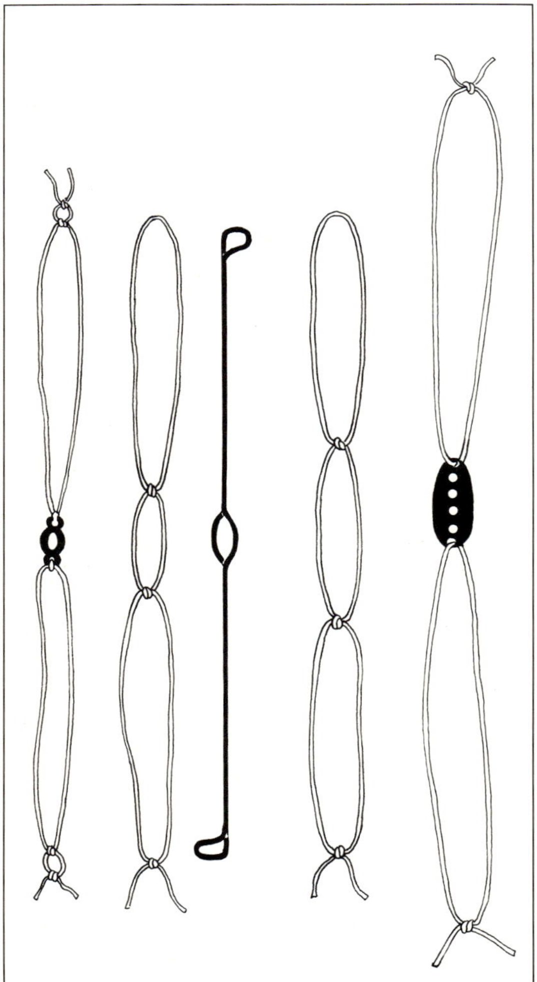

55: Litzen (a. mit Stahlauge, b. Baumwollitze, c. Stahllitze, d. und e. Damastlitzen)

In der mechanischen Weberei verwendet man ausschließlich Litzen, die ganz aus Stahl sind. Aber auch in der Handweberei sind sie gebräuchlich, weil sie nahezu unbegrenzt haltbar sind und empfindliche Ketten weniger reiben und scheuern als geknotete Garnlitzen. Sie benötigen jedoch einen speziellen Schaftrahmen, auf den sie aufgezogen werden (Abb. 56).
Die Litzenlänge beträgt im allgemeinen etwa 28 cm, für kleine Geräte reichen kürzere Helfen; wenn man jedoch mit mehr als 8 Schäften arbeitet, müssen sie 32–33 cm lang sein, damit die Fachbildung nicht beeinträchtigt wird. Das Litzenauge ist bei Garnhelfen 1,0–1,5 cm lang.
Die Haltbarkeit von Garnlitzen wird wesentlich erhöht, wenn man sie vor ihrer ersten Benutzung mit Leinölfirnis tränkt und dann trocknet.
Um zu verhindern, daß die Litzen seitlich von den Schäften rutschen, haben manche Sorten oben und unten eine Öse, durch die ein Führungsfaden gefädelt ist, der rechts und links am Schaft befestigt wird. Wenn diese Litzenösen fehlen (das ist im allgemeinen bei den ganz aus Garn geknüpften der Fall), spannt man am oberen und unteren Schaftholz einen Faden vom einen Ende zum anderen über alle Litzen hinweg.
Wenn Sie fertig geknotete Litzen kaufen, sollten Sie sich von vornherein mit einem genügend großen Vorrat ausrüsten, weil es oft schwierig

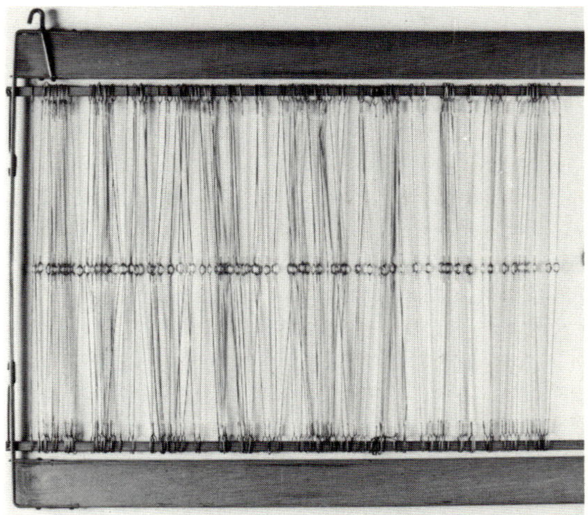

56: Schaftrahmen mit Stahllitzen

ist, genau die gleiche Qualität und Länge nachzukaufen. Allein die unterschiedliche Elastizität verschiedener Litzengarne kann beim Weben im Fach deutliche Unterschiede ausmachen.

Kammlade
Während das Geschirr für die Ordnung der Kettfäden entsprechend der vorgesehenen Bindung sorgt und das Fach bildet, hält das Blatt die Fäden in gleichmäßigem Abstand voneinander und „schlägt" den in das Fach eingelegten Schußfaden fest an das Gewebe.
Das Webblatt wird in die Kammlade eingesetzt, einen Rahmen, der entweder an der Überlage des Webstuhles hängt und vor- und zurückpendelt (Schwinglade) oder auf seiner Achse unten am Webstuhl steht (Standlade, Abb. 57). Die Funktionen beider Konstruktionen sind gleich, doch kann man sagen, daß man mit einer Schwinglade harmonischer, „fließender" arbeitet, während eine Standlade mehr Kraft im Anschlag hat. (Letzteres ist nicht bei allen Geweben ein Vorzug!) Bei beiden Laden ist die Arbeitshöhe regulierbar, was an den jeweiligen Drehpunkten geschieht. Dort sind in den Ladenarmen Bohrungen angebracht, so daß man durch Versetzen des Splintes die Lade millimeterweise heben oder senken kann.
Die in der gewerblichen Handweberei vorwiegend genutzte Schnellade ist für die Heimweberei und besonders für Anfänger nur bedingt zu empfehlen. Das Arbeiten mit Schnellschuß erfordert viel Übung und ist dazu sehr geräuschvoll. Andererseits geht die Arbeit natürlich sehr viel schneller voran und erleichtert das Weben bei großen Breiten. Eine gut funktionierende, leicht und „leise" arbeitende Schnellade zu bauen, ist nicht einfach, und nur wenige Webstuhlfabrikate haben da befriedigende Ergebnisse.
Bei der Schnellade ist die Ladenbahn, also der untere Ladenholm, etwas verbreitert, nach hinten geneigt und an beiden Seiten 40–50 cm verlängert. Dort befinden sich die Schützenkästen, in denen der Schnellschütze liegt (Abb. 58) und vom Treiber mit einer Peitsche durch das Fach in den anderen Schützenkasten „geschossen" wird. Es gibt verschiedene Bauarten der Schützenkästen. Meist läuft der Treiber, ein Brettchen mit einer Lederschlaufe, in zwei Führungsrillen der Seitenwände.

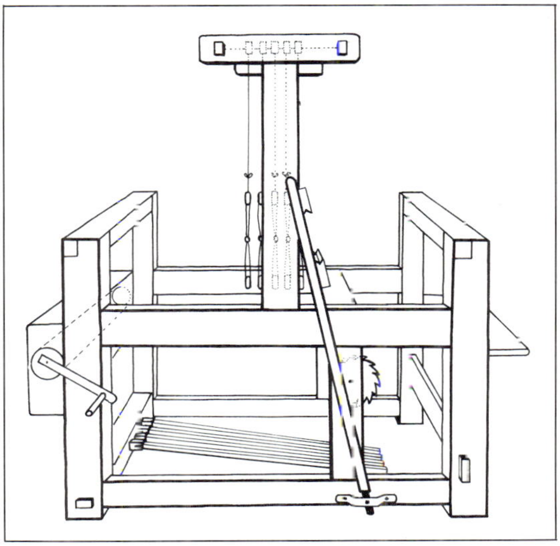

57: Webstuhlgestell mit Standlade

58: Schnellschütze im Kasten

Bei einer anderen Form der Schützenkästen läuft der sog. Picker auf einer Metallstange, die an der vorderen Schützenkastenwand befestigt ist. Manche Kästen haben eine Bremse, die verhindert, daß der Schütze zurückfedert. Der Webbreite entsprechend kann man die Schüt-

59: Altes Webblatt aus Riet

60: Neues Webblatt aus Stahl

zenkästen auf der Ladenbahn versetzen. Bewegt werden Treiber oder Picker mit dem sog. Schnellzeug, einer Schnur, die von einem Schützenkasten, durch verschiedene Ösen geführt, zum Treiber des zweiten Schützenkastens reicht. Die Schnur muß so lang sein, daß der Schütze ungehindert ganz in seinen Kasten fliegen kann. In der Mitte des Webstuhles hängt der Griff zum Antreiben der Schützen.
Obwohl Schnellschußeinrichtungen auch in Standladen eingebaut werden, arbeitet man gerade damit in einer Schwinglade besser.
Der Vollständigkeit halber sei noch die Wechsellade erwähnt, bei der anstelle eines Schützenkastens zwei oder mehrere über- oder nebeneinander liegen, in denen sich verschiedene Schützen befinden. Sie werden durch Handhebel oder einen besonderen Tritt in die Höhe der Ladenbahn gedrückt. Bei ständigem Wechsel der Schußfarbe oder -qualität beschleunigt das Arbeiten mit der Wechsellade das Webtempo natürlich bedeutend.

Das Webblatt

Das Webblatt wurde ursprünglich aus gespleißtem Rietgras (Schilfrohr) hergestellt, das oben und unten mit festem Leinengarn an Leisten gebunden und eingepecht wurde (Abb. 59). Später ersetzten Metallstäbe das Rietgras, die mit Zinn eingebunden (Zinnbundblatt) oder eingegossen (Zinngußblatt) wurden (Abb. 60).
Webblätter haben unterschiedliche Feinheit. Durch den Abstand zwischen den einzelnen Rietzähnen wird die Kett- und Gewebedichte bewirkt. Die Einteilung der Webblätter wird heute nach einem metrischen System vorgenommen, d. h. es wird angegeben, wieviel Riete 1 dm (10 cm) hat. Am Randzahn des Blattes ist die Normung eingeprägt, z. B. 45/10/150. Das bedeutet: 45 Riete auf 10 cm, Blattbreite 150 cm = 675 Riete. Man kann Blätter in allen Abstufungen anfertigen lassen, im Handel sind sie meist nur in vollen 10er- oder 5er-Zahlen. Die Höhe des Blattes beträgt 12 bis 16 cm.
Für die Grundausstattung eines Heimwebstuhls sollte man zunächst 3 bis 4 Blätter anschaffen. Die Einteilungen 20/10, 40/10, 50/10 und 60/10 decken schon eine große Anzahl von Gewebefeinheiten ab.
Webblätter müssen trocken gelagert werden, damit sie nicht rosten. Vorteilhaft ist es, sie in geöltes Papier (fertig zu kaufen im technischen Handel) einzuwickeln. Wenn das doch passiert ist, werden sie mit Rostlöser und Stahlwolle recht mühsam gereinigt. Meist sind dann die ersten Zentimeter des Gewebes unbrauchbar.

Vorrichtungen zur Fachbildung

Die Fachbildung, d. h. das Heben und Senken der Kettfäden, wird durch unterschiedliche Mechanismen bewirkt, die hier mit ihren Vor- und Nachteilen kurz dargestellt werden. Genaue Funktionsbeschreibungen finden Sie im Kapitel „Verschnürung“ (S. 99).

Welle (für zweischäftige Bindungen). Diese Konstruktion findet man vor allem in den alten Bauernwebstühlen (Abb. 83, S. 68), aber auch in modernen, kleinen Geräten.

Von der oberen Leiste eines Schaftes führen rechts und links Schnüre über eine Welle, die im Webstuhlgestell in der Überlage aufgehängt ist, zu dem zweiten Schaft. Die unteren Schaftleisten sind mit Tritten verbunden, so daß das Senken eines Trittes das Senken des entsprechenden Schaftes zur Folge hat. Statt einer Welle findet man auch oft zwei hölzerne Arme mit Rollen, die denselben Zweck erfüllen.

Um das Durchbiegen der unteren Schaftleisten zu verhindern und auch, um den Schaft möglichst gerade herabzuziehen, wurden Unterstützungshölzer untergebunden, eine Hilfsmaßnahme, die man auch heute noch an modernen Stühlen gelegentlich sieht, wenn besonders breite Schäfte stabilisiert werden sollen. Die Tritte sind parallel zur Kette entweder unter dem Sitz des Webers oder unter dem Kettbaum angebracht. Bei den modernen kleinen Tischgeräten geschieht der Fachaushub durch Drehen der Welle mit der Hand. Die Fachbildung mit Hilfe einer Welle ist noch recht primitiv und ermöglicht nicht die voneinander unabhängige Bewegung mehrerer Schäfte.

Viele der alten Bauernwebstühle werden heute wieder hergerichtet und sind voll funktionsfähig. Da sie immer sehr schwer und geräumig gebaut sind, kann man das Geschirr ohne weiteres auf mehrschäftige Einrichtungen erweitern. Mit etwas handwerklichem Geschick (oder der Hilfe eines Tischlers) fertigt man sich Rollenzüge oder Kontermarsch an, wie sie im nächsten Absatz und im Kapitel „Verschnürung" (S. 99) ausführlich beschrieben sind.

Manche dieser alten Geräte haben eine sehr niedrige Arbeitshöhe. Das liegt nicht nur daran, daß die Menschen vor 200 Jahren kleiner waren. E. Schoneweg berichtet in seinem Buch „Das Leinengewerbe in der Grafschaft Ravensberg", daß der Fußboden unter dem Leinenwebstuhl meist nicht gedielt war, sondern aus festgestampftem Lehm bestand, um die Bodenfeuchtigkeit auf das Garn einwirken zu lassen. Unter den Tritten war eine Vertiefung, die „Tretkuhle", in den Boden gegraben, in die die Tritte beim Arbeiten hinuntergedrückt wurden. Kein Wunder, daß die Weber und Weberinnen über Rheumatismus zu klagen hatten. Aber nicht nur das: Böse Zungen behaupteten, daß die Leineweber einen Teil des ihnen zur Verarbeitung übergebenen Flachses „in die Kuhle fallen ließen".

Durch **Rollenzüge und Wippen** läßt sich eine vielfältigere Fachbildung erreichen (Abb. 61). Der Zug wird über die Rollen durch zwei auf jeder Seite zwischengeschaltete Wippen auf vier Schäfte übertragen. Unter den Schäften befin-

61: Webstuhl von 1930 mit Wippen, Schnellschuß und Standlade

62: Kontermarschwebstuhl mit Hängelade und Schnellschuß

den sich Latten, je Schaft eine, die sogenannten Querschemel, die die Tritte mit den Schäften so verbinden, daß man mit einem Tritt gleichzeitig mehrere Schäfte heben oder senken kann. Beim Weben mit vier und weniger Schäften läßt sich sehr gut mit diesem Rollenzugsystem arbeiten, für mehr als 4 Schäfte ist ein Kontermarsch vorzuziehen.

Kontermarsch. Heute werden die meisten Stühle, vor allem die größeren, stabilen Modelle, mit einem Kontermarsch ausgerüstet (Abb. 62). Der konstruktive Unterschied zu den anderen Systemen liegt darin, daß die Schäfte sich nicht in Abhängigkeit voneinander bewegen, sondern jeder Schaft gewissermaßen sich selbst trägt. Jeder Schaft hat rechts und links eine eigene Wippe, „Pferd" genannt, die in der Kontermarschüberlage befestigt ist, und jedem Schaft sind zwei Querschemel (Abb. 63) (ein oberer und ein unterer) zugeordnet. Der Schaft wird getragen (oder in Waage gehalten) durch das Gewicht dieser Querschemel und Tritte. Auf diese Weise lassen sich beliebig viele Schäfte hintereinander anordnen, soweit es die Tiefe des Webstuhls und die Konstruktion der Überlage erlauben. Die Querschemel haben ihre Achse rechts oder links im Webstuhlgestell, etwa 20 cm übereinander, und ragen in zwei Ebenen über die Breite der Tritte hinaus. Die unteren Querschemel sollten möglichst einige Zentimeter länger als die oberen sein, damit sich die Verschnürungen nicht verkreuzen können.
Alle Querschemel haben Löcher, die in Abständen genau über den Tritten angeordnet sind, dazu eine Bohrung, genau in der Mitte des Webstuhles, für die Verbindung mit den oberen Wippen bzw. den unteren Schaftleisten. Die Tritte können auch beim Kontermarschstuhl entweder unter dem Sitz oder unter dem Kettbaum montiert sein, man sagt: Die Weberin tritt auf den Kopf oder auf den Rücken der Tritte. Das letztere braucht weniger Kraft (Hebelwirkung!), während das Weben „auf dem Rücken" mehr Trittsicherheit hat und daher schneller geht. Man kann die Hebelwirkung in beiden Fällen verstärken und damit das Treten erleichtern, indem man die Trittachse möglichst weit aus dem Webstuhlgestell herauslegt (Abb. 64). Auf jeden Fall sollten Tritte wie auch Querschemel Führungen haben, damit sie möglichst wenig hin- und herschlenkern. Am einfachsten erreicht man das durch Scheiben aus Holz oder Leder, die zwischen den Hölzern auf die Achse gesteckt werden und die so dick sind, daß die fixierten Abstände genau den Bohrungen für die Verschnürung entsprechen. Die Querschemel ordnet man dabei übereinander „auf Lücke" an. Eine besonders praktische und wirkungsvolle Hilfe, die Seitwärtsbewegung der Tritte zu vermeiden, besteht aus einem Holzrahmen, der unten im Gestell angebracht ist und auf dem kammartig hölzerne oder Metallzapfen zwischen den Tritten stecken. Eine dritte Möglichkeit ist die, mit einer Weberkordel Schlingenstiche um die Achse und über Querhölzer oder Tritte hinweg zu bilden, die die Hölzer im richtigen Abstand halten (Abb. 63).

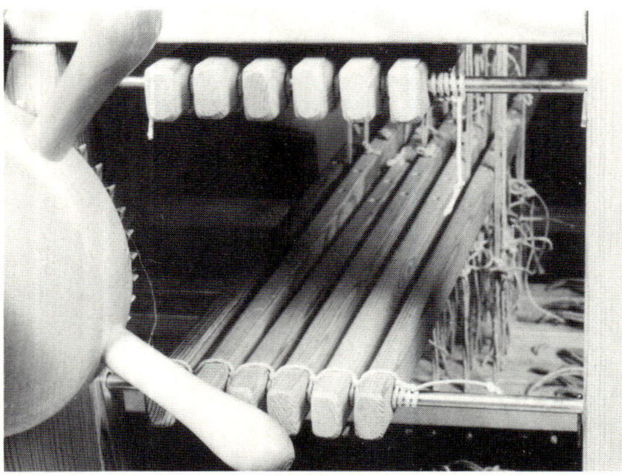

63: Die Kordel am Querschemel verhindert ein seitwärtiges Verrutschen der Hölzer

64: Durch das Holzgatter erhalten die Tritte eine sichere Führung

Handhebelgeräte

Diese Geräte sind in der Weberei lange bekannt: Große gewerbliche und Lehrwerkstätten benutzen sie als Musterstühle. Sie sind dann mit 16, 24 oder mehr Schäften ausgerüstet und dienen dazu, Bindungen zu entwerfen, Kettdichten auszuprobieren und überhaupt neue Gewebe auszumustern. Jeder einzelne Schaft wird durch einen Handhebel ausgehoben, d.h. es bildet sich ein Hochfach aus Standfäden und gezogenen Fäden. Da jeder Schaft einzeln und mit der Hand bewegt wird, nicht wie beim Trittwebstuhl gleichzeitig mehrere Schäfte durch einen Tritt, ist das Arbeitstempo langsam. Aber jede Kombinationsmöglichkeit der Schäfte ist möglich, was beim Mustern besonders erwünscht ist.
Diese Stühlchen haben also keine Verschnürung (Abb. 65). Sie sind klein, handlich und einfach zu bedienen, darum haben sie viele Freunde in der Heimweberei gefunden. Obwohl sie sehr vielseitig einsetzbar sind und sich in Lehrwerkstätten, Webschulen und für therapeutische Zwecke bewähren, sollte man bei der Anschaffung bedenken, daß sie natürlich den Arbeitskomfort eines Trittwebstuhls bei weitem nicht erreichen.

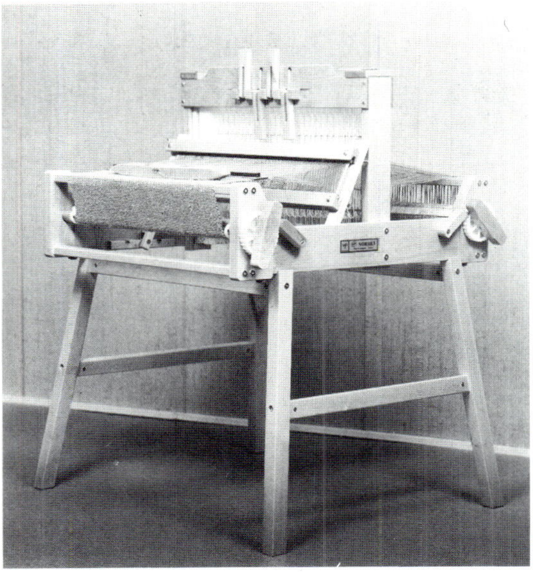

65: Bei diesem Gerät werden die Schäfte durch Handhebel ausgehoben

Hochwebstuhl

Bestimmte Gewebe lassen sich besonders gut auf einem Hochwebstuhl herstellen (Abb. 66). Hierbei ist die Kette senkrecht oder in einem leichten Winkel nach hinten aufgespannt. Zwei Schäfte mit Litzen bewegen sich waagerecht und bilden das Fach. In manchen Stuhlfabrikaten werden dafür auch Rispeblätter eingesetzt. (Das sind Stahlblätter mit Löchern und Rieten, die in der Art der Webkämme des Webrahmens arbeiten.) Die Schäfte sind über eine Welle mit Tritten verbunden, so daß der Webende beide Hände frei hat, um den Schuß einzutragen. Die Kammlade mit dem Blatt ist an zwei Punkten des hinteren Webstuhlrahmens beweglich befestigt. Zum Anschlagen des Schusses an das Gewebe wird sie heruntergedrückt und federt dann wieder, durch Gewichte oder Federn gezogen, nach oben. Die Kette wird durch Zahnräder mit Klinken gespannt, die auf Kett- und Warenbaum aufgesteckt sind.

66: Hochwebstuhl

Hochwebstühle sind die „klassischen“ Geräte zum Bilderweben und Knüpfen. Die Lage der Kette und des Gewebes erlaubt eine verhältnismäßig gute Übersicht über das bereits Geschaffene und die Proportionen der noch zu gestaltenden Bildteile. In der Einleitung ist auf die abendländische Teppichkunst und die Tradition und Technik der deutschen, französischen, flandrischen und skandinavischen Gobelinweberei hingewiesen. Allerdings wird in dieser sogenannten Hautelisse-Technik das Fach nicht durch Schäfte gebildet, sondern mit Zuglitzen. Heute noch wird diese Technik häufig angewandt. Geübte Weber arbeiten an Hautelisse-Stühlen mit unglaublicher Geschwindigkeit. Wer einmal den Webern der ägyptischen Harrania-Teppiche zuschauen konnte, weiß, daß das Auge der Bewegung kaum folgen kann. In Deutschland arbeitet man jedoch seit langem weitgehend auf Schaft-/Trittwebstühlen, bei denen Arme und Schultern wesentlich weniger belastet werden.

Wenn Sie die Anschaffung eines Webstuhls planen, sollten Sie bedenken, daß sich Hochwebstühle nur für die genannten Gewebe eignen (Bodenteppiche, Knüpfungen und Bildweberei), nicht aber für alle anderen Gebrauchsgewebe, bei denen schaftmäßig gemustert wird.

Zubehör

Zum Weben und zu dessen Vorbereitung benötigt man neben dem Webstuhl eine Reihe von Zusatzgeräten. Sie werden hier in der Reihenfolge aufgeführt, in der sie vom Arbeitsablauf her benötigt werden. Ihre konstruktiven Besonderheiten und Vorzüge werden erläutert, aber ihre Arbeitsweise an dieser Stelle nur kurz erwähnt, weil diese im Kapitel „Arbeitsablauf beim Weben“ (S. 77) ausführlich behandelt wird.

Schärvorrichtungen. Zum Ablängen der Kette benutzt man ein Schärbrett, -gatter oder -rahmen. Diese Geräte müssen stabil gebaut sein und sich trotzdem leicht und raumsparend zerlegen lassen. Beim Schärbrett können zum Beispiel außen die Faden- und Gangkreuzzapfen stehen und innen die Wendezapfen für das Ablängen der Kette (Abb. 67). Bei einem anderen Modell werden Faden- und Gangkreuz an den waagerechten Zapfen gebildet. Das Schärgatter wird im allgemeinen an den hinteren Webstuhlpfosten angebracht (Abb. 68). Es ist stabil und ermöglicht eine aufrechte Körperhaltung beim Schären.

Ein Schärrahmen oder Schärbaum ist ein zer-

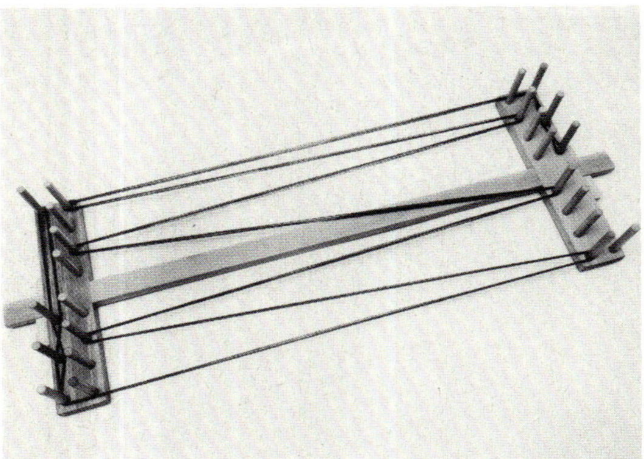

67: Schärbrett (Abstand der Wendezapfen 1 m)

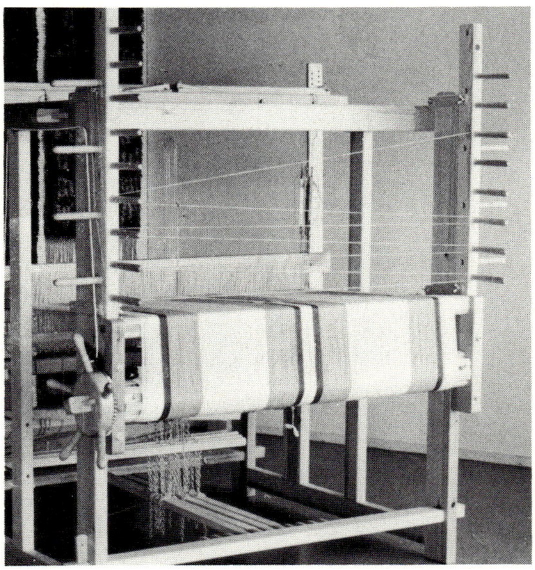

68: Schärgatter am Webstuhl

legbares, freistehendes Gestell mit vier Armen und senkrechten Latten (Abb. 71). Der Umfang beträgt zwischen 2 und 6 m. Größere Modelle für Werkstätten oder Schulen haben oft 6–8 Latten und noch größeren Umfang. Die Mittelachse aus verzinktem Stahlrohr läuft auf Kugellagern und dreht sich leicht, ohne dabei zu schwanken. Die Aufsicht (Abb. 70) zeigt die Anbringung der Fadenkreuzzapfen (Gangkreuz entsprechend). Diese beiden Bretter können zum Abpassen der Kettlänge im Rahmen beliebig versetzt werden. Sehr empfehlenswert ist die Verwendung eines dritten Brettes mit einem Zapfen, das man in das Feld links des Fadenkreuzes setzt, um Kettanfang und Fadenkreuz weiter auseinanderzuziehen. Stationäre Rahmen von großem Umfang und mit automatischer Zählvorrichtung, deren Mittelachse jeweils im Boden und unter der Decke verankert ist, finden nur in großen gewerblichen Werkstätten Verwendung.

Lesebrettchen oder Augenbrettchen (Abb. 81) benötigt man, wenn mit mehreren Kettfäden geschärt wird. Es ist ein glattes Holzbrettchen mit Griff, dessen Bohrungen mit Glas- oder Metallaugen zur Schonung des Garns ausgeschlagen sind.

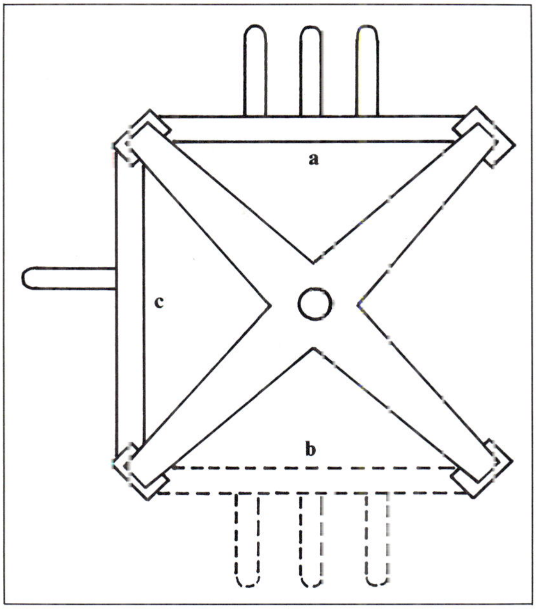

70: Aufsicht auf einen Schärbaum (a. drei Zapfen zur Aufnahme des Fadenkreuzes, b. drei Zapfen für das Gangkreuz, c. durch diesen Zapfen verlängert man den Abstand zwischen dem Anfang der Kette und dem Fadenkreuz)

69: Spulengestell

71: Schärbaum

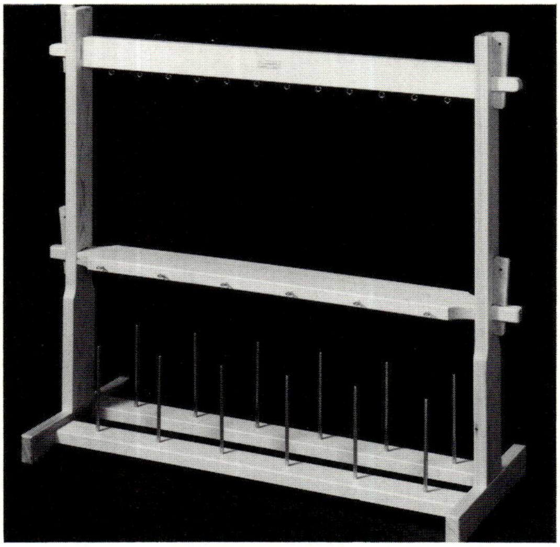

72: Spulengestell für Kreuz- und Konusspulen

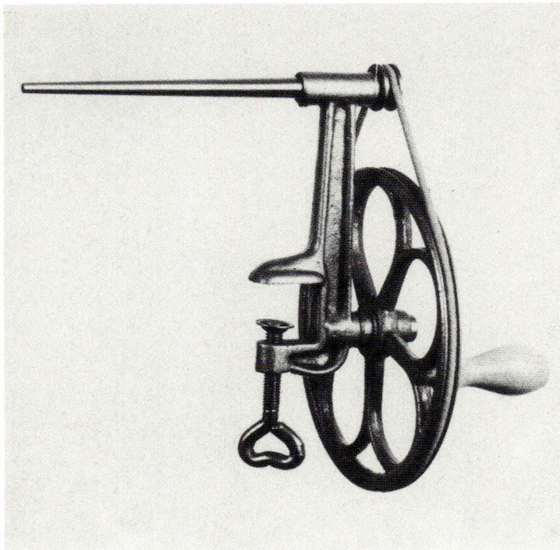

74: Spulrad mit Handkurbel, zum Befestigen am Tisch

73: Spinn- und Spulrad mit Einsatz

Spulengestelle gibt es in verschiedenen Ausführungen. Abb. 69 zeigt einen zusammenklappbaren Holzrahmen, der 24 Spulen aufnehmen kann. Bei Abb. 72 werden die Garne nach oben abgezogen und durch eine Öse gefädelt (besonders geeignet für konische und auch zylindrische Spulen). Diese Spulengestelle haben den Vorteil, daß das Garn, unabhängig von der Spulengröße und -schwere, gleichmäßig und leicht ablaufen kann.

Zum Herstellen von Kett- und Schußspulen ist ein **Spulrad** erforderlich. Die kleinen Handkurbelgeräte werden an eine Tischplatte geschraubt (Abb. 74). Arbeitstechnisch bequemer und leistungsstärker, aber auch teurer sind Standmodelle. Abb. 73 zeigt ein Spinnrad, das sich leicht (und preiswert) in ein Spulrad umbauen läßt und ist daher empfehlenswert, wenn beides genutzt wird. Mit wenigen Handgriffen kann man die Spindel mit dem Spuldorn vertauschen. Elektrische Spulräder werden mit einem kleinen Motor über Fußhebel angetrieben wie eine Nähmaschine. Sie funktionieren gut und sind bequem in der Anwendung, aber natürlich teuer.

Garnwinden oder **Haspeln** dienen zum Abziehen des Garns, das in Lagen (Strähnen, Docken, Strängen) geliefert ist. Die meisten Model-

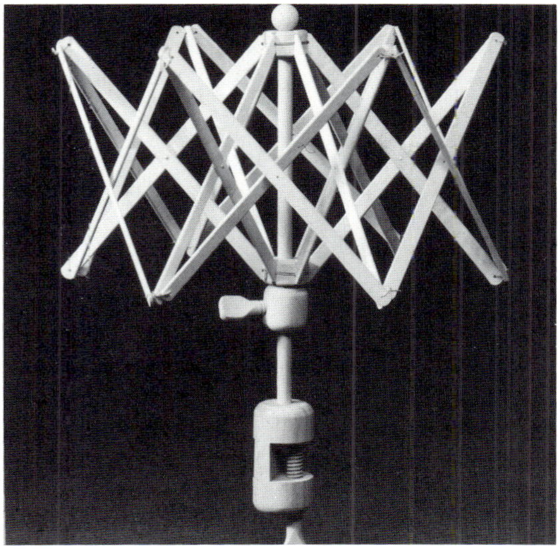

75: Schirmwinde (auf Strangumfang einstellbar)

le sind aus Holz und lassen sich schirmartig ausklappen, wodurch sich ihr Umfang den verschiedenen Stranglängen anpassen läßt (Abb. 75). Es gibt zwei Größen, da Leinenstränge besonders großen Umfang haben und sich auf den Schirmwinden für Wolle nicht unterbringen lassen. Mit einer Zwinge kann man die Winde am Tisch oder Webstuhl festschrauben. Auch Rollenhaspeln lassen sich leicht auf den Strangumfang einstellen. Der Strang wird zum Abziehen über die beiden Rollenhaspeln gelegt.

Der **Reedekamm** ist ein Hilfsgerät zum Bäumen der Kette. Er besteht aus einem gezahnten Unterholz und einem Deckel, dessen Nut fest auf die stabilen Zähne aus Metall oder Holz drückt und im geschlossenen Zustand das Umspringen der eingelegten Kettgänge verhindert (Abb. 76). Die Zähne haben im allgemeinen einen Abstand von 1 cm. Der Reedekamm muß mindestens so lang wie die Webbreite des Stuhles sein.

Die **Webbank** ist in den alten, großen Webstühlen immer in das Stuhlgestell eingebaut. Diese Anbringung ist besonders stabil. Bei kleineren und modernen Stühlen sitzt man meist auf einer gesonderten Webbank, die in der Höhe verstellbar ist. Nach dem Weben kann sie in den Stuhl hineingeschoben werden und beansprucht dann keinen Platz.

Weberschiffchen gibt es in großer Formenvielfalt (Abb. 77). Sie haben einen schmalen, flachen, gut geglätteten Körper, meistens aus Buchenholz, und eine Kammer mit einem Dorn, der die Spule aufnimmt. Der Faden rollt durch eine Öffnung an der Seite ab. Manche haben eine gerade, andere eine geschwungene Form, es gibt sie mit und ohne Kammerboden, mit und ohne Rollen. Manche haben eine Doppelkammer, die sich bewährt, wenn man das Schußgarn doublieren will. Die Größe des benutzten Schiffchens hängt ab von der zu verarbeitenden Garnstärke. Daraus folgt, daß man im Laufe der Zeit eine Reihe verschiedener For-

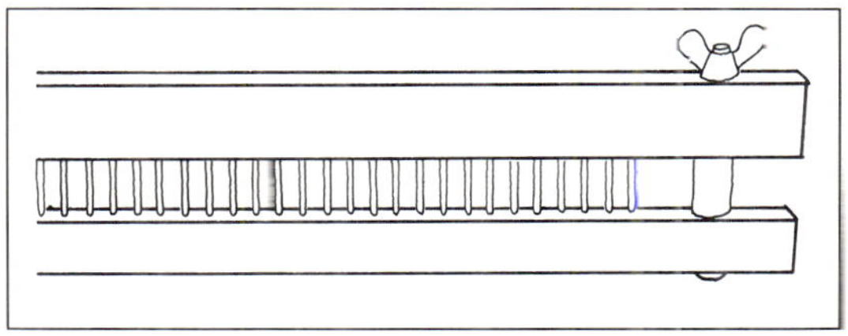

76: Reedekamm

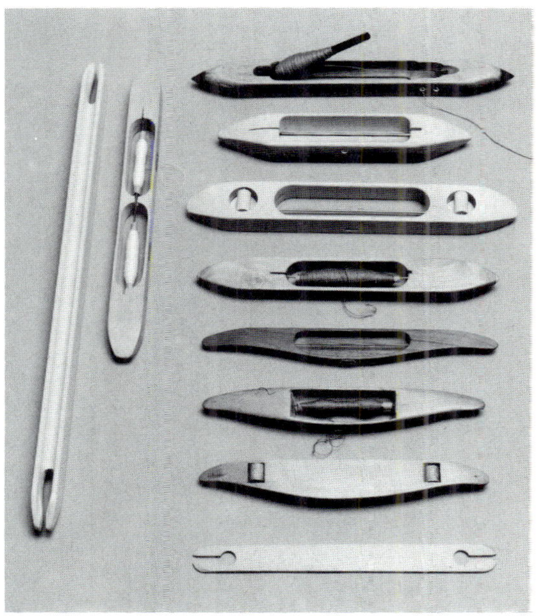

77: Verschiedene Schiffchen

men und Größen benötigt. Für besonders grobes Garn finden Webnadeln und Teppichschiffchen, auch Schlitten genannt, Verwendung.
Zum Weben mit dem Schnellschuß benötigt man den sogenannten Schnellschützen. Er ist aus besonders schwerem, hartem Holz hergestellt. In seiner Kammer befindet sich ein aufklappbarer Dorn, der die konische Spule trägt. Das Garn wird über eine Führungsöse und durch ein Porzellanauge nach außen gezogen. Der Schütze ist vorn und hinten mit Metallspitzen bewehrt, wodurch er zu einem gefährlichen Wurfgeschoß werden kann, wenn er den Schützenkasten verfehlt, was anfangs oft vorkommt! Meist läuft er auf zwei Rollen, deren Laufrichtung verstellbar sein sollte: Wenn die Achsen der beiden Rollen nicht genau parallel, sondern in einem leichten Winkel zueinander stehen, beschreibt der Schütze bei seinem Lauf durch das Fach keine Gerade, sondern einen Bogen und landet dadurch sicherer im Kasten.

Breithalter helfen, die genaue Gewebebreite einzuhalten (Abb. 78, 79). Sie werden rechts und links mit ihren dünnen spitzen Nadeln in die Webkante eingesetzt.

Nützlich und praktisch sind auch **Gestelle** zur übersichtlichen Lagerung von Webblättern und Leisten (Abb. 80, 82).
Auf eine Reihe kleiner, aber wichtiger Zubehörteile (Abb. 81) wird im Kapitel „Arbeitsablauf beim Weben" (S. 77) eingegangen. Man benötigt noch: Anbindestäbe und Geleseleisten, Litzen- und Blattstecher, Webkordel (oder Kontermarschschnur), Spulen, Anschlaggabeln (oder Klopfer), Knüpfruten, Putznadeln, Aufrauhbürste, Fadenzähllupe. Das Nadelkissen und je Kettfarbe eine Spule zum Anknoten gerissener Kettfäden hängen seitlich im Webstuhl. Ein Körbchen für volle Spulen, Schere und Maßband und schließlich das Musterbuch gehören beim Weben in greifbare Nähe.

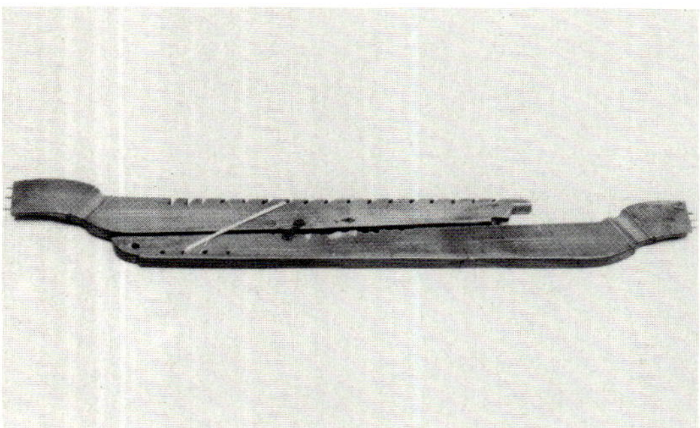

78: Alter Breithalter

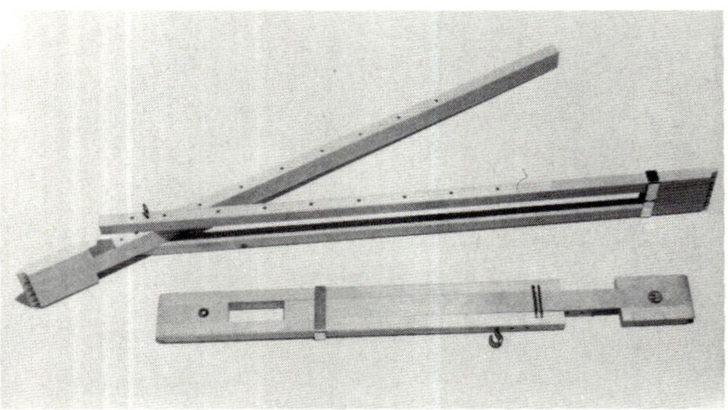

79: Moderner Breithalter, geschlossen und geöffnet

80: Blattständer zum Aufbewahren von Webblättern

81: Kleines Zubehör

82: Ständer für Leisten und sonstiges Zubehör

Vorschläge für die Erstausstattung
Von dieser langen Liste von Werkzeugen und Geräten ist nicht gleich alles erforderlich, wenn Sie mit dem Weben anfangen wollen. Hier ist zusammengestellt, was
1. unentbehrlich, und was zunächst nur
2. wünschenswert ist. Die letzte Spalte enthält Ausrüstungen für
3. passionierte Weber.

1. Webstuhl mit Bank, komplett mit Baumscheiben oder Kettleisten
Litzen, mindestens 8 Stück je Zentimeter Webbreite (z. B. Webbreite 100 cm = 800 Litzen)
Webblätter 20/10, 40/10, dann auch 30-50-60/10
Handschützen, 2 mittlere, 2 größere
einen Breithalter (ausziehbar bis zur maximalen Gewebebreite)
einen Reedekamm, entsprechend der maximalen Gewebebreite
Webkordel, 500 g gewachstes Hanfgarn, oder
Perlonschnur mit Ösen und Kupplungen (texsolv) + 250 g Webkordel
Schärbrett, -gatter oder -rahmen
Spulrad und Spulen
Blattstecher. Litzenstecher nur bei Litzen mit Stahlaugen

2. Garnwinde
Kettspulen
Baumtücher
noch mehr Webblätter (35/10, 45/10)
Lesebrettchen
Spulengestell
noch mehr Schiffchen (kleine, Teppich, Doppelkammer usw.)
Breithalter für schmalere Gewebe

3. Sonderausstattungen wie:
Zweiter Kettbaum
Damastgeschirr
Webblattständer, Leistenständer, Spultisch
Schnellschußeinrichtung
Elektrisches Spulrad
Bandwebgerät

83: Alter Bauernwebstuhl (Städtisches Museum, Flensburg)

Gewebeplanung

In Ihrer Vorstellung liegt es vor Ihnen, das erste Webstück, ausgewogen in Material, Farbe, Bindung und Entwurf. Aber wie können wir es nun verwirklichen? Anders als in manchem anderen alten Handwerk kann man beim Weben nicht spontan beginnen, um im Umgang mit Material und Werkzeug „spielend" Form und Gestalt zu finden. Es ist eine Menge Vorarbeit zu leisten – gedanklich, entwerfend und handwerklich – ehe das Werkstück entsteht. Aber das darf uns nicht entmutigen oder gar abhalten: Je gründlicher und genauer die Vorüberlegungen waren, desto schneller und schöner entsteht danach das Gewebe.

Bevor wir also mit der handwerklichen Arbeit beginnen, müssen wir eine Gewebeplanung durchführen, die alle zum Entwurf erforderlichen technischen Details enthält: Verwendungszweck, Material, Farben, Bindung, Länge und Breite, Mengenbedarf und Schärzettel. Diese Gewebeplanungen, oder Musterzettel, wie sie auch genannt werden, sammeln wir sorgfältig in einer Mappe, fügen auch später kleine Abschnitte des fertigen Stoffes hinzu, um so eine Musterkollektion unserer selbstgefertigten Gewebe anzulegen, auf die wir immer wieder zurückgreifen können.

Material, Verwendungszweck

Zunächst gelten unsere Überlegungen dem Material, das sich natürlich in erster Linie nach der Verwendung richtet. Für warme Bekleidungsstoffe wie Jacken, Röcke, Ponchos, Mäntel nimmt man besonders gern Wolle, ebenso für Reisedecken, Teppiche und häufig auch Wandbehänge. Für Dekorationsstoffe und Tischwäsche werden Baumwolle und Leinen bevorzugt, während die kostbare Seide exklusiven Stoffen vieler Art vorbehalten bleibt. Im übrigen kann man keine starren Regeln aufstellen, persönliche Erfahrungen sind hier ausschlaggebend.

Man verwendet für die Kette ein widerstandsfähiges, oft stärker gedrehtes Garn, während das Schußmaterial weicher und fülliger sein kann. Es ist wichtig, sich vorher gut zu überlegen, welchen Anforderungen und Abnutzungen der fertige Stoff unterliegt. Weich gedrehte Garne ergeben einen Stoff von mehr „Fluß" und Fülle, während ein schärfer gezwirntes Material strapazierfähiger und abriebfester ist, allerdings auch meist härter im „Griff". Um solche Vor- und Nachteile gegeneinander auszugleichen, verwendet man auch gern unterschiedliches Material für Kette und Schuß: z. B. Baumwolle/Wolle, Baumwolle/Leinen, Wolle/Seide.

Wahl der Bindung

Die Wahl der Bindung hängt wiederum nicht allein von gestalterischen Wünschen ab, sondern sie muß auch Rücksicht nehmen auf die beabsichtigte Verwendung. Für warme, dichte Stoffe bevorzugen wir Köper, Rips- und Phantasiebindungen, für schwere Mantelstoffe und Decken eignen sich auch z. B. verstärkte und Doppelgewebe. Sportliche Stoffe wirken besonders schön in der unendlich vielfältigen Leinenbindung. Für Tischwäsche und Dekorationsstoffe ist die Auswahl möglicher Grund- und Effektbindungen ganz besonders groß. Möbelstoffe benötigen nicht nur ein elastisches, widerstandsfähiges Material, sondern auch eine dichte Bindung ohne lange Fadenflottierungen.

Auch hier kann man natürlich keine zwingenden Regeln aufstellen, die Grenzen der Möglichkeiten fließen ineinander über.

Im Kapitel „Webstücke zum Nacharbeiten" (S. 185) wird auf die Frage der Auswahl der Materialien und Bindungen bei den einzelnen beschriebenen Geweben noch ausführlich eingegangen, so daß Sie an den Beispielen erst einmal Erfahrungen sammeln können.

Kettdichte, Schußdichte

Wenn Material und Bindung bestimmt sind, stellt sich als nächstes die Frage der Gewebedichte, d. h. wieviel Fäden in Kett- und Schußrichtung auf einen Zentimeter des Gewebes

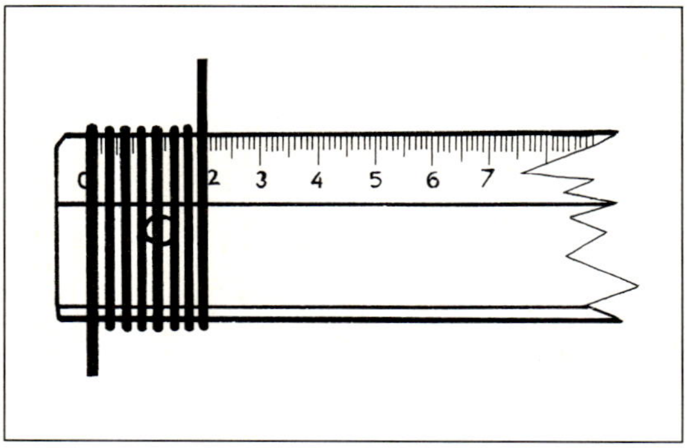

84: So ermittelt man die Kettdichte

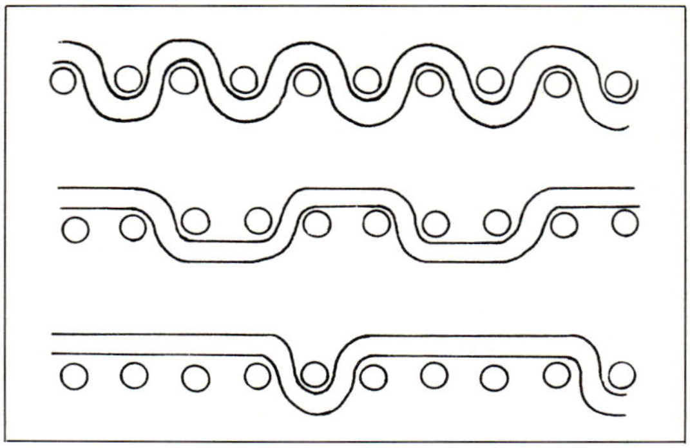

85: Fadenverlauf bei Leinenbindung, Köper und Atlas

kommen. Auch hier beeinflussen natürlich die persönlichen Vorstellungen die Entscheidung, aber es gibt einige Faustregeln, mit deren Hilfe man die Kettdichte für ein Gewebe bestimmen kann.

Man wickelt das als Kette vorgesehene Garn fest um ein Lineal und schiebt die Fäden so zusammen, daß Faden neben Faden liegt. Zwischen den einzelnen Fäden sollte allerdings so viel Platz sein, daß sich der Schußfaden zwischen ihnen auf und ab bewegen kann (Abb. 84). Dabei ist es von Bedeutung, in welcher Bindung unser Gewebe entstehen soll (Abb. 85): In der Leinenbindung geht der Schußfaden zwischen jedem Kettfaden auf oder ab, während er bei einem Köper oder Atlasgewebe mehrere Kettfäden überspringt und unterläuft, so daß sich die Kettfäden enger zusammenschieben können. Wenn wir also ein leinenbindiges Gewebe planen, darf die Ketteinstellung bei gleichem Material um ein geringes weiter sein als bei einem Köper oder gar bei einem Atlas.

Zählen Sie nun, wie viele Fäden Sie um das Lineal gewickelt haben, und ermitteln Sie so die Fadendichte je Zentimeter.

Für den Anfänger ist die Wahl der richtigen Kett- und Schußdichte eine der größte Schwierigkeiten beim Weben. Daher sollten Sie sich, bis Sie eine gewisse Erfahrung erworben haben, an die gegebenen Gewebeplanungen halten, oder, wenn Sie eigene Ideen verwirklichen wollen, ein kleines Mustergewebe herstellen. Das ist zwar gewiß ein ziemlich großer Mehraufwand an Arbeit, der sich aber besonders bei langen Ketten oder kostbarem Material lohnt, wenn man Fehlschlägen vorbeugen will.

Entsprechend der ermittelten Kettdichte wird dann das Webblatt ausgewählt. Bei groben Stoffen kommt in jedes Riet ein Faden, feinere Gewebe mit hoher Kettdichte werden gern zwei-, drei- oder vierfädig „gestochen". Ein geknoteter Kettfaden sollte bequem hindurchgehen.

Beispiele:
Kettdichte: 2 Fäden/cm Blatt 40/10
(40 Riete auf 10 cm) = jedes 2. Riet frei
4 Fäden/cm Blatt 40/10 = 1 Faden je Riet
8 Fäden/cm Blatt 40/10 = 2 Fäden je Riet
Wenn eine bestimmte Blattdichte nicht zur Verfügung steht, kann man sich auch mit einem unregelmäßigen Blattstich helfen.

Beispiel:
Fadendichte: 7 Fäden/cm Blatt 50/10 (50 Riete auf 10 cm)

Blattstich:	2 Riete	à 1 Faden	= 2 Fäden
	1 Riet	à 2 Fäden	= 2 Fäden
	1 Riet	à 1 Faden	= 1 Faden
	1 Riet	à 2 Fäden	= 2 Fäden
	5 Riete		= 7 Fäden

Achtung! Ein unregelmäßiger Blattstich ergibt, vor allem bei gröberen Stoffen, leicht Streifen in Kettrichtung, die sogenannten Rietgassen, die aber nicht unbedingt stören und auch meist nach der ersten Wäsche verschwinden (siehe auch Blattstich im Kapitel „Kleine Bindungslehre", S. 124).

Von gleicher Wichtigkeit für die Beschaffenheit eines Stoffes ist die Wahl der richtigen Schußdichte. Hierbei zeigt sich besonders Sorgfalt und Geschicklichkeit des Webers, denn die Abstände zwischen den einzelnen Anschlägen sollen vollkommen gleichmäßig sein. Das ist anfangs oft leichter gesagt als getan. Eine kleine Unterbrechung genügt, und schon sind die ersten Anschläge beim Wiederaufnehmen der Arbeit fester oder lockerer als vorher, und das ergibt häßliche Querstreifen im Gewebe (Schußbanden genannt). Dies fällt besonders auf, wenn man in Kette und Schuß verschiedenfarbig arbeitet! Also: Die einmal festgelegte Schußdichte je Zentimeter sollte konsequent durchgehalten und immer wieder kontrolliert werden. Im allgemeinen soll bei einfachen leinen- und köperbindigen Stoffen die Anzahl der Schußfäden je Zentimeter gleich groß sein wie die der Kettfäden. Bedenken Sie aber, daß die Kette beim Weben unter starker Spannung steht und das Gewebe nach dem Entspannen oft kräftig zusammenspringt („schrumpft“).

Zum Beispiel hat ein leinenbindiges Wollgewebe aus Garn Nm 6/2 4,5 Kettfäden je Zentimeter, im Schuß bei angespannter Kette 4,3 Fäden. Nach dem Entspannen sind Kett- und Schußdichte gleich.

Ein Köperstoff hat dann eine gute Anschlagsdichte, wenn der Köpergrat bei entspannter Kette einen Winkel von 45° zu den Webekanten bildet. Es sei denn, man hat ausdrücklich einen Steil- oder Flachgratköper geplant (siehe Kapitel „Kleine Bindungslehre“, S. 128).

Anders ist das Verhältnis von Kett- zu Schußdichte zum Beispiel bei ripsbindigen Geweben, bei denen die eine Fadenrichtung die andere vollkommen überdecken soll. Beim Schußrips hat man eine feine, feste, weiteingestellte Kette, die von dicht angeschlagenen Schußfäden möglichst vollkommen verdeckt wird. Beim Kettrips verschwindet der Schuß fast vollständig in der dicht eingestellten Kette.

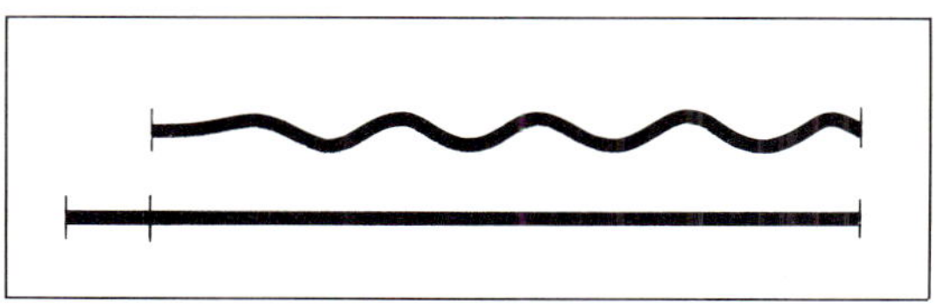

86: Längenverlust des Fadens

Berechnung der Kettlänge und Kettbreite

Die Kettlänge errechnet sich aus:

- der Länge des fertigen Gewebes,
- plus Säume und Fransen,
- plus Verlust durch Einarbeitung oder Einweben,
- plus Verlust durch Nachbehandlung,
- plus Warenbaum- und Endabfall (Troddel).

Die Länge des fertigen Gewebes, der Säume und Fransen ergibt sich aus deren Verwendung. Wenn die Fransen geknotet werden sollen, müssen Sie für jeden Knoten, je nach Dicke des Materials, 1–3 cm berechnen. Bedenken Sie auch, daß die unappretierten und gröberen Handwebstoffe etwas mehr Saumzugabe benötigen!

Der Verlust durch Einarbeitung entsteht dadurch, daß sich jeder Faden in einer leichten Wellenbewegung um die kreuzenden Fäden legt und so an Länge einbüßt, sowohl in Kett- als auch in Schußrichtung (Abb. 86). Das Maß der Einarbeitung hängt ab:

- von der Spannung der Kettfäden (je stärker der Kettfaden gespannt ist, desto mehr winden sich die Schußfäden);
- vom Material;
- von der Bindung;
- von der Kett- und Schußdichte.

Bei einem Schußrips zum Beispiel liegen die Kettfäden so stark gespannt und gerade im Gewebe, daß wir nur etwa 5–10% Einwebeverlust anzusetzen brauchen. Bei den meisten anderen Stoffen sind es durchschnittlich 10–12%, während Kettripse 15–18% ihrer Länge durch Einweben verlieren.

Der Verlust durch die verschiedenen Nachbehandlungen ist sehr unterschiedlich. Ein Walkloden kann in maschineller Nachbehandlung 30–40% seiner Länge und Breite einbüßen. Im allgemeinen muß man jedoch sagen, daß die hochwertigen Handwebgarne, die uns heute zur Verfügung stehen, so vorbehandelt sind, daß keine großen Verluste durch Waschen entstehen. Für Wollstoffe, die man selbst naß walkt (s. Kapitel „Nachbehandlung“, S. 116) setzt man etwa 6–8% Verlust an, bei rohen Wollen, die u. U. noch viel Wollfett enthalten, bis 15%, für Kochstoffe aus Leinen und Baumwolle 8–15%. Andere Gewebe, z. B. empfindliche feine Kammgarne, Wandteppiche oder Seidenstoffe, werden nach dem Weben nur gedämpft und später, wenn nötig, chemisch gereinigt.

Troddel (oder Trumm, Drahm, Kettschwanz) nennen wir den Kettabfall, der durch das Anknoten am Warenbaum (15–20 cm) und den Endabfall (40–70 cm) entsteht. Der Endabfall ist um so größer, je mehr Schäfte wir beim Weben benutzen. Gegebenenfalls kann der End- oder Anfangsabfall zur Bildung von Fransen mitverwendet werden.
Außerdem ist bei der Planung der Kettlänge zu bedenken, ob man vorhat, fertige Webstücke aus dem Webstuhl herauszuschneiden, bevor die Kette ganz abgewebt ist. Jedes neue Anweben kostet Kettlänge, denn das abzuschneidende Gewebe wird durch ein paar zusätzliche Einschüsse vor dem „Aufribbeln" geschützt, und das neue Stück muß wieder angeknotet oder angewebt werden.

Beispiel:
Kettlängenberechnung für
3 Stck. Saunahandtücher und
1 Stck. Tischläufer aus Halbleinen

	3 Handtücher à 175 cm	5,25 m
	1 Tischläufer à 230 cm	2,30 m
+	6 Säume für Handtücher à 3 cm	0,18 m
		7,73 m
+	10% Verlust durch Einweben (aufgerundet)	0,80 m
+	8% Verlust d. Nachbehandlung	0,65 m
		9,18 m
+	1mal Fransen für Tischläufer (die Fransen am Ende des Läufers können aus dem Troddel gebildet werden)	0,12 m
		9,30 m
+	Troddel	0,70 m
	Kettlänge	10,00 m

Berechnung der Gewebebreite

Die Gewebebreite ergibt sich durch den Verwendungszweck und ist natürlich begrenzt durch die Webstuhlbreite. (Die fortgeschritteneren Weber wissen, daß man mit einem Hohlgewebe die Gewebebreite praktisch verdoppeln kann. Aber das ist eine Ausnahme!) Auch in der Schußrichtung arbeitet das Gewebe ein, abhängig von Bindung, Material und persönlicher Arbeitsweise sind es rund 2–6 Prozent.

Zusätzlich berechnen wir für alle Gewebe, deren Ränder besonders strapazierfähig sein müssen, eine Randverstärkung, die sogenannte Egge (oder Webekante, Kante, Leiste). Während Stoffe, die später zugeschnitten werden, nicht unbedingt verstärkt werden müssen, sollte man es bei Handtüchern, Tischwäsche, Reisedecken, Wandbehängen und Teppichen auf jeden Fall tun. An jeder Gewebeseite werden dann auf 1–1,5 cm die Fäden doppelt ins Riet eingezogen oder z. B. bei 2fädigem Blattstich dann 3 statt 2 Fäden je Riet. Die Fäden für die Egge müssen der Gesamtfadenzahl zugezählt werden.

Beispiel:

Gewünschte fertige Gewebebreite	70 cm
+ 4% Einarbeitung	3 cm
+ 2 × 1 cm für die Egge	2 cm
Berechnungsbreite	75 cm

Die vorher ermittelte Fadenzahl je cm (Kettdichte), malgenommen mit der Berechnungsbreite, ergibt dann die Gesamtfadenzahl, die wir schären müssen.
An dieser Stelle muß noch erwähnt werden, daß bestimmte Bindungen und Musterbilder, die „abgepaßten Muster", in einem unmittelbaren Bezug zur Gewebebreite und Gesamtfadenzahl stehen. Bei großflächigen Mustern, die sich über die gesamte Gewebebreite erstrecken, großen Rapporten oder Randmusterungen, muß vorher festgelegt werden, wieviel Fäden ein Rapport hat und wie oft der Rapport erscheinen soll. Dies wird im einzelnen und ausführlich bei den Erscheinungsbildern, in der Bindungslehre und bei den verschiedenen Musterzetteln erklärt.

Berechnung der Garnmengen

Nun sind alle technischen Einzelheiten für das geplante Gewebe festgelegt: Qualität und Stärke des Materials, Bindung, Dichte, Gewebelänge und Gewebebreite. Aus diesen Angaben können wir den genauen Garnbedarf für Kette und Schuß berechnen. Wie im Kapitel „Numerierung der Garne" ausgeführt, gibt uns die Nummer eines Garnes Auskunft über dessen Lauflänge im Verhältnis zu seinem Gewicht.

Beispiel: Von einem Garn der Nm 6,5 gehen 6,5 m auf 1 Gramm oder $1000 \times 6{,}5$ m auf 1 kg

Mit einem einfachen Rechensatz (Dreisatz) läßt sich nun das Gewicht ermitteln.
Wir berechnen zunächst die Gesamtlänge der für ein Webstück benötigten Kettfäden, indem wir die Gesamtkettfadenzahl mit der Kettlänge multiplizieren, und teilen diese Zahl durch die Garnnummer × 1000. Das Ergebnis ist das Kettgewicht in kg.

Formel:

$$\frac{\overbrace{(\text{Fadenz./cm} \times \text{Breite})}^{\text{Gesamtfadenzahl}} \times \text{Länge d. Kette}}{\text{Garnnummer metrisch} \times 1000} = \text{Kettgewicht in kg}$$

Beispiel:

Errechnete Kettlänge	10 m
Breite des Einzuges	75 cm
Kettdichte	6 F./cm
Gesamtfadenzahl	450 F.
Kettmaterial Leinen	NeL 4
entspricht (s. Tabelle S. 46)	Nm 2,4

Es ergibt sich folgende Rechnung:

$$\frac{450 \times 10}{2{,}4 \times 1000} = \underline{1{,}875 \text{ kg Leinen Nm } 2{,}4}$$

Wenn wir ein zwei- oder mehrfach gezwirntes Garn verwenden, entsteht durch die Zwirnung ein Längenverlust, der um so höher ist, je mehr Einzelfäden („Drähte") der Zwirn hat und je stärker der Faden gedreht ist. Wir setzen im Schnitt 5–10% dafür an.
Dieser Zwirnverlust kann entweder gleich beim Ansatz der Garnnummer berücksichtigt werden, indem man also entweder
a) die Numerierung korrigiert, oder
b) die Berechnungslänge 1000 vermindert, oder
c) dem errechneten Gewicht 5–10% zuschlägt.
An unserem Beispiel wollen wir alle drei Möglichkeiten durchrechnen.

Beispiel:

Kettlänge	10 m
Breite	75 cm
Kettdichte	10 F./cm
Gesamtfadenzahl	750 Fäden
Material Leinen	Nm 13/2
Lauflänge 13 : 2 = 6,5	
6,5 × 1000 m	6500 m/kg

Formel

a)
$$\frac{\text{Ges.Fadenzahl} \times \text{Kettlänge}}{(\text{Nm} - 5\%) \times 1000} = \text{Kettgew. in kg}$$

$$\frac{750 \times 10}{6{,}2 \times 1000} = 1{,}210 \text{ kg Leinen Nm } 13/2$$

b)
$$\frac{\text{Ges.Fadenzahl} \times \text{Kettlänge}}{\text{Nm} \times (1000 - 5\%)} = \text{Kettgew. in kg}$$

$$\frac{750 \times 10}{6{,}5 \times 950} = 1{,}215 \text{ kg Leinen } 13/2$$

c)
$$\frac{\text{Ges.Fadenzahl} \times \text{Kettlänge}}{\text{Nm} \times 1000} = \text{Kettgew. in kg} + 5\%$$

$$\frac{750 \times 10}{6{,}5 \times 1000} = 1{,}154 \text{ kg Leinen } 13/2$$
$$+ \underline{0{,}058 \text{ kg}}$$
$$1{,}212 \text{ kg Leinen } 13/2$$

Das Ergebnis ist also immer gleich. Am einfachsten erscheint zunächst die letzte Methode, dem errechneten Gewicht den Zwirnverlust zuzurechnen. In der Praxis haben sich aber die erste und zweite Art durchgesetzt. Wenn man nämlich in einer Kette die Mengen verschiedener Garne ausrechnen will, setzt man die veränderten Fadenzahlen in die gleiche Formel ein.
Um es zu vereinfachen, wollen wir in diesem Buch immer die metrische Nummer um den Zwirnverlust vermindern.
Wenn Ihr Material keine Gewichtsnumerierung hat (Nm, NeL, NeB), sondern entsprechend der neuen DIN-Bestimmungen nach tex genormt

ist (s. Kapitel „Numerierung der Garne“, S. 47), ändert sich die Formel.
Wir erinnern uns: 1 tex gibt an, wieviel Gramm 1000 m wiegen. Dementsprechend lautet die Formel

$$\frac{\text{Ges.Fadenzahl} \times \text{Länge} \times \text{tex}}{1000} = \text{Gewicht in Gramm}$$

Beispiel:

Kettlänge	10 m
Breite	75 cm
Kettdichte	8 F./cm
Gesamtfadenzahl	600 Fäden
Material Schurwolle	tex 200

$$\frac{600\ \text{F.} \times 10\ \text{m} \times 200}{1000} = 1200\ \text{Gramm}$$

Der Vollständigkeit halber sei auf die Berechnung in Titer denier hingewiesen. Kunstfasern und Reine Seide (die es aber auch schon metrisch numeriert gibt), kommen so in den Handel. Genau wie tex ist auch der Titer denier eine Längennumerierung. Er gibt an, wieviel Gramm 9000 m eines Garnes wiegen.

$$\frac{\text{Ges.Fadenzahl} \times \text{Kettlänge} \times \text{denier}}{9000} = \text{Gewicht in Gramm}$$

Fast sind wir am Ziel unserer Rechnerei, aber eine Formel brauchen Sie noch: dann nämlich, wenn Sie wissen wollen, wieviel Sie mit einer vorhandenen Menge Material weben können, vielleicht aus einem Rest, der verwertet werden soll! – Gefragt ist dann also nach der Kettlänge!

$$\text{Material-gew. in kg} \times \text{Nm} \times \frac{\text{Berechnungslänge (1000)}}{\text{Gesamtfadenzahl}} = \text{Kettlänge}$$

Beispiel:

Vorhandene Garnmenge	0,85 kg
Material Schurwolle	Nm 5
Gesamtfadenzahl	640 Fäden

$$\frac{0{,}85 \times 5 \times 1000}{640} = 6{,}6\ \text{m Kette}$$

Eigentlich entspricht die Mengenberechnung für den Schuß genau der der Kette, nur wird ja weder der Troddel verwebt noch eventuell eingeplante Fransen. So ist der Ansatz für die Kettlänge immer in der Formel etwas kürzer. Auch setzen wir natürlich nicht ein, wieviel Kettfäden je cm, sondern Schußfäden je cm wir weben werden.

Formel:

$$\frac{\text{Schußfäden/cm} \times \text{Breite} \times \text{Weblänge}}{\text{Nm} \times 1000} = \text{Schußgewicht in kg.}$$

Beispiel:

Kettlänge	10 m
⁒ Troddel	0,7 m
⁒ Fransen	0,12 m
Weblänge	9,18 m
Gewebebreite	0,75 cm
Schußfäden/cm	6 Fäden
Material Leinen	Nm 2,4

$$\frac{6\,\text{F} \times 75\,\text{cm} \times 9{,}18\,\text{m}}{\text{Nm}\,2{,}4 \times 1000} = 1{,}721\,\text{kg Leinen Nm}\,2{,}4$$

Litzenverteilung

Um zu ermitteln, ob auf den einzelnen Schäften genug Litzen für die Ausführung des geplanten Gewebes sind, muß man den Einzug auszählen (vgl. auch Kapitel „Kleine Bindungslehre“, S. 119). Sehr einfach geht das bei einem Einzug „geradedurch“: Man teilt die Anzahl der Gesamtkettfäden durch die Anzahl der Schäfte (Abb. 87). Aber schon bei einem Spitzeinzug muß man bedenken, daß der erste und der letzte Schaft weniger Einzüge haben als die mittleren (Abb. 87).
Man teilt die Gesamtkettfadenzahl durch die Anzahl der Kettfäden in einem Rapport und erhält dadurch die Zahl der Rapporte für die ganze Gewebebreite. Dann stellt man fest, wieviel Kettfäden = Litzen in einem Rapport auf jedem Schaft liegen. Diese Zahl, multipliziert mit der Gesamtzahl der Rapporte, ergibt die erforderliche Litzenzahl je Schaft.

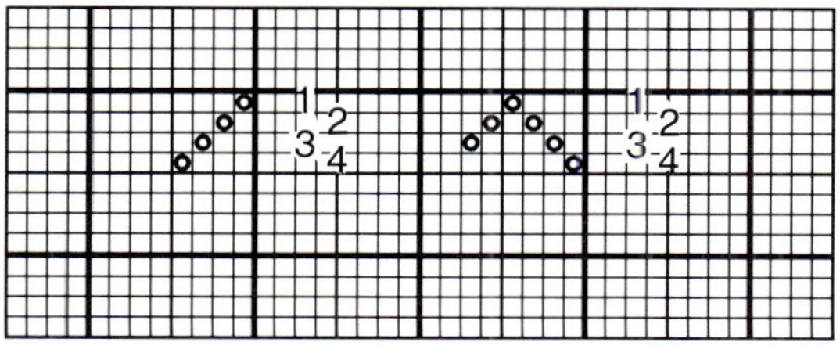

87: Einzug geradedurch (a), Spitzeinzug) (b)

Beispiel 1:
Gesamtkettfadenzahl 200,
Einzug geradedurch, 4 Schäfte
200 : 4 = 50 Litzen je Schaft.

Beispiel 2:
Gesamtkettfadenzahl 204,
Spitzeinzug – je Rapport 6 Kettfäden
204 : 6 = 34 Rapporte

Schaft	1	2	3	4	Litzen insgesamt
1 Rapport	1	2	2	1	6
34 Rapporte	34	68	68	34	204

Schwieriger wird die Ermittlung der Litzenverteilung, wenn man sehr große Rapporte oder komplizierte Einzüge hat. Die Mühe lohnt sich aber, weil das Umstecken von Litzen während des Einzuges nicht empfehlenswert ist, ja, bei manchen Stühlen dann gar nicht mehr vorgenommen werden kann. Außerdem gewinnt man, gerade bei großrapportigen Einzügen, dadurch Klarheit über die Einzugsfolge, wodurch der Einzug schneller und sicherer geht.

Schärzettel

Ein Schärzettel muß aufgestellt werden, wenn die Kette verschiedene Farben oder Garnqualitäten enthält. Man kann keine allgemeinen Regeln dafür aufstellen. Für jeden Stoff muß der Farbentwurf in einen Farb- (oder Qualitäts-)musterrapport umgesetzt werden, was mit Hilfe der Kettfadenzahl pro Zentimeter geschieht. Dabei sollten Bindungs- und Farbrapport möglichst aufeinander abgestimmt sein. Im Kapitel „Webstücke zum Nacharbeiten“ (S. 185) finden Sie Beispiele für Schärrapporte.

Musterzettel für eine Gewebeplanung

Gewebeart, Stückzahl ____________

Material Kette: ________ Schuß: ________

Bindung: ____________

Kettdichte: ________ Blatt: ________

Fertige Breite: ________ Einzugsbreite: ____

Gesamtkettfadenzahl: ____________

Schußdichte: ____________

Gewebelänge:

Teil 1 ____________

Teil 2 ____________

Säume, ____________

Ges. Fertiglänge: ____________

\+ % Einarbeitung: ____________

\+ % Verl. d. Nachbeh. ____________

Webelänge

\+ Troddel u. Fransen ____________

Kettlänge:

____

Materialbedarf: Kette, Farbe a)

Farbe b)

Schuß: Farbe a)

Farbe b)

Insgesamt Kette: ____________

Insgesamt Schuß: ____________

Schärzettel:

Litzenverteilung:

Vermerke über Preis und Einkauf:

Bindungspatrone:

Verschiedene Weberknoten

Die Weber benutzen eine Reihe verschiedener Knoten bei ihrer Arbeit. Der wichtigste ist der Weberknoten:

- Beide Enden zwischen Daumen und Zeigefinger der linken Hand kreuzen, das von rechts kommende Ende liegt unten. Die Enden sehen nicht zu lang hervor und sind sauber beschnitten.
- Den von rechts kommenden Faden über die Daumenkuppe
- hinter dem linken, vor dem rechten Fadenende entlang führen.
- Den linken Daumen ein wenig zurückziehen und mit dem rechten Daumen
- das rechte Ende in die Schlinge drücken.
- Linke Hand: mit Daumen und Zeigefinger Faden und Ende halten.
- Rechte Hand: am rechten langen Faden festziehen.

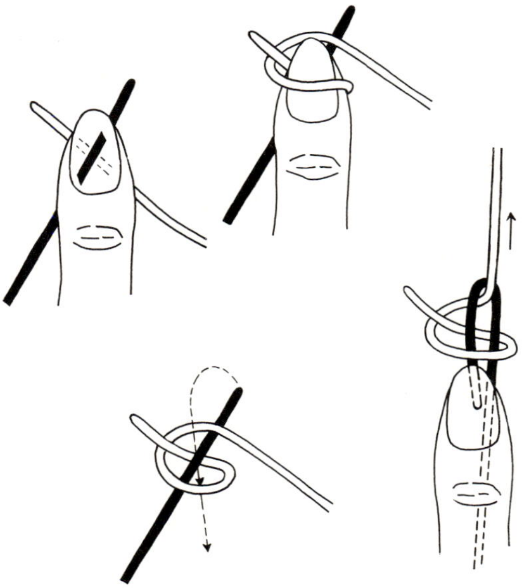

Kreuz- oder Tuchmacherknoten:

- Beide Enden miteinander verschlingen
- und noch einmal entgegengesetzt.

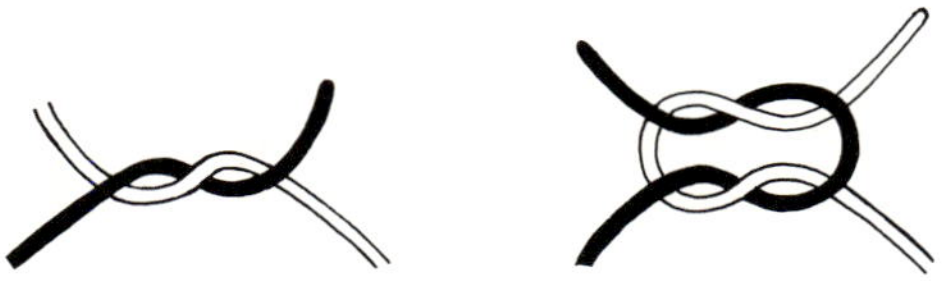

Knoten für sprödes Garn (Mohairgarnknoten):

- Enden gegeneinander legen, Ring bilden.
- Das eine Ende nach vorn, das andere nach hinten stecken.

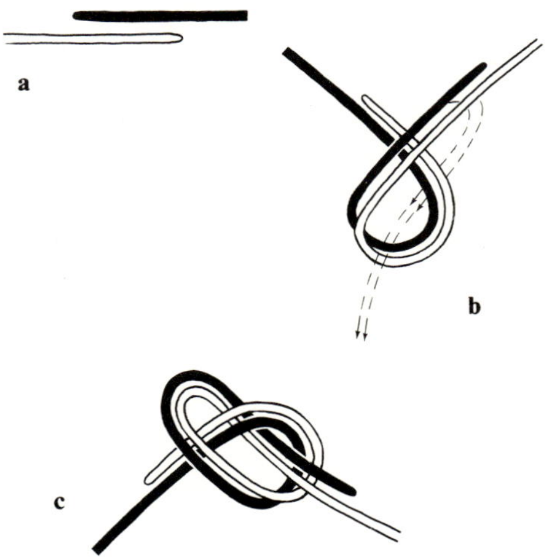

Zug- oder Schlingknoten:

- Läßt sich ohne Widerstand wieder aufziehen.

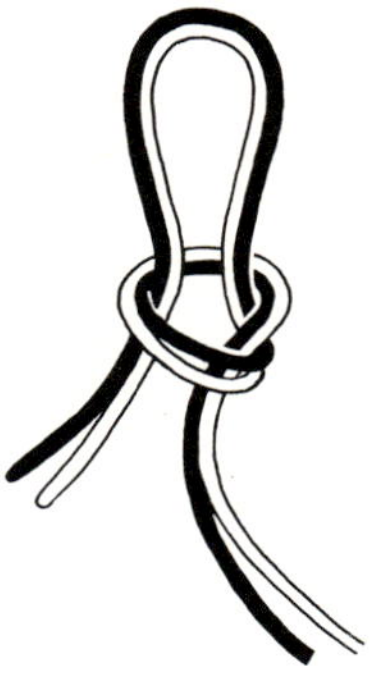

Katzenkopf:

- Dicker, stark auftragender, fester Knoten.

Arbeitsablauf beim Weben

Mit der Gewebeplanung haben wir unser Werkstück gedanklich ausgearbeitet und vorbereitet; jetzt nehmen wir endlich Werkzeug und Material in die Hände.

Um die nun folgenden Arbeitsgänge übersichtlich zu machen, seien sie hier kurz und zusammenfassend vorgestellt:

1. Vorbereiten des Kett- und Schußmaterials = Spulen (S. 77)
2. Ablängen der Kettfäden = Kette schären (S. 80)
3. Aufwickeln der geschärten Kette auf den Kettbaum = Bäumen (S. 88)
4. Einziehen der einzelnen Kettfäden durch Litzen = Einzug (S. 94)
5. und Blatt = Blattstich (S. 97)
6. Anknoten der Kette an den vorderen Peitschenstab = Anbinden (S. 98)
7. Verbinden der Schäfte mit den Tritten = Verschnürung (S. 99)
8. Prüfung von Einzug, Blattstich und Verschnürung = Anweben (S. 107)
9. und endlich = Weben (S. 109)

Spulen

Das Material kommt in vielen verschiedenen Aufmachungen in den Handel (Abb. 31, S. 35) und ist daher häufig nicht in der für unsere Zwecke verwendungsfähigen Form vorhanden.
Um das Garn von Strängen abzuziehen, benötigen wir eine Garnwinde oder eine Haspel, deren Umfang sich auf die Größe des Strangs einstellen läßt. Man prüft sorgfältig die Abbindung des Strangs (Abb. 88) und schlägt ihn aus (Abb. 89), damit die Fäden sich entwirren können. Dann erst legt man ihn auf die Garnwinde, löst die Abbindungen und führt den Fadenanfang auf die Kettspule oder das Schärgestell.
Beim Schären umfangreicher Ketten ist es erforderlich, das Garn von Spulen abzuziehen. Stränge, Kopse, große Spulen usw. müssen also auf Kettspulen umgespult werden in der für die jeweilige Arbeit erforderlichen Anzahl und Garnmenge.

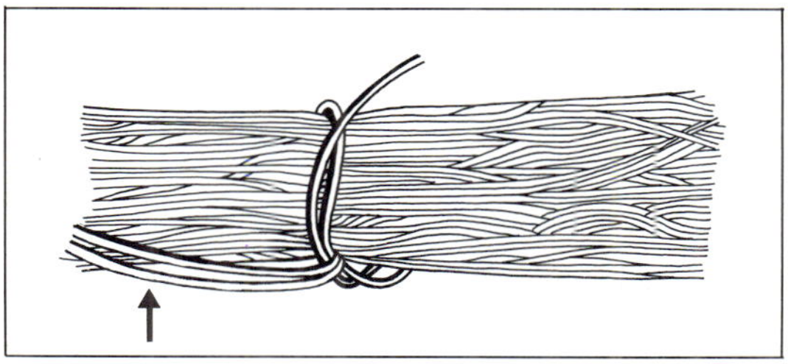

88: Abbindung am Strang, 2 Fäden liegen noch falsch

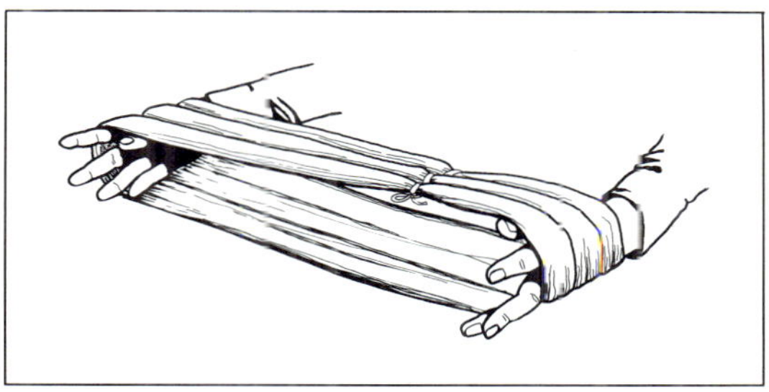

89: Der Strang wird kräftig ausgeschlagen

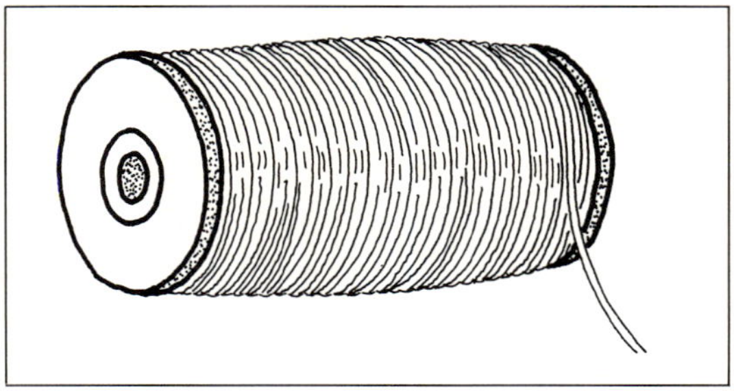

90: Eine gefüllte Scheibenspule

Alle Spulen sollten etwa gleich schwer sein, denn volle Spulen haben mehr Schwung und laufen daher leichter ab als fast leere.
Kettspulen bestehen aus Holz oder Preßpappe. Sie haben an beiden Enden Scheiben, die das Abrutschen des Garns verhindern (Abb. 90). Man steckt die Spule fest auf den Dorn des Spulrades und führt den Faden, während man das Rad in Gang setzt, gleichmäßig zwischen den Scheiben hin und her, bis die Spule gut gefüllt ist (Abb. 91). Der Faden muß dabei so straff gehalten werden, daß sich die volle Spule hart anfaßt. Wenn eine Spule zu locker gewikkelt ist, kann sich das Garn, wenn es einmal reißt, so tief in die Unterlage einziehen, daß man das gerissene Ende kaum noch wiederfindet. Feines hartes Garn schneidet bei dieser Arbeit leicht die Finger auf – ein alter Handschuh tut da gute Dienste!
Obwohl Schußspulen erst benötigt werden, wenn alle anderen Vorbereitungen abgeschlossen sind, soll bereits hier der Übersichtlichkeit halber das Anfertigen von Schußspulen erklärt werden.
Wählen Sie die Spulengröße zum Weberschiffchen passend, 1 bis 2 cm kürzer, als die Schützenkammer lang ist, damit sie sich darin gut abrollen läßt. Wenn man keine Schußspulen für Handschiffchen besitzt, schneidet man sie sich aus starkem, etwas rauhem Papier selbst (Packpapier) (Abb. 92). Die Rechtecke von etwa 8 × 10 cm Größe werden an den Ecken abge-

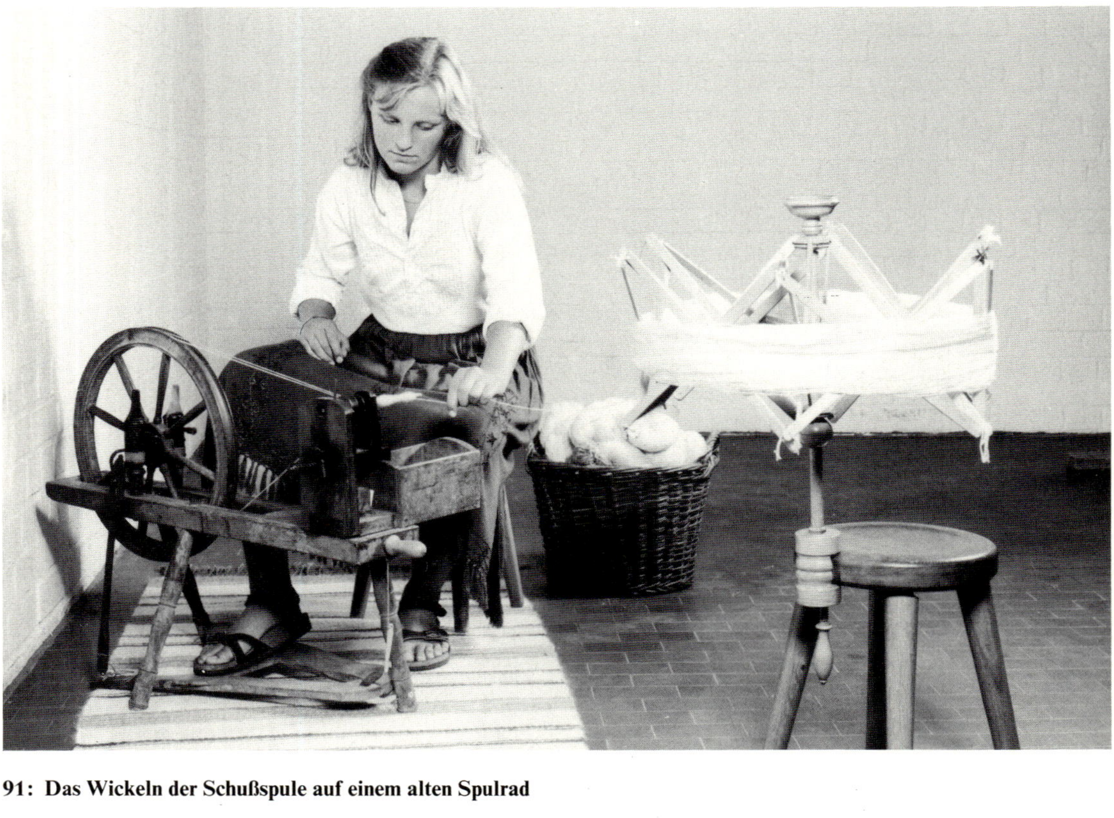

91: Das Wickeln der Schußspule auf einem alten Spulrad

rundet und auf den Spuldorn aufgerollt, wobei der Anfang des Schußfadens in das Papier mit eingewickelt wird. Man kann auch trockene, ausgehöhlte Holunderstöckchen als Schußspulen verwenden!

Jetzt gilt das gleiche wie für die Kettspulen: Wickeln Sie das Garn sehr fest auf! Zuerst wird rechts und links ein kleiner Hügel aufgespult, dann die Mitte ausgefüllt – wobei Sie die seitlichen Hügel nicht mehr überwickeln dürfen – und schließlich ein flacher Berg aufgesetzt.

Es verlangt einige Übung, bis man gut und richtig spulen kann. Vor allem bei widerspenstigem Material passiert es anfangs immer wieder, daß die Wicklung links und rechts abrutscht. Bei Leinen tut ein Töpfchen mit Wasser gute Dienste, in das man die Finger taucht und so den Faden etwas anfeuchtet. Bis zum Verweben deckt man die fertigen Leinenspulen mit einem leicht feuchten Tuch ab.

Die Spule für Schnellschützen rollt nicht, wie beim Handschützen, seitlich durch eine Öffnung ab, sondern der Faden wird vom festsit-

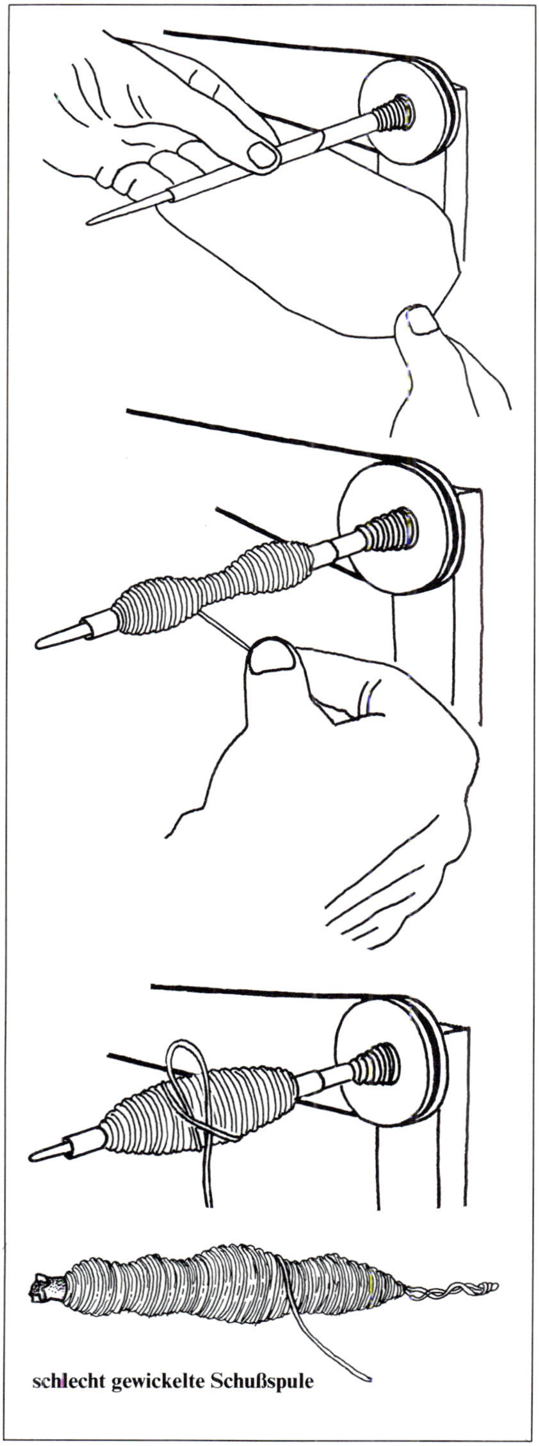

92: Wickeln einer Schußspule

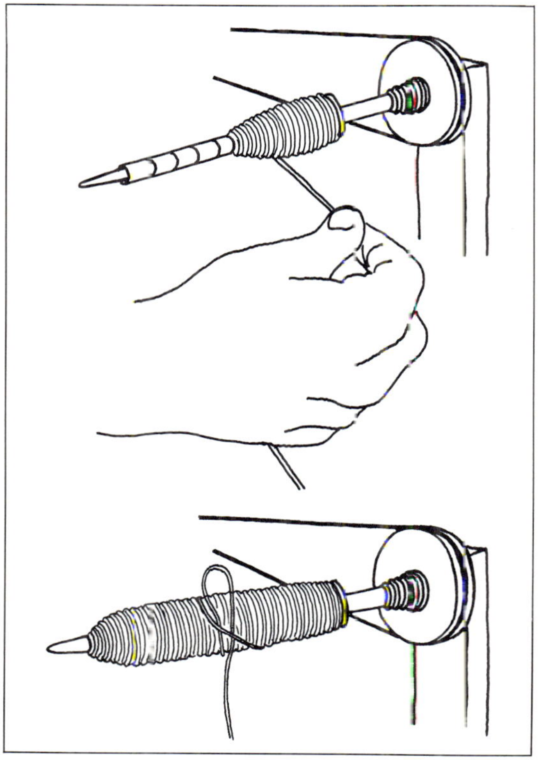

93: Wickeln einer Schnellschußspule

zenden Spulenkörper über sein dünneres Ende hin abgezogen und vorn am Schützen durch ein oder mehrere Augen nach draußen geführt. Dementsprechend spult man das Garn, von der dicken Seite der Spule anfangend, mit kurzen Vor- und Rückwärtsbewegungen der Hand. Eine gut gewickelte Spule darf nicht gewölbt oder uneben aussehen, sondern zylindrisch oder leicht konisch, mit einer kegelförmigen Spitze (Abb. 93). Sie faßt sich fest und hart an und ist so „schlank", daß der Spulenkörper nicht gegen die Wandung der Schützenkammer gepreßt wird. Schnellschußspulen müssen besonders leicht und gleichmäßig ablaufen, denn man arbeitet mit großem Tempo, und jeder plötzliche Zug am Schußfaden kann zu Fadenrissen, Spannungsfehlern und unsauberen Kanten führen.
Das Ende des aufgespulten Fadens sichert man mit einer kleinen Schlinge, damit er nicht abrutscht.

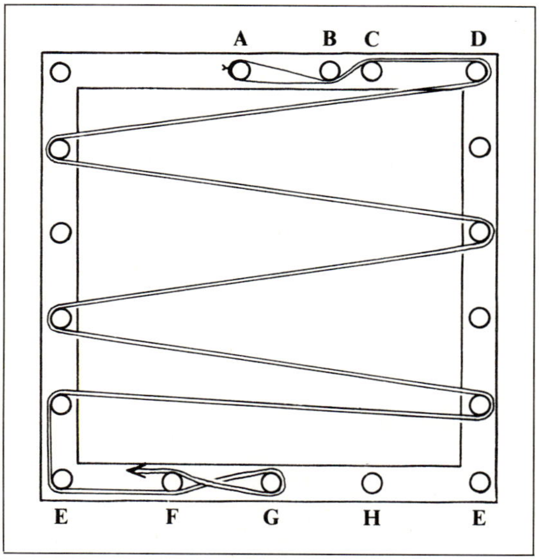

94: Der erste halbe Gang auf einem Schärbrett

Kette schären

Für unsere ersten Webarbeiten schären wir eine robuste und nicht zu lange Kette! Das Gerät, das man hierzu benötigt, ist ein Schärbrett oder ein um seine senkrechte Achse drehbarer Schärrahmen. Beide Geräte erfüllen den gleichen Zweck, allerdings vermag ein Rahmen meist mehr Kettlänge aufzunehmen und ist bequemer zu handhaben. Mit einem Schärgatter an der Rückwand des Webstuhls arbeitet man ebenso wie auf einem Schärbrett.
Sehen wir uns zunächst die Arbeit am Schärbrett an. Arbeitstechnisch günstig ist es, wenn man genügend Platz hat, das Brett fest an der Wand zu installieren. Das Garn im Strang läßt man von Garnwinden ablaufen. Ist das Kettgarn auf Spulen gewickelt, stecken wir zwei oder drei davon auf ein Spulengestell. Man arbeitet mit mehreren Fäden gleichzeitig.
Die Anzahl der Fäden, die man zu einem Bündel zusammenfaßt, sollte in einem sinnvollen Verhältnis zu der vorher errechneten Anzahl der Fäden je Zentimeter stehen. Es wäre z. B. unpraktisch, mit 3 Fäden zu arbeiten, wenn das Gewebe 8 Fäden je Zentimeter hat. Jeweils die Fadenmenge für einen Zentimeter kommt nämlich später zum Bäumen in ein Riet des Reedekammes (siehe nächstes Kapitel). Bei geraden Zahlen je Zentimeter schärt man am besten immer mit zwei Fäden. Bei einer Dichte von 3, 6, 9, 12 usw. Fäden je Zentimeter können Sie gut mit 3 Fäden schären. Bei ungeraden Fadenzahlen, z. B. 5 Fäden je Zentimeter, hilft man sich so, daß man mit 2 Fäden schärt und später im Wechsel 4 und 6 Fäden in ein Riet legt. Im nächsten Kapitel wird das genau beschrieben.
Man knotet mit einem einfachen Katzenkopfknoten die Kettfäden am Anfang zusammen und hängt diese Schlinge auf den Zapfen A, führt die Fäden rechts und links an den nächsten beiden Zapfen (B und C) vorbei, um den Eckzapfen D herum und so oft zwischen den beiden Seitenteilen des Schärbrettes hin und her, wie es die ausgerechnete Kettlänge unserer Gewebeplanung vorschreibt (Abb. 94). Dann läuft der Faden um den Zapfen E herum, rechts vorbei an F und links um G herum. Prüfen und messen Sie jetzt noch einmal genau die Länge des Fadenweges: Von A (Kettanfang) über die

verschiedenen Zwischenpfosten bis nach G (oder H, wenn Sie die Länge ein wenig variieren wollen).
Jetzt sind die ersten zwei Kettfäden geschärt, und für die nächsten zwei gehen Sie einfach diesen Weg wieder zurück. Halt! Mit einer Besonderheit: Wenn Sie auf dem Hinweg die Zapfen F und G erst rechts, dann links umlaufen haben, so verfahren Sie auf dem Rückweg genau umgekehrt, so daß sich zwischen den Zapfen die Fäden kreuzen. Bei C und B verfahren Sie genauso. Am Punkt A wieder angelangt, sind die ersten vier Kettfäden geschärt. Die Kreuzungspunkte zwischen den Zapfen C und B sind das Fadenkreuz, zwischen F und G das Gangkreuz. Eine Schärlänge zwischen den Zapfen A und G nennt man einen halben Gang oder ein Gängchen, der Weg hin und zurück (A–G–A) ist ein ganzer Gang.
Faden- und Gangkreuz sind für die weitere Arbeit außerordentlich wichtig. Prüfen Sie also diese Punkte immer wieder besonders sorgfältig, wenn Sie jetzt fortfahren, in der begonnenen Weise zwischen den Zapfen die Fäden hin und her zu spannen (Abb. 95 a).
Wozu werden Faden- und Gangkreuz angelegt? Durch das Fadenkreuz ist die Position jedes Kettfadens festgehalten. Es verhindert, daß sich die Fäden, wenn die Kette vom Schärgestell abgenommen ist, verwirren. Das Gangkreuz hilft uns beim Vorbereiten zum Bäumen.
Hier, am Gangkreuz, zählen wir auch, wie viele Fäden schon geschärt sind, und legen, um die Arbeit zu erleichtern, einen andersfarbigen „Zählfaden“ nach einer bestimmten und immer gleichen Zahl von Kettfäden um das Gangkreuz herum (Abb. 95 b).
Verdeutlichen Sie sich noch einmal: Wenn man mit 2 Kettfäden schärt, ist ein Hin- und Rückweg, A–G–A, = 1 Gang = 4 Kettfäden. Wenn man mit dem Zählfaden nach 10 Gängen bündelt, sind also 40 Fäden geschärt!
Wichtig ist weiterhin, alle Kettfäden in gleichmäßiger Spannung zu schären. Man wird leicht von Gang zu Gang fester! Das ist ein Fehler, der sich später beim Bäumen nur sehr schwer beseitigen läßt und außerdem Kettlänge kostet. Man kontrolliert die Kettspannung durch leichtes Auflegen der flachen Hand während des Schärvorgangs immer wieder.
Wenn die errechnete Fadenzahl auf den Rahmen gebracht ist, schneidet man die Fäden ab und knotet sie um den Zapfen A (Abb. 96).

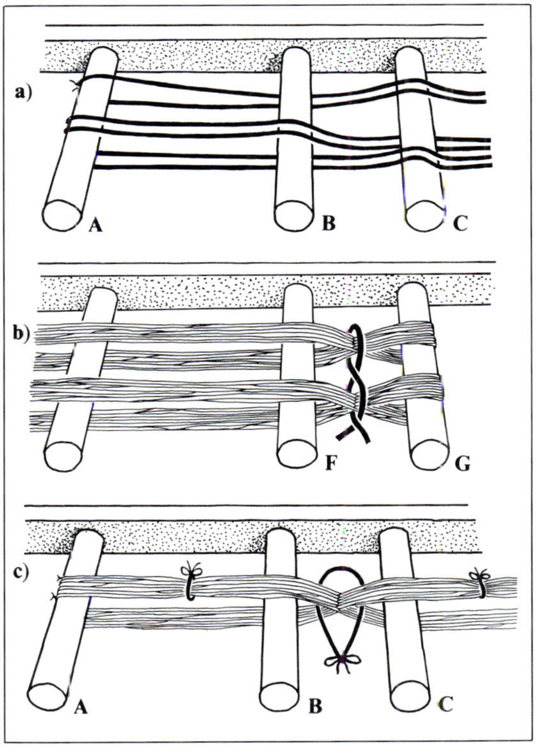

95: Anlegen des Fadenkreuzes (a), des Zählfadens (b), und Abbinden am Faden- und Gangkreuz durch feste Bündelung und eine lange Schnur (c)

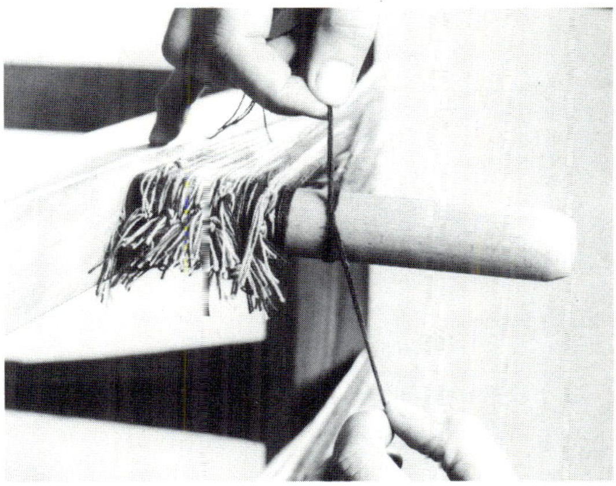

96: Verknotung des Kettganges am Endzapfen des Schärbaumes (bei Farbwechsel oder wenn Kette fertig geschärt ist)

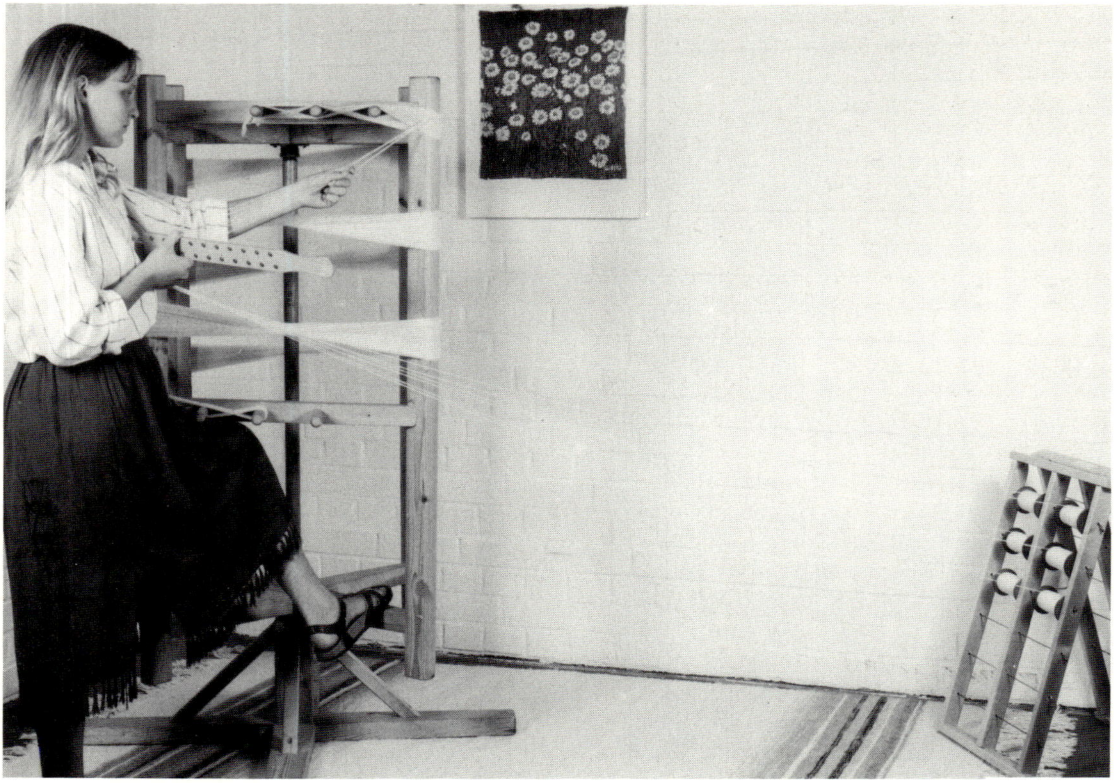

97: Beim Schären mit mehreren Fäden

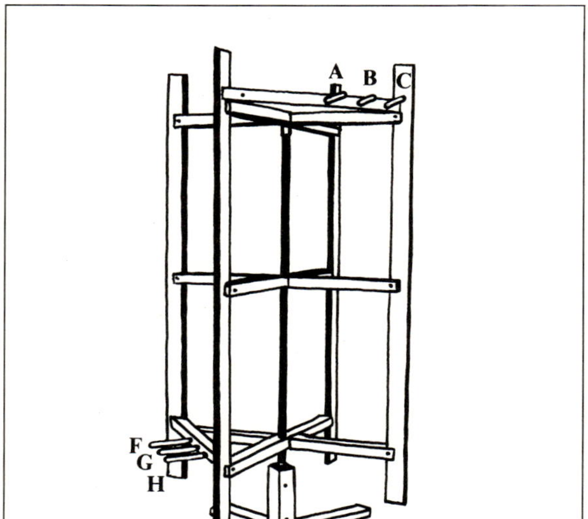

98: Schärbaum und Bündeln langer Ketten

Nun müssen wir die sorgfältig hergestellte Ordnung der Kettfäden festhalten, indem wir sowohl am Fadenkreuz als auch am Gangkreuz die Kette mit einem festen Garn rechts und links der Kreuzzapfen abbinden. Dann legt man noch je eine Schlinge in das Faden- und Gangkreuz. Diese Schnur muß gut doppelt so lang sein, wie das Gewebe breit sein wird (Abb. 95 c).
Bei empfindlichem Material und langen Ketten sollte man auch zwischendurch in der Länge der Kette einige Male fest bündeln (Abb. 98).

Die Arbeitsvorgänge beim Schären auf einem Rahmen entsprechen denen am Schärbrett. Das Spulengestell oder die Garnwinden stehen in etwa 2 m Abstand rechts von Ihnen, der Schärrahmen, oder, wie er auch genannt wird, Schärbaum zu Ihrer linken Hand. Sie hängen Ihre Kettfadenschlinge auf den linken oberen Zapfen A, das Fadenkreuz wird zwischen B und C gebildet (Abb. 98). Das Ablängen geschieht, indem Sie den Rahmen mit einem kleinen Stoß im Uhrzeigersinn in Drehung versetzen und die Fäden spiralförmig zu den unteren Zapfen, dem Gangkreuz, führen. Dabei halten Sie die Fäden in der rechten Hand, während die linke den Rahmen dreht.
Ein Schärrahmen hat zwischen 2 und 6 m Umfang, und so ergibt sich aus der Anzahl der Spiralen (Umdrehungen) und dem Umfang des Rahmens die Länge der Kette. Außerdem kann man die Zapfenhölzer für Faden- und Gangkreuz in den Feldern des Rahmens beliebig versetzen, so daß die errechnete Kettlänge ziemlich genau geschärt werden kann.

Beispiel:

Umfang des Schärrahmens 2,5 m	
Kettlänge 16,25 m	
6 Umdrehungen (6 × 2,5 m)	15,00 m
½ Umfang = 2 Felder	1,25 m
	16,25 m

Im übrigen ist es natürlich immer empfehlenswert, die Kettlänge ein wenig nach oben aufzurunden! – Wenn man allerdings – z. B. wegen Materialknappheit – die Länge sehr genau abmessen will, rechnet man die Höhendifferenz zwischen Faden- und Gangkreuz (den Unterschied zwischen Kreisumfang und Spirale) hinzu. Schließlich ist auch Ihre persönliche Arbeitsweise noch von Einfluß auf die Kettlänge: Wenn man die Fäden beim Schären sehr fest spannt, verliert man etliche Zentimeter Länge.
Beim Schären bilden sich an den Holmen des Schärbaums zunächst kleine, dann immer dikker werdende Wulste. Der Umfang des Rahmens würde, bei zunehmender Arbeit, langsam größer, wenn man die Gänge immer übereinander legte. Dem wirkt man entgegen, indem man – von Beginn der Arbeit an – die Kette in Ach-

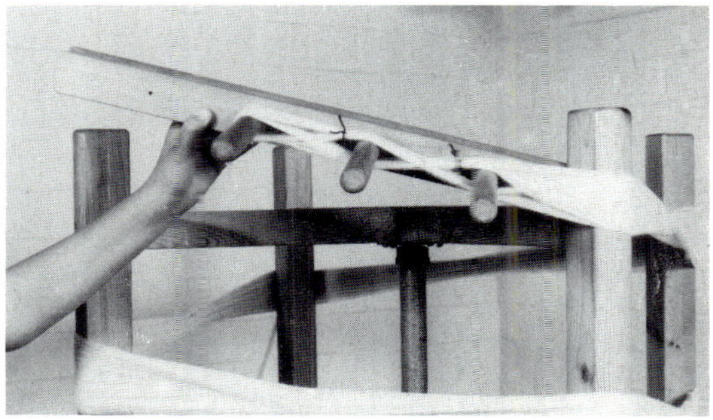

99: Lockerung der Kette am Schärbaum durch Anheben des Zapfenholzes

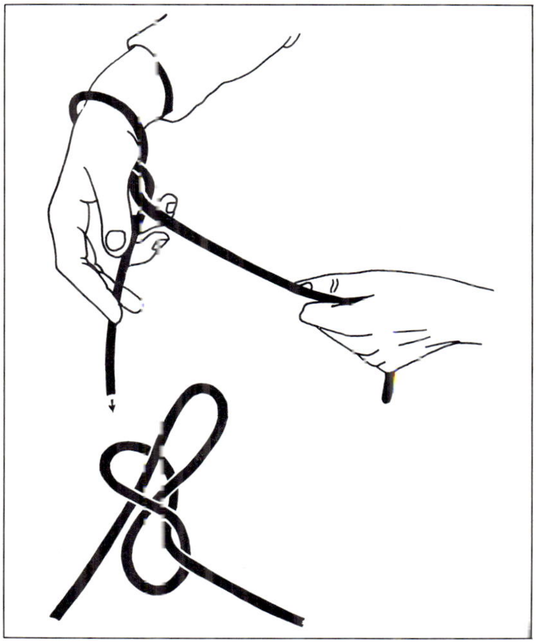

100: So wird die Kette abgehäkelt

ten auf den Rahmen legt, diese Achten langsam flacher werden läßt und auffüllt (Abb. 98).
Jetzt kann die fertige Kette vom Schärgestell abgenommen werden. Man zieht das abgebundene Fadenkreuz von seinen Zapfen und achtet darauf, daß dabei nicht die ganze übrige Kette mit abrutscht (Abb. 99). Aus dem Anfang des Kettstrangs wird eine Schlinge gebildet wie beim Häkeln von Luftmaschen. Dann bildet man einen Kettzopf, indem man immer wieder in die Schlinge greift und den Strang hindurchzieht (Abb. 100). Fassen Sie zu Beginn des Abhäkelns nicht in die Kettschlinge, die sich am Zapfen gebildet hat. So, wie es die Abbildung zeigt, läßt sich der Zopf nämlich immer von beiden Seiten her öffnen. Am Ende bindet man den Kettschluß, also das Gangkreuz, mit der letzten Schlinge zusammen (Abb. 101).
Wenn man eine sehr breite Kette zu schären hat oder aber sehr dickes Garn verarbeitet, hat meist nicht die ganze Kette auf den Zapfen Platz. Außerdem werden die Wulste an den Holmen so stark, daß die Längendifferenz zwischen den ersten und letzten Gängen zu groß würde. Man teilt dann die Gesamtkettfadenzahl in zwei Teile und stellt in der beschriebenen Weise zwei gleich lange und gleich breite Kettstränge her. Achten Sie aber darauf, daß der zweite Strang wirklich genauso lang ist wie der erste! Es empfiehlt sich in einem solchen Fall, vor Beginn der Arbeit einen andersfarbigen Faden zu schären, der dann als „Wegmarkierung“ für den zweiten Zopf auf dem Schärgestell bleibt.
Beim Schären in zwei Strängen ist es auch erforderlich, in den jeweils letzten Kettfaden kleine

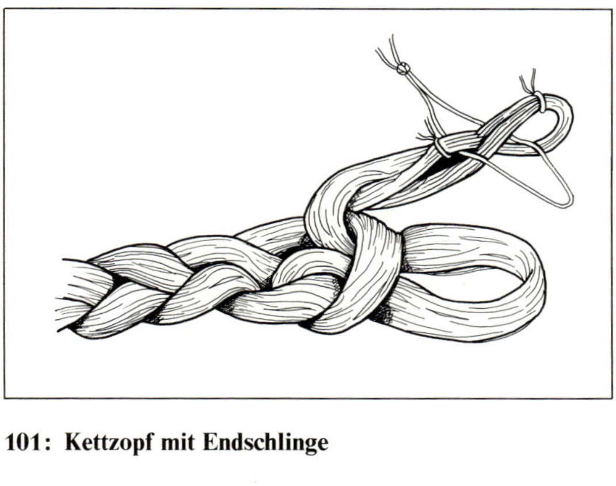

101: Kettzopf mit Endschlinge

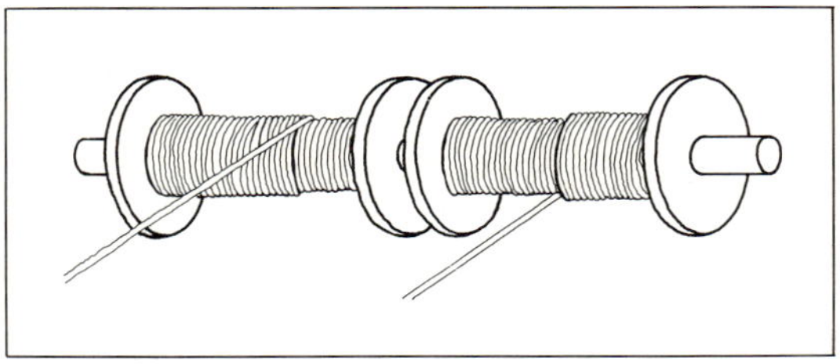

102: Drehrichtung zweier Kettspulen nebeneinander

103: Beim Abhäkeln

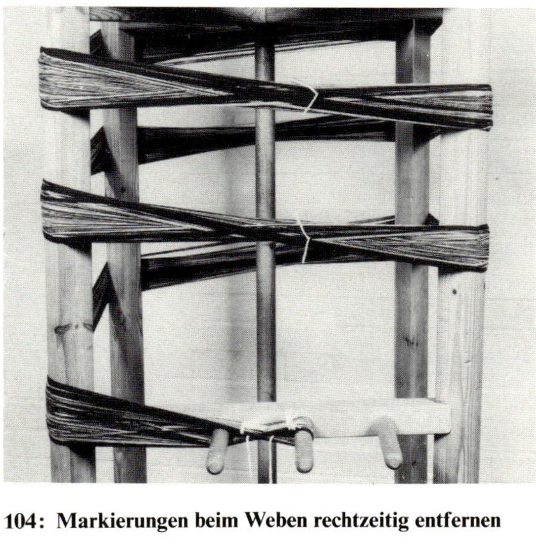

104: Markierungen beim Weben rechtzeitig entfernen

Markierungsfädchen einzuknoten (natürlich bei beiden Zöpfen an den gleichen Stellen, Abb. 104), damit man später beim Bäumen kontrollieren kann, daß beide Stränge wirklich in gleicher Spannung aufgewickelt werden. Sie haben mit diesen kleinen Farbknoten beim Weben außerdem auch immer ein „Maßband", das Ihnen anzeigt, wieviel Sie schon gewebt haben bzw. wieviel Kette noch auf dem Baum ist.

Schären mit mehreren Fäden

Wenn man ein bißchen Übung und Übersicht bei der Arbeit gewonnen hat, kann man sich auch daran wagen, mit einer größeren Anzahl von Kettfäden in einem Gang zu schären. Dazu benötigen wir außer dem Schärrahmen ein Lese- oder Augenbrettchen, Kettspulen und ein Spulengestell (Abb. 97, S. 82). Das Kettmaterial wird, soweit es nicht schon auf Rollen geliefert ist, mit Hilfe des Spulgeräts auf die Kettspulen gewickelt. Dabei werden so viele Spulen benötigt, wie Fäden auf einen halben oder einen ganzen Zentimeter kommen. Auch ein Vielfaches davon ist möglich, wie wir später sehen werden.

Beispiel:
Kette 20 m lang, 135 cm breit
8 Fäden/cm, Gesamtfadenzahl 1080
Material Baumw. Nm 16/2 (Lauflänge 7600 m)
Kettgewicht 2842 g (3000 g)

Geliefert oder gespult wurden
12 Spulen zu 250 g.
Man schärt 2 Stränge aus je 8 Spulen
(4 Spulen umspulen zu 8 × 125 g)

Die Rollen werden so auf ein Spulengestell gesteckt, daß ihre Fäden alle von oben ablaufen. Wenn allerdings im Gestell zwei Spulen nebeneinander Platz haben, läßt man sie gegeneinander rollen (Fäden von oben und unten kommend), damit sie sich gegenseitig bremsen können (Abb. 102).
Jetzt benötigen Sie das Lesebrettchen. Die 8 Fäden werden, von unten beginnend, einzeln durch das Brettchen gezogen, zusammengeknotet und auf den obersten Zapfen des Schärgeräts gehängt. Sie dürfen sich auf ihrem Weg vom Spulengestell durch das Lesebrettchen nicht verkreuzen. Lassen Sie möglichst viel Abstand zwi-

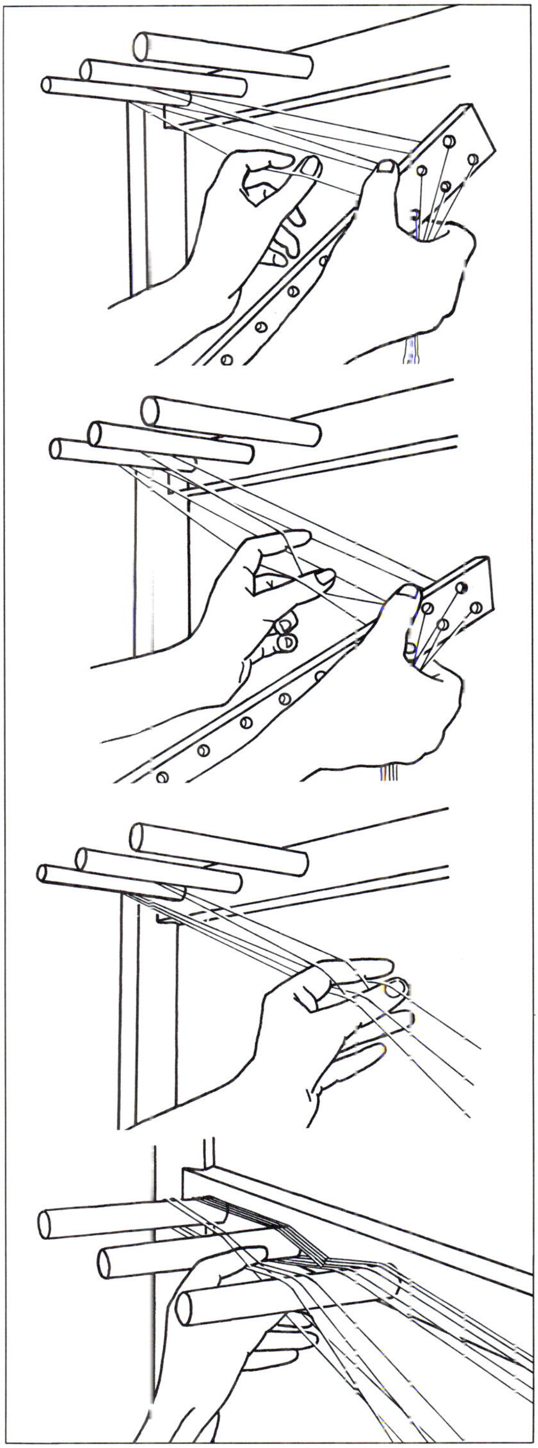

105: Das Fadenkreuz wird gegriffen

schen Spulengestell und Schärrahmen, mindestens 2–3 m – es arbeitet sich besser so.
Der Schärrahmen steht links, das Spulengestell rechts von Ihnen. Nun faßt die rechte Hand das Lesebrettchen und hält gleichzeitig hinter dem Brettchen die Fäden in Spannung, während man mit Fuß oder Knie verhindert, daß der Rahmen sich dreht. Der Griff des Lesebrettchens zeigt dabei zu Ihnen. Mit der linken Hand greifen Sie das Fadenkreuz (Abb. 105). Sie nehmen dazu den ersten, Ihnen zunächst liegenden Faden auf den Daumen, unter den Zeigefinger, den zweiten auf den Zeigefinger und unter den Daumen, den dritten wieder auf den Daumen und unter den Zeigefinger usw. Stellen Sie sich vor, daß Sie in die obere Reihe des Lesebrettchens nur weiße, in die andere nur schwarze Fäden gezogen hätten, so müßten dann alle weißen Fäden über dem Daumen und alle schwarzen über dem Zeigefinger liegen. Dieses Fadenkreuz schieben Sie nun auf die beiden Fadenkreuzzapfen B und C. Dann versetzen Sie mit der linken Hand dem Rahmen einen Stoß im Uhrzeigersinn, damit sich die Kette spiralförmig aufwickelt. Die rechte Hand hält das Lesebrettchen, die linke führt das Gängchen und hält auch den Rahmen in Drehung.
Unten am Gangkreuz angekommen, legen Sie das ganze Fadenbündel in einem Kreuz um die Zapfen (Abb. 106). Dabei fassen Sie das Lesebrettchen von der anderen Seite her an, damit sich die Fäden zwischen Spulgestell und Lesebrett nicht verkreuzen. Dann führt man das Gängchen wieder nach oben zum Fadenkreuz.
Dort bringen Sie wieder die Kettfäden in Spannung (rechte Hand hinter dem Lesebrett, Bremsen mit dem linken Fuß) und greifen das Fadenkreuz mit der linken Hand in der beschriebenen Weise (Abb. 107). Schieben Sie die Fäden auf die Zapfen B und C, allerdings diesmal vom Handrücken her, denn Ihr Gängchen kommt jetzt ja von unten, aus der entgegengesetzten Richtung zum Fadenkreuz hin. Prüfen Sie, ob das neue Fadenkreuz richtig an das vorherige anschließt.

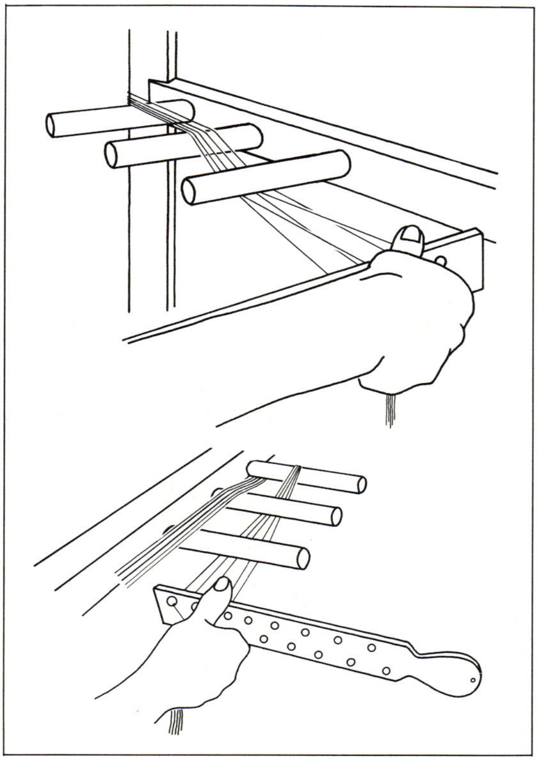

106: Anlegen des Gangkreuzes

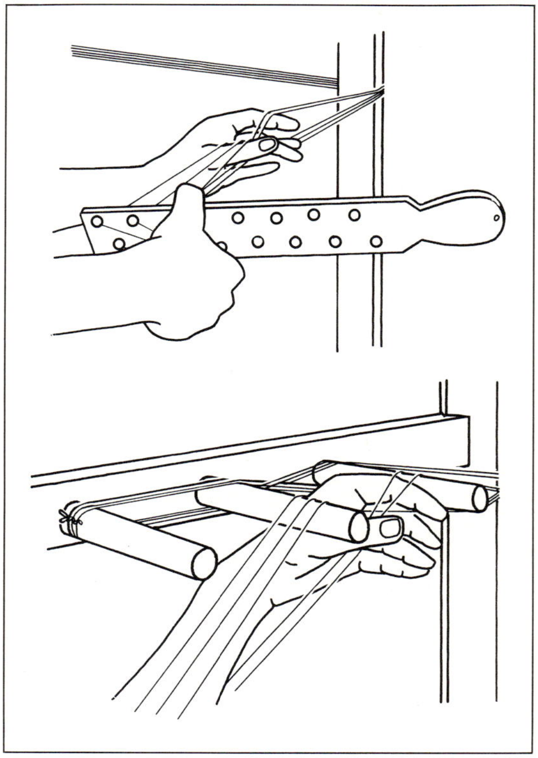

107: Das Fadenkreuz auf dem Rückweg

Der Handgriff des Lesebrettchens zeigt also beim Abwärtsschären und auf dem Rückweg immer vom Schärrahmen fort. Warum ist das wichtig? – Denken Sie noch einmal an die Schärfolge Schwarz/Weiß. Wenn der Farbanschluß an das vorher gelegte Fadenkreuz passen soll, muß der Faden, der auf dem abwärtsführenden Gängchen der äußere war, beim Aufwärtsgang auch wieder als letzter (äußerer) Faden auf dem Fadenkreuzzapfen liegen. Wenn man sich den kleinen Handgriff, das Lesebrettchen am Faden- und Gangkreuz umzugreifen, von vornherein einprägt, verdrehen sich die Gängchen nicht, und die Farbfolge bleibt gewahrt.
Am Zapfen A ist der erste Gang (=zwei halbe Gängchen zu 8 Fäden = 16 Fäden = 2 cm Kettbreite) geschärt.

Worauf ist im Laufe der Arbeit besonders zu achten?

- Alle Spulen sollten möglichst das gleiche Gewicht haben. Eine volle Spule hat mehr Schwung und läuft daher auch leichter ab als eine fast leere.
- Achten Sie darauf, daß die Spulen nicht leer laufen! Wenn der erste Satz Spulen fast abgerollt ist und Sie annehmen, keinen vollen oder halben Gang aus dem Rest mehr fertig zu bringen, ist es besser, alle Fäden an einem der Wendezapfen abzuschneiden und mit einem neuen Satz Rollen wieder fortzufahren. Überhaupt sollten Sie möglichst versuchen, Knoten im Laufe der Kette zu vermeiden, indem Sie den Faden verkürzen und den Knoten an einen der beiden Wendezapfen legen.
- Das Gangkreuz braucht man nahe am Kettende, das Fadenkreuz sollte jedoch 40–50 cm hinter dem oberen Wendezapfen liegen, damit es gleich die richtige Position für den späteren Einzug hat. Wenn der Schärrahmen nicht so eingerichtet ist, kann man sich im Nebenfeld des Fadenkreuzes einen weiteren Wendezapfen anbringen (Abb. 108).
- Oft läßt sich das mit den Fingern gegriffene Fadenkreuz schlecht schieben. Halten Sie die Kette zwischen Zapfen und rechter Hand gut in Spannung.
- Beachten Sie vor allem, daß Sie beim Schären nicht eine Spirale überspringen! Bei dicht nebeneinander liegenden Reihen kann das leicht passieren. In der Webersprache heißt das „Ein Pferd schären". – Der Fehler ist nur sehr mühsam zu beseitigen. Entweder wird die Kette bis zu diesem Fehler wieder abgezogen und – durch das Lesebrett zurück – wieder auf die Spulen gewickelt. Wenn man es jedoch zu spät bemerkt, schärt man besser einen Gang mehr als vorgesehen und entfernt den zu kurzen beim Bäumen
- Wenn man die Arbeit unterbricht, hängt man das Gängchen über einen Holmen, damit die Fäden nicht herunterrutschen.
- Die Fäden dürfen sich zwischen Schärbaum und Spulengestell nicht verkreuzen. Prüfen Sie immer wieder! Beim Abwärts- und Aufwärtsschären zeigt der Griff des Lesebrettchens immer vom Rahmen fort.
- Lange Ketten werden bei jeder oder jeder 2. Umdrehung fest gebündelt (Abb. 98).

Es ist einfach, am Gangkreuz jetzt die Zahl der geschärten Gänge zu zählen (Abb. 109). In unserem Beispiel müssen wir für 1080 Fäden insgesamt 1080 : 8 = 135 halbe oder 67,5 ganze Gänge schären. Wir stellen zwei Stränge her, der erste Strang hat 34, der zweite 33 ganze und einen halben Gang. Man beendet also diese Kette am Gangkreuz. Unter Umständen ist es not-

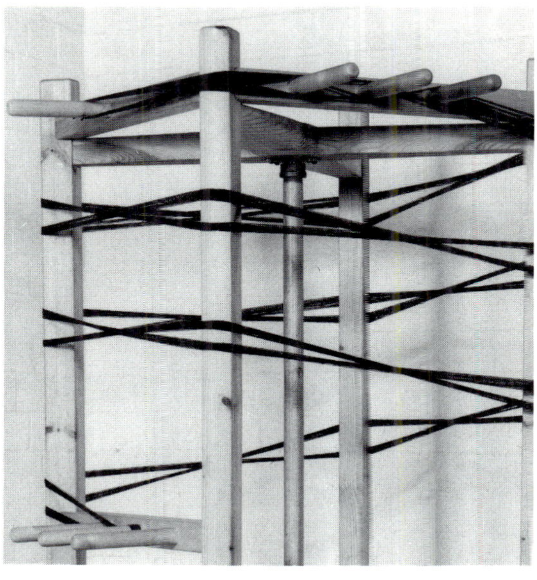

108: Erster Gang am Schärbaum

wendig, entsprechend der Gesamtkettfadenzahl eine kleinere Fadenzahl nachzuschären.
Zuletzt binden Sie in der bekannten Weise Faden- und Gangkreuz sorgfältig ab, vergessen auch nicht die Längenmarkierungen einzuknoten und häkeln den Strang vom oberen Fadenkreuz beginnend ab, wobei Sie den Rahmen mit dem Fuß bremsen.
Sie können auch mit noch mehr Fäden schären, als Sie Gewebedichte pro Zentimeter ausgerechnet haben. In unserem Beispiel könnte man auch mit 16 Spulen gleichzeitig arbeiten, vorausgesetzt, daß die Werkzeuge (Fassungsvermögen des Spulengestells und des Lesebrettchens) dazu ausreichen. Man fädelt die Kettfäden dann so in das Lesebrettchen, daß man nach 8 Augen (in unserem Beispiel) ein oder zwei frei läßt und dann die nächste Gruppe von 8 Fäden durchzieht. Sie legen das Fadenkreuz ein wie gewohnt und bilden aber dann am Gangkreuz aus jedem Bündel von 8 Fäden ein „Fadenkreuz", das man mit Daumen und Zeigefinger greift, genau wie an den oberen Zapfen, nur eben jetzt mit dem ganzen Bündel.
Eine kleine Schwierigkeit kann hier entstehen, wenn Sie am Gangkreuz nur zwei Zapfen haben. Stecken Sie das Gangkreuz wie oben beschrieben auf die Zapfen, nehmen Sie das Garn in die linke Hand und greifen mit der rechten Hand jetzt das Kreuz von hinten, bevor Sie es wieder auf den beiden Zapfen ablegen.

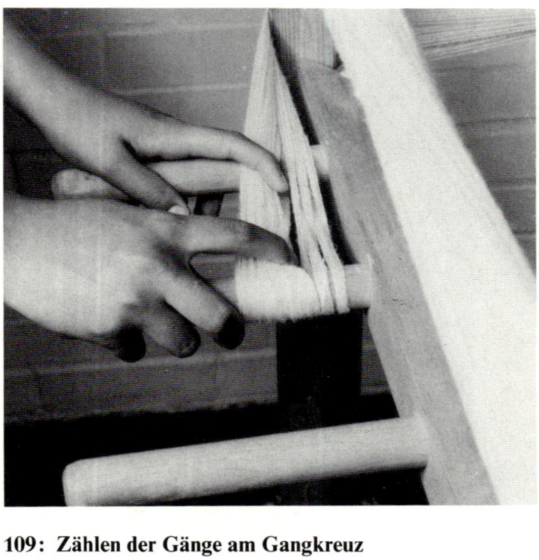

109: Zählen der Gänge am Gangkreuz

Bäumen der Kette

Im nächsten Arbeitsgang bringen wir die Kette auf den Kettbaum. Die Fäden werden dabei gleichmäßig auf die gewünschte Breite verteilt und in großer Spannung so weit gebäumt, also auf den Kettbaum gerollt, bis das Fadenkreuz erreicht ist.
Dazu muß der Raum innerhalb des Gestells frei sein. Wenn vom letzten Gewebe her das Geschirr noch im Stuhl hängt, muß es entfernt werden: Man stellt die Wippen in der Webstuhlüberlage durch zwei stabile Eisenstäbe fest. Die Verbindungen zwischen Querschemeln und Tritten brauchen nur dann gelöst zu werden, wenn die neue Verschnürung ganz anders sein wird als die vorherige. Gleiche oder ähnliche Verschnürungen verwendet man später wieder und korrigiert sie dort, wo es notwendig ist. Aber das ist ein späterer Arbeitsgang. Jetzt werden auf jeden Fall die Verbindungen zwischen den Schäften und den Querschemeln gelöst, wodurch die Schemel und Tritte herabsinken. Die Schäfte greift (rollt) man vorsichtig zusammen und legt sie oben auf die Webstuhlüberlage, wo sie während des Bäumens liegen bleiben können. In manchen Stühlen kann man die Überlage mit dem ganzen Geschirr einfach abheben und zur Seite legen. In anderen muß man die Schaftaufhängungen lösen und die Schäfte entfernen.
Nun löst man den Faden, mit dem man das Gangkreuz mit der letzten Schlinge des Kettzopfes zusammengebunden hatte. Durch die Gangkreuzschlinge steckt man den Peitschenstock, legt die Peitschenschnur durch die zweite Abbindung des Gangkreuzes und bindet sie sorgfältig an der anderen Seite fest (Abb. 110). Wenn zwei Kettzöpfe geschärt worden sind, kommen beide nebeneinander auf den einen Peitschenstock. (Bei farbig gemusterten Ketten auf Farbfolge und Musteranschluß achten!)
Nun wird der Peitschenstock vorläufig am hinteren Streichriegel festgebunden und der geöffnete Reedekamm in eine günstige Arbeitsposition zum Einlegen der Gängchen gebracht: Legen Sie zwei stabile Leisten vom Brustbaum zum hinteren Streichriegel, stellen Sie den geöffneten Reedekamm darauf und binden Sie beides fest. Bei manchen Stühlen kann man den Streichriegel entfernen und an seine Stelle den

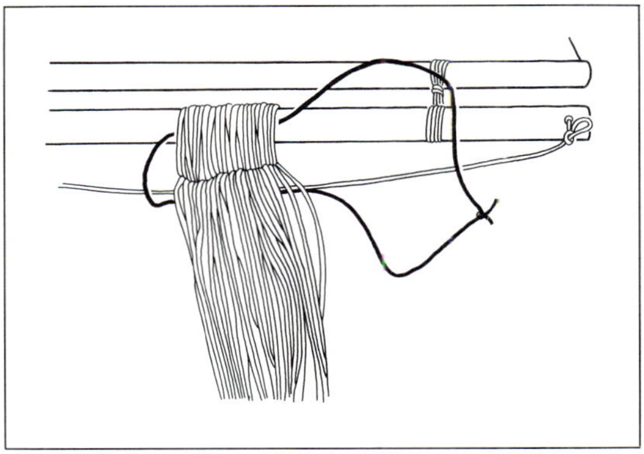

110: Man verteilt die Kette erst gut auf dem Peitschenstock, ehe man die Anlängerschnüre festbindet

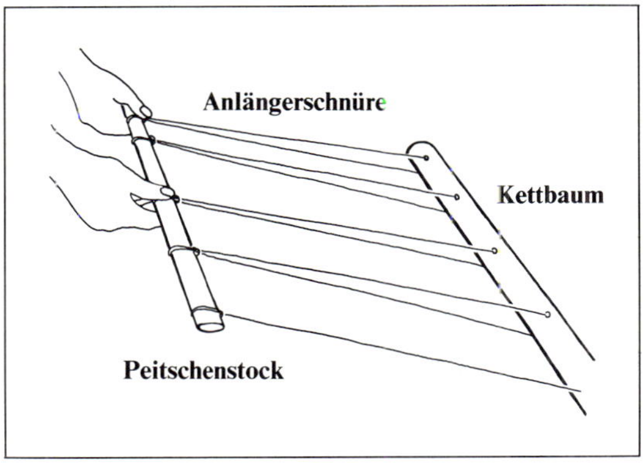

111: Drei bis vier Abbindungen zwischen den beiden Leisten sind erforderlich, damit sich der Peitschenstock nicht durchbiegt

112: Beim Einlegen in den Reedekamm

Reedekamm legen (Abb. 112). In diesem Fall kann man im Sitzen arbeiten. Prüfen Sie noch einmal, ob das Gangkreuz wirklich sauber zwischen Peitschenstock und Peitschenschnur liegt und lösen Sie dann die beiden festen Abbindungen. Die lange Schnur um das Gangkreuz bleibt zur Sicherheit immer an ihrem Platz.

Der Kettzopf hängt jetzt locker über dem Reedekamm, ein Stück festes Papier verhindert, daß er in die Zähne einsinkt. Jedes Riet nimmt ein Gängchen nach dem anderen auf, wobei Sie darauf achten müssen, daß die Kette in der Mitte des Kammes liegt.

Haben Sie mit zwei oder mehreren Fäden geschärt, zählen Sie jeweils so viele Fäden in ein Riet, wie Fäden je cm vorgesehen sind. Achten Sie dabei genau auf die Reihenfolge des Gangkreuzes. – Wenn eine ungerade Fadenzahl je Riet erwünscht ist oder die Anzahl der Gängchen nicht mit der gewünschten Breite übereinstimmt, müssen Sie das ausgleichen, indem Sie in regelmäßigen Abständen mehr Fäden einlegen oder Riete frei lassen. Auf keinen Fall darf ein Doppelfaden oder ein Gängchen getrennt und auf zwei Riete verteilt werden.

Beispiele:

- Sie haben mit zwei Fäden geschärt und wünschen eine Kettdichte von 5 Fäden/cm: 1 Riet mit 4 Fäden, 1 Riet mit 6 Fäden im Wechsel.
- Für ein Gewebe wurden 7 Fäden je Gängchen geschärt, die Kettstellung soll erweitert werden auf 6 Fäden/cm:
Jedes 7. Riet bleibt frei.
- Umgekehrt wurden für ein Gewebe 6 Fäden je Gängchen geschärt, gewünscht wird eine Kettdichte von 7 F./cm:
Je 6 Riete muß eins doppelt belegt werden.

Wünschenswert ist beides nicht, das Doppeln wie das Freilassen, denn bei besonders langen Ketten, die mit Hals geschärt werden, bilden sich beim Bäumen dann Wülste oder Rillen, die sich beim Abweben ungünstig auswirken. Für kürzere Ketten sind diese Maßnahmen jedoch ohne Belang.

Prüfen Sie jetzt noch einmal die Reihenfolge des Gangkreuzes im Reedekamm. Hierbei ist große Sorgfalt erforderlich, denn verkreuzte Gängchen machen Mühe beim Bäumen wie beim Abweben.

Der Kammdeckel wird verschlossen und verschraubt und zusätzlich ein- bis zweimal fest mit seinem Unterteil zusammengebunden, damit während des Bäumens kein Kettfaden umspringen kann. Besonders praktisch und stabil ist ein Reedekamm, bei dem die Rietzähne zu kleinen Bügeln geformt sind. Man legt die Kettfäden ein und schiebt gleich einen Federstahl durch die Bügel nach, wodurch die Gängchen sofort fixiert sind (Abb. 113).

Nun wird die Anbindung zwischen Peitschenstock und Kettbaum hergestellt. Wenn der Webstuhl mit Schürzen (Baumtüchern) an Kett- und Warenbaum ausgerüstet ist, befestigt man die Peitsche an dem Stab, der in der Schürze steckt, an den beiden äußeren Enden und zusätzlich alle 30–40 cm zwischen den Kettschlingen.

Ohne Schürze benutzt man Anlängerschnüre, die so lang sein müssen, daß der Peitschenstock fast bis an die Schäfte gezogen werden kann. Die Handhabung mit Schürze ist bequemer und gewährleistet, daß die Peitsche mit dem Kettanfang ganz gerade auf den Kettbaum läuft, sie schont auch die Kette. Man kann sie aber nicht beim Arbeiten mit Baumscheiben verwenden. Eine andere Art der Befestigung am Kettbaum geschieht mit der Fitzrute, einem dünnen Holz- oder Eisenstab, den man in die Kettschlinge steckt, und der Fitzschnur, die das Gangkreuz in der oben beschriebenen Weise bewahrt. Im Kettbaum befindet sich eine Nut, in die man die Fitzrute eindrückt und an mehreren Stellen festbindet (Abb. 114). Nach 1–2 Kettumdrehungen sitzt die Rute ganz fest. In diesem Fall wird angelängert, wenn die Kette fast abgewebt ist.

Zum Bäumen werden die Leisten entfernt und alle Abbindungen gelöst, mit denen der Reedekamm befestigt war. Man führt nun den Kettzopf vom Kettbaum und hinteren Streichriegel her über den Brustbaum und um den Kniebaum herum nach vorn (Abb. 116). Die Riegel wirken dabei als Hebel und erhöhen beim Bäumen die Spannung der Kette und verteilen den Zug auf eine lange Strecke (nämlich von Ihrer Hand bis zum Kettbaum!)

Jetzt brauchen Sie möglichst zwei Helfer (Abb. 115): Einer dreht den Kettbaum, der andere führt den Reedekamm und beobachtet den Lauf des Garnes und das Aufrollen der Kette, Sie selbst setzen sich auf den Boden und stemmen sich mit den Füßen am Webstuhl ab, greifen mit jeder Hand fest einen Kettzopf und halten die Kette in möglichst großer Spannung. Wenn Sie nur einen Zopf geschärt hatten, wird er geteilt, es sei denn, Sie haben eine sehr schmale Kette.

Lassen Sie den Zopf nicht durch die Hand rutschen, gehen Sie beim Aufwickeln mit nach vorn, soweit es möglich ist. Dann greifen Sie neu, während derjenige, der den Kettbaum dreht, innehält. Der Reedekamm bleibt während des Bäumens im rechten Winkel zur Kette, in der Kette stehen, er geht also beim Aufrollen mit nach hinten und wird nur von Zeit zu Zeit vom hinteren Streichriegel zum Brustbaum zurückgeschoben.

Besonders wichtig ist es, beide Kettstränge in gleicher Spannung aufrollen zu lassen, hier tun die Markierungsfäden ihren Dienst. Lassen Sie lieber ein Stück Kette zurücklaufen, wenn Sie merken, daß die eine Hand straffer gespannt hat als die andere.

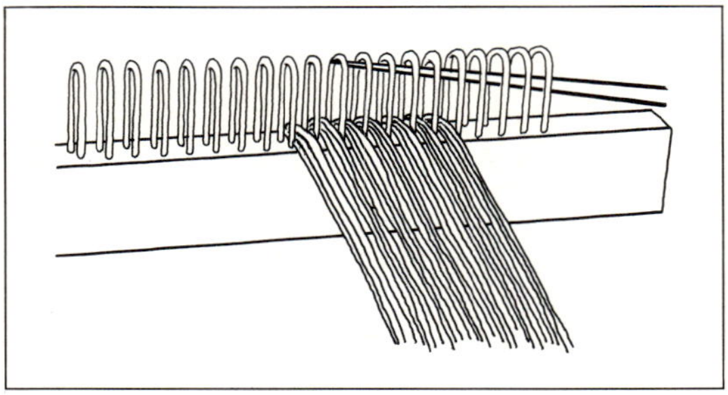

113: Reedekamm

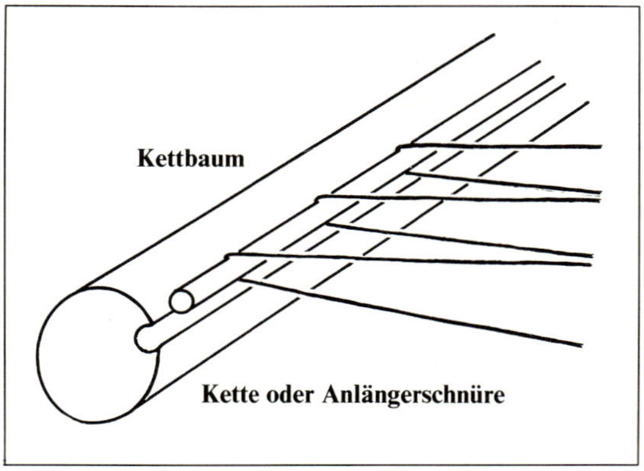

114: Fitzrute

115: Beim Bäumen

Wenn eine Kette besonders breit ist (mehr als 150–160 cm), empfiehlt es sich, daß vier Stränge gebildet werden. Dann sitzen zwei Personen zum Spannen vor dem Stuhl. In diesem Fall ist das dauernde Überprüfen der Spannung mit Hilfe der Markierungsfäden in der Kette unerläßlich.
Wenn die Kette länger ist als vier oder sechs Baumumdrehungen (je nach Garnstärke und Kettdichte), besteht die Gefahr, daß die Kettfäden seitwärts abrutschen. Um das zu verhindern, gibt es verschiedene Hilfen:

1. Baumscheiben werden dem Kettbaum wie zwei große Ohren aufgeschraubt, sie müssen sehr fest sitzen (Abb. 117). Die Entfernung der beiden Scheiben voneinander ist so breit wie die Kettbreite im Reedekamm, die Abstände zu den Kettbaumenden rechts und links sind gleich, damit die Kette in der Mitte des Baumes aufrollt.

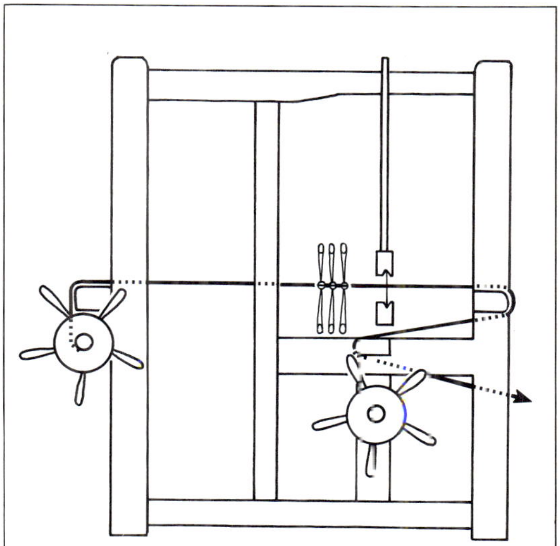

116: Weg der Kette im Stuhl beim Bäumen

117: Kettbaum mit Baumscheiben

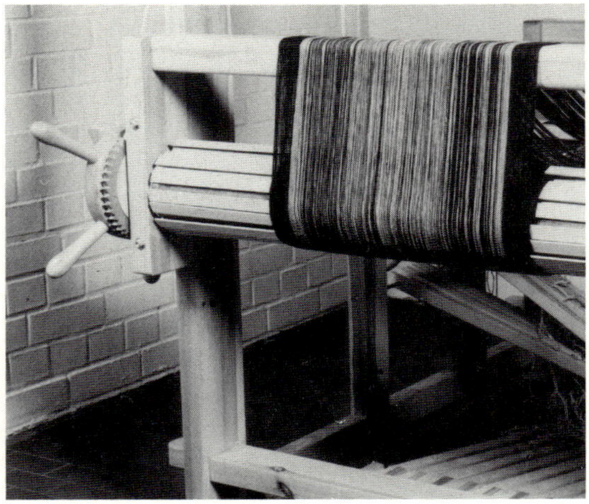

118: Mit Kettleisten bäumen

2. Kettleisten erfüllen den gleichen Zweck (Abb. 118). Häufig und in regelmäßigen Abständen werden schmale dünne Leisten, die etwas länger sein müssen, als die Kette breit ist, mit eingerollt. Diese einfache und praktische Art des Kettbäumens wird vor allem in Skandinavien angewandt. Sie hat den Nachteil, daß das Aufnahmevermögen des Kettbaumes verringert wird. Aber in der häuslichen Weberei hat man ja meistens nicht so lange Ketten.

3. Bäumen mit Hals (Konus). In diesem Fall wird kein Hilfsgerät gebraucht, aber die Handhabung ist anders als bei den vorher beschriebenen Methoden. Die Kette wird von vornherein breiter im Reedekamm eingelegt, als die Webbreite berechnet ist, je nach Länge der Kette und Dicke des Materials 8 bis 20% breiter. Erfahrene Weber berücksichtigen das schon beim Schären der Kette.

Beispiel:
Eine Kette hat 1800 Fäden.
135 cm Blatteinzugsbreite
15 cm Zugabe für den Konus

---

150 cm Einlegebreite im Reedekamm

1800 Fäden auf 150 cm verteilt
= 12 Fäden je Riet.

Bei dieser Art zu bäumen, müssen Sie unbedingt zu dritt sein, denn der Reedekamm, der anfangs im rechten Winkel zur Kette steht, wird von dem Helfer nach und nach immer schräger gehalten, so daß sich langsam und gleichmäßig die Kettbreite verringert (Abb. 119). Man nennt das einen Hals oder Konus bäumen. Das Kettende mit dem Fadenkreuz soll dann etwa die Blattbreite erreicht haben. Achtung! Mit Hals zu bäumen, ist nichts für Anfänger! Es setzt auch voraus, daß der Kettbaum breit genug ist, den Konus aufzunehmen.
Bei besonders glatten, schwierigen Ketten, z. B. aus reinem Leinen, legt man auch gelegentlich Streifen aus festem Papier oder Garnenden quer zum Lauf der Kette mit in die Rolle, die seitlich etwas heraussehen und bei der nächsten Umdrehung umgeschlagen und wiederum mit eingerollt werden.
Die Kette auf dem Baum muß sich ganz fest anfühlen.
Bereiten Sie jetzt gleich noch mit Ihren Helfern den nächsten Arbeitsgang, den Einzug, vor, indem Sie den Reedekamm, der vorläufig noch in der Kette bleibt, in der Webstuhlüberlage hinter den Schäften anknüpfen. In die Abbindungen des Fadenkreuzes, das vorn herunterhängt, werden sorgfältig die Geleseleisten eingelegt und die Schäfte wieder an ihren Platz gehängt. Diese beiden flachen, elastischen, gut geglätteten Latten haben einige wichtige Funktionen, die Sie

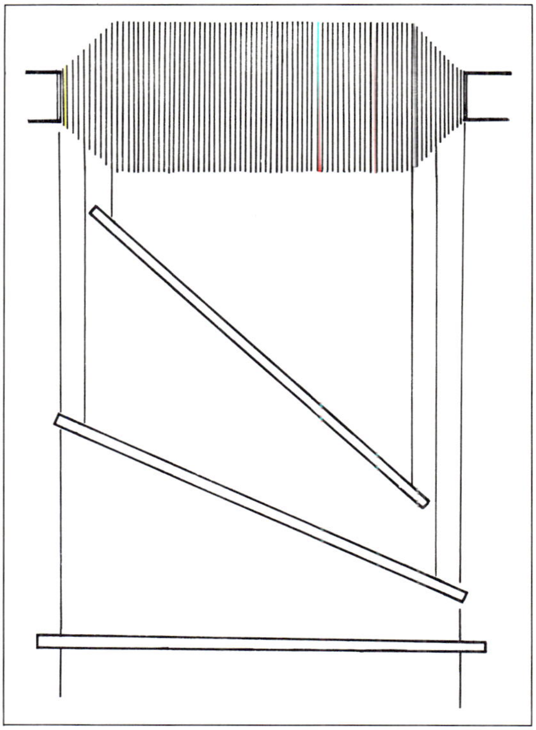

119: Mit einem Konus oder Hals bäumen

im Laufe der Arbeit kennenlernen werden. Ihre Wichtigkeit drückt sich in einer Vielzahl von Namen aus, die sich mundartlich erhalten haben: Les-stöcker, Geleseleisten, Schweiflatten, Kreuzruten, Kreuzstäbe, Teilstöcker usw. Die beiden Geleseleisten werden an ihren Enden so miteinander verbunden, daß man die Abbindungen leicht wieder lösen kann (Abb. 120). Das Fadenkreuz muß zwischen beiden Stäben gut Platz haben.

Führen Sie die nun folgenden Handgriffe mit besonderer Sorgfalt aus, denn das Fadenkreuz muß sauber erhalten bleiben. Die Abbindefäden werden aufgeschnitten und das Fadenkreuz so weit zurückgeschoben, daß die Enden etwa 50–60 cm unter den Geleseleisten herunterhängen. Das ist bei manchem Material schwierig. Fassen Sie jeweils nur kleine Kettbündel fest mit der linken Hand, während die rechte Hand das Fadenkreuz lockert und in Richtung Kettbaum zurückschiebt. Diese Arbeit erübrigt sich, wenn beim Schären das Fadenkreuz weit genug vom Kettanfang entfernt angelegt worden ist.

Danach wird die untere Kettschlinge aufgeschnitten und das Bündel mit einem Schlingknoten gesichert (Abb. 121).

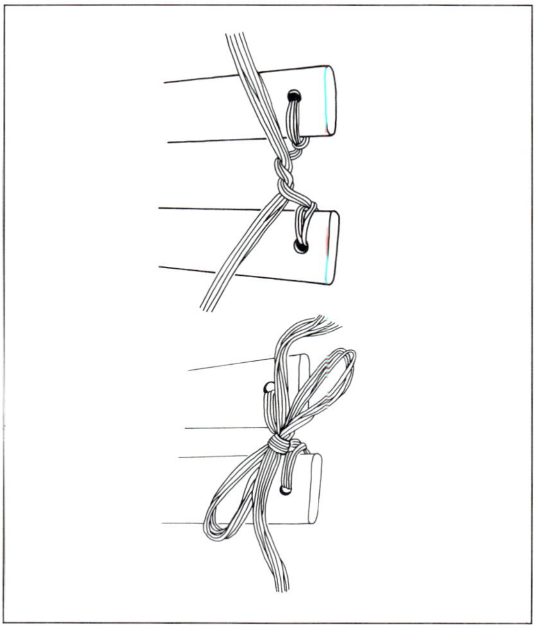

120: Zusammenbinden und sichern der Geleseleisten

121: Position der Geleseleisten zum Einzug (Richten Sie sich die Höhe des Fadenkreuzes Ihrer Körper- und Arbeitshöhe entsprechend ein.)

Einzug

Durch den Einzug in die Litzen bekommt jeder einzelne Faden eine Führung. Die Litzen sind auf verschiedene Schäfte aufgefädelt. Die Schäfte heben oder senken die jeweils gleichbindenden Kettfäden, die so das Webfach bilden.

Bevor man mit dem Einzug beginnt, zählt man die Litzen auf jedem Schaft und muß dann – entsprechend der in der Gewebeplanung festgelegten Fadenzahl je Schaft – Litzen hinzufügen oder entfernen. Überflüssige Litzen können nur dann, möglichst gleichmäßig an beiden Seiten, im Stuhl bleiben, wenn dadurch die äußeren Kettfäden nicht beengt und gescheuert werden. Verwenden Sie niemals unterschiedliche Litzen, vor allem nicht innerhalb eines Schaftes, weil es dadurch fast unmöglich wird, ein sauberes Webfach zu erhalten.

Die Weblade wird entfernt und die Wippen in der Überlage festgestellt. Wenn man den Einzug allein vornimmt, werden die Schäfte mit Hilfe der Schafthalter höher gehängt als zum Weben (Abb. 122). Sind keine Schafthalter vorhanden, schlingt man die Schaftschnüre 2–3mal um die äußeren Wippenenden, um die Schäfte anzuheben. Bei den meisten, vor allem größeren Stühlen lassen sich Knie- und Brustbaum aus ihren Lagern herausnehmen und als Sitz in das Webstuhlgestell legen. Oder vielleicht paßt die Bank in den Webstuhl hinein – auf jeden Fall sollten Sie möglichst nahe und bequem am Geschirr sitzen, damit Rücken und Arme nicht zu sehr ermüden. Dicht hinter den Schäften hängt die Kette im Reedekamm, darunter gut sichtbar das Fadenkreuz, dessen Endschlingen bereits aufgeschnitten und wieder lose verknotet wurden. Rechtshänder arbeiten am besten von rechts nach links.

Manche kleineren Webstühle bieten keine Möglichkeit, das Fadenkreuz hochzuhängen, dann muß man es möglichst nahe an die Schäfte heranziehen, die Geleseleisten dort auf 2 Hölzern lagern und gut festbinden (Abb. 123). Man kann die flachen Geleseleisten zum Einzug auch hochkant stellen und sie in dieser Lage festhalten, indem man sie seitlich in zwei Hölzer oder Pappen steckt oder ein Stöckchen durch die Bindelöcher schiebt. So lassen sich die einzelnen Fäden besonders leicht aufnehmen.

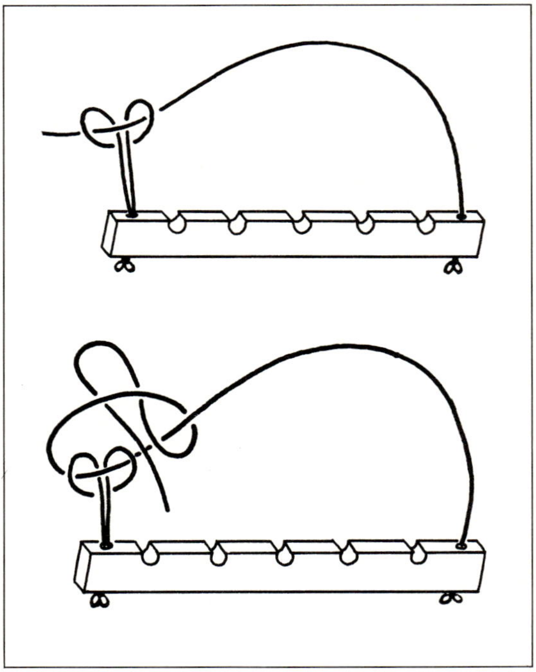

122: Mit dieser Verschnürung kann man die Höhe der Schafthalter millimeterweise verändern

123: Das Gangkreuz liegt hinter den Schäften auf einer Leiste

Öffnen Sie jetzt die erste Kettschlinge und ziehen Sie Faden für Faden, in der Reihenfolge, die das Fadenkreuz Ihnen vorgibt, durch die Litzen (Abb. 124, 125). Bei Baumwollitzen geschieht das mit den Fingern, für Helfen mit Stahlaugen benutzt man einen Litzenstecher.

124: Beim Einzug

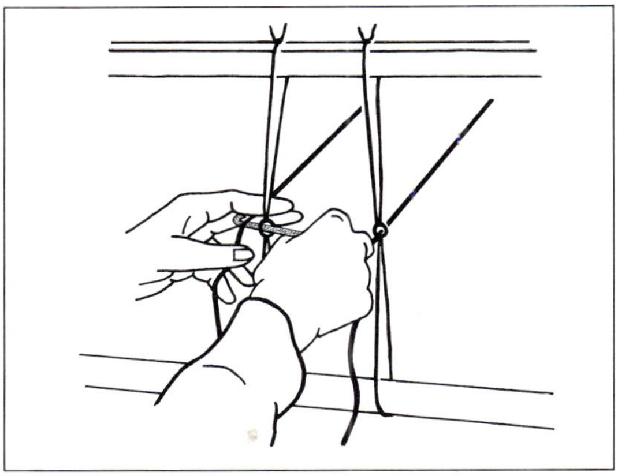

125: Mit dem Litzenstecher wird der Faden durch die Litzen gezogen

Beides geht bei etwas Übung gleich schnell voran. Die Bindungspatrone bringt man gut sichtbar am Webstuhl an, besonders wenn man große Bindungsrapporte hat. Anfangs sollten die Einzüge aber auf jeden Fall einfach sein und auch 4 Schäfte nicht überschreiten.

126: Die rechte Hand spannt die eingezogenen Kettfäden, die linke zählt die eingezogenen Litzen

Nach einer bestimmten Anzahl von Einzügen, am besten nach vollen Rapporten eingeteilt, prüft man das eingezogene Bündel, wobei die eine Hand die Fäden strafft, und man mit Hilfe der anderen die Litzen auf den Schaftleisten zählt (Abb 126: Bündel von 16 Fäden auf 4 Schäften geradedurch eingezogen = 4 Litzen je Schaft). Heben und senken Sie einmal die rechte Hand mit den gestrafften Kettfäden. Am Winkel, den die Fäden dabei bilden, erkennt man, ob man wirklich immer in die Litzenaugen gefädelt hat, oder vielleicht nur in die große Schlinge über oder unter dem Auge. Die Kontrolle kann gar nicht sorgfältig genug sein, damit man Bindungsfehler nicht erst beim Anweben entdeckt und dann unter Umständen große Partien des Einzugs und Blattstichs wieder herausziehen muß.
Achtung: Auch wenn Sie mit 2 oder mehr Fäden die Kette geschärt und das Fadenkreuz gebildet haben, kommt doch immer nur ein Faden entsprechend der Gewebeplanung und Bindungspatrone in jede Litze!
Beim Einzug zu zweit wird das Fadenkreuz bis

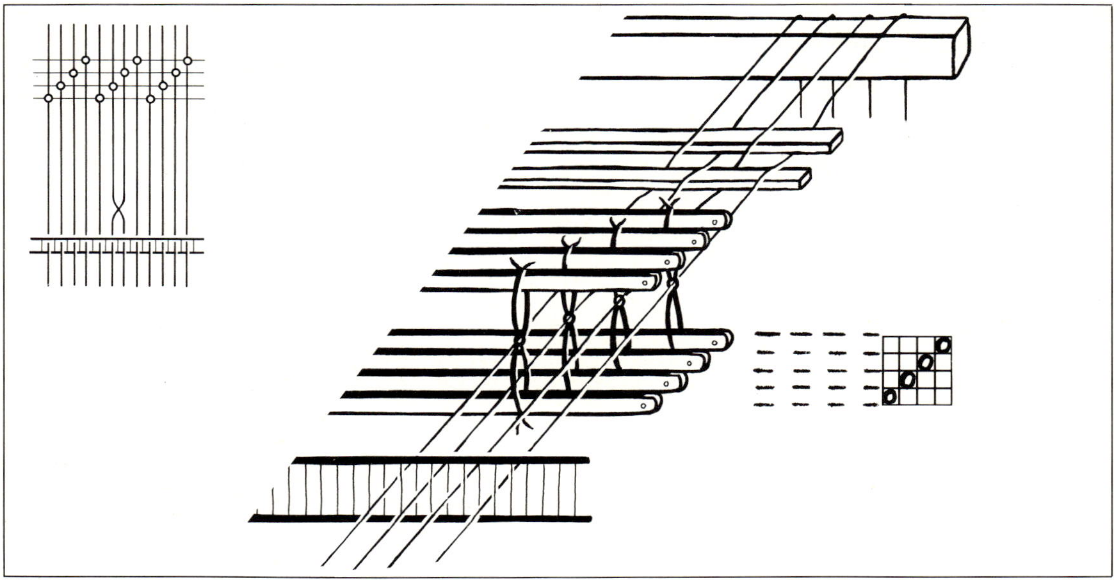

127: Verlauf der Kettfäden (hinterer Streichriegel, Geleseleisten, Schaft 4, 3, 2, 1, Webblatt; Zeichnung oben links: zwischen Schäften und Blatt haben sich zwei Fäden verkreuzt)

zum Streichriegel zurückgeschoben, Fadenkreuz und Schäfte befinden sich in Webebene. Die Hilfsperson sitzt zwischen hinterem Streichriegel und Geschirr und reicht die Fäden in der Reihenfolge des Fadenkreuzes an, und zwar in diesem Fall besser von links beginnend.

An dieser Stelle sei noch ein Wort zu besonders feinen, dichten Ketten gesagt: Bei mehr als 6–7 Litzen je cm auf einem Schaft besteht die Gefahr, daß die Kettfäden zu dicht stehen, dadurch scheuern, an den benachbarten Litzenaugen haken und reißen. Man teilt dann diesen Schaft auf und zieht jeden zweiten Faden auf einen weiteren Schaft, der mit dem zugehörigen völlig gleich bindet.

Es ist wichtig, daß sich die Fäden auf ihrem Weg vom Fadenkreuz bis ins Blatt nicht verkreuzen (Abb. 127). Entsprechend dem Einzug auf der Bindungspatrone wird der erste Faden durch die erste Litze des ersten Schaftes gezogen, der zweite durch die erste Litze des zweiten Schaftes usw.

In gewerblichen Webereien oder Schulen wird häufig ein Webstuhl immer wieder für das gleiche Gewebe benutzt. In diesem Fall fertigt man keinen neuen Einzug an, sondern verbindet die alte mit der neuen Kette durch Anknoten oder Andrehen.

Man läßt ein etwas längeres Ende Kette im Geschirr. Die Kettenden werden vor dem Blatt durch einen Anschuß oder Schlingknoten gut gesichert. Man entfernt die eingezogenen Schäfte und das Blatt aus dem Webstuhlgestell und bringt sie erst wieder an ihren Platz zurück, wenn die neue Kette gebäumt ist.

Anstelle eines neuen Einzugs wird nun die alte Kette an die neue angeknotet. Dazu setzt man sich im Webstuhl zwischen Geschirr und hinteren Streichriegel, mit dem Gesicht zur Webstuhlwange und knotet Faden für Faden entsprechend der Reihenfolge des alten und neuen Fadenkreuzes mit einem Weber- oder Kreuzknoten zusammen. Sehr feine Ketten werden nicht geknotet, sondern angedreht: Man zwirbelt einen alten und einen neuen Kettfaden zusammen, kippt ihn um in Richtung des neuen Fadens und dreht ihn mit diesem zusammen. (Finger anfeuchten oder fetten!).

Wenn alle Fäden verbunden sind, wird die Kette vorsichtig, Schaft für Schaft, durch das Geschirr gezogen.

Blattstich

Während Schäfte und Litzen der Bindung entsprechend das Webfach bilden, hält die Kammlade mit dem Blatt die Kettfäden in gleichmäßigem Abstand und schlägt den Schußfaden an das Gewebe.
Jetzt entfernt man den Reedekamm aus der Kette, die Schafthalter werden tiefer geschnürt, und zwar sollen die Litzenaugen in der Webebene stehen. Die Kette wird ein Stück nach vorn durch die Litzen gezogen, gegebenenfalls auch noch nach hinten auf den Kettbaum gewickelt. Knie- und Brustbaum kommen wieder in ihre Lager.
Wählen Sie das für Ihr Gewebe passende Blatt aus (Gewebeplanung!). Die Kette muß genau in die Mitte des Blattes gerückt werden. Wenn also das Blatt nicht in seiner vollen Breite ausgenutzt wird, bleiben an jeder Seite gleich viel Riete (Zentimeter) frei. Das Blatt sitzt auch genau in der Mitte der Lade.
Dicke Materialien werden einfädig „gestochen", feine Garne mit zwei und mehr Fäden je Riet.
Man legt sich das Blatt, von 2 oder 3 Hölzern unterstützt (festbinden!), vor das Geschirr und beginnt den Blattstich wieder von rechts, indem die linke Hand das Kettbündel strafft und gleichzeitig der linke Zeigefinger den nächsten Faden absondert, während die rechte mit dem Blattstecher durch jedes Riet einen (oder zwei oder drei) Fäden zieht (Abb. 128). Auch jetzt wird nach jedem Fadenbündel sorgfältig geprüft, ob sich die Kettfäden nicht kreuzen, ob kein Riet freigelassen oder doppelt belegt wurde. Dann wird jedes fertige Bündel mit einem Schlingknoten gesichert.
In manchen Webstühlen ist es bequemer, den Kamm vor dem Blattstich fest in die Lade einzusetzen. Man bindet sich dann die Lade am Webstuhlgestell fest, um sie in Schrägstellung zu halten. Probieren Sie aus, wie Sie am besten arbeiten können!
Eine Verstärkung der Gewebekanten (Leisten) erreicht man entweder durch Verdoppelung der äußeren Litzeneinzüge oder, besser, indem man die Litzen einzieht wie das ganze übrige Gewebe, jedoch den Blattstich an den Kanten verstärkt (siehe auch Kapitel „Kleine Bindungslehre", S. 124).

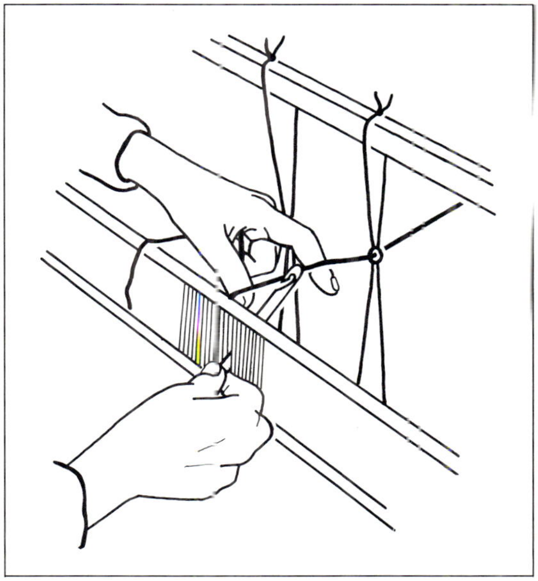

128: Die linke Hand gibt dem Kettfaden mit Daumen und Zeigefinger Spannung, wenn der Faden durch das Riet gezogen werden soll

129: So kann man am besten erkennen, ob ein Riet doppelt belegt oder frei gelassen wurde

Anbinden

Nun wird die Kette mit dem Warenbaum verbunden. Man zieht den Anbindestab (Peitschenstock) vom Warenbaum um den Kniebaum und Brustbaum. Wenn kein Baumtuch (Schürze) vorhanden ist, geschieht dieses „Anlängern" durch 3–5 Schnüre von etwa 1,5 m Länge (Abb. 111, S. 89). Der Anbindestab muß genau parallel zu Brustbaum und Lade stehen. Jetzt werden die Schäfte auf die Webhöhe ausgerichtet. Die Webebene wird ermittelt, indem man eine an beiden Enden beschwerte Schnur über Brustbaum und hinteren Streichriegel legt und die Litzenaugen danach ausrichtet (Abb. 130). Man macht das an beiden Schaftseiten, damit sie wirklich gleich hoch hängen.

Öffnen Sie jetzt in der Kettmitte, rechts außen und links außen je ein Kettbündel, und binden Sie es mit einer Schleife am Peitschenstock fest, der dadurch auch in die Webebene gehoben wird. Dann bindet man den Rest der Kette in Bündeln von etwa 1 cm Rietbreite mit einem der drei hier gezeigten Knoten bzw. Schleifen fest (Abb. 131). Man streicht und zieht dabei die Bündel glatt, damit jeder Faden gleiche Spannung erhält, und achtet auch darauf, daß die Litzen den geraden Weg der Fäden vom Streichbaum in den Kamm nicht ablenken!

Durch leichtes Auflegen der Hand bzw. Abstreifen mit Daumen, Zeigefinger und Mittelfin-

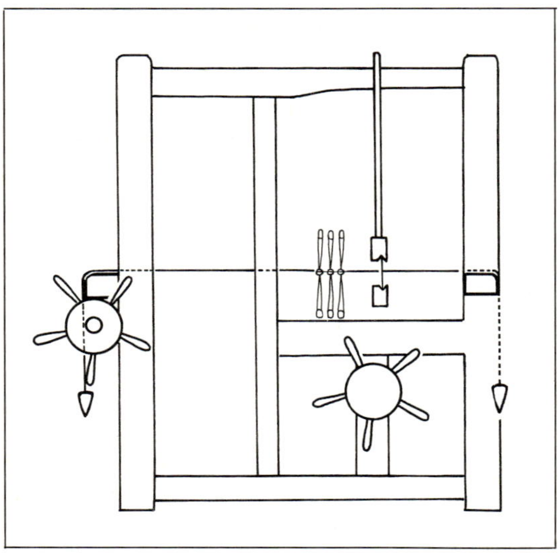

130: Ermitteln der Webebene

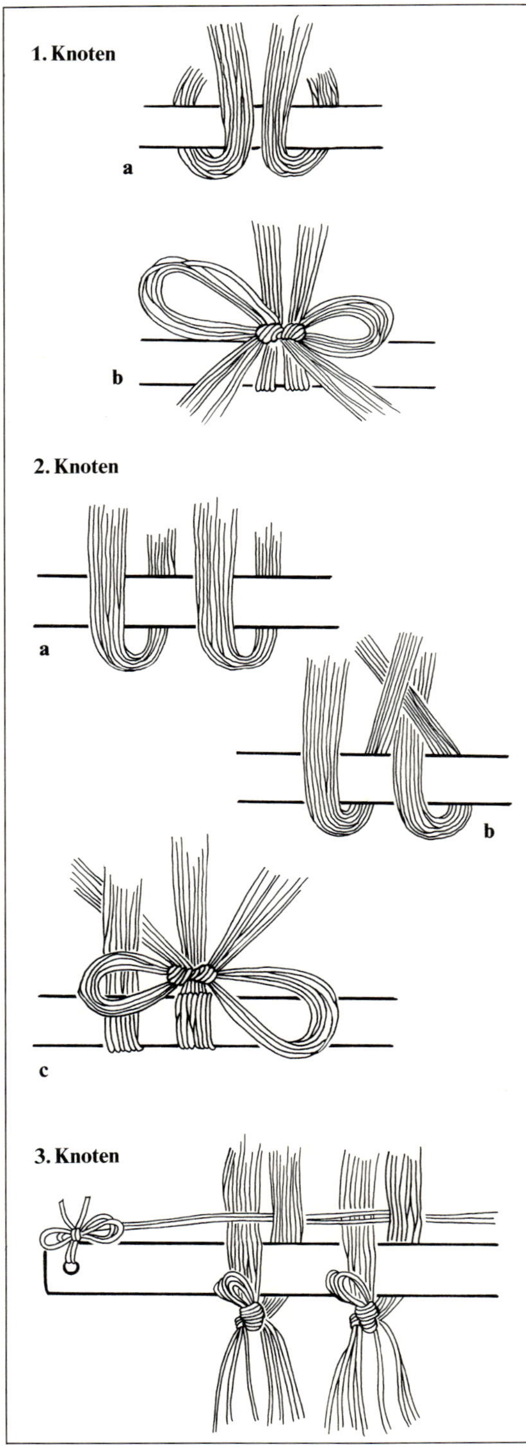

131: Verschiedene Anbindungen der Kette

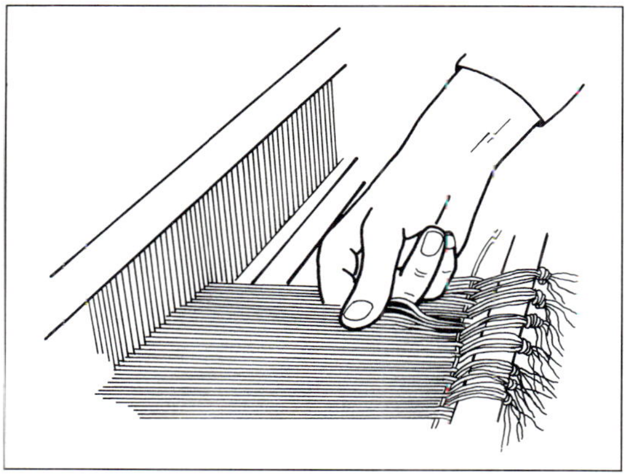

132: Abstreifen zum Prüfen der Kettspannung

ger (dies besonders bei Leinen!) prüft man die Gleichmäßigkeit der Kettspannung (Abb. 132) und muß gegebenenfalls Knoten nachziehen. Zum Schluß werden die drei dicken Bündel, die wir anfangs nur zum Ausrichten geknotet hatten, in derselben Weise gebunden wie die übrige Kette.

Ketten aus Wolle oder Baumwolle und auch Seide lassen sich verhältnismäßig einfach anbinden, weil das Material so elastisch ist, daß sich leichte Spannungsunterschiede ausgleichen. Die glatten spröden Leinenketten allerdings machen mehr Mühe. Man feuchtet Hände und Fadenbündel ein wenig an, dann lockern sich die Anbindungen nicht so leicht wieder.

1. Knoten: Diese Anbindung hält besonders fest und ist daher für Leinenketten geeignet. Sie bündelt stärker zusammen als die beiden anderen Arten, man greift kleinere Fadenbündel.

2. Knoten: Verteilt Kette besser als Knoten 1.

3. Knoten (Schlingknoten): Dieser Knoten ist am sparsamsten im Verbrauch von Kettlänge. Wenn die Fäden über die ganze Breite angebunden sind, befestigt man eine Schnur am Ende des einen Peitschenstockes und „stopft" sie so durch die Kette, daß die unteren Kettbündel unterlaufen und die oberen überlaufen werden. Durch Anziehen der Schnur und Festbinden am anderen Ende des Peitschenstockes werden alle Kettfäden in eine Ebene gezogen.

Verschnürung

Die Schäfte mit den Litzen werden über Wippen und Hebel mit den Tritten verbunden, damit der Arbeitsgang der Fachbildung durch die Füße des Webers ausgeführt werden kann und die Hände frei bleiben zum Eintragen und Anschlagen des Schußfadens. Diese Verbindungen zwischen Webstuhlüberlage und Schäften, Schäften und Querschemeln, Querschemeln und Tritten nennt man in ihrer Gesamtheit die Verschnürung. Sie ermöglicht, daß man entsprechend der entwickelten Bindungspatrone mit einem Tritt (in der Regel, aber es gibt auch Ausnahmen, bei denen man gleichzeitig zwei Tritte betätigt) eine bestimmte Kombination von Schäften bewegen kann.

Die Verschnürung wird mit verschiedenen Knoten und Schleifen ausgeführt, um alle Verbindungen, von den Wippen bis zu den Tritten, immer wieder leicht in der Höhe korrigieren zu können.

Der Schlingknoten (Abb. 133) verhindert, daß die Schnur durch die Bohrung rutscht. Er läßt sich wie eine Schleife wieder aufziehen. Man wendet ihn auf den Querschemeln an, eventuell auch auf den Wippen.

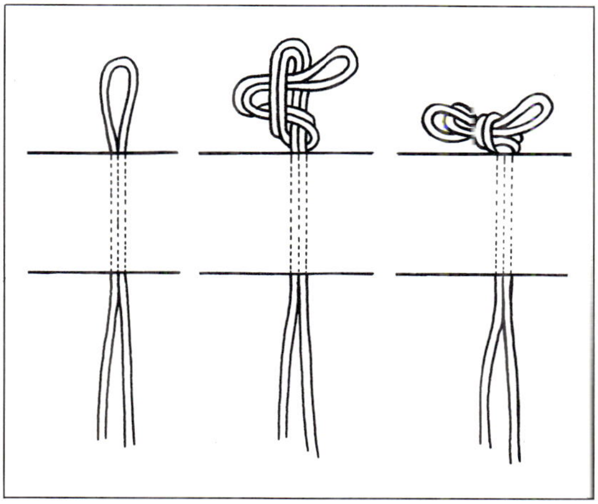

133: Schlingknoten

Der Zugknoten (Abb. 134) sitzt zwischen den Wippen und Schäften, zwischen Schäften und Querschemeln, zwischen Querschemeln und Tritten. Von unten kommt eine Schlinge, die entweder durch eine Bohrung gesteckt ist und

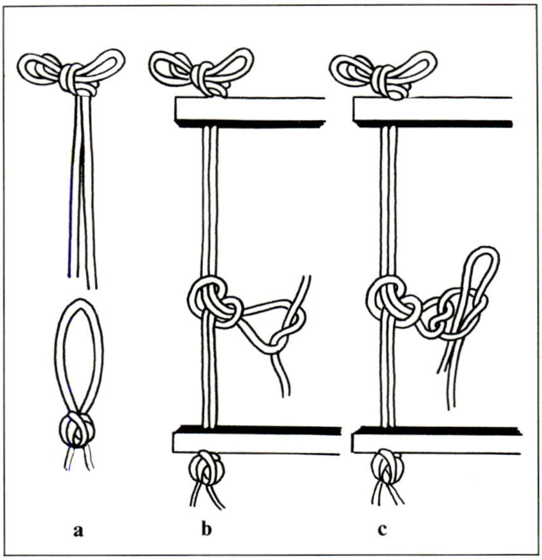

134: Zugknoten

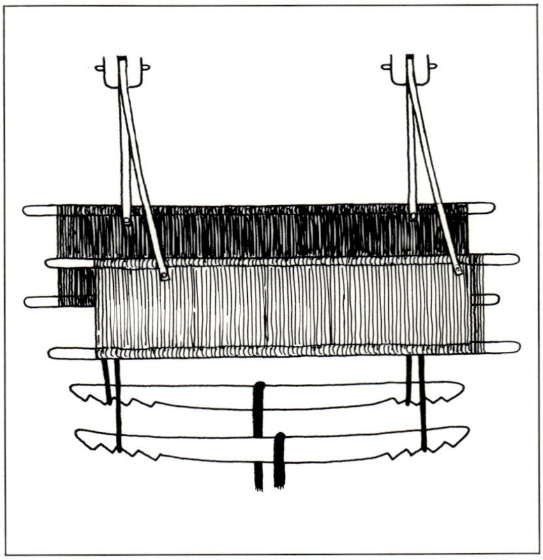

136: Schäfte eines alten 2schäftigen Heidewebstuhls

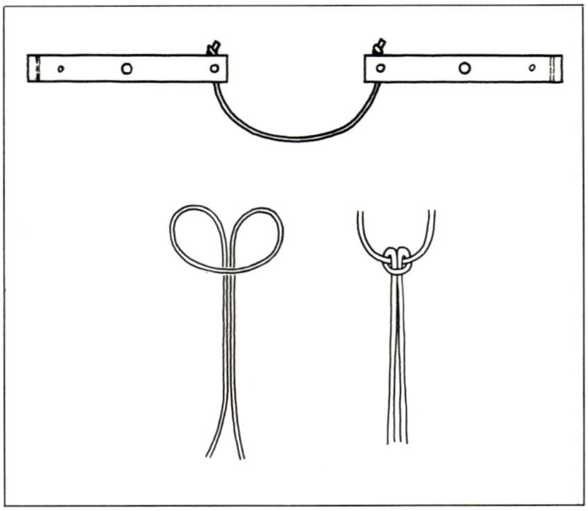

135: Verschnürung an den Pferden oder Wippen

durch einen Katzenkopf gesichert wurde (Querschemel, Tritt, Abb. 134 a) oder um das ganze Holz geschlungen wurde (Abb. 142). Mit Daumen und Zeigefinger legt man in die von unten kommende Schlinge eine Öse, steckt die beiden offenen Enden der von oben kommenden Schnur hindurch und fixiert die Verbindung durch eine Schlinge und eventuell eine halbe Schleife.

Man verwendet dazu besonders feste, mehrfach gezwirnte und gewachste Kordel (Kontermarschschnur) aus Hanf von 1,5 mm bis 4 mm Durchmesser, die es in Knäulen von 250 bis 500 g als Webzubehör zu kaufen gibt und die man sich, den Maßen des Webstuhls entsprechend, zuschneidet. Garn 1,5 mm ist geeignet als Peitschenschnur am Kett- und Warenbaum, 2,5 bis 3,5 mm nimmt man für die gesamte Verschnürung, sehr starke Kordel kann man für die Trittschlaufen und auch Anlängerschnüre verwenden, im wesentlichen aber für sehr schwere Webstühle, z. B. Teppichstühle usw.

Zum Einziehen der Schnüre durch die Bohrungen benutzt man gegebenenfalls eine Drahtschlinge oder Häkelnadel. Neue Schnüre feuchtet man ein wenig an, damit die Knoten besser halten.

Bei der Verschnürung ist zwischen den unterschiedlichen Systemen der Fachbildung zu unterscheiden, wie sie schon im Kapitel über den Bau des Webstuhles erklärt wurden (S. 58).

Zweischäftige Stuhleinrichtung mit Welle

In den alten Bauernwebstühlen für leinenbindige Gewebe sind die beiden Schäfte meist durch Lederriemen über eine Welle oder Rollen mit-

einander verbunden (Abb. 136). Von den unteren Schafthölzern (oder deren Versteifungen) führt man eine Verbindung direkt zu den Tritten (Zugknoten). Mehr als zwei Tritte kann man so nicht gut anbinden, sonst ziehen die Tritte schief.
Häufig finden Sie diese alten Stühle doch mit 4 Schäften ausgerüstet, damit der Litzenstand nicht zu eng wird. Dann ziehen also immer die vorderen beiden Schäfte hoch, wenn sich die hinteren beiden senken. In diesem Fall müssen Sie Ihren Einzug so ausführen, wie es die Patrone zeigt (Abb. 137). Geradedurch eingezogen, erhalten Sie ja sonst ein Panamagewebe!
Im übrigen sollte man die Liebe zum Traditionellen nicht übertreiben: Die alten zweischäftigen Stühle lassen sich meist leicht umrüsten.

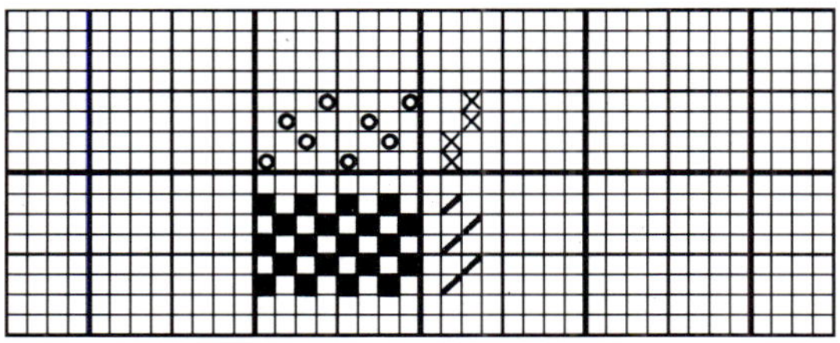

137: Patrone

Verschnürung mit Rollen und Wippen

Für drei, vier oder mehr Schäfte müssen Rollen und Wippen zwischengebaut sein (Abb. 138). Dann wird auch der Einsatz von Querschemeln erforderlich, die das Schiefziehen der Schäfte ausgleichen und ermöglichen, daß man mit einem Tritt mehrere Schäfte bewegt.
Bis zu vier Schäften kommt man mit einer Rolle (oder Welle) und zwei Wippen auf jeder Seite aus, bis zu 8 Schäften braucht man vier weitere Rollen, die die Möglichkeiten praktisch verdoppeln. Die Verschnürung bei den unterschiedlichen Schaftzahlen geht aus Abb. 139 hervor.
Diese Art der Verschnürung ist in Schweden und Norwegen üblich, doch muß man nachdrücklich darauf hinweisen, daß das Weben mit mehr als 4 Schäften auf diese Weise wesentlich unbequemer ist als mit einer Kontermarscheinrichtung. Wenn es die Bauart des Webstuhls erlaubt, sollte man dann den Stuhl umrüsten.
Noch vom Einzug her lagern die Schäfte in den Schafthaltern. Kontrollieren und korrigieren

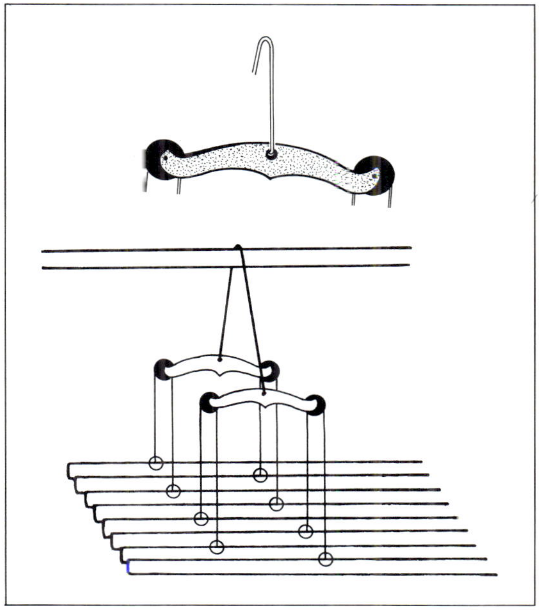

138: Rollenzugsystem

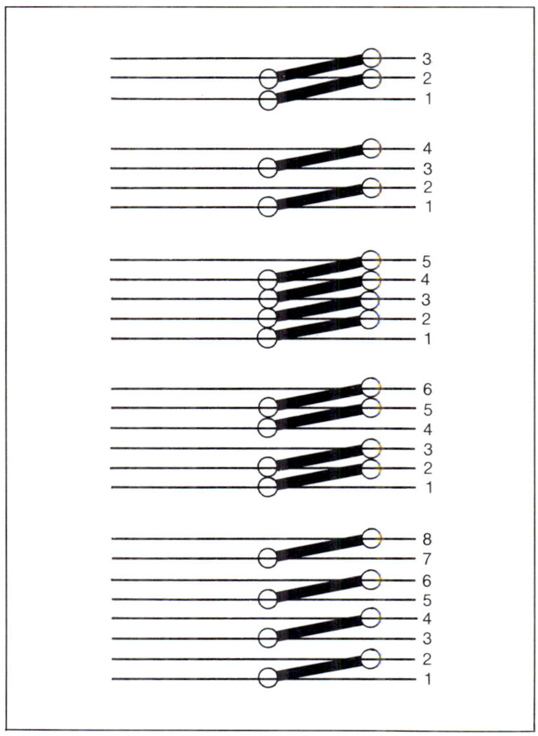

139: Verbindung der Schäfte mit den Wippen oder Rollenzügen bei drei, vier, fünf, sechs und acht Schäften

Sie jetzt noch einmal die genaue Webhöhe: Der Schafthalter läßt sich millimeterweise verstellen, wenn man ihn nach der Zeichnung von Abbildung 122 verschnürt hat. Die Litzenaugen stehen genau in Webhöhe. (Ausnahme nur für die erfahrenen Weber: Bei reinen Kettbindungen liegt die Kette etwas über der mittleren, bei reinen Schußbindungen etwas unter der mittleren Webebene.)
Nun werden die Schäfte mit den Wippen verbunden (Abb. 140). Die von oben kommenden Schnüre treffen senkrecht auf die am oberen Schaftholz sitzenden Schlaufen (Abb. 142). Achtung: Litzen dürfen dabei nicht verschoben werden! Paarweise werden die äußeren Hebelarme der Wippen auf dem einen Schaft, die inneren auf dem nächsten Schaft befestigt usw. Man darf also niemals einen Schaft auf der linken Schaftseite außen, auf der rechten Schaftseite innen aufbinden.
Setzen Sie sich nun unter den Webstuhl. Bei kleinen Stühlen ist das manchmal recht eng und mühsam. Rechts oder links im Webstuhlgestell lagert die Achse der Querschemel. Jedem Schaft ist ein Querschemel zugeordnet, der mit der Mitte des unteren Schaftholzes verbunden wird. (Feste Schlaufe am Querholz, Zugknoten.)
Danach bindet man die Tritte an die Querschemel. Die Anordnung, in der das geschieht, bestimmt die Gewebemusterung.
Das Niedertreten eines Trittes bewirkt das Senken der damit verbundenen Querschemel bzw. Schäfte. Da in der Bindungspatrone (siehe S. 121) die Ketthebungen durch ein Kreuz bezeichnet werden, müssen also die freien, weißen Quadrate angeschnürt werden (Abb. 141).
Bringen Sie eine Schlaufe von etwa 10 cm Höhe (Schnurlänge also etwa 38–40 cm) in jeder Bohrung der Tritte an. Sie bleiben dort immer. Legen Sie sich Ihre Bindungspatrone so zurecht, wie sie der Lage des Kettbaumes, des Warenbaumes und dem Lauf der Kette entspricht. Je nachdem, ob Sie nun auf den Achsen der Tritte sitzen können oder neben den Tritten: Beginnen Sie von hinten, also mit der Ihnen abgelegenen Reihe Knoten mit der Verschnürung.
Vorher haben Sie sich Schnurenden zugeschnitten (Länge am Webstuhl abmessen), die entsprechend der Bindungspatrone in die Bohrungen der Querschemel gesteckt werden. Dann verbindet man diese Schnüre mit den senkrecht darunter liegenden Schlaufen auf den Tritten mit Zugknoten. Man hebt dabei die Tritte so weit an, daß ihre Enden etwa 15 cm über dem

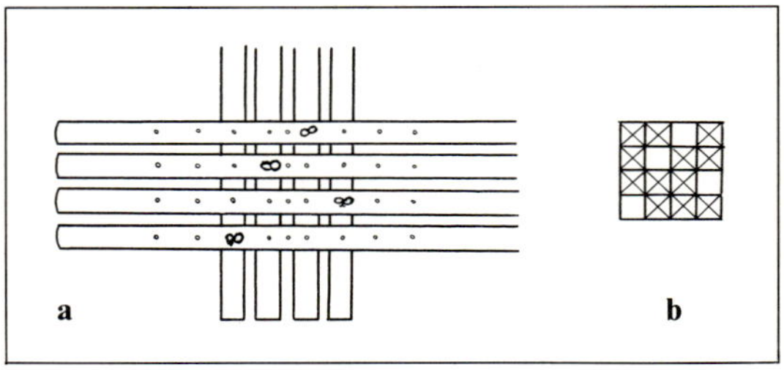

141: Verschnürung beim Wippenstuhl (a. Tritte und Querschemel, b. Verschnürungspatrone), alle weißen Kästchen werden verschnürt

140: Obere Verschnürung am Wippenstuhl

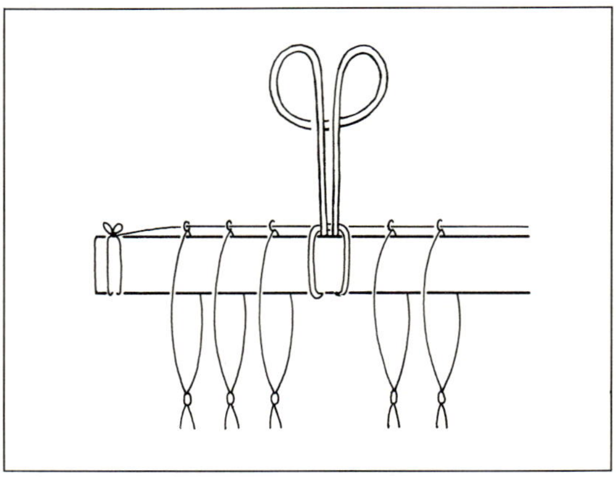

142: Die Schlinge an der oberen Schaftleiste

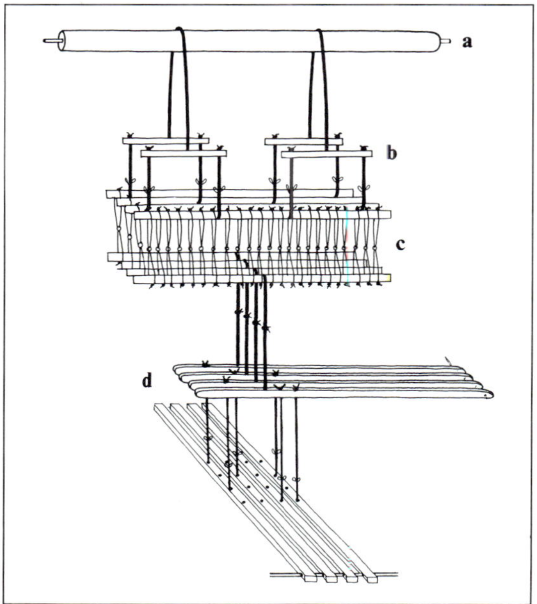

143: Vierschäftige Webstuhleinrichtung mit Wippen (a. Welle, b. Wippen, c. Schäfte, d. Querschemel)

Boden stehen, wenn die Weberin auf den Kopf tritt, d.h. wenn die Tritte unter dem Kettbaum angebracht sind. Bei Tritten, die man auf den Rücken tritt, d.h. die unter der Webbank angebracht sind, muß das entsprechend höher sein.

Kontermarscheinrichtung

Vieles von dem, was beim Rollenzug zutrifft, gilt auch für die Kontermarscheinrichtung.
Beim Kontermarschstuhl hat jeder Schaft zwei ihm zugeordnete Querhölzer oder Querschemel (Abb. 144). Das obere Holz senkt den Schaft, das untere zieht ihn hoch. Man erreicht dadurch eine völlige Unabhängigkeit der Schäfte untereinander. Das Webfach ist sauberer und größer, die Arbeit geht schneller voran.
Von den äußeren Hebelarmen gehen Verbindungsschnüre zu den oberen Schaftleisten, von den beiden inneren Hebelarmen der Pferde führen die Schnüre zu den unteren Querhölzern. Die unteren Schaftleisten sind mit den oberen Querschemeln verbunden. Jeder Tritt bekommt

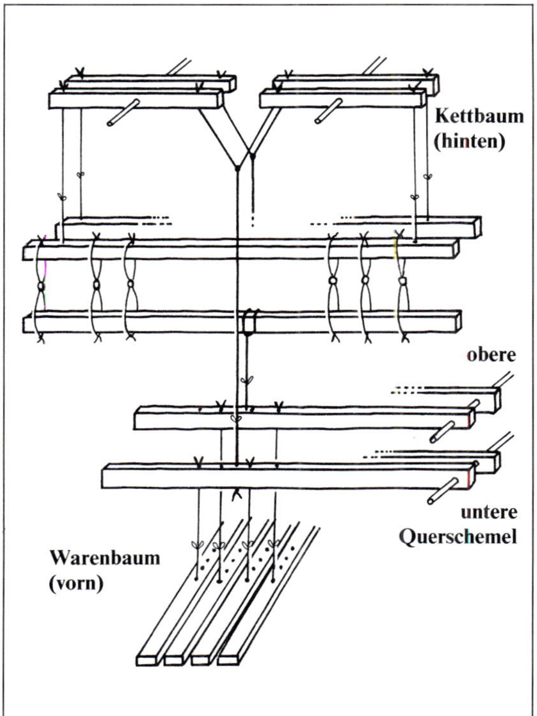

144: Das Kontermarschprinzip von vorn

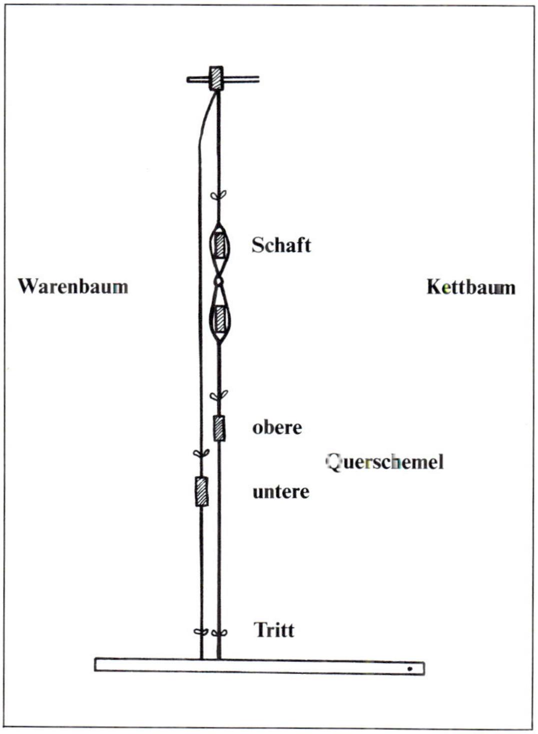

145: Kontermarschprinzip von der Seite

eine Verbindung entweder mit dem unteren Querschemel (Hebung des Schaftes) oder dem oberen (Schaftsenkung).
Die Pferde in der Webstuhlüberlage werden mit Hilfe der Feststeller arretiert. Das sind 2 Stahlstäbe, die außen neben den Achsen durch Wippen und Überlage gesteckt werden.
Senkrecht unter den äußeren Wippenenden werden die Schlaufen auf den oberen Schaftleisten befestigt (Litzen nicht verschieben!) und mit der von oben kommenden Doppelschnur verknotet (Knoten Abb. 134).
Die Webhöhe wird noch einmal mit einer Schnur auf beiden Seiten des Stuhles kontrolliert und ggf. korrigiert.

146: Ein verschnürter Schaft

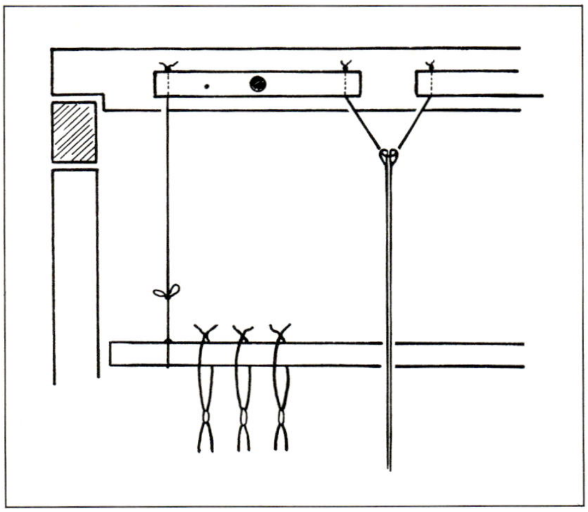

147: Kontermarschüberlage

148: Sechs verschnürte Schäfte

Um die 30–40 cm lange Verbindung der inneren Hebelarme schlingt man eine Schnur (Abb. 135) und führt sie durch die Mitte der aufgespannten Kette hindurch (Abb. 147). Hierbei erweist sich, ob Sie beim Bäumen exakt die Mitte eingehalten haben. Diese zu den unteren Querhölzern führende Schnur darf den Lauf der gespannten Kette nicht zur Seite drücken. Die Schnur führt, vom Weber aus gesehen, vor dem Schaft und dem oberen zum unteren Querholz. Verfahren Sie auch mit den Schnüren der weiteren Schäfte entsprechend und setzen Sie sich unter die Kette im Webstuhlgestell.
Die von oben kommende Schnur wird mit der Schlaufe am unteren Querholz so verknotet, daß es waagerecht steht. Der obere Querschemel wird mit dem zugehörigen unteren Schaftholz verbunden; dieses Querholz darf ein wenig über der Waagerechten stehen (Abb. 146).
Bevor Sie nun mit dem Verschnüren der Querschemel mit den Tritten beginnen, legen Sie sich eine ausreichende Zahl zugeschnittener Schnü-

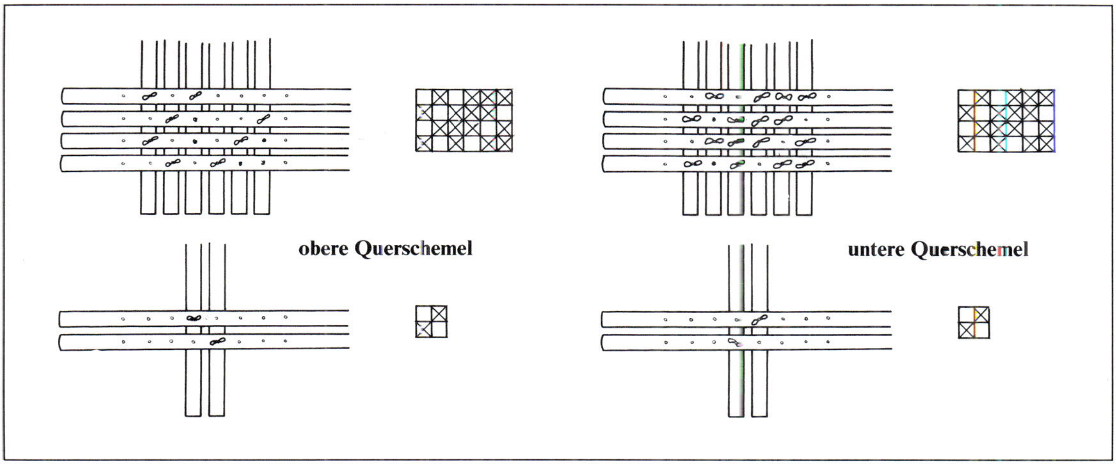

149: Kontermarschverschnürung für vier Schäfte mit sechs Tritten (oben), für zwei Schäfte (unten); für die oberen Querhölzer werden die weißen Felder der Verschnürungspatrone verknotet, für die unteren die angekreuzten

re zurecht. In diesem Beispiel sind es 8 lange für die oberen, 16 kurze für die unteren Querhölzer. Genaue Längen messen Sie an Ihrem Webstuhl aus (Abb. 149, 4 Schäfte, 6 Tritte).

Jetzt beginnen Sie die Verschnürung des hintersten Schaftes gemäß der Bindungspatrone (Abb. 149). In die unteren Querhölzer fädelt man die Ketthebungen, also die Kreuze in der Bindungspatrone, während die oberen Hölzer Schnüre entsprechend der freigelassenen Quadrate bekommen.

Jeder Tritt bekommt also eine Verbindung entweder mit dem oberen oder dem unteren Querschemel eines jeden Schaftes. Den nächsten und alle weiteren Schäfte schnüren Sie nun in der gleichen Weise an.

Es gibt seit einiger Zeit auch vorgefertigte Perlonschnur mit Lochungen und Kupplungen, die das Verschnüren der Schäfte und Tritte für den Anfänger erleichtern. Das System ist einfach, ermöglicht aber keine Feineinstellungen für das Fach.

Zu einigen modernen Stühlen wird ein sehr handlicher kleiner „Ständer" mitgeliefert, auf den man die Querschemel während des Vorganges der Verschnürung oder bei späteren Korrekturen auflegen kann.

Beim Arbeiten mit einer höheren Schaftzahl ist es besonders wichtig, ein sauberes Fach zu erhalten. Wenn alle Schäfte bei geöffnetem Fach

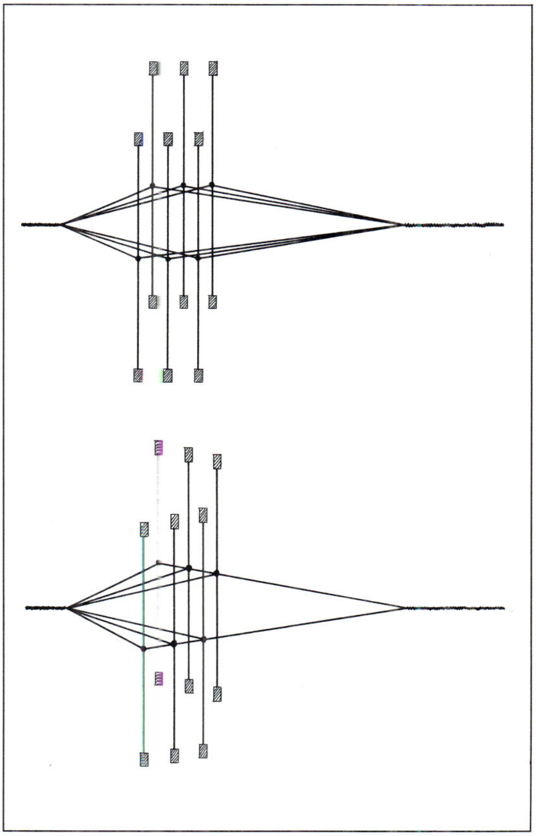

150: Ausrichten des Webfaches

in einer Ebene stehen, bilden die Kettfäden eines jeden Schaftes eine eigene Fachebene. Um das zu vermeiden, müssen die hinteren Schäfte stärker ausgehoben werden als die vorderen (Abb. 150). Man knotet deshalb die hinteren Querschemel-Tritt-Verbindungen ein wenig fester als die vorderen, um den Aushub zu vergrößern. Ein glattes Fach erreicht man zwar auch, indem man die Lade einige Millimeter höher einstellt, so daß die Ladenbahn die Fäden der unteren Fachebene anhebt. Diese Methode ist jedoch, vor allem bei empfindlichen Ketten, nicht empfehlenswert. Die Lade sollte den Winkel zwischen Litzen und Gewebe nicht brechen. Sie scheuert bei jeder Bewegung an der Kette.

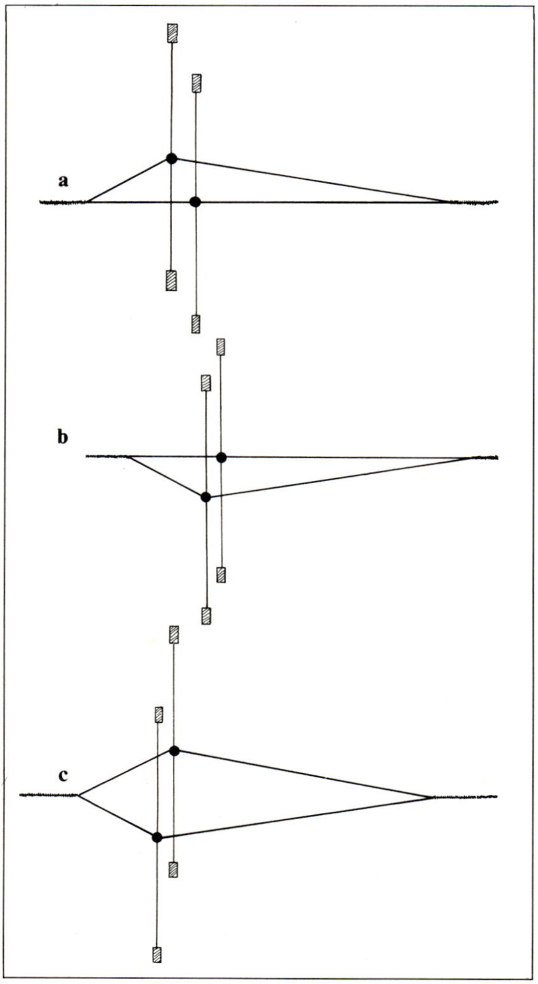

151: Verschiedene Formen der Fachbildung (a. Hochfach, b. Tieffach, c. gezogenes Fach)

Der Aushub für ein gutes Fach soll ausreichend, aber auch nicht wesentlich höher sein, als zum Durchgang des Schützen erforderlich, um die Kette so weit wie möglich zu schonen. Beim Arbeiten mit Handschützen wird man das Fach etwas größer einstellen als für Schnellschützen.

Außerdem hängt die Einstellung der Kettebene auch von der Art der Bindung ab. Während man in der gewerblichen Handweberei Stuhleinrichtungen nur für Hoch- bzw. Tieffach kennt, bindet sich die erfahrene Weberin bei Geweben mit reiner Kettbindung die Kette ein wenig höher, bei solchen mit reiner Schußbindung ein wenig niedriger als die mittlere Kettebene. (Kraftersparnis!)

Über die Umstellung der Tritte zur Erzielung einer besonders trittgünstigen Anordnung wird in der Einführung in die Bindungslehre gesprochen. Der Anfänger sollte, der größeren Übersichtlichkeit halber, die Verschnürung zunächst so vornehmen, wie sie sich beim Entwickeln der Patrone ergeben hat und wie sie ihm am übersichtlichsten erscheint.

Tieffach und Hochfach

Der Vollständigkeit halber seien noch die Geräte mit Tieffach erwähnt (Abb. 151). Das Niederdrücken eines Trittes zieht den oder die entsprechenden Schäfte nach unten, die durch Spiralen an der Webstuhlüberlage befestigt sind und beim Loslassen des Trittes zurückfedern. Diese Geräte haben häufig nur eine direkte Tritt-Schaft-Verbindung, so daß man für die Bildung des Faches mehrere Tritte gleichzeitig betätigen muß.

Handhebelgeräte benötigen keine Verschnürung. Für jeden Schuß werden die nötigen Schäfte einzeln ausgehoben, es bildet sich ein Hochfach. Hochfach und Tieffach haben beide gegenüber dem gezogenen Fach, wie es sich beim Rollenzug und Kontermarsch bildet, deutliche Nachteile. Einmal ist die Fachhöhe geringer, zum anderen ist die Spannung der beiden Fachebenen im gezogenen Fach gleich, während in den beiden anderen Fällen das Ober- bzw. Unterfach stärkere Spannung hat als das stehende.

Hinweise zum Umrüsten eines alten Stuhles auf Kontermarsch

Dieses Kapitel soll nicht als Aufforderung zum Eigenbau von Webstühlen verstanden werden. Einen gut funktionierenden, stabilen Trittwebstuhl herzustellen, erfordert viel handwerkliches Können, sowohl in der Holzverarbeitung als auch in webtechnischer Hinsicht. Wer aber einen unvollständig erhaltenen alten Stuhl wieder herrichten möchte, findet hier vielleicht einige nützliche Hinweise.

Die Webstuhlüberlage besteht aus zwei Hölzern, die rechts und links eingepaßt auf dem Webstuhlgestell hinter der Lade lagern. Die Wippen, die rechts und links zwischen den beiden Hölzern auf einer Stahlachse lagern, sind je nach Webstuhlbreite zwischen 40 und 48 cm lang. Sie sollen ziemlich dicht nebeneinander stehen, um so leichter arbeiten sie. Das äußere Wippenende liegt – wiederum entsprechend der Stuhlbreite – zwischen 10 und 24 cm senkrecht oberhalb der äußeren Schaftkante. Wippen und Überlage haben eine weitere Bohrung für die Feststeller. Die obere Reihe Querschemel befindet sich etwa 18–24 cm unter den unteren Schafthölzern, der Abstand zwischen den oberen und unteren Querhölzern beträgt auch etwa 18–24 cm. Ihre Länge ist natürlich ebenfalls von der Webstuhlbreite abhängig. An Abb. 50 läßt sich die notwendige Abmessung leicht rekonstruieren. Die Bohrungen in Querhölzern und Tritten müssen mit besonderer Sorgfalt ausgemessen werden: Die Verbindung Querschemel – Schaft bzw. Wippe, liegt in der genauen Mittellängsachse des Stuhles. Die Abstände der Bohrungen, die zu den Tritten führen, müssen genau den Abständen der Tritte voneinander entsprechen. Mancher selbstgebaute Kontermarsch – ja leider auch mancher in gekauften Geräten – „steht" nicht, wenn die Verschnürung fertig ausgeführt ist und die Feststeller gelöst sind. Die Schäfte sinken herunter, die oberen Querschemel senken sich, die unteren heben sich, ohne daß ein Tritt betätigt wird. Vorausgesetzt, daß die Verschnürung nicht fehlerhaft ausgeführt wurde, kann es daran liegen, daß die Schafthölzer zu schwer und die Tritte zu leicht sind: Das Gleichgewicht des Kontermarsch ist nicht gegeben. Versuchen Sie, leichtere Schäfte und/oder Querschemel einzubauen oder die Tritte zu beschweren.

Anweben

Vor dem nun folgenden Anweben werden die Feststeller aus den Pferden entfernt. Gegebenenfalls spannt man die Kette etwas nach und zieht sie so weit vor oder zurück, daß die Lade den Anschlag bequem erreicht. Die Höhe der Kammlade wird ausgerichtet. Bei geöffnetem Fach soll die untere Fadenebene auf der Lade aufliegen, ohne den Fachwinkel zu brechen. Das Fadenkreuz schiebt man bis an oder hinter den Streichriegel zurück. Bei einwandfrei geschärter Kette und nicht klebendem Material kann man das Fadenkreuz am hinteren Streichriegel festbinden oder hinter dem Streichriegel mit einem Gewicht beschweren. Beides setzt allerdings Praxis und Erfahrung voraus, da sonst beim Nachlassen der Kette in den Geleseleisten die Fäden leicht reißen können. Das Fadenkreuz bleibt beim Webvorgang immer soweit wie möglich vom Geschirr entfernt, denn es begrenzt ja das Hinterfach, das man sich zum besseren Spannungsausgleich möglichst groß wünscht. Bei sehr dicht eingestellter Kette oder klebendem Material macht es unter Umständen Mühe, das Fadenkreuz zurückzuschieben. Man öffnet dann die seitlichen Abbindungen der Geleseleisten, stellt eine Leiste aufrecht und öffnet das Fach mit der flachen Hand (Abb. 152).

Endlich – setzen Sie sich auf die Webbank. Sie ist so hoch eingestellt, daß die Füße bequem die Tritte erreichen und die Arme im rechten Winkel auf dem Brustbaum liegen. Das gefüllte

152: Zurückschieben der Geleseleisten bei dichter oder klebender Kette

Schiffchen liegt bereit, im Körbchen an der Webbank befinden sich ein Vorrat Schußspulen, Schere, Maßband und Stecknadeln. Im Webstuhlgestell hängt eine kleine Rolle Kettmaterial zum Ausbessern gerissener Fäden und – gut sichtbar – der Webzettel mit Bindungspatrone (Trittfolge, Musterlänge, Farbwechsel, Gewebelänge usw.).
Man prüft jetzt, ob Einzug, Blattstich und Verschnürung fehlerfrei ausgeführt sind. Dazu drückt man den ersten Tritt nieder und legt einen farblich abstechenden, dicken Faden in das Fach. Mit dem zweiten und allen folgenden Tritten verfährt man genauso und prüft dann, ob Unregelmäßigkeiten im Gewebebild erkennbar sind. Wenn Sie mit dem Ergebnis zufrieden sind, können Sie den nächsten Absatz überspringen und mit dem passenden Schußmaterial weiterarbeiten.

Mögliche Mängel beim Anweben und deren Beseitigung

● **Bindungsfehler:** Erkennbar an nicht oder falsch abgebundenen Fäden in Kett- oder Schußrichtung. Der Einzug muß an dieser Stelle geprüft und umgezogen werden (Abbindung lösen, neu einfädeln). Manchmal ist der fehlerhafte Faden nur nicht ins Litzenauge, sondern in die obere oder untere Litzenschlinge gefädelt.
Wenn für einen falsch eingezogenen Faden auf dem richtigen Schaft eine Litze fehlt, knotet man sich dort eine Ersatzlitze. (Höhe des Litzenauges sorgfältig beachten!) Ein überflüssiger Faden (fehlt er nicht an anderer Stelle?!) wird herausgenommen und bleibt hinten hängen. Für einen fehlenden Kettfaden schlingt man eine Spule mit Kettgarn um den Kettbaum und über den Streichriegel, knotet eine Ersatzlitze ein und führt diesen Kettfaden durch Litze und Blatt nach vorn. In beiden genannten Fällen (Entfernen und Hinzufügen von Kettfäden) wird ein teilweise neuer Blattstich erforderlich. Selbstverständlich ist es korrekter, den Einzug zur günstigsten Seite hin herauszunehmen und neu auszuführen. Wenn über die gesamte Gewebebreite hin gleichmäßig eine falsche Abbindung erscheint, ist ein Schaft falsch angebunden: Verschnürung prüfen und ändern!

● **Blattfehler:** Riete sind nicht oder doppelt belegt. Prüfen Sie, ob sich 2 Fehler gegeneinander aufheben, sonst muß der Fehler zur kürzeren Seite hin umgestochen werden.

● **Unsauberes Fach:** Vielleicht haben Sie zwischen Einzug und Blatt einen oder mehrere Fäden verkreuzt, die sich dadurch zum Fachbilden nicht öffnen können. Fäden hinter dem Blatt neu ordnen und ins Blatt stechen.
Wenn das Ober- oder Unterfach verschiedene Ebenen bildet, lesen Sie bitte noch einmal den Absatz „Verschnürungen" nach. Dabei kann es hilfreich sein, wenn eine Hilfsperson die Tritte bedient und Ihnen sagt, welche Schäfte erhöht oder gesenkt werden müssen, während Sie unten die entsprechenden Verbindungen anziehen oder lockern.

● **Fach öffnet sich gar nicht:** Pferde feststellen oder Schafthalter einsetzen und noch einmal unter den Webstuhl! Irgend etwas ist gewiß falsch verschnürt. Wenn sich während des Webens plötzlich ein Fach nicht mehr öffnet, hat sich wahrscheinlich eine Verbindungskordel um die Querschemel geschlungen. Das geschieht dann nicht, wenn erstens die Querschemel und Tritte in ihren Achsen durch Zwischenlegscheiben (Abb. 64) am Hin- und Herschlenkern gehindert werden und zweitens der untere Querschemel länger ist als der obere.

Weben

Drücken Sie den ersten Tritt mit dem linken Fuß nieder. Die rechte Hand schiebt die Lade bis an die Schäfte zurück, die linke wirft das Schiffchen durch das geöffnete Fach, die rechte fängt es auf. Während der rechte Fuß den nächsten Tritt betätigt, hat die linke Hand die Lade ergriffen und schlägt sie im Augenblick des Fachwechsels an. Die rechte Hand wirft das Schiffchen durch das neue Fach, die linke fängt es auf, die rechte schlägt die Lade zusammen mit dem Fachwechsel an usw.

Wenn das Schiffchen leergewebt ist, ersetzt man die Spule durch eine neue. Der alte und der neue Faden werden im Fach 2–3 cm übereinandergelegt, herausstehende Enden sofort abgeschnitten (Abb. 153). Wenn das im Gewebebild stört, läßt man die Enden an der Seite heraushängen oder legt die Anlegestelle ganz an die Kante. Von Zeit zu Zeit läßt man ein Stück Kettlänge nach und wickelt das Gewebe auf den Warenbaum.

Das ist eigentlich schon alles. Ein ganzes Buch für diesen einen kleinen Absatz! Aber weil der Weg zu den Sternen mit Steinen gepflastert ist und jedes Material, jedes Gewebe seine Besonderheiten hat und immer wieder Unvorhergesehenes den reibungslosen Arbeitsablauf behindert, sind die folgenden Ratschläge wichtig.

Ratschläge

Unsere Aufmerksamkeit gilt zunächst einmal der Einhaltung der geplanten Schußdichte; man zählt und mißt immer wieder, um die häßlichen Querstreifen im Gewebe zu vermeiden. Schußbanden nennt man die zu eng angeschlagenen Schüsse, Abschlag heißen die zu lose gewebten Partien!

Bei feinen Geweben legt man sich mehrere Male Markierungsfädchen nach der jeweils vorgeschriebenen Anzahl Schußfäden/cm ins Fach, die man nach dem Messen leicht wieder entfernen kann. Bedenken Sie, daß das Gewebe in Kettrichtung nach dem Entspannen zusammenspringt. Das Maß der Schrumpfung ist dabei von Material, Bindung und Kettspannung abhängig.

Im allgemeinen ist eine gute Gewebedichte dann erreicht, wenn im entspannten Zustand

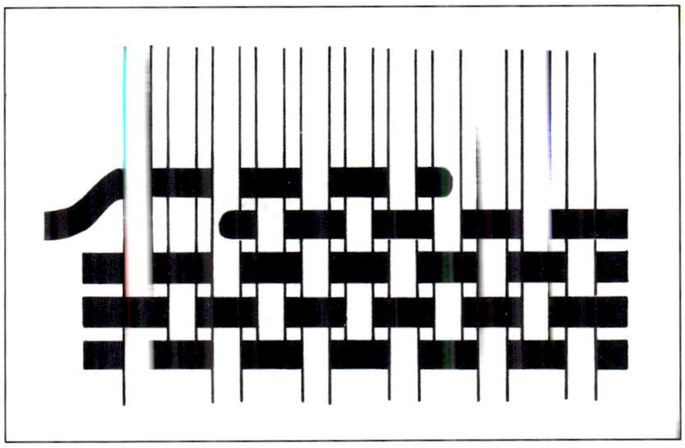

153: Schußfaden anlegen

die gleiche Anzahl Kett- und Schußfäden ein Quadrat bilden. Bei einem Köper steigt der Grat in einem Winkel von 45° (siehe Kapitel „Gewebeplanung").

Der Anschlag geschieht im allgemeinen im Augenblick des Fachwechsels. Um besonders feste, dichte Gewebe herzustellen, schlägt man nach dem Fachwechsel ein zweites Mal an (Doppelschlag), und die Kette wird besonders stramm eingestellt. Standladen haben von sich aus einen härteren Anschlag als Schwingladen, sie „fallen' ja gegen das Gewebe. Beim Weben von Teppichen kann man den Schuß noch zusätzlich mit Klopfern zusammentreiben. Schwieriger ist es auf jeden Fall in lockeren Geweben einen gleichmäßigen Anschlag zu behalten. Mit zunehmender Praxis erwirbt man Webtempo Webrhythmus und gleichmäßige Anschlagfestigkeit; als Anfänger sollten Sie sich immer wieder kontrollieren und niemals besonders schnell arbeiten wollen.

Außerdem sollte man sich von Anfang an um eine schöne, saubere Webekante bemühen (Abb. 154). Der Schußfaden muß sich so um den äußeren Kettfaden legen, daß er ihn weder einzieht noch zu locker umläuft und dadurch eine kleine herausstehende Schlaufe bildet. Je nach Material und Bindung muß der Schußfaden mit mehr oder weniger Zugabe ins Fach eingetragen werden. Der Schuß liegt fest, doch ohne Zug um den Kantenfaden. Halten Sie anfangs die Gewebekante mit dem letzten Schußfaden zwischen Zeige- und Mittelfinger und Daumen, während die andere Hand das Schiffchen aus dem Fach nimmt, dann werden die äußeren Kettfäden nicht eingezogen! Der Faden

154: Gute und schlechte Webekante

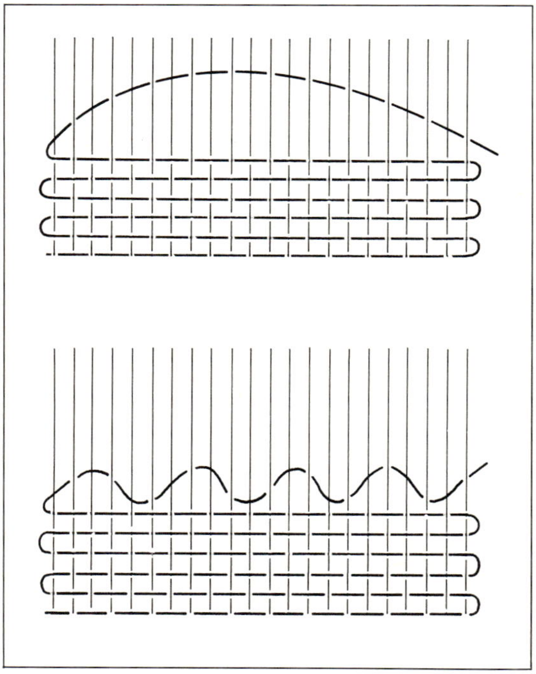

155: Schußzugabe

beschreibt im Fach einen losen Bogen. Schußripse, z.B. Teppiche, dagegen benötigen eine besonders große Schußzugabe (Abb. 155). Der Faden sollte nicht durch den Finger beim Auffangen des Schiffchens gebremst werden. (Ausnahme: sprödes Leinen, Kettripse)

156: Setzen des Breithalters

157: Einsetzen des Breithalters

Fast jedes Gewebe springt ein, wie es der Weber nennt, d.h. der Stoff wird schmaler, als die Kette im Blatt eingezogen wurde. Das Maß des Einsprungs hängt ab von Material und Bindung, vor allem aber auch von der Arbeitsweise des Webers. Dabei werden die äußeren Kantenfäden unter Umständen so beansprucht, daß sie reißen, außerdem verbiegen sich durch den starken Zug die Riete. Um dem entgegenzuwirken, setzt man einen Breithalter (Sperrute, Strecker) etwa 1–2 cm hinter dem letzten Schußfaden ein. Man öffnet den Breithalter ganz (Zähne nach oben!), nimmt am Blatt die Kettbreite ab und fixiert sie (Abb. 156). Dann steckt man die Nadeln des Streckers 0,5–1 cm von den Kantenfäden entfernt, 2 cm unter dem Geweberand, in das Gewebe und drückt ihn vorsichtig herunter. Alle 5–10 cm wird der Breithalter wieder neu eingesetzt (Abb. 157). Allerdings sollte man das niemals zusammen mit dem Nachlassen der Kette tun, weil das eine besonders starke Veränderung der Gewebespannungen bedeutet und darum leicht als Abschlag oder Schußbande sichtbar wird.

Ziehen Sie niemals zuviel Kette auf einmal nach. Der Anschlagwinkel der Lade verändert sich zu sehr, Spannungsungleichheiten treten besonders leicht zutage. Die Lade darf niemals das Gewebe anheben (Abb. 158)!

Für die gleichmäßige Spannung der Kette ist eine Gewichtsbremse besonders günstig, weil sie praktisch mit jedem Anschlag die Spannung neu reguliert, während die feste Klinkenspannung von einem Nachlassen zum andern starr ist, obwohl die Spannung im Gewebe durch die Wellenbewegung der Fäden mit jedem Schußeintrag stärker wird. Soweit es mustermäßig gegeben ist, läßt man die Kette mit einem Farb- oder Bindungswechsel nach.

Wenn so viel gewebt ist, daß der Stoff bis zum Warenbaum reicht, und Sie nicht mit einer Schürze, sondern mit Schnüren angelängert haben, kann man bei empfindlichen Geweben ein Stück starkes Papier mit aufrollen lassen.

Gerissene Kettfäden müssen sofort repariert werden. Sie verschlingen sich leicht mit ihren Nachbarfäden und richten großen Schaden an. Feine Garne verlängert man mit Hilfe eines Weberknotens, schneidet die Enden 5–6 mm kurz, fädelt den Kettfaden wieder in Litze und Riet und befestigt ihn am Breithalter oder mit einer Stecknadel (Abb. 159). Nach einigen Zentimetern ist der Faden festgewebt, dann entfernt man die Nadel wieder. Man kann den Faden gleich oder erst später, wenn man den Stoff vom Webstuhl genommen hat, bindungsgemäß einstopfen.

In groben, dickfädigen Geweben stört ein Knoten, er würde vielleicht auch Litze und Riet nicht passieren. Dann wendet man folgende Methode an: Ein neuer, längerer Kettfaden wird anstelle des gerissenen im Gewebe befestigt, durch Riet und Litze geführt und hinter den Geleseleisten mit einer Schleife an den alten Kettfaden gebunden, der dabei nicht gekürzt wird. Wenn Sie so viel weiter gewebt haben, daß der alte Kettfaden wieder an das Gewebe reicht, löst man die Schleife und befestigt den Faden am Gewebe. Der Verlängerungsfaden wird bis auf ein kurzes Ende zum Verstopfen (Putzen) abgeschnitten.

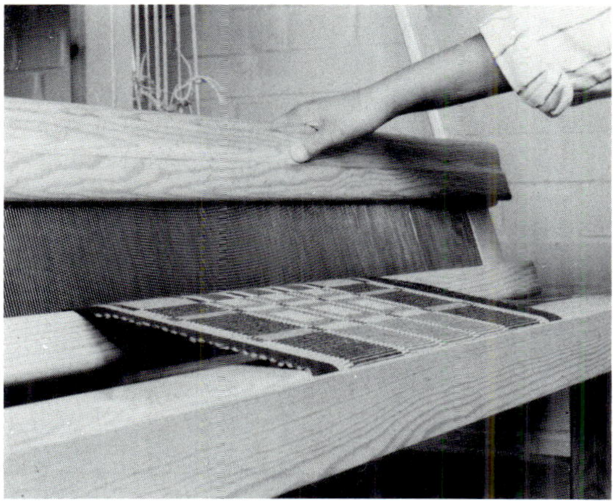

158: Falsch! Die Lade darf das Gewebe nicht anheben!

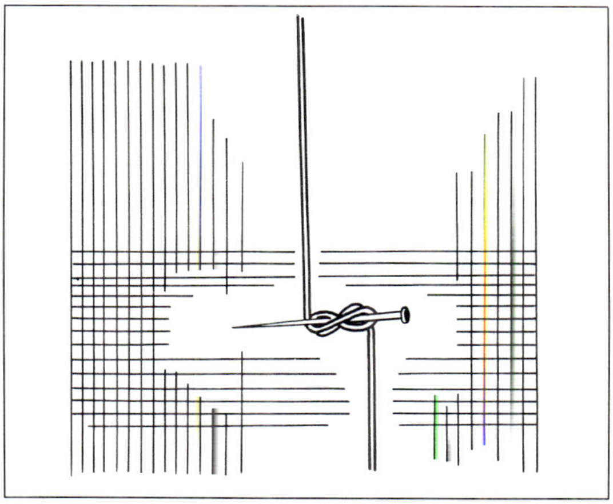

159: Befestigung eines gerissenen Fadens

Nach Möglichkeit stimmt man die Richtung des Schützeneinwurfs auf das Treten ab: Wenn ein Rapport mit dem 1. (linken) Tritt beginnt, schießt man das Schiffchen von links ins Fach usw. Bei geradzahligen Trittrapporten ergibt das eine gewisse Kontrollmöglichkeit. Vor allem bei Stoffen mit einem leinenbindigen Grundschuß und einem Musterschuß merkt man sich an der Lage des Schiffchens leicht, welcher Leinentritt folgen muß.

Nach jedem fertig gewebten halben Meter legt man sich einen farbigen Merkfaden ins Gewebe, der sich später leicht herausziehen läßt, und macht sich auf dem Musterzettel einen Vermerk.

Bei Mustern mit häufigen Farb- oder Bindungswechseln zeichnet man sich die Musterfolge für einen Rapport auf einen festen Karton, an dem man die Höhe der einzelnen Streifen abnehmen kann. Zusätzlich kann man die Schüsse je Farbe zählen. Beim Abmessen des Musters muß die Streckung des Gewebes unter Spannung beachtet und zugegeben werden. Diese Maßnahmen sind besonders wichtig, wenn quergestreifte oder karierte Stücke später zusammengenäht werden sollen. Bei Musterrapporten über große Längen nimmt man statt eines Kartons ein Leinenbändchen oder einen Streifen Wäschestoff als „Maßband", auf das die Musterlängen mit Farben eingezeichnet werden.

Wenn die Webekante vorarbeitet, ist sie im Blatt zu dicht eingestellt und muß ausgedünnt werden. Das geht erst nach Fertigstellung eines Webstückes oder einer Gewebebahn. Man schneidet die Kette an der Webekante durch, erweitert den Blattstich, verlängert die Kettfäden und befestigt sie mit einer Stecknadel am Gewebe.

Bei manchen Bindungen bereitet die Abbindung der Kantenfäden Schwierigkeiten, wodurch sich eine unsaubere Webekante bildet oder einige Kettfäden gar nicht abgebunden werden. Bei einem Köper 2/2 kommt das am häufigsten vor, läßt sich aber auch sehr einfach durch die Änderung der Richtung des Schußeintrags beheben (Abb. 160). Dort, wo der Schußfaden ins neue Fach tritt, muß sich der äußere Kettfaden senken, wenn er vorher gehoben war.

Schwieriger wird es bei großen Rapporten in Kett- oder Schußbindungen. Dann wird zwar der äußere Faden bei richtiger Schußrichtung je Rapport einmal abgebunden, aber die Kante wird nicht sauber. Dann setzt man zusätzliche Kantenschäfte ein, die eine einwandfreie leinen-, rips- oder panamabindige Kante bilden. Dasselbe gilt für den Zickzackköper in Kettrichtung, der ohne Abbindeschaft immer an einer Seite einen flottierenden Faden hat, bis der Köpergrat wieder wechselt. Wenn es Sie stört und Sie keinen Abbindeschaft einsetzen können oder wollen, umfangen Sie den flottierenden Randfaden mit dem Schiffchen. Dabei hilft folgender kleiner Trick: Man fädelt den rechten und linken äußeren Kettfaden nicht in eine Litze. Diese Fäden sind „Stehfäden", die Sie mit dem Finger bei jedem Schuß heben oder senken, wenn Sie das Schiffchen aus dem Fach nehmen.

160: Köper falsch (a.) und richtig abgebunden (b.)

Kettfransen sind einem Gewebe gewissermaßen „angewachsen", Schußfransen herzustellen, macht etwas Mühe. Man spannt im Abstand der gewünschten Fransenlänge (bzw. etwas länger) eine feste Schnur vom Streich- zum Brustbaum, die der Schütze bei fast jedem Schuß umläuft. Im Abstand von 1–2 cm jedoch (nach Gewebefeinheit) umschlingt der Schußfaden den eigentlichen Randfaden des Gewebes, um ein Ausfasern der seitlichen Kettfäden zu verhindern. Beim Nachziehen schneidet man die Fransen auf (Abb. 161).

Anschuß weben, Abschneiden und Kettfransen

Soll ein fertiges Webstück vom Stuhl genommen werden, bevor die ganze Kette abgewebt ist, verfährt man folgendermaßen:

Man webt ein Stück von etwa 5 cm mit Restgar-

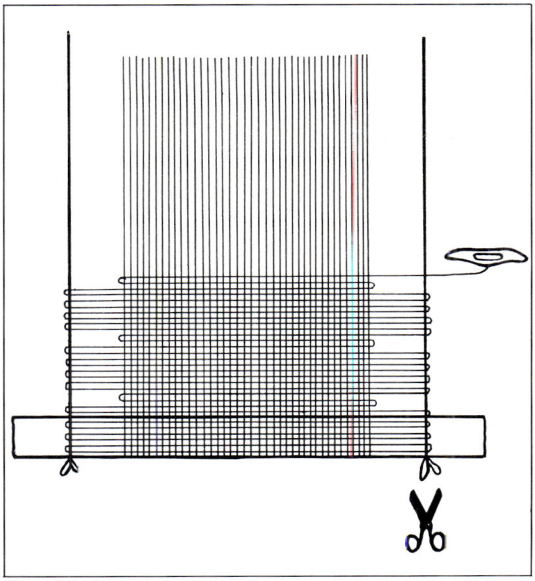

161: Schußfransen

162: Anschuß weben

nen über die gewünschte Länge hinaus, und zwar möglichst in Leinenbindung, die ja am festesten bindet. Dann legt man einen Anbindestab in das Fach, so als wäre er ein Schußfaden, schießt noch einige Schüsse darüber und schneidet dann an der gewünschten Länge, also zwischen fertigem Gewebe und Anschuß, durch. Man braucht dann nur den eingewebten Peitschenstock mit dem an der Schürze oder den Anlängerschnüren an 3–4 Stellen zu verbinden und kann weiterweben (Abb. 162).

Wenn allerdings nach dem Abschneiden eines Gewebes eine Korrektur der Kettspannung oder zum Beispiel eine Umstellung des Einzuges vorgenommen werden soll, kann man natürlich keinen Anschuß weben. Die Kette wird dann 1–2 cm vor dem Gewebe abgeschnitten und jedes Kettbündel sofort durch einen Schlingknoten gesichert.

Die Kette wird abgewebt, bis der hintere Peitschenstock so dicht hinter dem Geschirr steht, daß sich das Fach nicht mehr genügend öffnen kann. Durch Entfernen der Geleseleisten gewinnt man noch ein paar Zentimeter Kettlänge. Zum Schluß webt man einige Schüsse aus dünnen Restgarnen, um die letzten Schußfäden zu sichern. Man kann auch an verschiedenen Stellen der Gewebebreite zwei nebeneinanderliegende Kettfäden abschneiden und miteinander verschlingen.

Das Gewebe wird nun vor dem Blatt abgeschnitten (die vielleicht geplanten Fransen nicht vergessen!), vom Warenbaum abgerollt, gemessen und gewogen. Maße und Gewichte werden in die Gewebeplanung eingetragen. Die noch im Geschirr stehende restliche Kette, den Troddel, nimmt man heraus. Er kann noch als Abbindegarn oder für Fransen verwendet werden.

Die einfachen, offenen Kettfransen werden gebildet, indem man die Kettfäden von etwa einem Zentimeter Breite zu einem Katzenkopfknoten schlingt und mit dem linken Daumen fest an das Gewebe drückt, während die rechte am freien Ende zieht (Abb. 163).

Manche Fransen, z. B. bei den schweren Schafwollteppichen, sehen besser aus, wenn man sie verstärkt, sie liegen auch besser. Dazu greift man mindestens zwei Fäden, schlingt sie umeinander (Abb. 164), legt einen oder mehrere Zusatzfäden aus dem Kettmaterial (Kettreste!) hinein und verschlingt die Fäden ein zweites Mal. Aus allen zusammen wird dann der einfache Katzenkopfknoten gebildet.

Eine andere Art, Fransen zu bilden (Abb. 165), eignet sich besonders für fülliges, dichtes Material und solche Gewebe, die stark strapaziert werden (z. B. Reisedecken). Zwei Bündelchen Fäden werden erst einzeln in die eine Richtung gedreht und dann zusammen in die andere und mit einem Knoten gesichert.

Weben mit Schnellschuß

Beim Weben mit Schnellschuß wird der Schütze nicht bei jedem Schlag von Hand eingeworfen und aufgefangen, sondern wird vom „Schnellzeug" von einem Schützenkasten in den anderen „geschossen". Vor dem Weber, etwas unter Augenhöhe, hängt der Peitschengriff, mit dem man den Schützen antreibt. Die linke Hand hält den Ladendeckel in der Mitte und drückt die Lade zurück gegen die Schäfte. Der Schütze liegt im linken Kasten, das Fach wird geöffnet. Die rechte Hand greift den Peitschengriff und zieht ihn mit einem kurzen Ruck nach rechts seitwärts-abwärts. Der Schütze läuft auf der Ladenbahn in einem leichten Bogen durch das Fach und „fliegt" in den rechten Kasten. Das Auffangen des Schützen verlangt Übung und Geschicklichkeit. Man kommt durch eine fast unmerkliche Bewegung der Lade dem Schützen entgegen, um ihn aufzufangen, und stoppt ihn dabei durch geringes Vorziehen des rechten Treibers, um ihn abzufedern.

Wer das noch nicht sicher beherrscht, kann sich

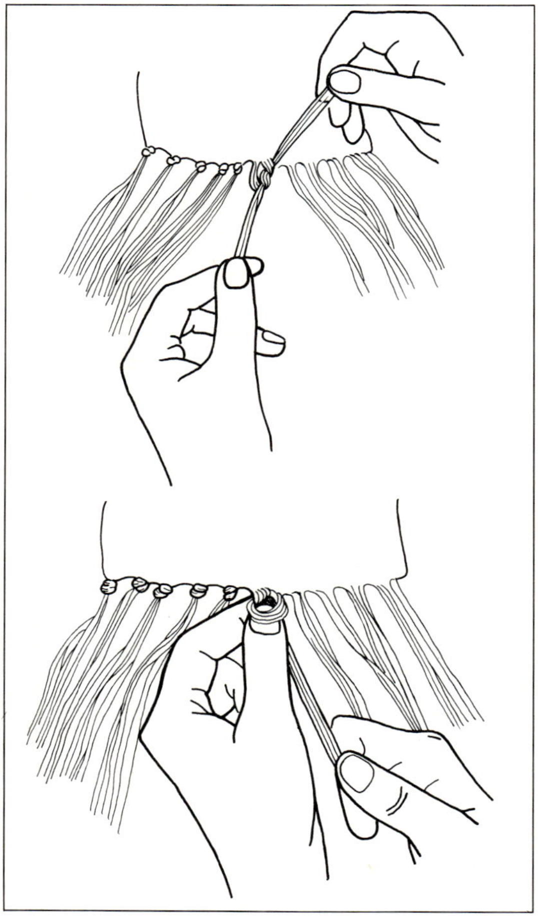

163: Einfache Kettfransen

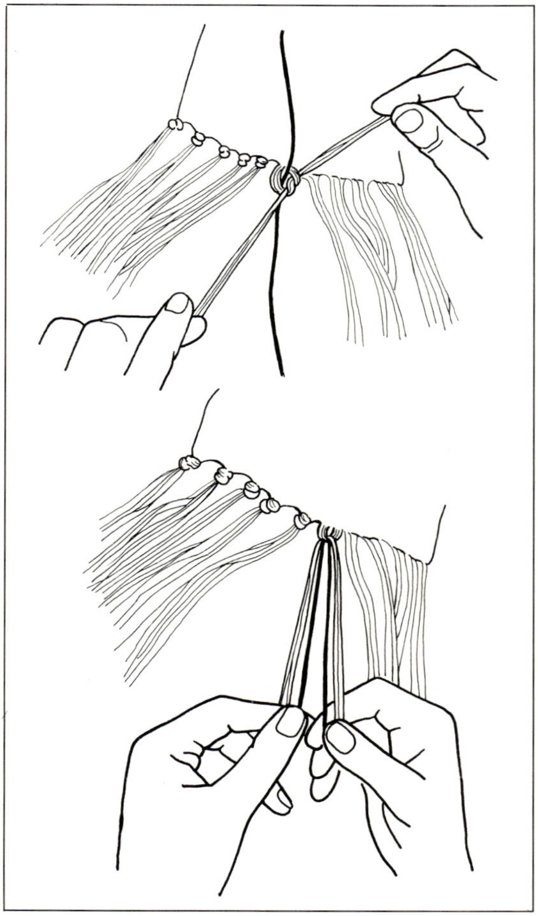

164: Verstärkte Kettfransen

eine Lage von weichem Filz in passender Stärke als Bremse in den Schützenkasten kleben. (Manche Schützenkästen sind mit einer kleinen Bremsfeder ausgerüstet.) Die linke Hand schlägt den Schußfaden im Augenblick des nächsten Fachwechsels an und stößt die Lade dann wieder zurück für den nächsten Schützenwurf.

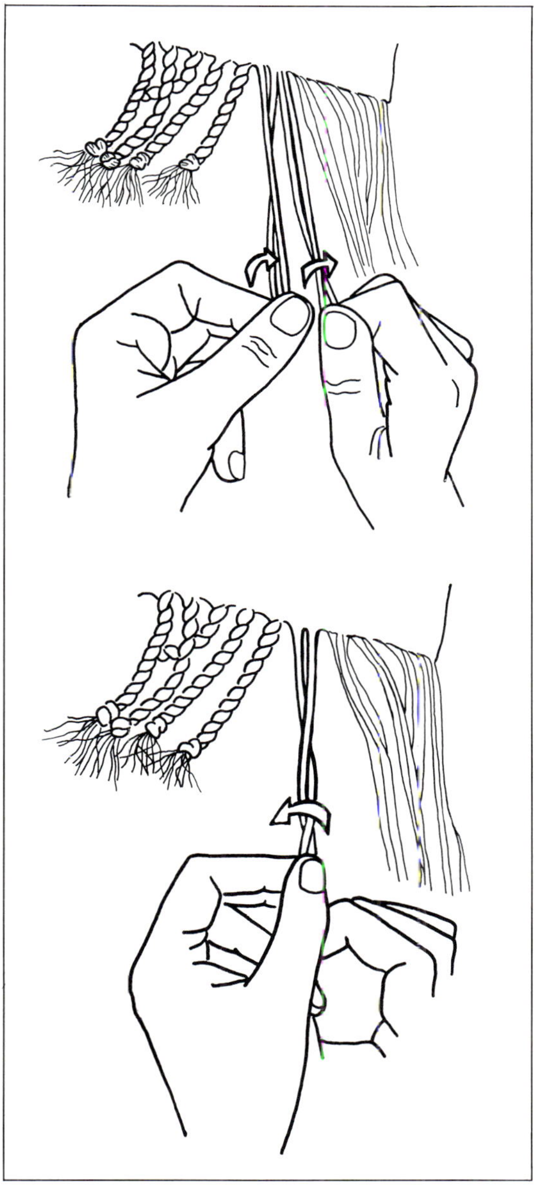

165: „Nudeln“

Man schlägt also immer mit der linken Hand an und treibt mit der rechten.
Die „Zugabe“ von Schußmaterial muß sorgfältig ausprobiert werden: Man muß den Schußfaden im Schnellschützen vorsichtig dosiert abbremsen. Man kann entweder den Faden aus dem ersten Auge heraus auch durch das zweite und evtl. dritte Auge ziehen, oder man „polstert“ eines der Schützenaugen mit einem weichen Wollfädchen mehr oder weniger dicht aus, indem man diesen Faden zweimal in das Auge fädelt und durch Drehen des entstandenen kleinen Ringes die Schlinge vervielfältigt, wobei sich der Anfang des Fadens durch die Reibung immer wieder durch das Auge zieht. Die beiden Enden des Polsterfadens werden miteinander verknotet und der Knoten nach innen in die Schützenkammer gelegt. Schließlich kann man glatte, weiche Garne gut bremsen, indem man sie über ein Fellpolster im Innern der Schützenkammer laufen läßt.
Die Schußfadenzugabe wird nicht nur durch die mehr oder weniger starke Bremsung des Schusses beeinflußt. Wenn das Gewebe nahe am Blatt steht, ist die Fadenlänge des eingelegten Schusses bei geöffnetem Fach bedeutend kürzer, als wenn das Gewebe weit zurückgezogen ist. Im ersten Fall wird der Schußfaden beim Anschlag also mehr gedehnt als im zweiten. Daraus folgt, daß man beim Weben mit Schnellschuß besonders häufig und regelmäßig die Kette nachstellen muß, um einen möglichst gleichmäßigen Eintragswinkel des Schußgarns zu erreichen.

Schlichten und Leimen
Ketten aus feinem reinem Leinen bereiten dem Weber gelegentlich arge Schwierigkeiten. Vor allem ungezwirntes Material kann bei warmer Witterung mit geringer Luftfeuchtigkeit fast nicht zu verarbeiten sein. Man erhöht möglichst die Raumfeuchtigkeit und deckt die Kette mit feuchten Laken ab, auch über Nacht. Die Schußspulen lagert man genauso.
Wenn das alles nicht ausreicht, muß geschlichtet werden. Man kann das Material im Strang oder als fertig geschärte Kette vor dem Bäumen in die heiße Schlichte tauchen, darin ziehen lassen, gut ausdrücken (nicht wringen, nicht schleudern!) und unter häufigem Wenden,

Schütteln und Klopfen fast trocken werden lassen. Das Material soll beim Spulen oder Bäumen noch geschmeidig sein.
Wenn es zu trocken wurde, muß es einige Stunden zwischen feuchten Tüchern liegen, bevor man es weiterverarbeitet.
Einfacher ist es, eine bereits aufgespannte Kette nach und nach beim Weben zu schlichten. Man taucht dazu zwei weiche Naturhaarbürsten in die Schlichte, tropft sie ab und streicht, immer in Richtung Kettbaum, von oben und unten die Kette umfassend, gleichmäßig alles ein. Den Vorgang wiederholt man immer, wenn ein entsprechend langes Stück Kette nachgelassen worden ist. Achten Sie darauf, daß Ihr Webblatt trocken ist, wenn Sie die Arbeit unterbrechen (Rostgefahr)!

Rezepte für Materialien aus dem pflanzlichen Bereich, also Leinen, Baumwolle. Rohe Baumwolle muß vor dem Schlichten in reichlich weichem Wasser unter Zusatz von etwas Kernseife aufgekocht werden.

1 l Wasser mit
2 EL geriebener Kernseife und
1 TL Kokosfett oder Talg aufkochen und
50 g mit etwas in kaltem Wasser aufgelöstem Roggen-, Weizen-, Hafer- oder Kartoffelmehl dazugeben und gut durchkochen und abkühlen lassen.

Für 1 kg Leinengarn benötigt man zur Tauchschlichte etwa 3–3,5 l Schlichte. Die Schlichte kann eventuell noch etwas verdünnt werden.

Seltener wird das Leimen von Wollketten nötig sein, weil die hochwertigen Garne, die uns heute für die Handweberei zur Verfügung stehen, bereits sehr gut ausgerüstet sind. Wer doch einmal handgesponnenes ungezwirntes Garn (nur sehr gleichmäßiges, nicht zu schwach gedrehtes Material verwenden!) zur Kette verarbeiten will, kann die Wolle leimen. 100 g Tischler- oder Perlleim werden über Nacht in 1 l Wasser eingeweicht, dann aufgekocht und mit 3 l Wasser aufgefüllt. Diese Menge reicht für etwa 1 kg Wollkette. Die Anwendung ist wie beim Schlichten, man leimt entweder die Kette vor dem Bäumen oder während des Webvorganges.

Nachbehandlung

Das Gewebe wird nun geputzt. Man breitet es über einen Tisch und prüft es von beiden Seiten auf Gewebefehler und hängende Fäden, die noch eingestopft werden müssen. Länger flottierende Bindungsfehler in Kett- oder Schußrichtung werden vorsichtig aufgeschnitten und durch einen passenden Ersatzfaden ihrem Bindungslauf entsprechend ausgebessert. Kettfäden müssen ebenso wie angelegte Schußfäden etwa 3 cm übereinanderliegen. Herausstehende Enden werden abgeschnitten. Dieses Putzen läßt sich besonders praktisch mit einer Spezialnadel ausführen, die statt einer Spitze eine kleine Kugel hat (Web-Fachhandel).
Leinen- und Baumwollstoffe wäscht man in der Nachbehandlung je nach Farbigkeit bei 60–80 °C (Qualitätsangaben des Herstellers beachten!), appretiert sie nach Bedarf und bügelt oder mangelt danach im leicht feuchten Zustand. Wer noch eine Kaltmangel auf dem Boden stehen hat, wird gerade bei Leinen damit die schönsten Erfolge erzielen!
Wollstoffe werden ihrer Verwendung entsprechend in der Nachbehandlung mehr oder weniger gewalkt. Man legt sie in warme Lauge aus alkalifreier Seife (Feinwaschmittel), der man nach und nach immer heißeres Wasser zufügen kann. Je weniger Wasser und je mehr Seife Sie verwenden, je heißer das Wasser ist und je mehr Sie das Gewebe mechanisch durcharbeiten („walken“), desto stärker ist die Walkwirkung, desto mehr verfilzen die Fasern und laufen ein. Der Stoff gewinnt dadurch Dichte und Festigkeit.

166: Handkarde aus Südamerika

Das gilt natürlich vor allem für Rohwollen, die noch Restfett enthalten und noch nicht den heißen Temperaturen des Färbbades ausgesetzt waren. Streichgarne lassen sich besser walken als Kammgarne, deren Fasern gleichmäßig gekämmt und gestreckt nebeneinander liegen.
Unsere bekannten, erprobten Webwollen vertragen ohne Gefahr für die Farben diese Prozedur. Nicht ohne weiteres empfehlen kann man sie jedoch für manche pflanzengefärbten und Spezialwollen. Ebenso darf man nicht oder kaum walken, wenn man innerhalb des Kett- oder Schußmaterials streifenweise unterschiedliche Qualitäten verarbeitet hat, die verschieden schrumpfen können und das Gewebe dadurch wellig werden lassen.
Anschließend wird das Gewebe mit der gleichen Temperatur gespült, mit der es gewaschen wurde und die es noch in sich hält. Die warme, seifige Wollfaser darf nicht durch eine kalte Wasserdusche erschreckt werden, weil man auf diese Weise die Knicke geradezu „einplissieren" kann. Je nach Verwendung des Stoffes setzt man dem letzten Spülwasser etwas Dauerappretur (Evidur o.ä.) zu.
Man läßt das Wasser gut ablaufen und hängt den Stoff über Stangen, bis er fast trocken ist. Ofenwärme und Sonneneinwirkung sollte man vermeiden und das Gewebe mehrmals anders aufhängen, damit die Trocknung gleichmäßig erfolgen kann!
Für die Waschmaschine sind höchstens Baumwollstoffe geeignet. Schleudern ist, vor allem für Leinen, ganz besonders nachteilig, und zwar nicht nur für handgewebte Stoffe!
Decken und Jackenstoffe usw. kann man aufrauhen. Das geschieht jetzt, nach der Walke, wenn der Stoff noch eine gewisse Feuchtigkeit enthält. Man benutzt dazu seit alters Bürsten, die mit Weberdisteln (Kardendisteln) besetzt sind, deren feine, federnden Borsten die Faserenden aus dem Garn aufziehen (Abb. 166). Diese Disteln sind so hervorragend zum Kardieren geeignet, daß auch heute noch große Maschinen damit ausgerüstet werden (Abb. 167). Wenn keine Karden zur Verfügung stehen, tut es auch eine Bürste mit kurzen harten Perlonborsten, mit der man kräftig über das Gewebe bürstet. Wer einen „Strich" im Flausch wünscht, wie beim Loden, streicht zum Schluß mit nasser Bürste nur in eine Richtung.

Das Gewebe kommt nun in die Heißmangel (Temperatur auf das Gewebe abstimmen!) und muß so oft durch die Walze laufen, bis es nicht mehr dampft. Lassen Sie sich durch nichts abhalten, das Stück auch noch zum 7. Mal durchrollen zu lassen, wenn es nicht wirklich trocken ist! – Die feinen Wollfasern richten sich ganz schnell wieder auf. Ein so behandelter Wollstoff hat eine große Knitterfestigkeit, während ein Stoff, der mit einer gewissen Restfeuchtigkeit zusammengelegt wird, später mit der größten Anstrengung nicht mehr glatt gebügelt werden kann.
Gewebe, die zu groß sind, um sie zu Haus zu behandeln, schickt man in Betriebe, die sich darauf spezialisiert haben (vgl. Herstellerliste S. 283).

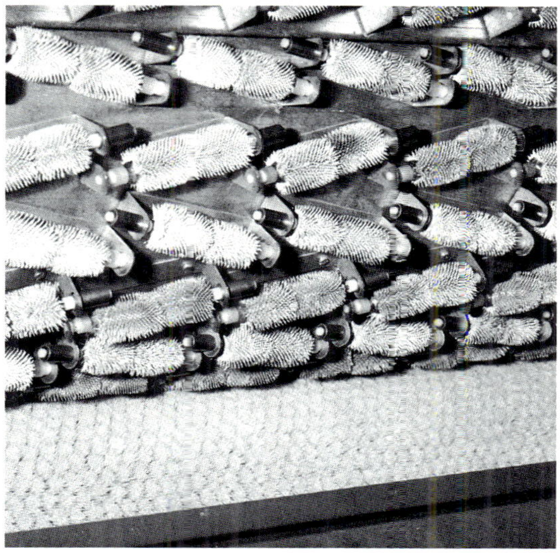

167: Weberdisteln in mechanischen Kardiermaschinen

Einteilung der Einzüge (Auszüge aus DIN 61110)

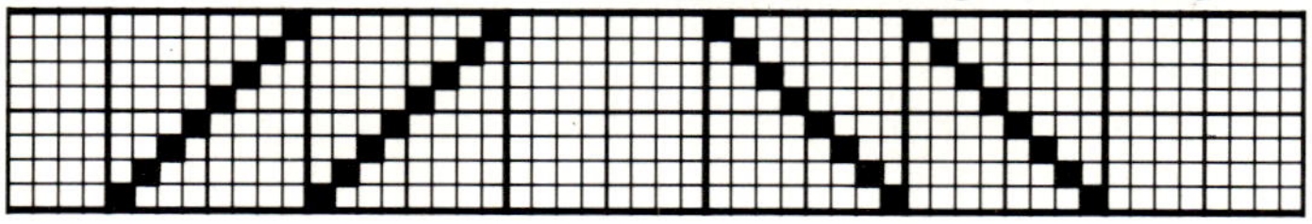

Einzug geradedurch
Links: Z-Einzug
Rechts: S-Einzug

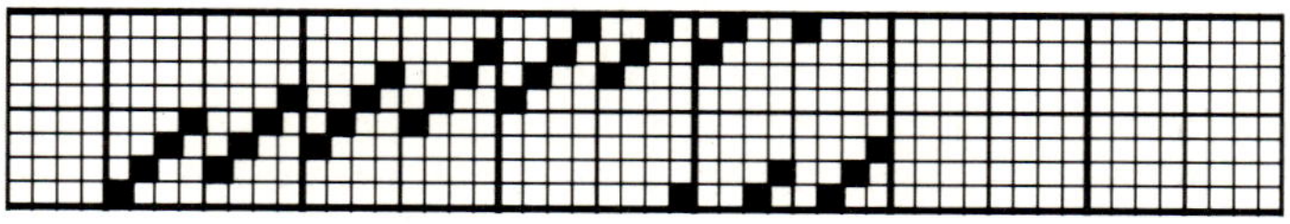

Abgesetzter Einzug

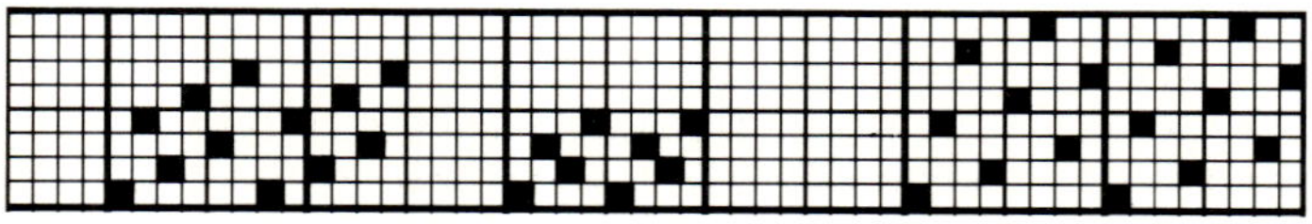

Sprungweiser Einzug
Links: 6 Schäfte (2bindig)
Mitte: 4 Schäfte (2bindig)
Rechts: 8 Schäfte (atlasartig)

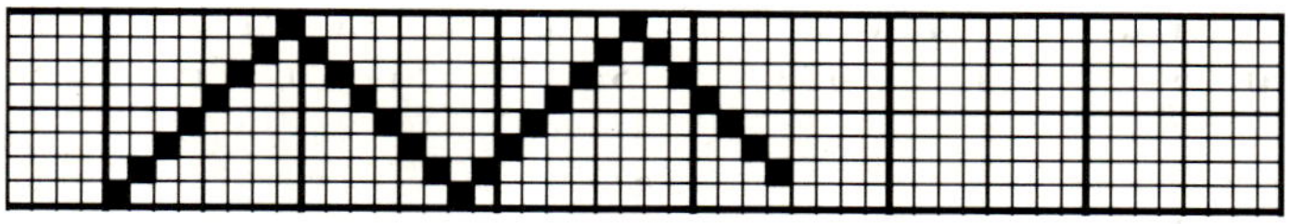

Reiner Spitzeinzug

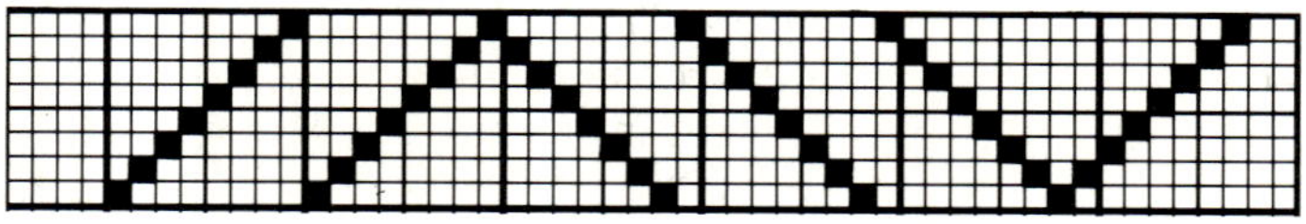

Verlängerter Spitzeinzug

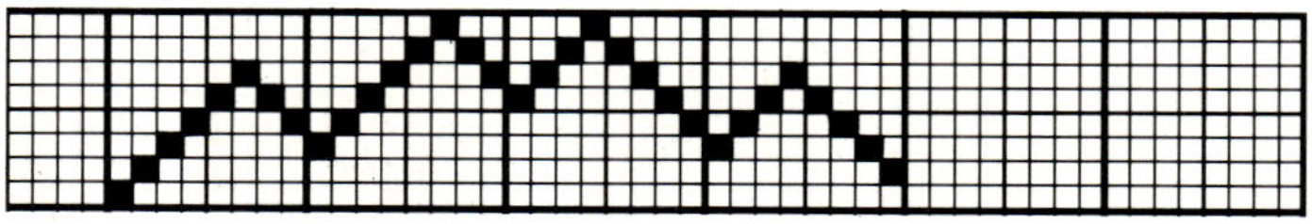

Gemusterter Spitzeinzug

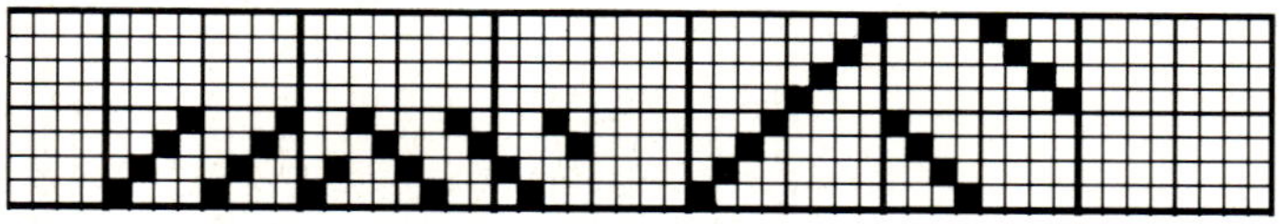

Gebrochene Einzüge
Links: 4schäftig
Rechts: 8schäftig

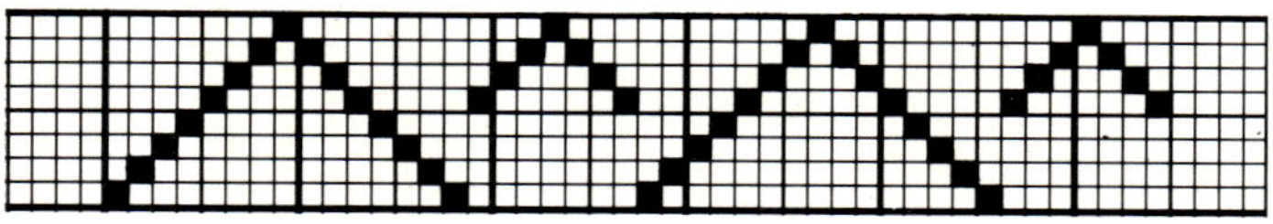

Gebrochener Spitzeinzug

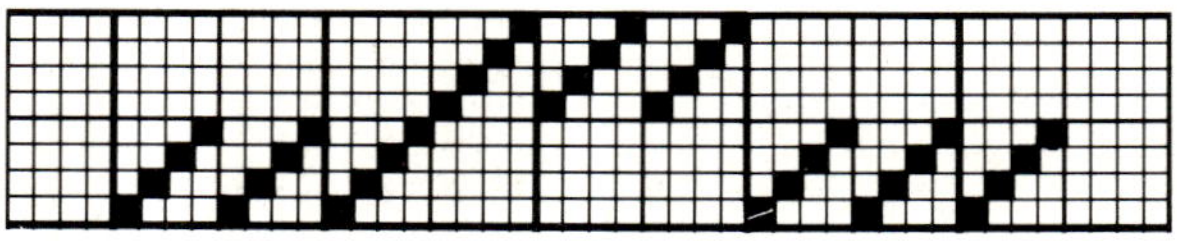

2. Schaftpartie
1. Schaftpartie

Schaftpartienweiser Einzug

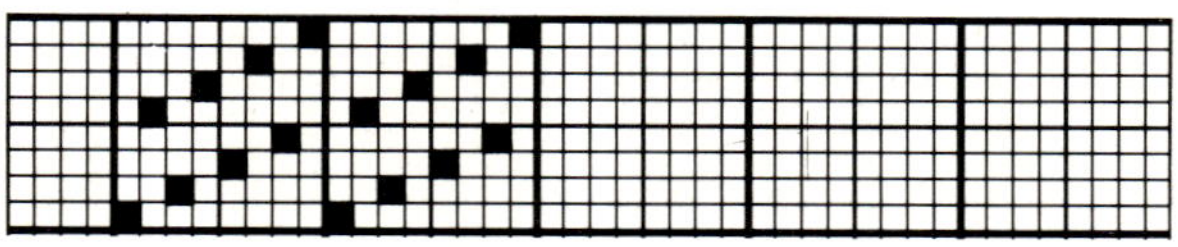

2. Schaftchor
1. Schaftchor

Mehrchoriger Einzug

Kleine Bindungslehre

Einführung

Wir werden uns im Rahmen dieser Bindungslehre vor allem mit jenen Bindungen befassen, die in der Handweberei angewendet werden können, d.h. die Anzahl der Schäfte wird bis auf wenige Ausnahmen gering gehalten. Allerdings macht gerade das Spielen mit den Möglichkeiten mehrerer Schäfte und Tritte so viel Spaß, daß Sie sich von der scheinbar trockenen Theorie dieses Kapitels nicht abschrecken lassen sollten. Sie können später nur dann selbständig Bindungen entwickeln und Stoffe entwerfen, wenn Sie die Gesetzmäßigkeiten und Möglichkeiten der Fadenverkreuzungen sicher handhaben und darstellen können! Also keine Angst, so schlimm wird es auch gar nicht!

Patronenlesen

Beim Weben wird ein Teil der Kettfäden gehoben, der andere Teil gesenkt. In den dadurch entstandenen Zwischenraum, das Fach, wird der Schußfaden eingetragen. Beim nächsten Schuß senken sich Kettfäden, die vorher gehoben waren. So legen sich im Wechsel Kett- und Schußfäden über- und untereinander. Ihre Verkreuzungen nennen wir Bindung. Dabei überspringen Kett- oder Schußfäden manchmal mehrere kreuzende Fäden. Ein solcher Fadenübersprung, Flottierung genannt, darf nicht zu lang sein, damit die Bindung stabil bleibt.

Die Gesetzmäßigkeit der Bindung läßt sich in einer Patrone darstellen. Man benutzt dazu Patronenpapier, das in der Regel in kleine, quadratische Felder aufgeteilt ist. Im Abstand von 4, 5 oder 8 Feldern erleichtern verstärkte Linien, die sogenannten Schenien, die Übersicht beim Zeichnen (Abb. 168). In diesem Raster bezeichnet der senkrechte Raum zwischen zwei Linien einen Kettfaden, der waagerechte Zwischenraum dementsprechend den Schußfaden. Eingezeichnet wird das Quadrat, in dem der Kettfaden über dem Schußfaden liegt, Bindepunkt genannt. Die weißen Felder sind also auf der Gewebeoberseite obenliegende Schußfäden (Abb. 169).

In Abbildung 170 ist ein Gewebe fotografiert, gezeichnet und als Patrone dargestellt. Abbildung 171 zeigt ein anderes Bindungsbild. Der erste Kettfaden überspringt hierbei einen Schußfaden, liegt unter dem 2. und 3., über dem 4. Schuß usw. Nach einer bestimmten Anzahl

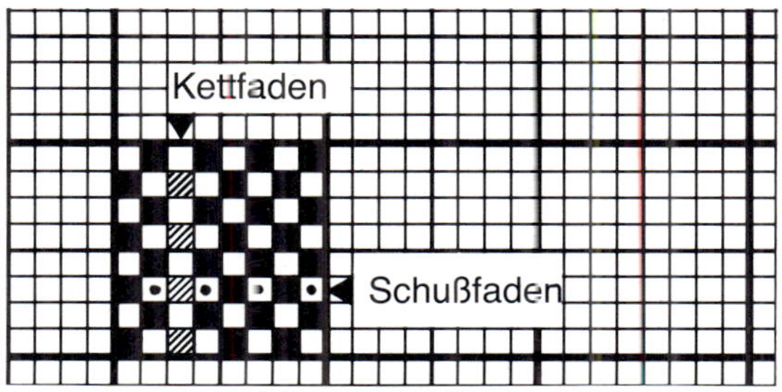

169: Muster einer Patrone

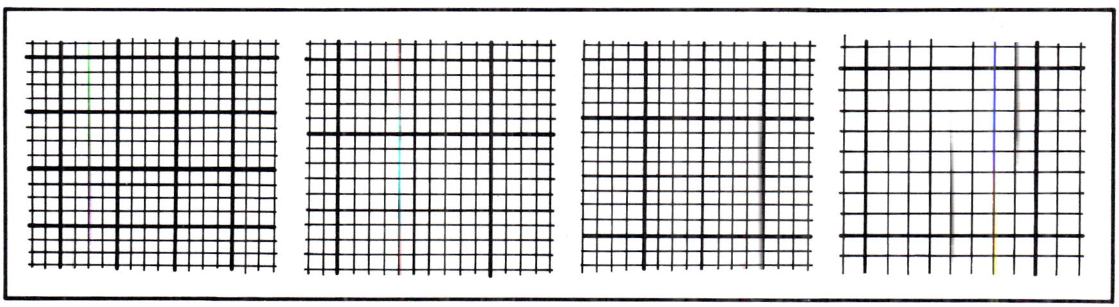

168: Patronenpapier in den gebräuchlichen Einteilungen (4-4, 5-5, 8-8, Handarbeitspapier)

170 a: Leinenbindung

170 b

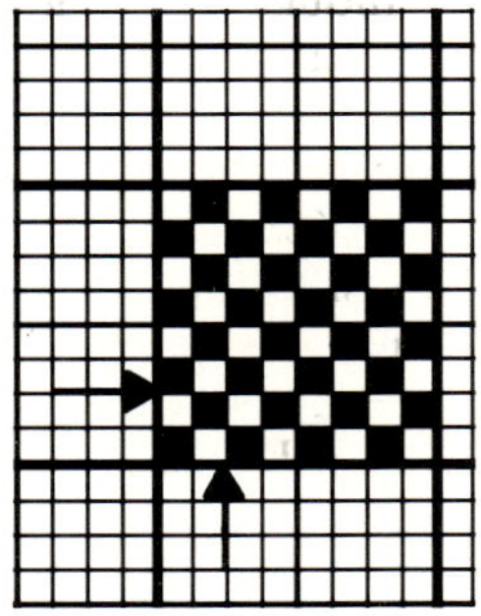

170 c

171 a: Köperbindung

171 b

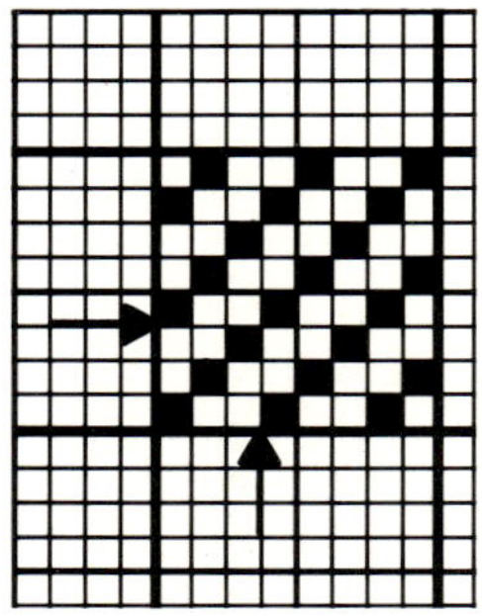

171 c

172 a: Atlasbindung

172 b

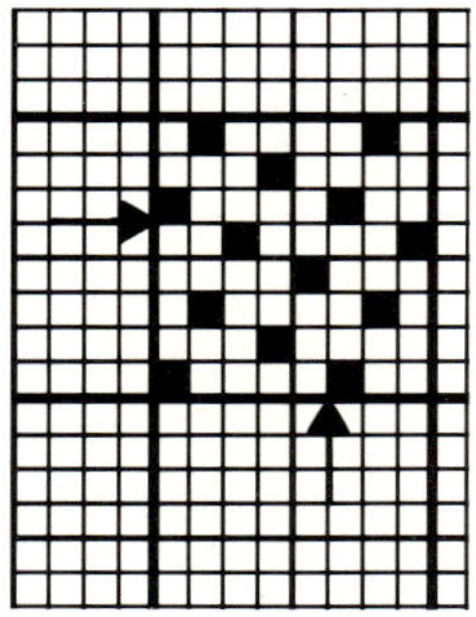

172 c

von Fäden in Kett- und Schußrichtung wiederholt sich das Bindungsbild. Diese kleinste Einheit einer Bindung nennen wir den Rapport, der in dem Bindungsbild gegen die Wiederholungen häufig abgegrenzt wird. Ein Rapport genügt zum Verständnis einer Bindung, wenngleich der besseren Übersicht halber meist mehrere in Kett- und Schußrichtung aneinandergereiht sind. Die Größe eines Rapportes drückt man in Zahlen aus, die erste Zahl nennt die erforderlichen Kettfäden, die andere die Schußanzahl. Rapport 12:8 heißt also: Nach 12 Kett- und 8 Schußfäden wiederholt sich das Bindungsbild. Bei identischer Fadenanzahl in Kett- und Schußrichtung nennen wir es -bindig (Abb. 171: 3bindig, Abb. 172: 5bindig).
Zu einer vollständigen Bindungspatrone gehört noch der Schafteinzug (Einzug), der über dem Bindungsbild gezeichnet wird. Das Zeichen dafür ist ein Kreis, der ein Litzenauge symbolisiert. Die Verschnürung der Schäfte mit den Tritten (Zeichen: Kreuz) ist rechts neben dem Schafteinzug angeordnet, die Tretweise (Tritte) schließt sich unter der Verschnürung an (Zeichen: Schrägstrich).
Der Raum zwischen den waagerechten Linien oberhalb der Bindung bezeichnet jeweils einen Schaft. Der Einzug eines Kettfadens durch eine Litze wird auf dem entsprechenden Schaft markiert (Abb. 173).

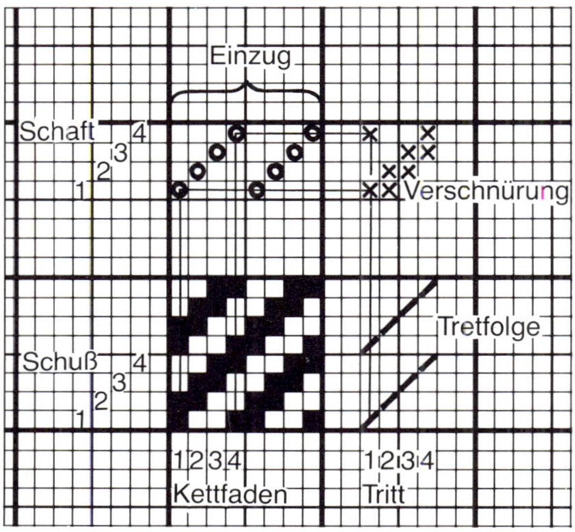

173: Vollständige Patrone

Jeder andersbindende Kettfaden erfordert einen neuen Schaft!

Rechts neben dem Bindungsbild ist für jeden Schußfaden ein Tritt eingezeichnet.

Jeder andersbindende Schußfaden erfordert einen neuen Tritt!

Die Ordnung einer Bindungspatrone ist wie folgt festgelegt:
- Schaft 1 ist der dem Weber (der Lade) nächstliegende.
- Kettfäden werden von links nach rechts gezählt.
- Tritte werden von links nach rechts gezählt.
- Der erste Schuß liegt in der Patrone unten. Es ist der dem Weber nächstliegende.

Wir wollen am Beispiel des 4bindigen Gewebes (Abb. 173) die Funktion der Bindungspatrone erläutern.
1. Schritt: Beim ersten Schuß treten Sie Tritt 1, dadurch …
2. Schritt: heben sich Kettfaden 1 und 4 (Bindungsbild).
3. Schritt: Kettfaden 1 ist auf Schaft 1, Kettfaden 4 ist auf Schaft 4 eingezogen.
4. Schritt: In der Verschnürung müssen also Schaft 4 und 1 an den Tritt 1 gebunden sein.
Dementsprechend: Beim 2. Schuß treten Sie Tritt 2, es heben sich Kettfaden 1 und 2, die auf Schaft 1 und 2 eingezogen sind. Schaft 1 und 2 werden also an Tritt 2 gebunden. Erklären Sie selbst die Funktionen der Patrone in Schuß 3 und 4.

Um Bindung-Lesen zu üben, können Sie für diese 6 einfachen Patronen von Abbildung 174 Einzug, Tretweise und Verschnürung selbst entwickeln.
Tragen Sie beim ersten Bindungsbild von Abb. 174 den ersten Kettfaden auf dem ersten Schaft ein. Der 2. Kettfaden bindet ebenso wie der erste, also kommt er auf den gleichen Schaft, ebenso der 3. Kettfaden. Faden 4 bindet anders, er bekommt einen neuen Schaft. Kettfaden 5 bindet wie 1, also können wir ihn auf Schaft 1 zeichnen, Kettfaden 6 entspricht dem

174: Tragen Sie Einzug, Verschnürung und Trittfolge ein (vgl. Abb. 183c, 393a, 370c, 212a, 339c, 201f)

zweiten, also auf Schaft 2. Fahren Sie so fort, bis alle Kettfäden auf einem Schaft eingetragen sind. Nun lassen sich Tretweise und Verschnürung leicht feststellen, indem Sie für jeden andersbindenden Schuß einen neuen Tritt benutzen und senkrecht über jedem Tritt die Schäfte „verschnüren" (markieren), die in der entsprechenden Schußreihe einen Kettfaden heben.

Genauso läßt sich aus Einzug, Verschnürung und Tretweise die Bindung entwickeln (Abb. 175). Häufig wird daher auf die Darstellung des Bindungsbildes verzichtet. Vervollständigen Sie diese Patronen, indem Sie das Gewebebild einzeichnen! Beginnen Sie mit der obersten Schußreihe. Beim ersten Bindungsbild ist Tritt 1 durch die Verschnürung mit Schaft 2 verbunden. Alle auf Schaft 2 eingetragenen Litzeneinzüge (Kettfäden) werden in der entsprechenden Schußreihe eingezeichnet. Beim nächsten Schuß hebt Tritt 2 Schaft 1 und 3 usw.

In einem Rapport muß jeder Kett- und jeder Schußfaden mindestens einmal mit einem kreuzenden Faden binden! Wenn eine durchgehend schwarze oder weiße Linie erscheint, ist dieser Kett- bzw. Schußfaden nicht abgebunden, und es steckt ein Fehler in der Bindungspatrone (Einzug, Verschnürung, Tretweise und/oder Bindungsbild).

Wenn ein Gewebe entworfen und die Patrone entwickelt ist, ordnet sich eine erfahrene Weberin den Einzug und die Trittfolge so arbeitsgünstig wie möglich. So sollten zum Beispiel die meistkreuzenden Fäden auf den Schäften nahe dem Blatt angeordnet werden. Auch legt man möglichst die am stärksten belasteten Schäfte gleich hinter das Webblatt, um leichter ein einwandfreies Fach zu erzielen. Andererseits darf eine Umstellung nicht bewirken, daß der Einzug zu wirr und unübersichtlich wird. Das Einziehen der Kette wird sonst zu umständlich, auch ist das Einfädeln gerissener Kettfäden beim Webprozeß erschwert.

Gelegentlich erweitert man einen Einzug auf mehr Schäfte als mindestens erforderlich, um

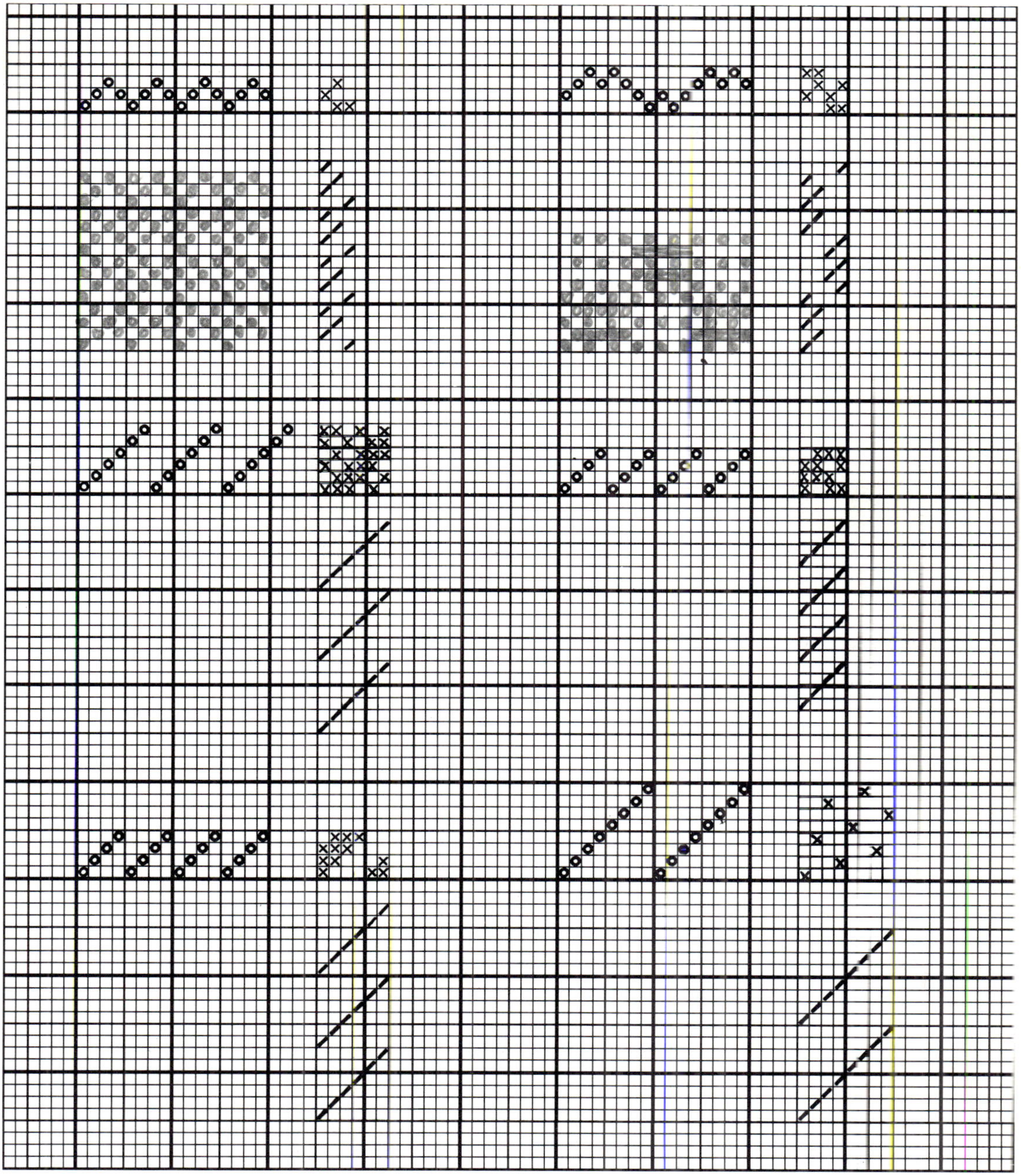

175: Tragen Sie die Patronen ein, die dem Einzug, der Verschnürung und der Trittfolge entsprechen (vgl. Abb. 321 a, 336 a, 186 h, 212 b, 210 a, 220 links)

bei weiteren Webstücken durch einfache Veränderung der Verschnürung größere Variationsmöglichkeiten zu haben. Das ist ebenfalls erforderlich, wenn dicht eingestellte feine Ketten im Geschirr an den engstehenden Helfen Gefahr laufen, sich zu scheuern und zu reißen.

Die Tritte ordnet man am besten so, daß die Füße möglichst wenig suchen müssen und im Wechsel rechts und links treten können.
Da alle diese Grundsätze aber nicht starr angewendet werden können, sondern im einzelnen Fall der eine oder der andere Gesichtspunkt wichtiger erscheint, bedarf es erst einer längeren Praxis, ehe man diese Erleichterungen richtig zu nutzen versteht. Es ist ja nicht so, daß die zuerst entwickelte Bindung falsch ist, sie ist unter Umständen nur unpraktisch. In dieser kleinen Bindungslehre kommt es uns vor allem auf die Übersichtlichkeit der Patronen an.

Blattstich

Das Webblatt hält beim Weben die Kettfäden in gleichmäßigem Abstand, es ist an sich ohne Einfluß auf die Bindung. Die Wahl der Blattdichte hängt ab von der Anzahl der Kettfäden pro Zentimeter und von der Anzahl der Fäden je Riet. Daher werden in einer Patrone häufig keine Angaben über den Blattstich gemacht.
Der Blattstich ist ohne Einfluß auf die Bindung; es gibt aber Fälle, in denen er die Wirkung der Bindung unterstützen soll. Oder das Aussehen des Gewebes wird überhaupt nur vom Blattstich geprägt: Wenn innerhalb eines Blattstichs eng und weit eingezogene und freigelassene Riete miteinander abwechseln, spricht man vom Blatteinzugsrapport. In diesen Fällen zeichnet man den Blattstich zwischen Einzug und Bindungsbild, und zwar mit einem Querstrich, der die Kettfäden unterstreicht, die in einem Riet zusammengefaßt werden sollen (Abb. 176). Wenn Riete ganz frei bleiben, läßt man entweder entsprechend viele Kästchen in der Bindungspatrone frei oder vermerkt die Besonderheit des Blattstichs extra (Abb. 177).
Bindungsrapport und Rapport des Blattstichs sollten möglichst übereinstimmen. Abbildung 176 a zeigt einen schlechten, Abbildung 176 b einen guten Blattstich.
Das Bündeln in einem Riet verstärkt das Zusammenrutschen der Fäden in den Gerstenkörnern oder Scheindrehern, die dadurch stärker hervortreten (Abb. 178, 179). Die Kettdichte muß in leinenbindigen Streifen und in Musterpartien gleich sein. Zwischen den Drehergruppen bleiben also einige Riete frei. Das erhöht die Transparenz der Mustergruppen.

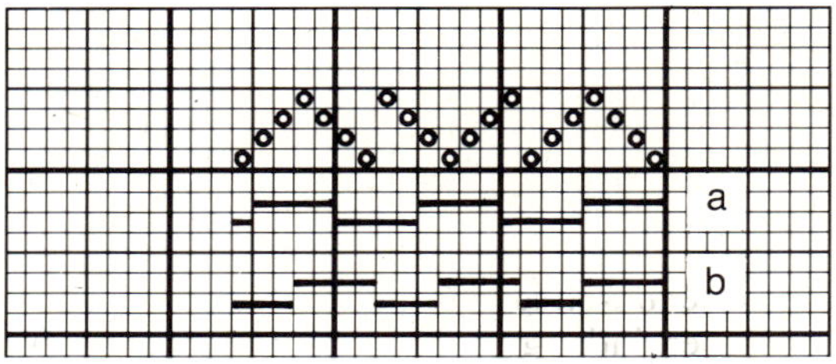

176: Bindungsrapport und Rapport des Blattstichs (a: schlechter Blattstich, b: guter Blattstich)

177: In leinenbindigen Partien sind zwei Kettfäden in ein Riet gefädelt, dazwischen bleiben 6 Riete frei

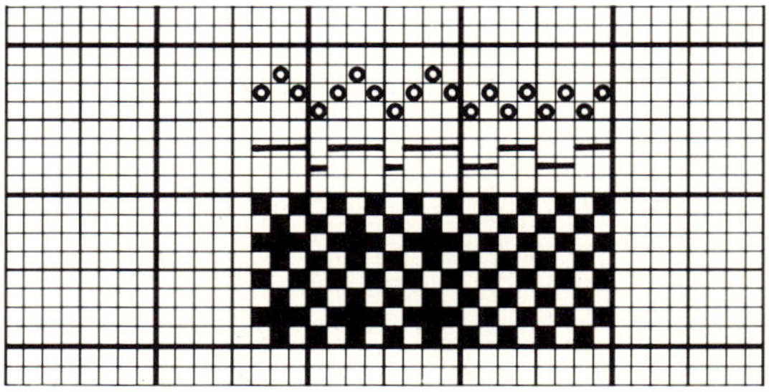

178: Bündeln in einem Riet verstärkt das Zusammenrutschen der Fäden

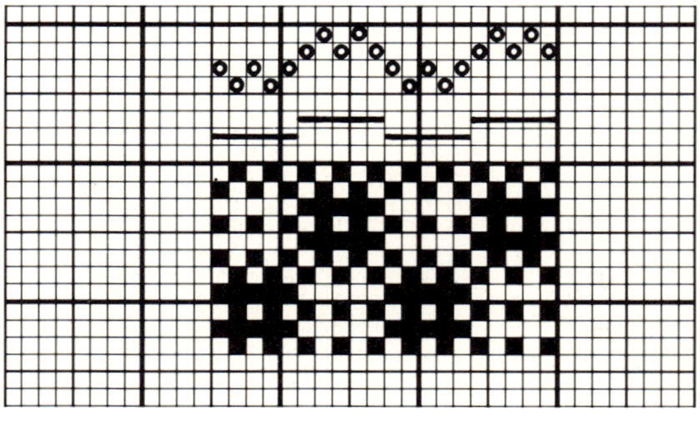

179: Bleiben zwischen Scheindrehergruppen Riete frei, so vermerkt man dies extra (z. B. 1 Riet = 5 Fäden, 3 Riete frei)

Die Bindungen

Die Bindungen lassen sich nach folgendem Muster gliedern:

1. Die drei Grundbindungen und ihre Ableitungen
   Leinenbindung
   Köperbindung
   Atlasbindung
2. Zusammengesetzte Bindungen
3. Kreppbindungen
4. Verstärkte Gewebe
5. Mehrfachgewebe
6. Spezialbindungen (z. B. Dreher, lancierte und brochierte Gewebe)
7. Damast

Die unterschiedlichen Arten der Fadenverkreuzung (Bindungen) werden nach einer technisch-industriellen Normung gegliedert (vgl. Seite 118). Für die am weitesten verbreiteten Bindungen haben sich Abkürzungen eingebürgert, die Sie auch im hier vorliegenden Text wiederfinden werden (Leinen: L, Rips: R, Panama: P, Köper: K, Atlas: A).

Hinter die Kurzzeichen setzt man Zahlensymbole, um die Bindung näher zu beschreiben (Abb. 180). Die Zahlen stehen über und unter einem Bruchstrich, die oberen bezeichnen die Hebungen, die unteren bezeichnen die Senkungen des ersten Kettfadens im Bindungsrapport. Das Zahlensymbol beginnt immer mit der größten Gruppe von Hebungen. Aus drucktechnischen Gründen wird der Bruchstrich meistens durch einen Schrägstrich ersetzt.

Bestimmte Bindungen haben Bindungsgrate, die dadurch entstehen, daß die Bindungspunkte sich in diagonaler Richtung aneinanderreihen. Wenn dieser Grat von links unten nach rechts oben verläuft, bezeichnen wir ihn als Z-Grat, von rechts unten nach links oben ist es ein S-Grat (Abb. 180).

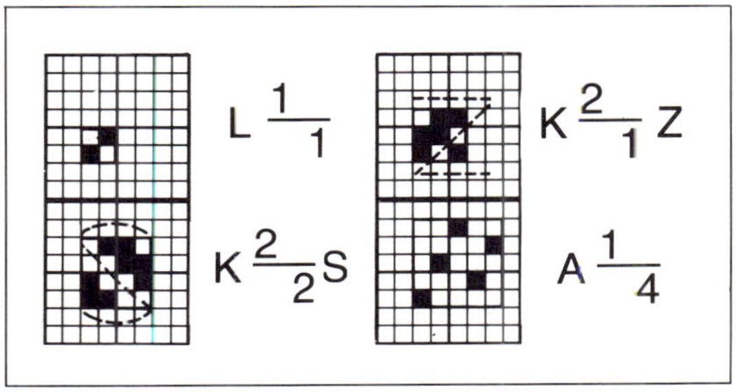

180: Patronen und Symbole für Leinenbindung, zwei verschiedene Köperbindungen und Atlasbindung

Leinenbindung

Die Leinenbindung wird auch als Leinwandbindung, Zweischaftbindung, Tuchbindung (Wollweberei), Taftbindung (Seidenweberei) oder Kattunbindung (Baumwollweberei) bezeichnet.

Man benötigt für sie nur zwei Schäfte, es sei denn, ein zu enger Fadenstand erfordert das Hinzunehmen von weiteren Schäften, die aber dann genauso binden wie Schaft 1 oder 2. Die Bindungspunkte berühren sich diagonal, 2 Kettfäden und 2 Schußfäden bilden einen Rapport (Abb. 181).

Weil jeder Faden im Gewebe gegen seinen Nachbarn abgebunden ist, haben leinenbindige Stoffe ein besonders festes und haltbares, ja „starres" Gefüge. Abgesehen vom Material haben sie nicht soviel Glanz wie andere Bindungen, weil das Licht an jedem Bindungspunkt durch einen kreuzenden Faden gebrochen wird. Leinenbindige Stoffe sind gleichseitig, das heißt die rechte und die linke Seite haben gleiches Aussehen.

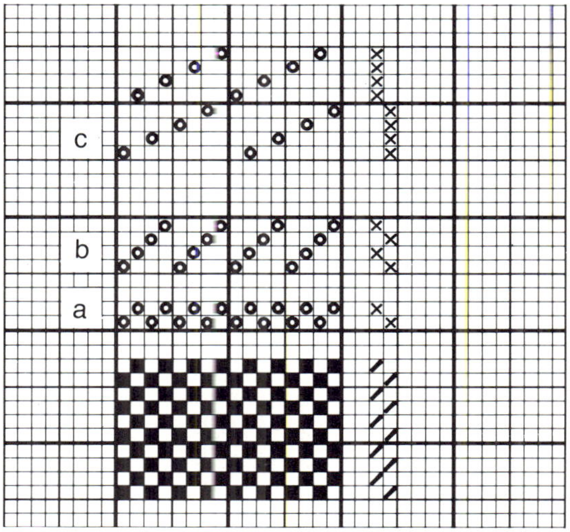

181: Leinenbindung mit 2schäftigem Einzug (a), 4schäftigem Einzug geradedurch (b), 8schäftigem gesprungenem Einzug (c)

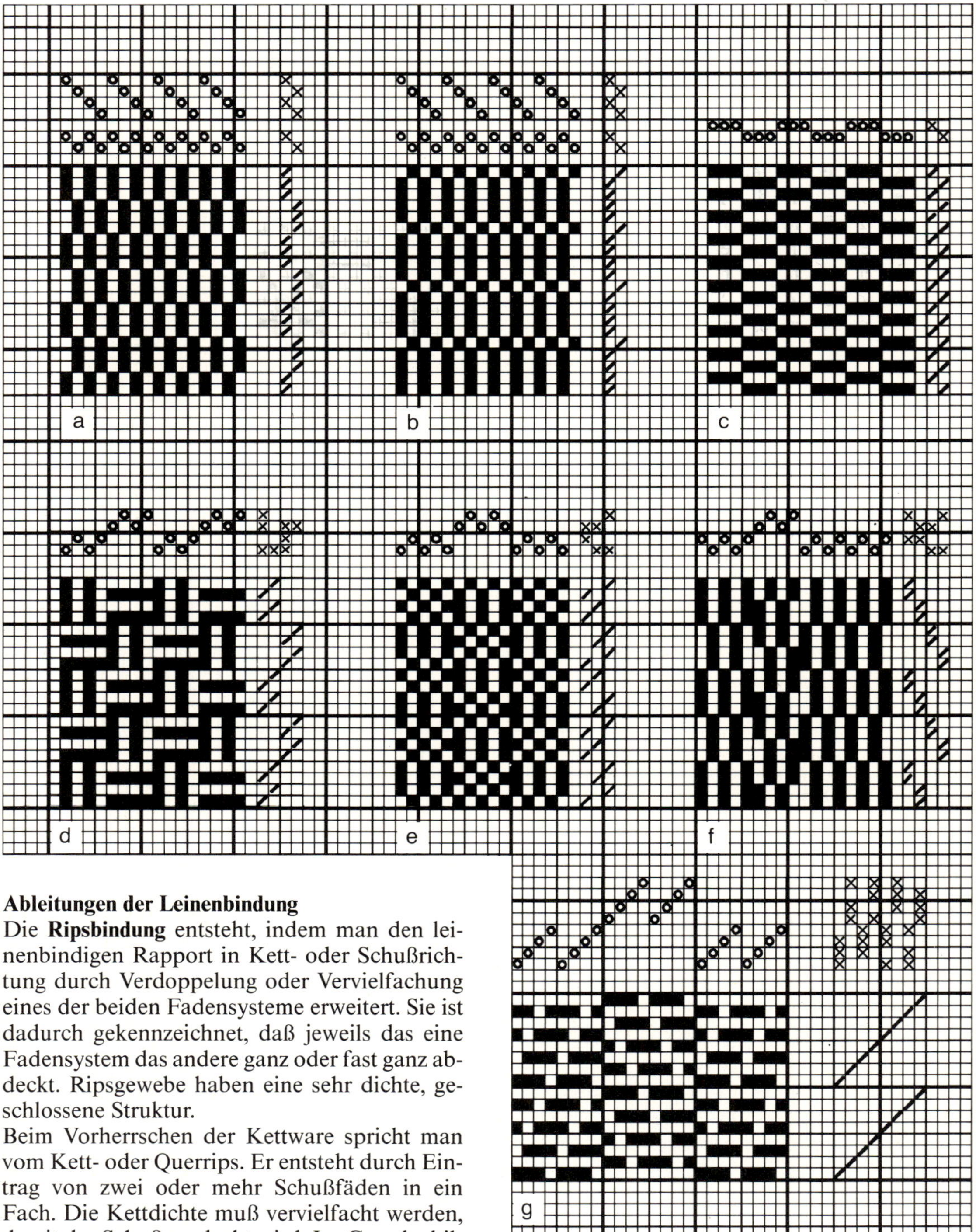

182: Ripsbindungen; Kettrips (a, b), Schußrips (c), Würfelrips (d), gemusterter Rips (e, f), verstärkter Rips (g)

Ableitungen der Leinenbindung

Die **Ripsbindung** entsteht, indem man den leinenbindigen Rapport in Kett- oder Schußrichtung durch Verdoppelung oder Vervielfachung eines der beiden Fadensysteme erweitert. Sie ist dadurch gekennzeichnet, daß jeweils das eine Fadensystem das andere ganz oder fast ganz abdeckt. Ripsgewebe haben eine sehr dichte, geschlossene Struktur.

Beim Vorherrschen der Kettware spricht man vom Kett- oder Querrips. Er entsteht durch Eintrag von zwei oder mehr Schußfäden in ein Fach. Die Kettdichte muß vervielfacht werden, damit der Schuß verdeckt wird. Im Gewebe bilden sich Querrippen, weil die gleichbindenden Schußfäden zusammenrutschen, aber scharf gegen das nächste Fach abgebunden werden. Wenn man erreichen möchte, daß die Schußfäden in einem Fach nicht über- sondern nebeneinanderliegen, schießt man einen Schußfaden ein, schlägt bei geöffnetem Fach einmal mit der Lade an, umfängt mit dem Schiffchen den äußeren Kettfaden, schießt im selben Fach zurück und wechselt dann das Fach. Man kann aber auch auf zusätzlichen Schäften eine schmale Webekante einziehen, die den zurücklaufenden Schußfaden durch Abbindung festhält. Häufig wird einfach ein dicker Schußfaden eingelegt. Schuß- oder Längsrips entsteht, wenn zwei oder mehrere Kettfäden nebeneinander gleichbinden. Die Schußfäden drängen sich so dicht aneinander, daß die Kette nicht sichtbar ist. Es bilden sich Rippen in Kettrichtung.

An sich läßt sich ein Ripseffekt auch erzielen, indem man das eine Fadensystem weit, das andere dicht einstellt, sonst aber bei reiner Leinenbindung 1/1 bleibt. Das ist der Fall zum Beispiel bei Kelimgeweben (Längsrippen) oder Popeline (Querrippen). Bindungstechnisch bezeichnet man beides als unechten Rips.

Wenn die Rippen gleich breit sind, spricht man von glatten Ripsen (Abb. 182 a, c), wenn sie verschieden breit sind, von gemischtem Rips (Abb. 182 b). Musterungsmöglichkeiten enthalten gemusterte Ripse. Sie entstehen, wenn man Kett- und Schußrips gegeneinander versetzt oder sich nicht fest an den leinenbindigen Versatz des Musters hält (Abb. 182 d, e, f).

Besondere Effekte kann man beim Mustern mit Ripsen erzielen, wenn man bei Kettrips die Kette zweifarbig schärt (ein Faden dunkel, den anderen hell) und den Farbwechsel mustermäßig versetzt. Der eine Schußfaden wird mehrfach eingetragen (oder ein besonders dickes Garn gewählt), der nächste Schußfaden einfach (oder fein). Die Kettfäden, die beim dicken Schußfaden oben liegen, treten stark hervor und bilden ein farbiges Muster (Abb. 182 b, 320).

Wenn man verhindern will, daß mehrere gleichbindende Kett-(oder Schuß-)fäden zu sehr zusammenrutschen, setzt man zusätzliche Abbindungen ein, die auf der Gewebeoberseite nicht sichtbar sind, weil die benachbarten Kett- oder Schußfäden den Bindepunkt überdecken. Man spricht dann von verstärktem Rips. Das Gewebe hat auf der linken Seite kein reines Ripsaussehen (Abb. 182 g).

Bei der **Panama- oder Würfelbindung** erweitert sich der Bindungsrapport in Kett- und Schußrichtung. Glatter Panama entsteht, wenn sich gleich viele Kett- und Schußfäden gleicher Stärke kreuzen, so daß ihr Bindungsbild ein Quadrat ergibt (Abb. 183 a).

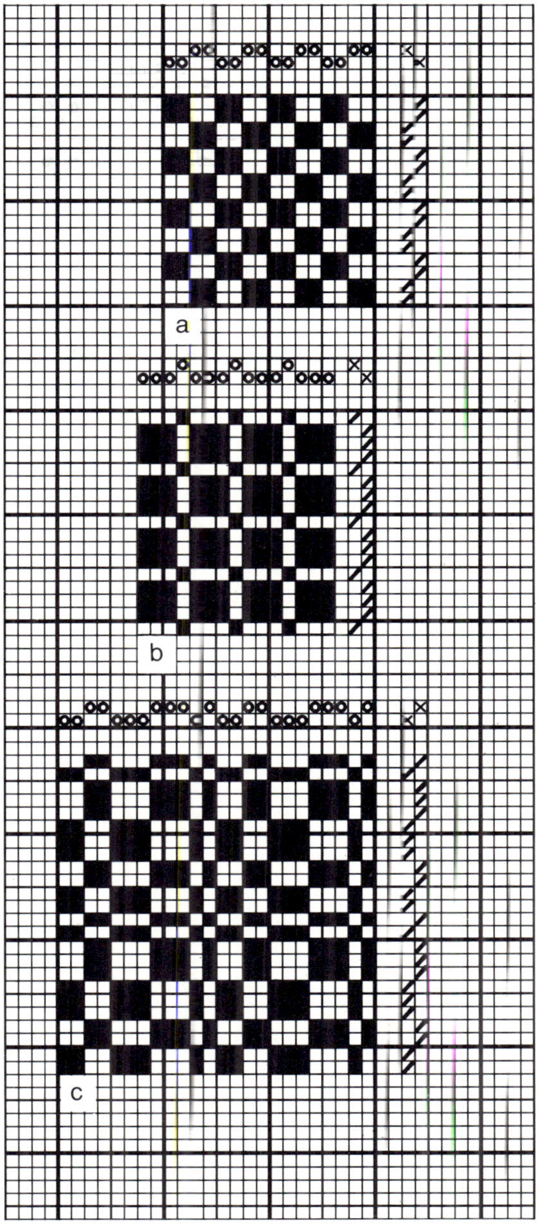

183: Verschiedene Panamabindungen: glatter Panama (a), gemusterter Panama (b, c)

Wenn die Kett- und Schußfadengruppen unterschiedlich groß sind, nennt man diese Bindung gemischten Panama oder Würfelleinwand. Der Bindungsversatz bleibt leinenbindig, die Würfel berühren sich also nur in diagonaler Richtung (Abb. 183 b, c, 184 a). Um zu verhindern, daß sich mehrere nebeneinander liegende, gleichbindende Schußfäden zusammenschieben, bindet man die Webekanten leinenbindig.

Bei einem gemusterten Panama (Abb. 184 b, c) wird der Leinenversatz nicht so genau beachtet, der würfelartige Charakter der Bindung muß aber erhalten bleiben. Wie bei den Ripsbindungen, kann man auch Panamabindungen auf der linken Seite abbinden, ohne daß es auf der rechten Gewebeseite sichtbar wird (Abb. 184 c).

Außer für vielerlei Gebrauchsgewebe werden Panamabindungen häufig eingesetzt als eine der zwei Bindungen in Doppelgeweben.

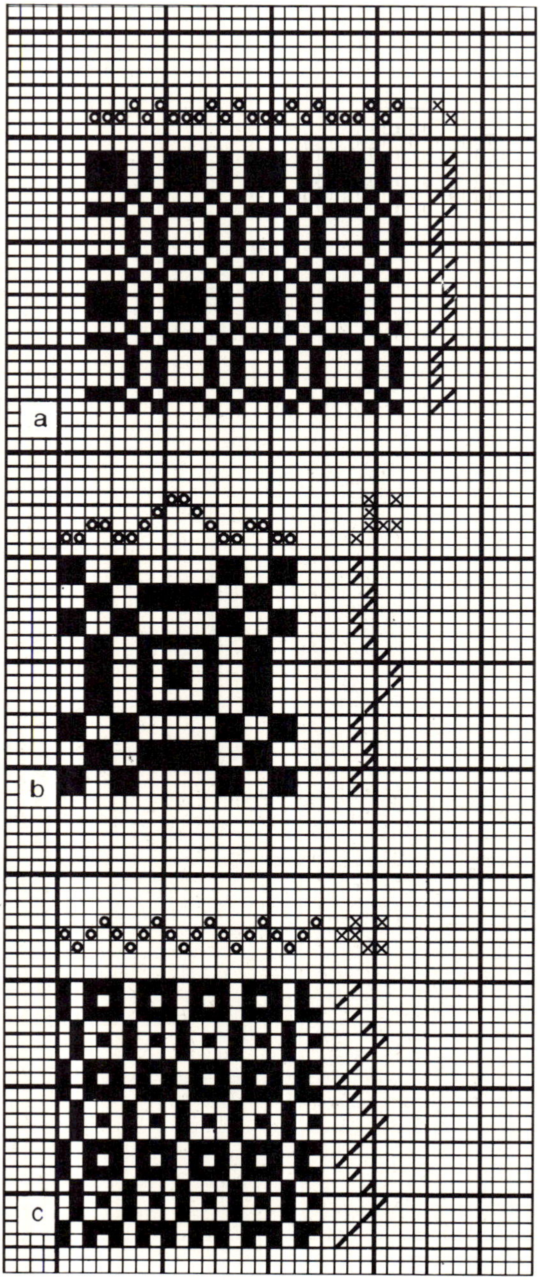

184: Gemusterte (a), gemischte Panamabindung (b, c)

Köperbindung

Bei der Köperbindung reihen sich die Bindungspunkte in diagonaler Richtung aneinander. Zu einem Bindungsrapport gehören mindestens 3 Kett- und 3 Schußfäden, von denen 2 gehoben und einer gesenkt werden. Dadurch bildet sich ein diagonaler Grat, der entweder von links unten nach rechts oben (Links- oder Z-Grat, Abb. 185) oder von rechts unten nach links oben verläuft (Rechts- oder S-Grat). Dementsprechend fügt man der Kurzbezeichnung für Köper ein Z oder S hinzu.

In der Köperbindung werden die einzelnen Fä-

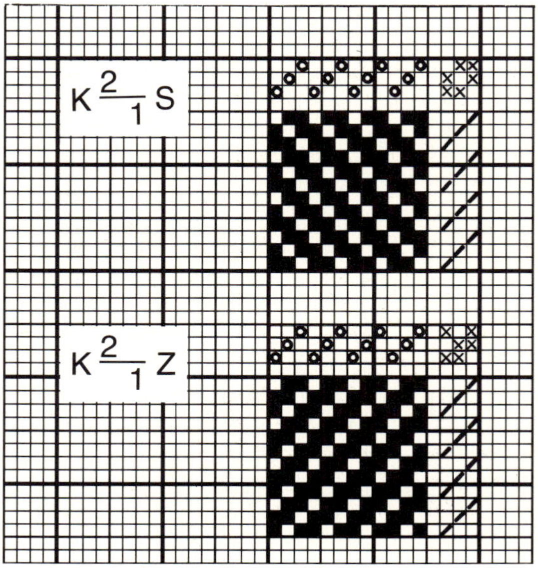

185: Kettköper mit S- oder Z-Grat

den weniger oft abgebunden als bei der Leinenbindung. Sie können sich also dichter zusammenschieben. Köpergewebe sind, bei vergleichbarem Material, lockerer und schmiegsamer, aber dicker als leinenbindige. Diese Eigenschaft tritt um so stärker hervor, je länger die Fadenflottierungen (Fadenübersprünge) innerhalb eines Rapportes sind.

Ein Köper kann gleichseitig oder ungleichseitig sein. Beim gleichseitigen Köper heben sich in einem Rapport gleich viele Kett- wie Schußfäden (Abb. 186 d, f). Der vierbindige Breitgratköper K 2/2 (Abb. 186 d) ist eine der am häufigsten verwendeten Bindungen.

Beim ungleichseitigen Köper herrschen auf der Gewebeoberseite entweder die Kette (Kettkö-

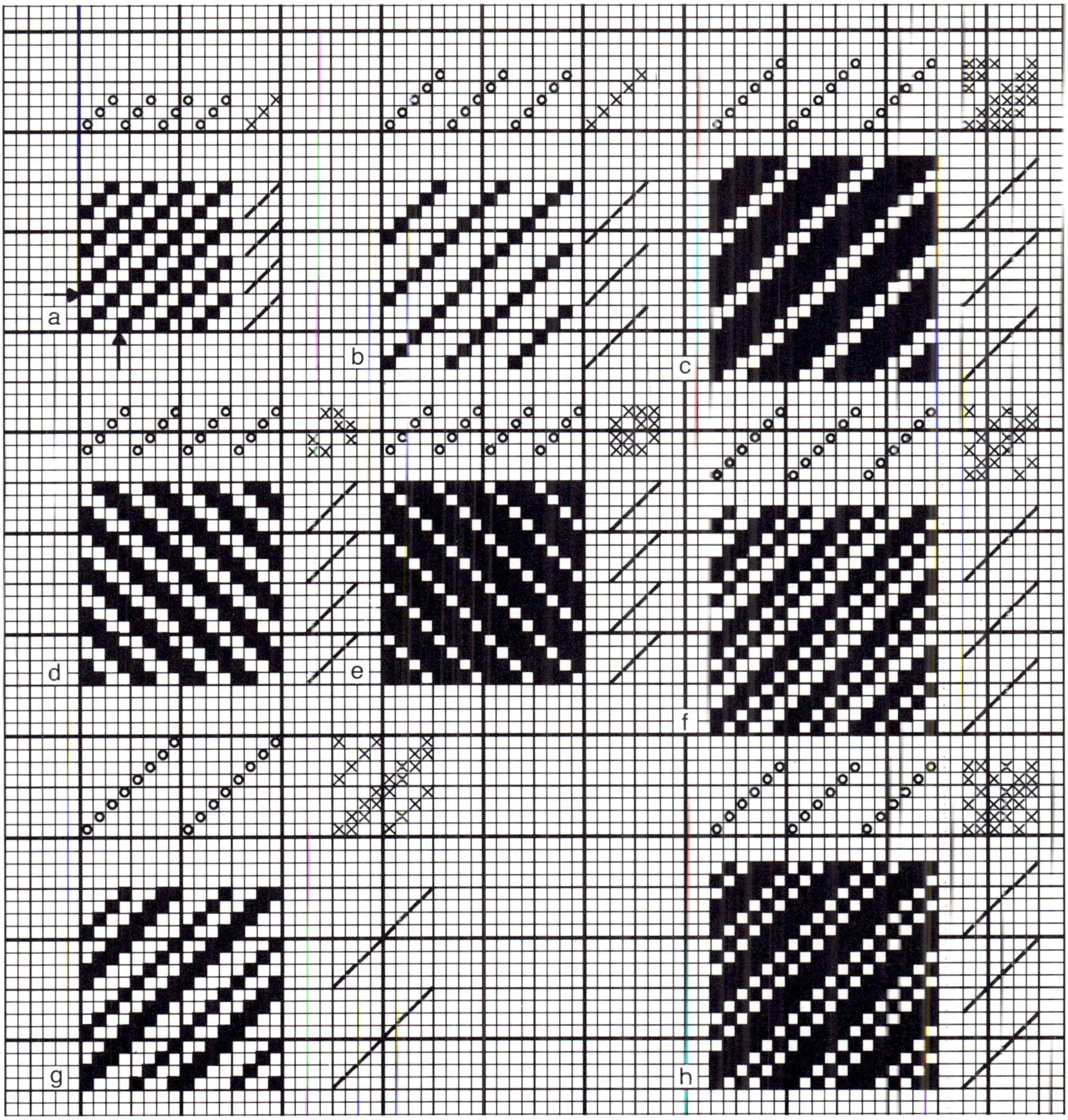

186: Verschiedene Köperbindungen mit drei bis acht Schäften

per, Abb. 185; 186c, e, h) oder der Schuß (Schußköper) vor (Abb. 186a, b, g).
Beim Weben von Kettköpern werden bei jedem Schuß mehr Schäfte gehoben als gesenkt, was mehr Kraft erfordert und außerdem die Kontrolle über das Webfach schwieriger macht. Solche Gewebe werden häufig mit der linken Seite nach oben gewebt.
Die Drehung des Garns hat Einfluß auf das Aussehen des Köpers (Abb. 187). Der Köpergrat tritt stärker hervor, wenn er entgegengesetzt der Drehungsrichtung des Garns verläuft. Bei unterschiedlicher Drehung in Kette und Schuß tritt der Köpergrat weniger hervor, walkt aber besser ein, weil sich die Fasern leichter miteinander verfilzen können.

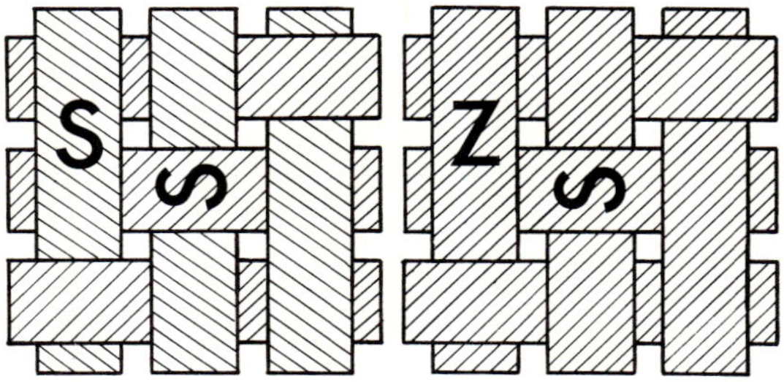

187: Einfluß der Garndrehung auf das Aussehen des Köpers

188: Köper $\frac{2}{2}$, 4bindiger Breitgratköper

Grundköperarten

- Kettköper: Die Gewebeoberseite wird vorwiegend von der Kette gebildet. Der kleinste Rapport umfaßt 3 Kett- und 3 Schußfäden, indem jeder Kettfaden nur einmal auf der linken Gewebeseite bindet (Abb. 185).
- Schußköper: Die Gewebeoberseite wird vorwiegend vom Schuß gebildet. Im kleinsten möglichen Rapport von 3 Schuß- und 3 Kettfäden liegt jeder Kettfaden nur einmal auf der Gewebeoberseite (Abb. 186a).
- Breitgratköper: Hierbei ist der Köpergrat verbreitert und tritt dadurch stärker hervor. Ein Rapport hat nur einen Grat. Bei gleichseitigen Breitgratköpern umfaßt der kleinste Rapport 4 Kett- und 4 Schußfäden (Abb. 186d). Bei ungleichseitigen Breitgratköpern ist der kleinste Rapport 5bindig. Dementsprechend überwiegen auf der Oberseite entweder Kette oder Schuß (Abb. 186c).
- Mehrgratköper: Sie enthalten mehrere Köpergrate und können gleich- (Abb. 186f), kett- (Abb. 186h) oder schußseitig (Abb. 186g) sein.

Die Einzugsfolge der Grundköper ist der Einzug „geradedurch“, beginnend mit dem ersten Kettfaden bekommt jeder nächste Kettfaden eine Litze des nächsten Schaftes.

Ableitungen der Köperbindung

Köperbindungen lassen sich in vielfältiger Weise verändern. Sie behalten dabei ihre Gewebeeigenschaften und auch den für sie typischen Bindungsgrat. Man gewinnt durch die Abwandlungen fast unbegrenzte Musterungsmöglichkeiten. Die verschiedenen Verfahren zur Veränderung der Köperbindungen kann man unter den folgenden Gesichtspunkten ordnen, wobei manche sich sowohl in die eine als auch die andere Gruppe einordnen lassen.

Köperneuordnungen: Durch fadenweise oder fadengruppenweise Neuordnung eines Ein- oder Mehrgratköpers kann man Musterköper entwickeln. Die Neuordnung kann man in Kett- und in Schußrichtung vornehmen.
Man geht von einem Rapport einer Grundbindung aus (Ausgangsbindung), numeriert die Kett- bzw. Schußfäden dieses Rapportes durch und setzt die Fäden dann in einer neuen Ordnung zusammen (Abb. 189a, b, c). Auch durch

Ineinanderschieben zweier Ausgangsbindungen erhält man Köperneuordnungen. Wichtig ist, daß der Köpercharakter, also das typische, diagonal fortschreitende Bindungsbild, erhalten bleibt (Abb. 189 d).

Beim Ineinanderschieben von zwei Bindungen erhöht sich die Schaft- bzw. Trittanzahl der neuen Bindung gegenüber den beiden Ausgangsbindungen, je nachdem, ob es sich um eine kett- bzw. schußfadenweise Neuordnung handelt. Durch das Umstellen von Fäden oder Fadengruppen einer Ausgangsbindung werden im Unterschied dazu nicht mehr Schäfte und Tritte benötigt.

Änderung der Fortschreitungs- oder Steigungszahl: In allen Grundköperarten steigt der Bindepunkt von einem Kettfaden zum nächsten jeweils einen Schußfaden hinauf, wodurch das köpertypische Bild des Bindungsgrates entsteht.

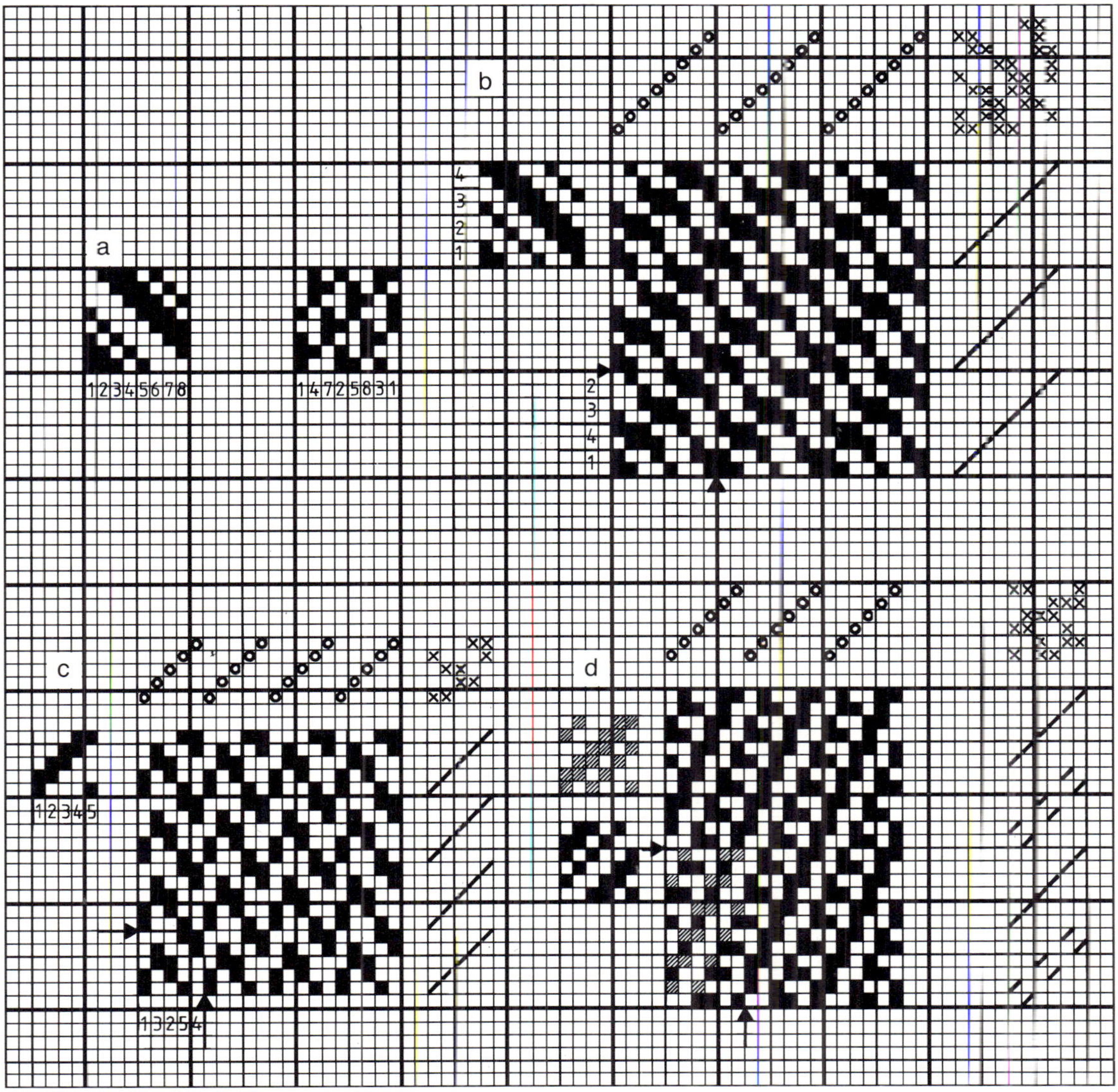

189: Köperneuordnungen, kettfadenweise Neuordnung (a, c); Neuordnung in Schußrichtung (b); Neuordnung durch Ineinanderschieben zweier Ausgangsbindungen in Schußrichtung (d)

Ein solcher Köper hat die Steigungszahl 1. Bei gleicher Kett- und Schußeinstellung (Material und Dichte) steigt der Grat in einem Winkel von 45°.

Die Steigungszahl (StZ) gibt an, um wie viele Schußfäden der Bindepunkt auf dem nächsten Kettfaden steigt (Abb. 190 a).

Dementsprechend gibt es auch eine Fortschreitungszahl.

Die Fortschreitungszahl (FsZ) gibt an, wie viele Kettfäden der Bindepunkt von einem Schuß zum nächsten fortschreitet (Abb. 190 c).

Für die Entwicklung von Steil- und Flachgratköpern können als Grundbindung alle Breitgrat-, Doppel- oder Mehrgratköper verwendet werden. Von einer Ausgangsbindung zeichnet man den ersten Kettfaden des Rapportes und setzt den 2. Kettfaden, nicht einen, sondern zwei (Abb. 190 b, 191 b) oder drei (Abb. 191 c) Schußfäden höher an. Die Steigungszahl soll kleiner sein als die längste Kettflottierung des Rapportes, da sich sonst die Bindepunkte nicht mehr berühren und ein atlasartiges Gewebebild entsteht. Dem entspricht die Entwicklung von Flachgratköpern: Von einer Ausgangsbindung zeichnet man den ersten Schußfaden des Rapportes und setzt den zweiten Schuß um zwei oder drei Kettfäden versetzt an.

Man erhält einen steileren Köpergrat auch dann, wenn die Kettdichte höher ist als die Schußdichte, wenn das Schußmaterial dicker ist als die Kette oder wenn der Schuß zwei oder mehrere Male in ein Fach gelegt wird.

Umgekehrt entsteht ein flacherer Köpergrat durch höhere Schußdichte oder feineres Schußmaterial oder indem man immer zwei oder mehrere Kettfäden nebeneinander gleichbinden läßt. Beide Möglichkeiten sind jedoch, bindungstechnisch gesehen, keine echten Steilgrat- oder Flachgratköper (Abb. 192).

Durch Änderung der Steigungs-(und/oder Fortschreitungs-)zahl innerhalb einer Bindung entstehen Wellen- oder Bogenköper. Diese Bindungen werden auch, wie die Steilgrat- oder Flachgratköper, aus einer Ausgangsbindung fadenweise entwickelt. Abbildung 193 zeigt einen Wellenköper, bei dem nach jeweils 8 Kettfäden mit StZ 1 acht Kettfäden mit StZ 2 folgen. Ein Bogenköper (Abb. 194) entsteht, wenn jeweils nach einer bestimmten Zahl von Kettfäden die Richtung des Grates wechselt. Wie die Patronenbeispiele zeigen, haben Wellen- und Bogenköper unregelmäßige, „springende" Einzugsfolgen, die bei der Herstellung des Einzugs immer wieder kontrolliert werden müssen.

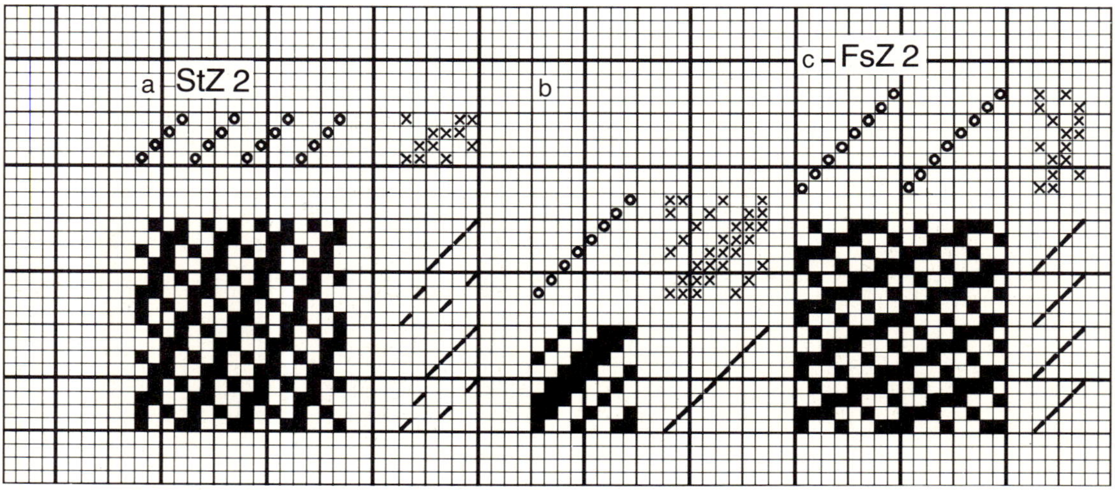

190: Ausgangsbindung 8schäftig, 8 Tritte (b); Änderung der Steigungszahl (StZ2), Rapport 4schäftig (a); Änderung der Fortschreitungszahl (FsZ2), Verminderung auf 4 Tritte; in Kettrichtung könnte man auch mit 6 Schäften auskommen, denn Kettfaden 2 und 6 ebenso wie Kettfaden 4 und 8 binden gleich; Einzug geradedurch ist übersichtlicher

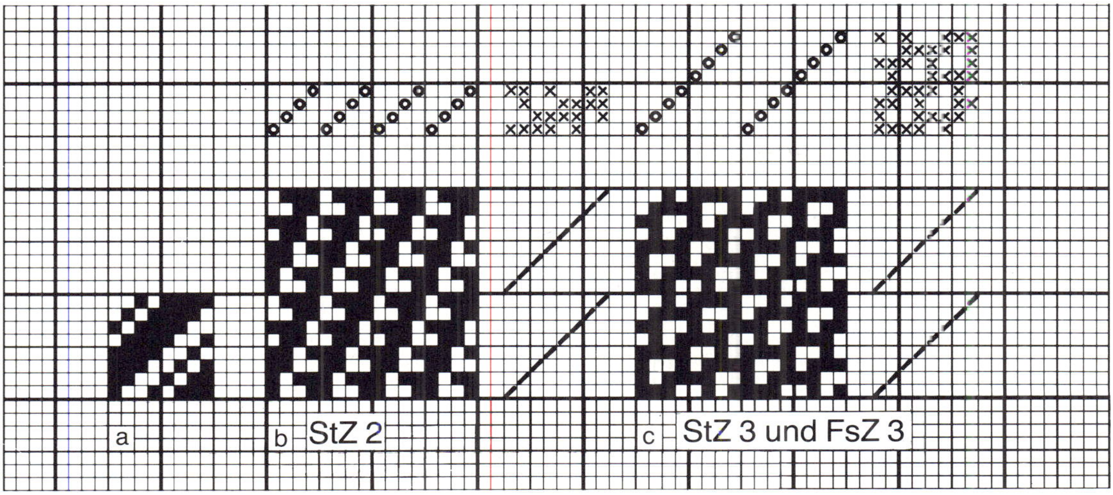

191: Ausgangs- und geänderte Köperbindung

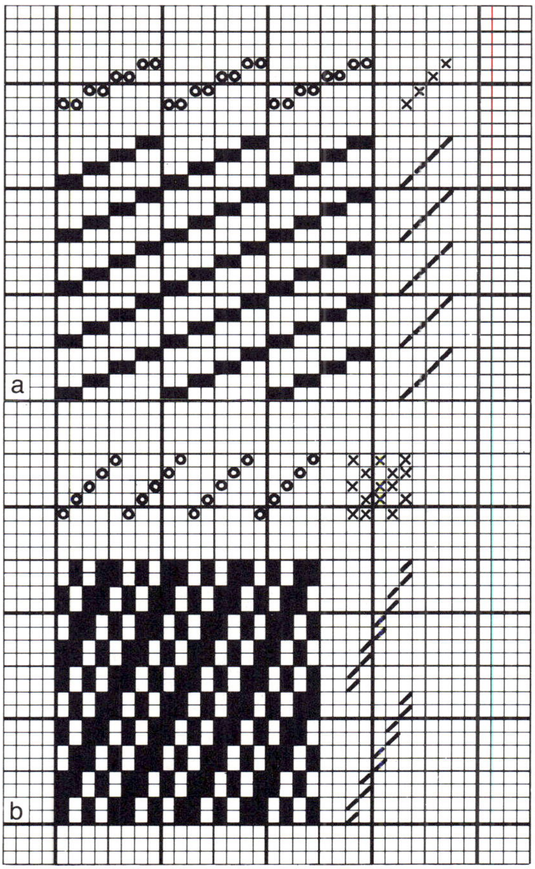

192: Köper mit FsZ2, $K\frac{2}{2}Z$ (a); StZ2, $K\frac{4\ 2}{2\ 2}Z$ (b)

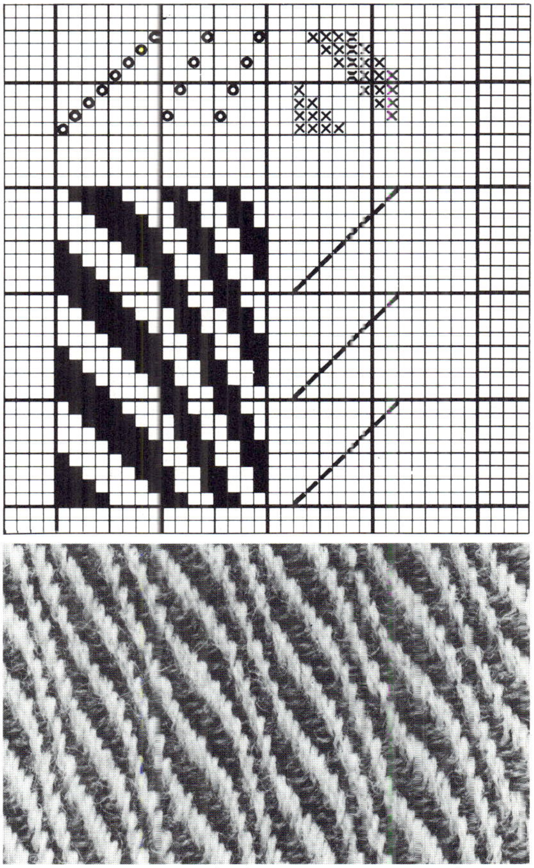

193: Gewebebild und Patrone Wellenköpers $K\frac{4}{4}S$

Hinzufügen von Bindepunkten: Um lange Fadenflottierungen zu unterbrechen und zu verzieren, kann man in einen vorhandenen Rapport Bindepunkte zusätzlich einfügen (verzierte Köper). Der typische Köpercharakter darf dabei nicht verlorengehen (Abb. 195, 196, 197).

Änderung der Gratrichtung: Die größte Gruppe der Köpervariationen entsteht, wenn man den Köpergrat hin- und zurückführt. Das kann sowohl in Kett- als auch in Schußrichtung geschehen. Wenn Kette und Schuß farblich kontrastieren, treten die Muster besonders deutlich hervor. Gerade in der Volkskunst treffen wir sie immer wieder an: Dort haben sie so ausdrucksvolle Namen wie Rosengang, Diamantköper, Vogelaugen, Waffelbindung.

● Zickzackköper

Hierbei laufen die Zickzacklinien entweder quer zum Gewebe oder in Kettrichtung oder diagonal über das Bindungsbild.

Der Querzickzack entsteht, wenn der Einzug nach einer bestimmten Anzahl geradedurch eingezogener Kettfäden rückwärts verläuft (Spitzeinzug). Die Tretfolge geht „geradedurch".

Bei einem Einfachen oder Reinen Spitzeinzug sind beide Schenkel des Einzugsdreiecks gleich lang, d.h. die Einzugsrichtung wechselt jeweils am ersten und letzten Schaft (Abb. 198). Von einem Verlängerten Spitzeinzug spricht man, wenn sich die Richtung des ersten Grates ein- oder mehrmals wiederholt, ehe der Einzug rückwärts läuft (Abb. 199). Ein gemusterter

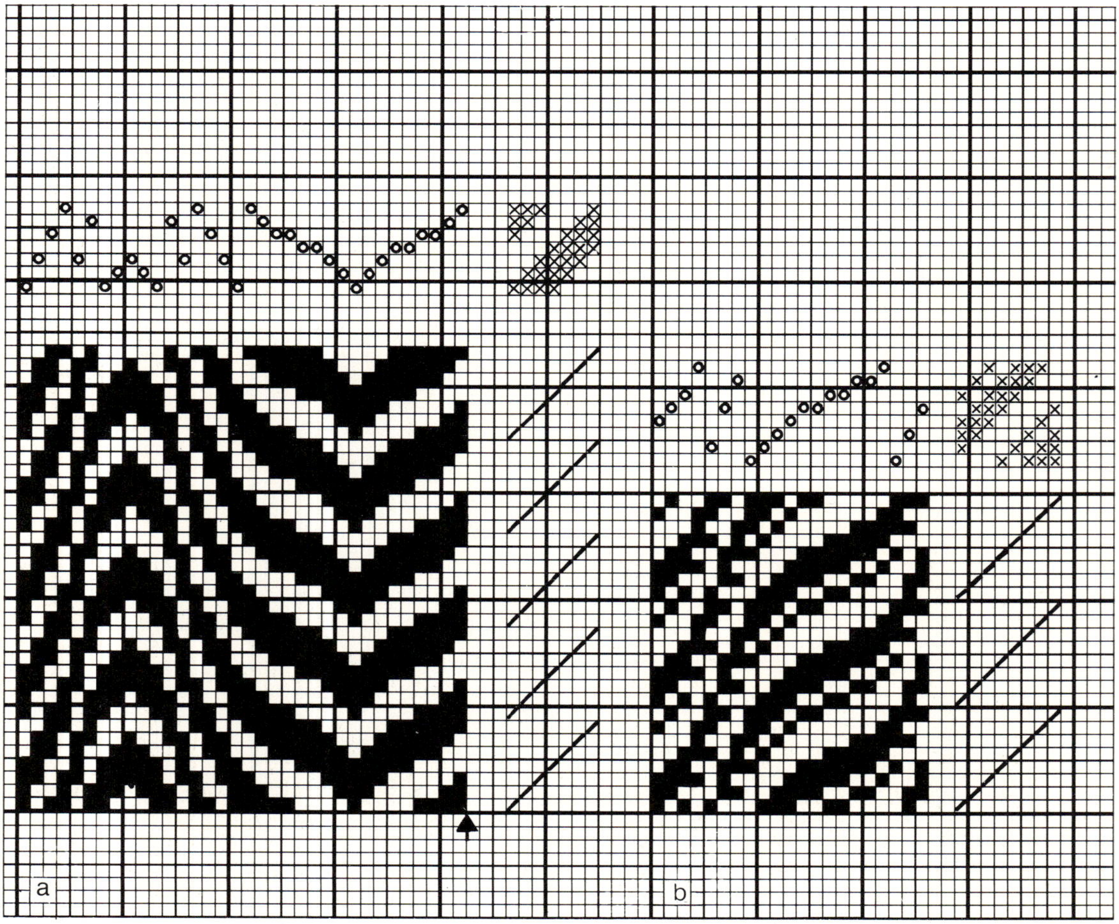

194: Bogenköper K$\frac{4}{3}$Z + S (a), Wellenköper K$\frac{3\ 1}{3\ 1}$Z (b)

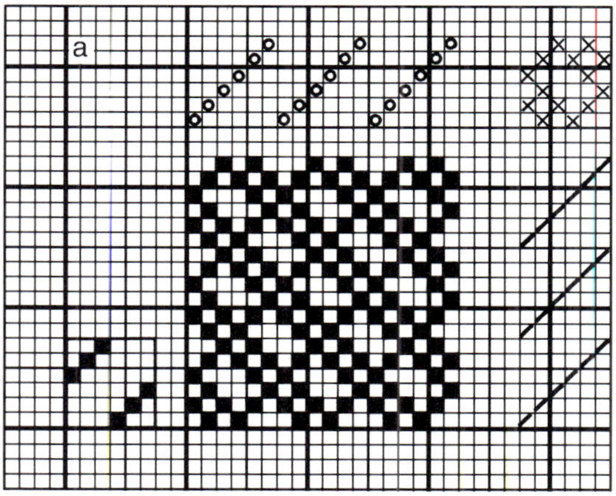

195: Verzierter Köper

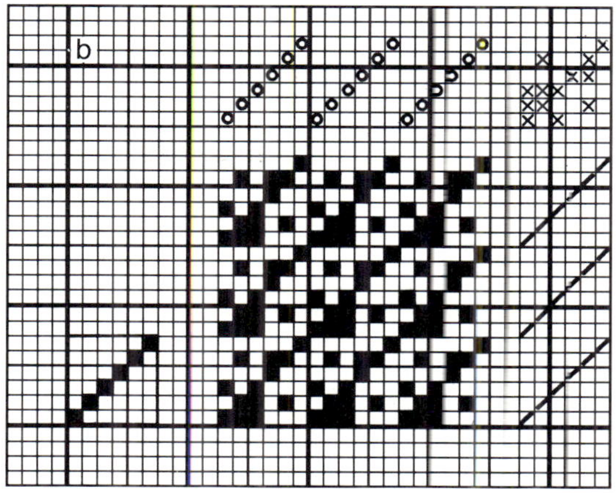

196: Verzierter Köper

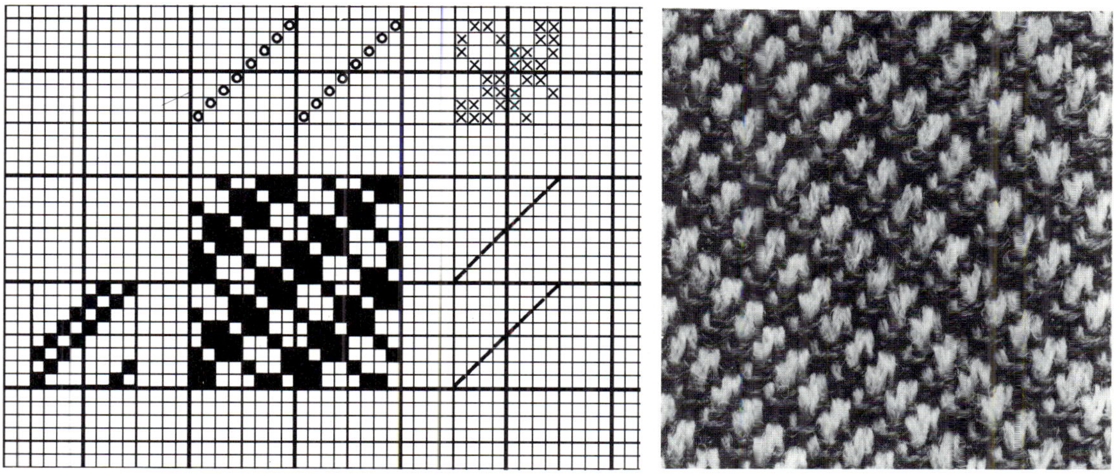

197: Patrone und Gewebebild eines verzierten Köpers

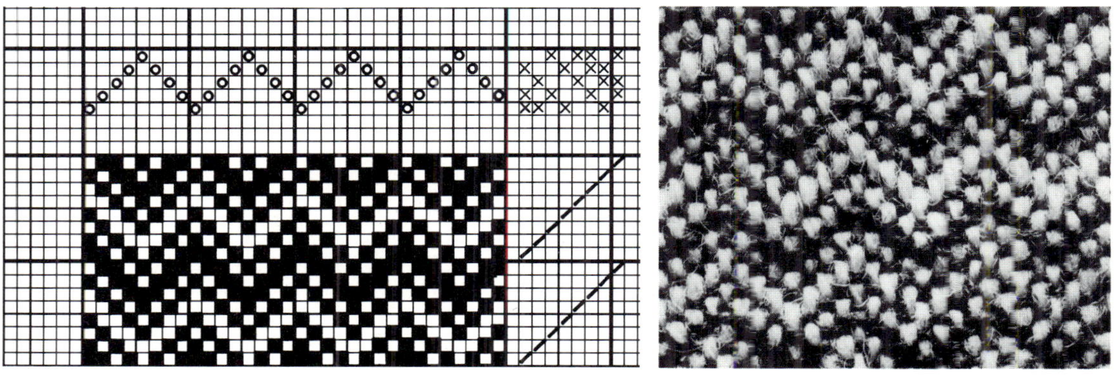

198: Patrone und Gewebebild eines Quer-Zickzack-Köpers (5schäftig, 8 Tritte)

Spitzeinzug hat mehrere Spitzen, die nicht alle bis zum ersten oder letzten Schaft führen. Die Einzugsfolge ist nicht unterbrochen. Die Variationsmöglichkeit der Spitzeinzüge ist vielfältig.

Eine Reihe von Besonderheiten ist beim Entwickeln der Bindungen mit Spitzeinzug zu bedenken. Schon mit einer geringen Zahl von Schäften sind reiche Musterungsmöglichkeiten und z.T. große Rapporte zu erzielen, vor allem bei den im nächsten Absatz behandelten Spitzmustern. Man muß allerdings darauf achten, daß durch das „Umkippen" des Einzugs und Bindungsgrates unter den Spitzen lange Flottierungen entstehen, die durch entsprechende Verschnürungen abgebunden werden müssen.
Längszickzack erhält man bei einem Einzug geradedurch und einer Tretweise „im Spitz" oder „hin und zurück" (Abb. 200 a). Im Grunde kann man die Patrone eines Querzickzackköpers um 90° drehen und entsprechend anwenden.
Ein Diagonaler Zickzack entsteht, wenn der Einzug oder die Tretweise in einer Richtung längere Folgen haben als in der anderen (Abb. 200 b, c).

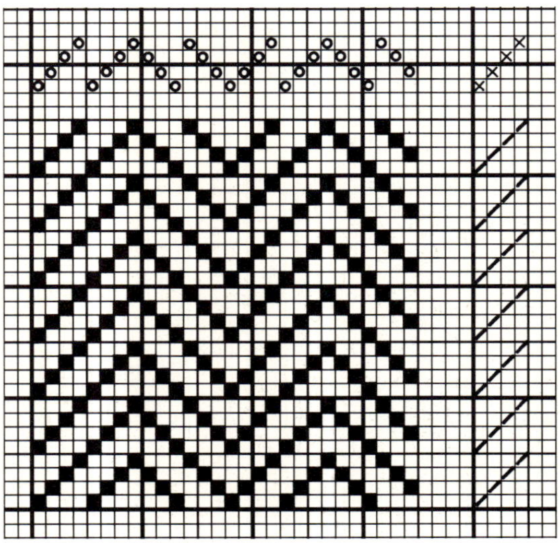

199: Quer-Zickzack-Köper mit verlängertem Spitzeinzug

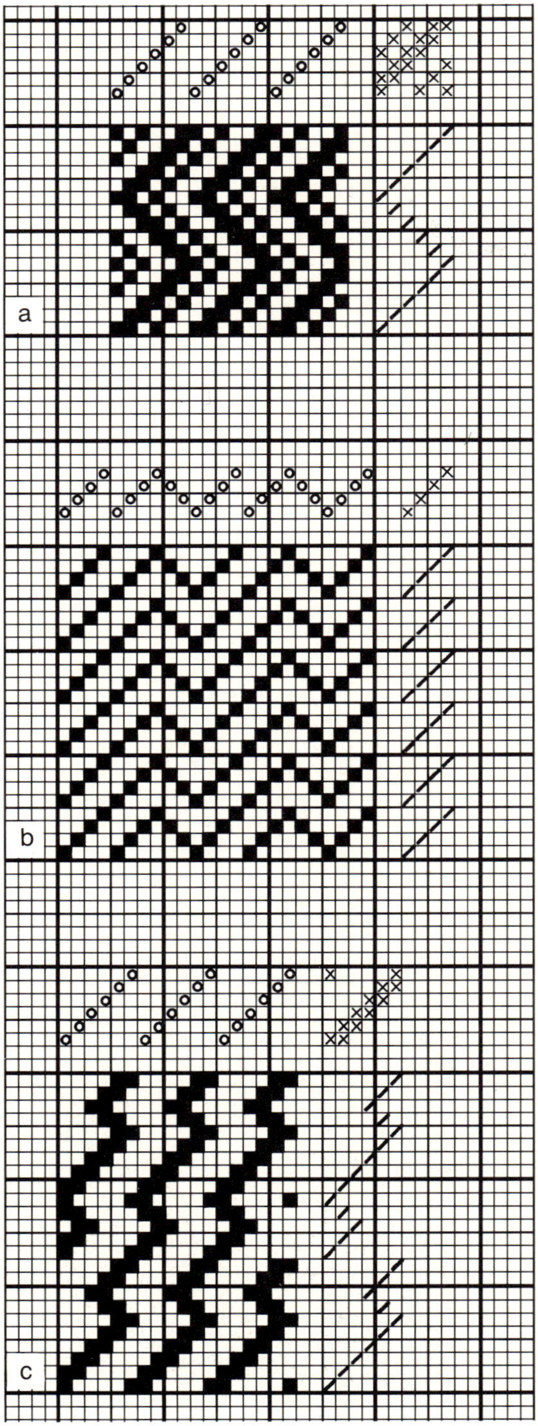

200: Längs-Zickzack (a), diagonale Zickzack-Köper (b, c)

201: Kett-Spitzköper (b, c); Schuß-Spitzköper (a, d); Waffelbindung (e), 9schäftiger Spitzköper (f)

● Spitzköper

Diese Köper vereinigen den Spitzeinzug und die vor- und zurücklaufende Tretfolge. Dadurch bilden sich auf der Spitze stehende Vierecke. Je nachdem, welche Fadenrichtung auf der Oberseite überwiegt, spricht man von Kett- oder Schußware. Bei der Entwicklung von Bindungen ist sonst dasselbe zu beachten, wie bei den Zickzackköpern (Abb. 201, 202).

Ein einfacher kleiner „Trick“ ermöglicht es, bei gleicher Schaftzahl das Spitzmuster zu vergrößern: Es ist der bekannte Rosengang-Punkt. Er wird auf den Ausgangsschaft gesetzt, bevor der Einzug wieder zurückläuft. Zusätzlich bewirkt er eine Abbindung der flottierenden Fäden in der Mitte des Bindungsmusters.

In der Praxis werden gerade die Spitzköper, (aber auch alle anderen Köperarten) häufig mit

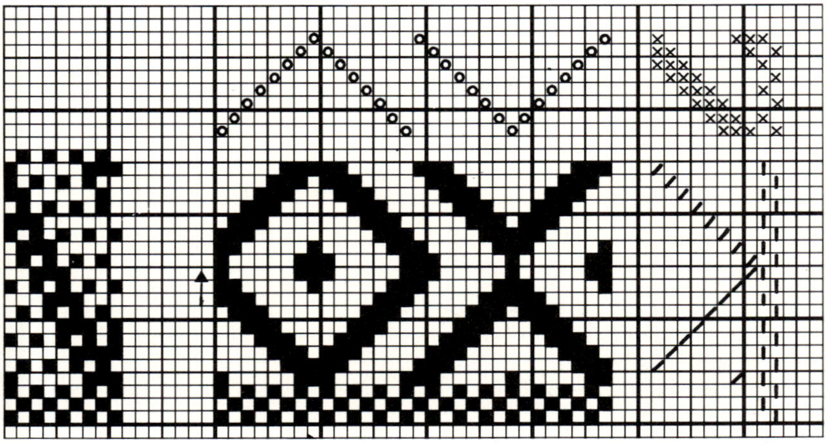

202: 8schäftiger Spitzköper, Patrone ist verkürzt dargestellt, nach jedem Mustertritt folgt ein Leinentritt, links Ausschnitt des Gewebebilds

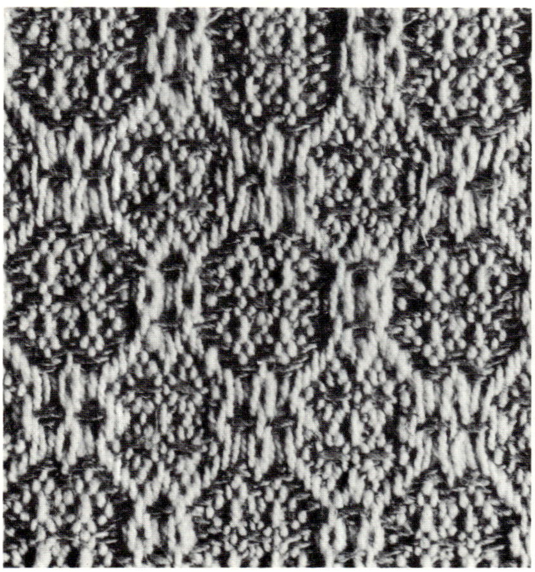

203: Gewebebild der Patrone von Abbildung 204

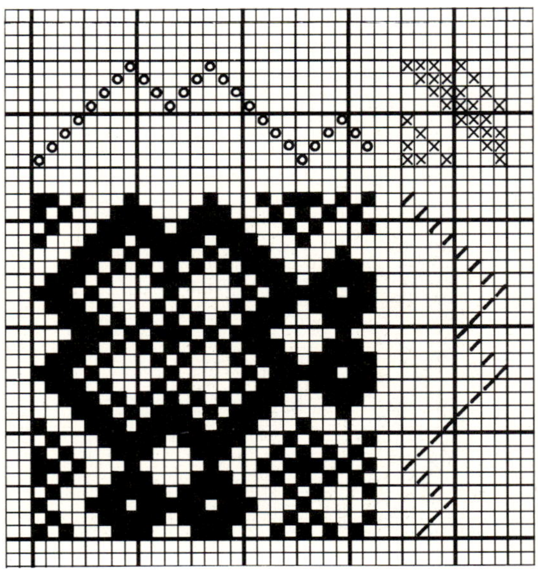

204: 8schäftiger Spitzköper mit gemustertem Einzug

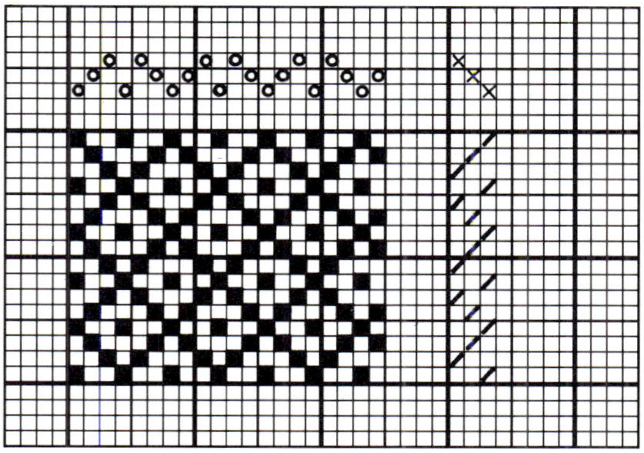

205: 3schäftiger Rosengang, schußbindig

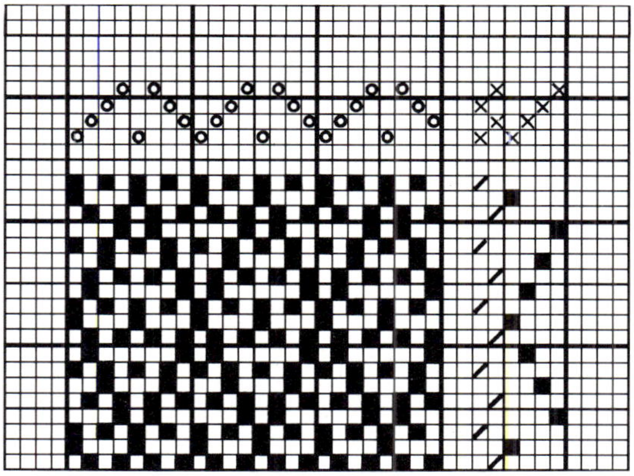

206: Rosengang mit leinenbindigem Zwischenschuß

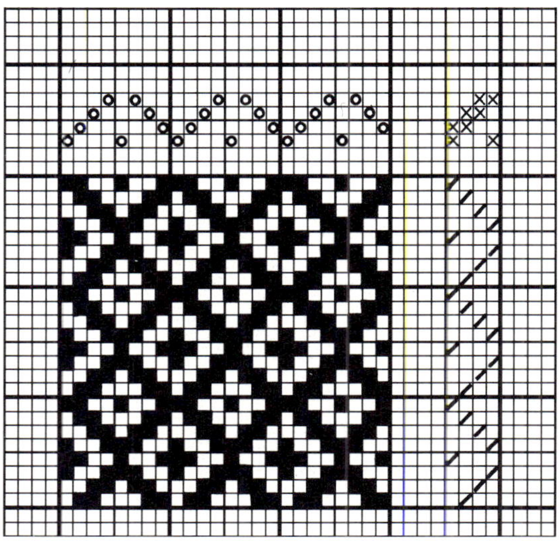

207: Gleichseitiger 4schäftiger Rosengang, köperbindig

einem leinenbindigen Grundschuß verarbeitet, um die Bindungen großzügig musternd anwenden zu können und dabei lange Kettflottierungen abzubinden. Achtung: Rosengangeinzüge mit ungerader Schaftzahl lassen sich nicht leinenbindig verschnüren, wohl aber ungeradzahlige Spitzeinzüge (Abb. 205, 206, 207, 211).

● Durchbrechende Köper
Ausgangsbindungen sind alle Breit- und Mehrgratbindungen. Der Grat des Ausgangsköpers wird an einer bestimmten Stelle unterbrochen und dann so weitergeführt, daß der nächste Faden scharf gegen den vorherigen abbindet, d.h. der 1. Faden des neu angesetzten Köpergrates bindet entgegengesetzt zum letzten Faden des alten Grates. Diese scharfen Abbindungen sind als Streifen im Gewebe erkennbar. Die Unterbrechungen können sowohl in Kett- als auch in Schußrichtung erfolgen. Der Grat kann in der vorherigen Richtung weiterlaufen (Abb. 210 a, e) oder entgegengesetzt. Im letzteren Fall entsteht die bekannte Fischgratbindung (Abb. 210 b, d). Wenn in Kett- und Schußrichtung der Grat durchbrochen und die Richtung gewechselt wird, entsteht der sogenannte Diamantköper (Abb. 210 c).

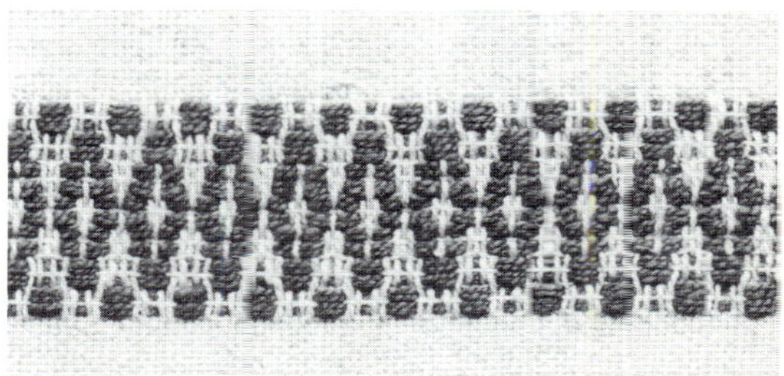

208: Gewebe zu Abbildung 206

209: Fischgrat, Gewebebild zu Abbildung 210 d

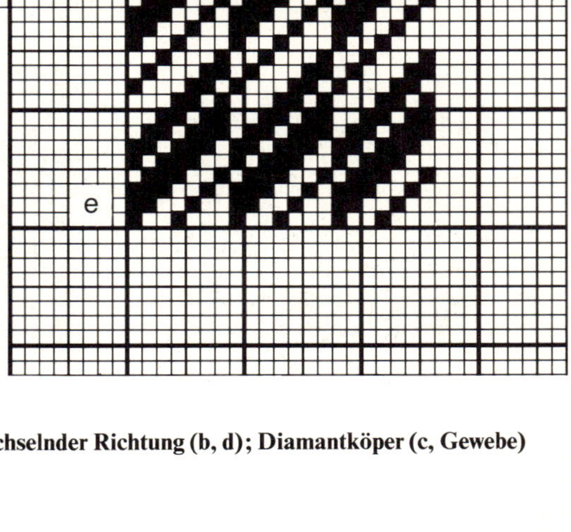

210: Durchbrechende Köper, Grat läuft mit gleicher (a, e) oder wechselnder Richtung (b, d); Diamantköper (c, Gewebe)

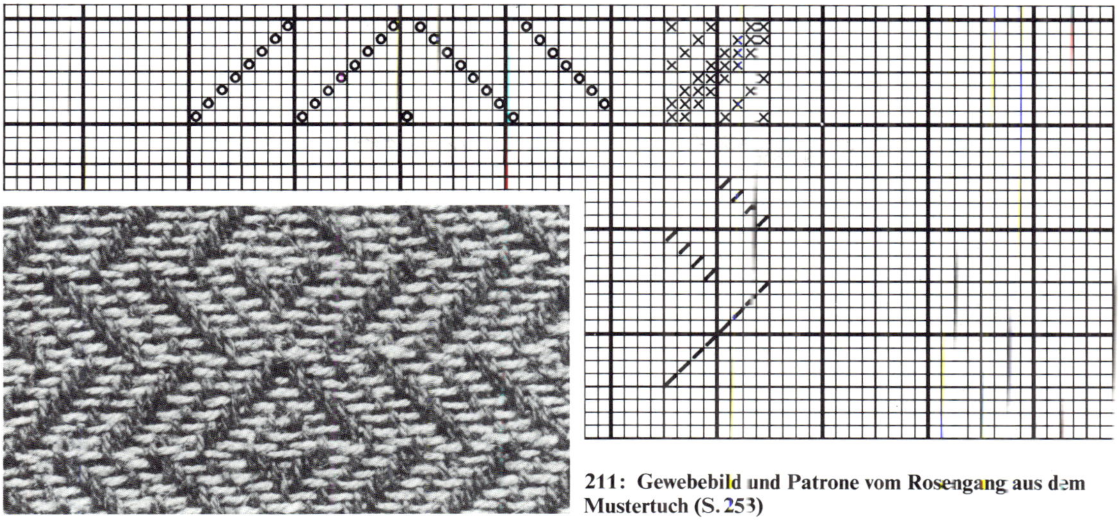

211: Gewebebild und Patrone vom Rosengang aus dem Mustertuch (S. 253)

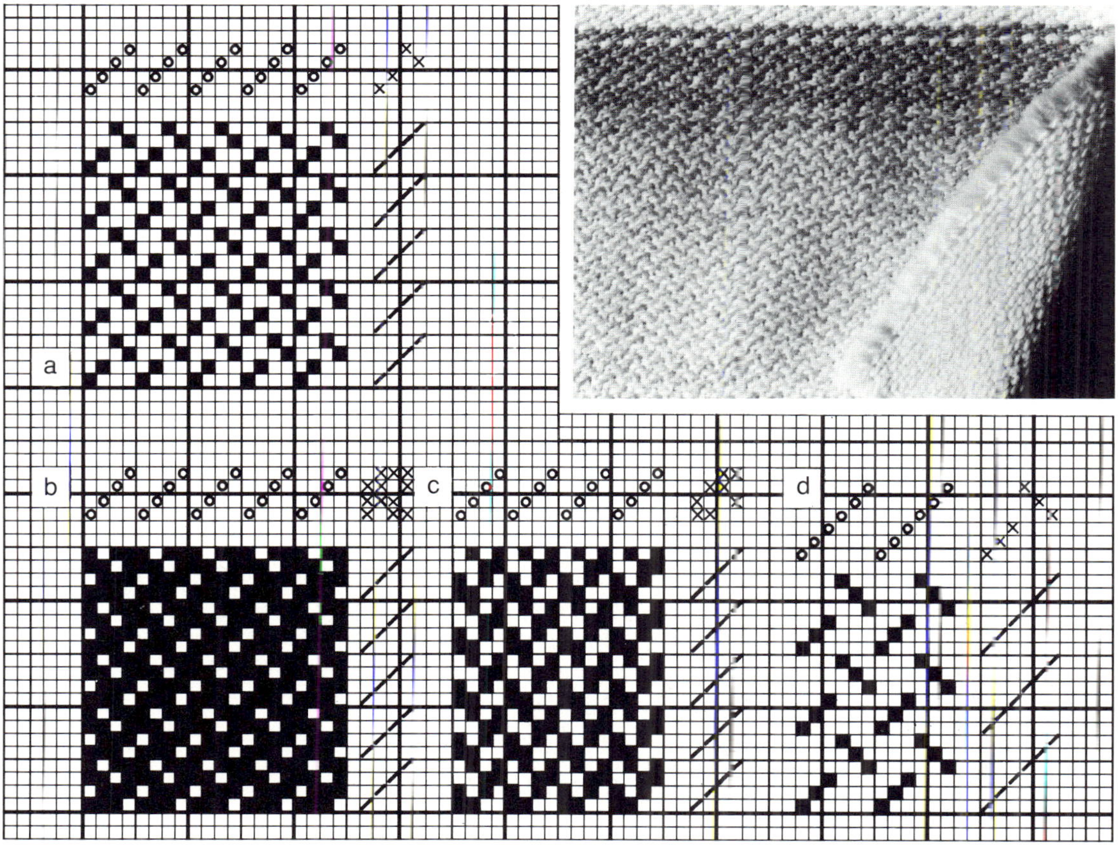

212: Kreuzköper, schußbindig (a, d), gleichseitig (c), kettbindig (b); Gewebebild eines vierbindigen Schußkreuzköpers (a)

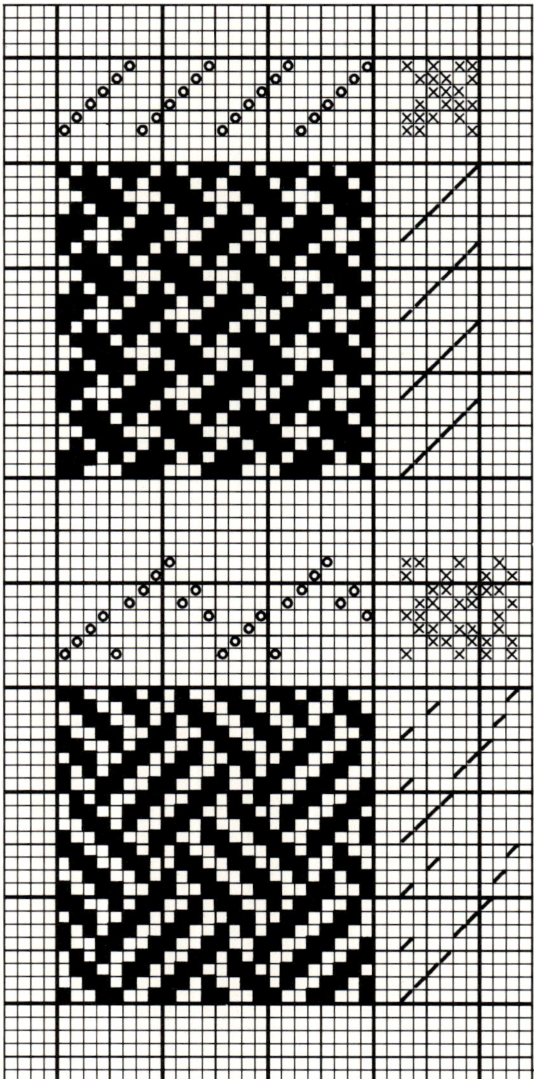

● Kreuzköper

Die Kreuzköper sind den durchbrechenden Bindungen eng verwandt. Ausgangsbindungen sind hierbei reine Kett- oder Schußköper. Der Bindungsgrat des Ausgangsköpers wird halbiert und entgegengesetzt weitergeführt (Abb. 212). Kreuzköper sind beliebte und oft angewandte Bindungen, wenn man die Vorteile des Köpers (weicher Stoff, größere Fadendichte, dickerer Stoff usw.) erreichen möchte, aber trotzdem keinen Köpergrat, sondern ein flächiges Gewebebild haben möchte. Da Kreuzköper sich noch dichter in Kette und Schuß einstellen lassen (Bindungspunkte berühren sich noch weniger als im Ausgangsköper!), setzt man sie ein, wenn atlasartige Wirkungen erzielt werden sollen, und nennt sie darum auch „falschen Atlas".

● Flechtköper

Rechtsgrat- und Linksgratköper werden über- und gegeneinandergesetzt, so daß ihr Bindungsbild wie ein Flechtwerk aussieht. Zwischenräume und längere Flottierungen kann man mit zusätzlichen Bindeeffekten verzieren (Abb. 213).

213: Verschiedene Flechtköper

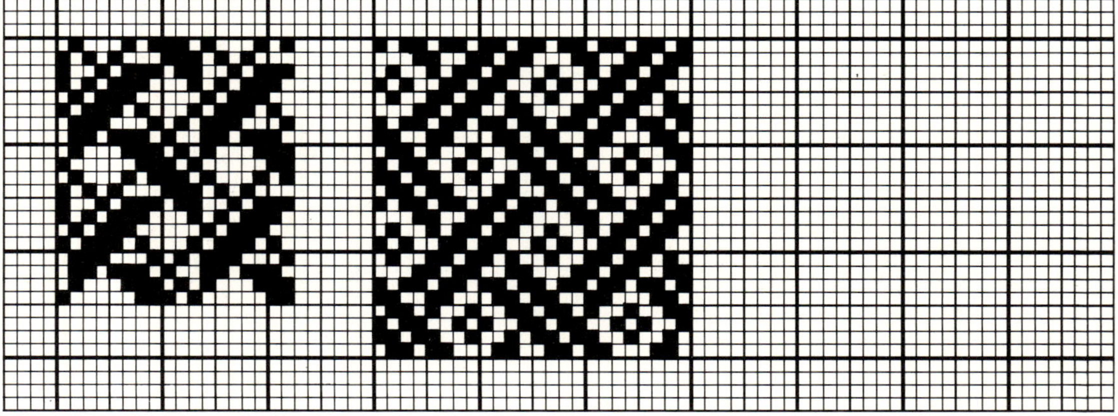

Atlasbindung
Das Charakteristische der Atlasbindung ist, daß sich ihre Bindepunkte nicht berühren. Wenn kein Faden gegen seinen Nachbarn scharf abgebunden ist, sondern die nächste Fadenverkreuzung erst zwei oder mehr Kett- und Schußfäden entfernt liegt, flottieren alle Fäden verhältnismäßig lang, können sich dicht zusammenschieben und verdecken dadurch die Bindepunkte fast ganz. Die Fadendichte der Atlasgewebe ist gegenüber der Leinen- und auch der Köperbindung deutlich höher, sie haben dementsprechend Fülle und Schmiegsamkeit. Die Bindung läßt den natürlichen Glanz des Materials zur Geltung kommen, weil nur wenige Bindepunkte die Reflexion des Lichtes unterbrechen. Die Einarbeitung ist beim Atlas von allen Bindungen am geringsten, weil hier jeder Faden eines Rapportes nur einmal einen kreuzenden Faden „überwinden" muß und sonst gerade liegt (Abb. 214). Je nachdem, welche Fadenrichtung auf der Oberseite vorherrscht, spricht man von Kett- oder Schußware. Obwohl sich die Bindepunkte nicht berühren, bilden auch Atlasgewebe einen schwach sichtbaren Grat (Abb. 217 b). Das Kurzzeichen für Atlas ist A, 5bindiger Schußatlas also A ¼, Kettatlas A ⁴⁄₁ (Abb. 217).
Wenigstens 5 Schäfte sind zur Erzielung einer reinen Atlasbindung erforderlich, auch 7, 8 und mehr Schäfte lassen sich anwenden. Mit dem 6bindigen Atlas hat es seine besondere Bewandtnis, wir werden es im nächsten Abschnitt sehen.
5bindiger Atlas wird gern und häufig angewendet, man muß aber bedenken, daß sich auf fünf Schäften keine Leinenbindung erzielen läßt, wenn der Einzug auch für andere Gewebe genutzt werden soll. Dasselbe gilt auch für 7-, 9- und 11bindigen Atlas. Höher als 12schäftig wird man ihn in der Handweberei seltener weben (wenngleich technisch durchaus möglich!).
Wie findet man nun die Ordnung, nach der die Bindepunkte im Rapport verteilt werden? Dazu benötigen wir die beiden Begriffe Steigungszahl und Fortschreitungszahl, die wir bereits bei den Köpern erläutert haben (vgl. S. 132).
Für einen bestimmten Atlas werden nun die Steigungs- und Fortschreitungszahlen ermittelt, mit deren Hilfe die Bindepunkte gesetzt wer-

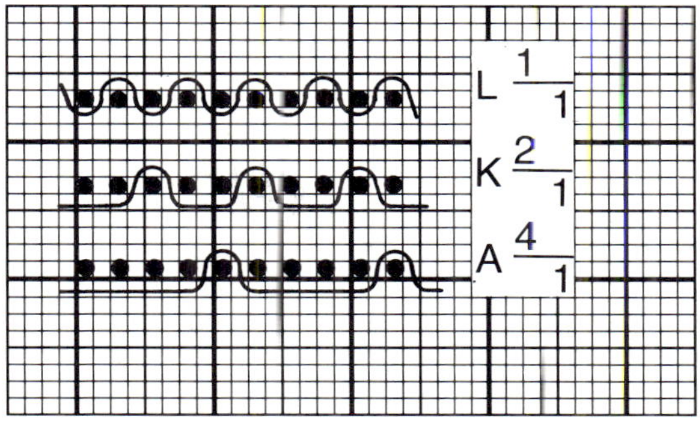

214: Einarbeitung bei den verschiedenen Bindungen

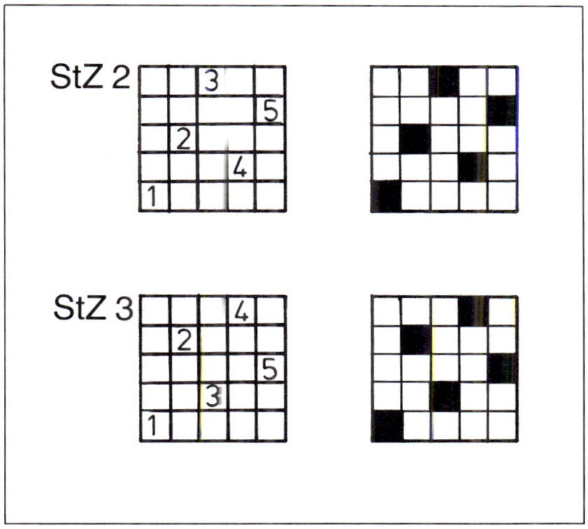

215: Entwickeln eines Schußatlas

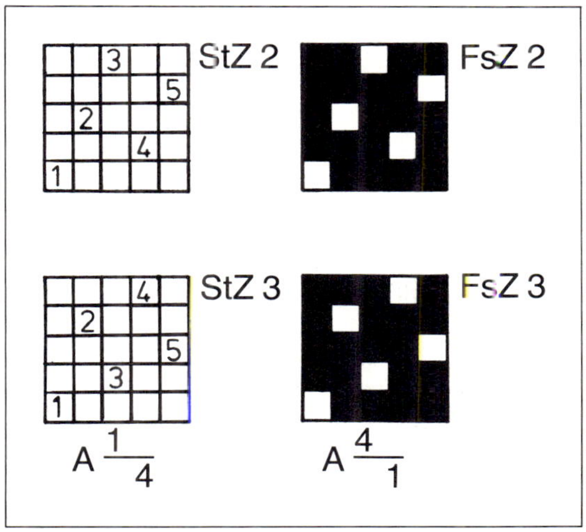

216: Entwickeln eines Kettatlas

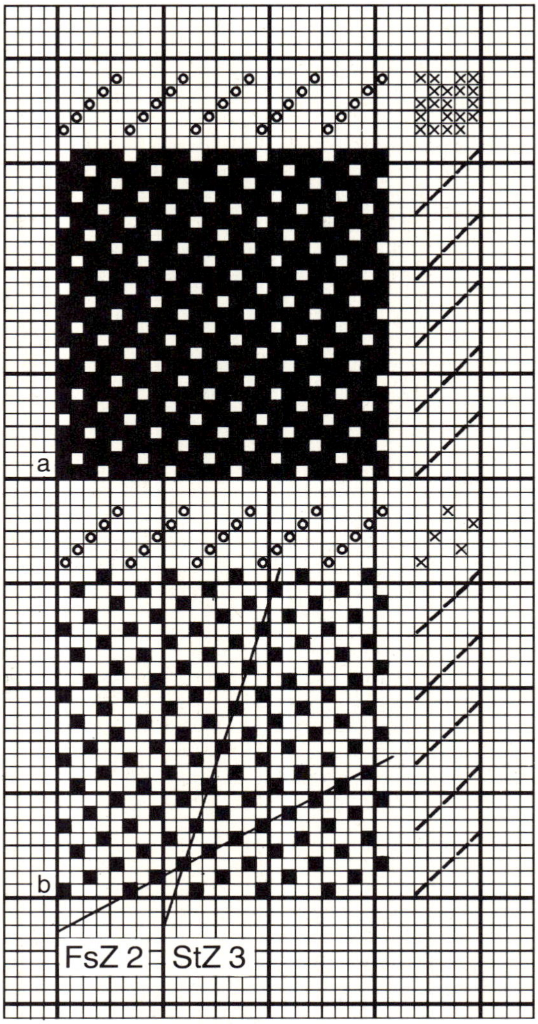

217: 5bindiger Kettatlas (a), 5bindiger Schußatlas (b)

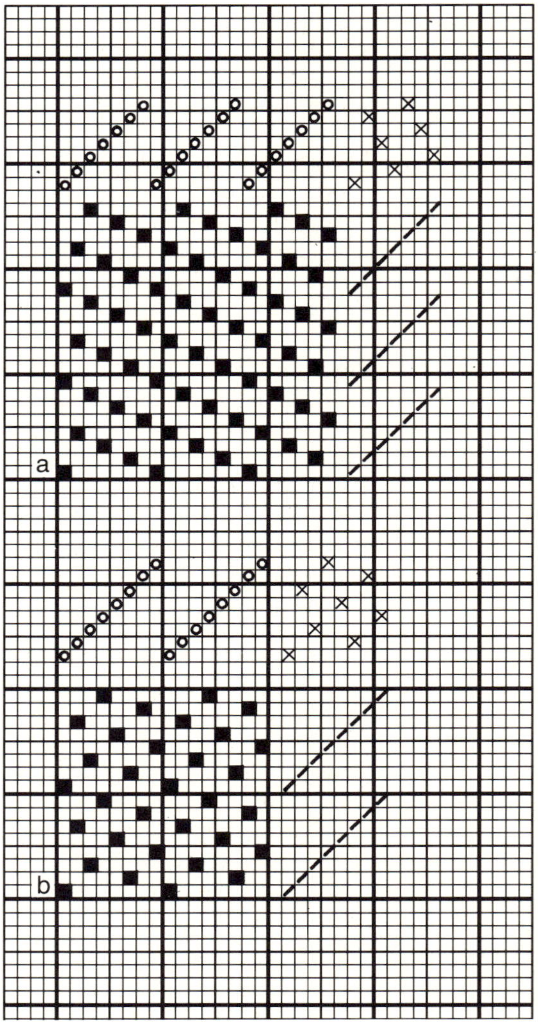

218: 7bindiger und 8bindiger Schußatlas

den. Man teilt die Schaftzahl für den gewünschten Atlas in solche Zahlenpaare auf, die

1. keine 1 enthalten,
2. nicht gleich groß sind,
3. nicht durcheinander teilbar sind und
4. beide nicht durch eine dritte Zahl teilbar sind.

Wir wollen das am Beispiel einer 10bindigen Atlasbindung erläutern:

Zahlenpaar 1 + 9	nicht geeignet, Regel 1
Zahlenpaar 2 + 8	nicht geeignet, Regel 3
Zahlenpaar 3 + 7	geeignet
Zahlenpaar 4 + 6	nicht geeignet, Regel 4
Zahlenpaar 5 + 5	nicht geeignet, Regel 2

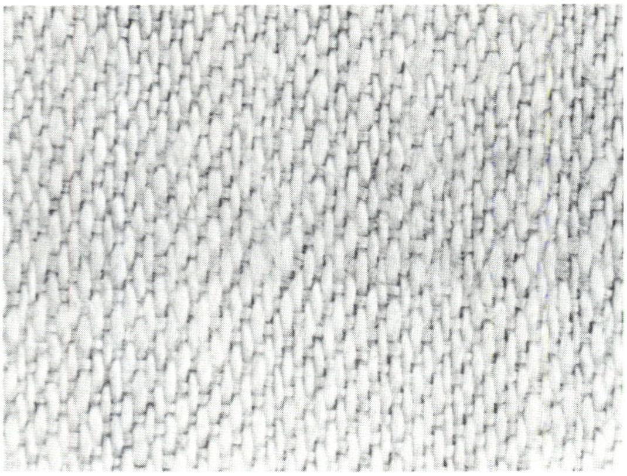

219: 5bindiger Kettatlas (Gewebebild von Abb. 217 a)

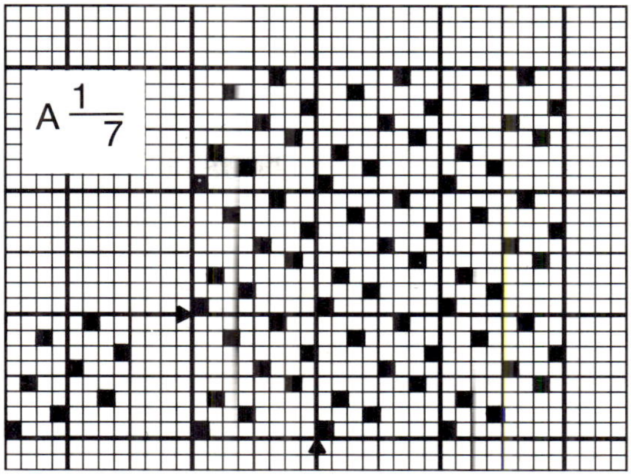

220: Unreiner Atlas, Kettfaden 2 und 7 sind ausgetauscht

Nach diesen Regeln sind die in der folgenden Tabelle aufgeführten Steigungs- und Fortschreitungszahlen für die Entwicklung von Atlasbindungen verwendbar:

Schaftzahl	FsZ/StZ				
5bindig	2	3			
7bindig	2	3	4	5	
8bindig	3			5	
9bindig	2		4	5	7
10bindig	3				7
12bindig				5	7

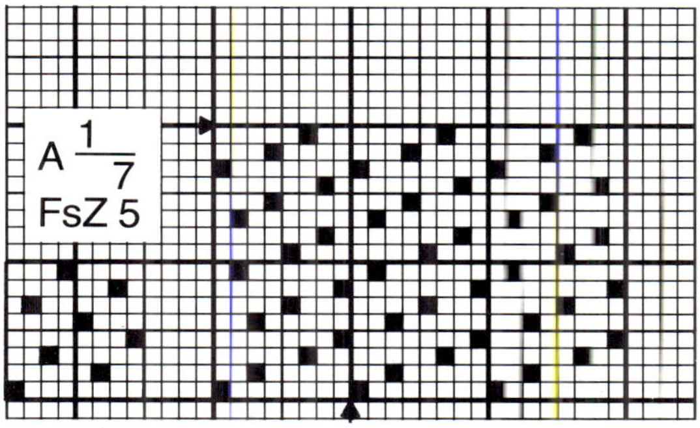

221: Zerlegung der FsZ5 in FsZ2 und 3

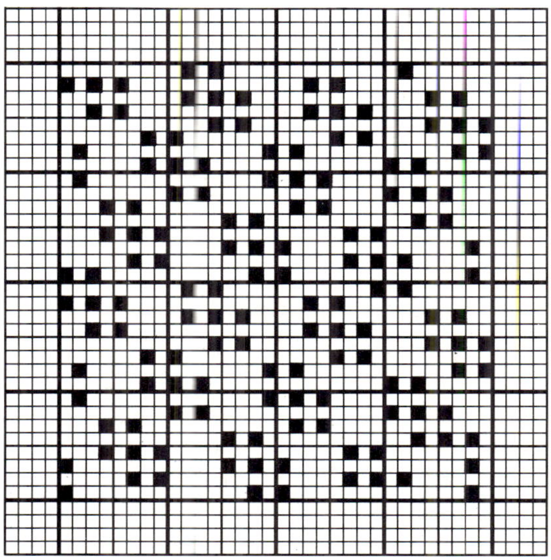

222: Hinzufügen von Bindepunkten verwischt den Atlasgrat

Wir haben also für einen 5bindigen Atlas das Zahlenpaar 2 und 3 ermittelt und können sowohl 2 als auch 3 als FsZ oder StZ anwenden.
Bei der Entwicklung einer 5bindigen Schußatlasbindung mit der Steigungszahl 2 (Abb. 215) geht man folgendermaßen vor: Man zeichnet sich zunächst den Umriß der Rapportgröße ein. Den ersten Bindepunkt setzt man auf Kettfaden 1 auf den ersten Schuß und steigt bei jedem nächsten Kettfaden 2 Schußfäden höher auf den nächsten Bindepunkt. Beim Erreichen der Rapportgrenze zählt man von unten wieder weiter.
Das Zeichnen von Kettatlas ist etwas mühsamer, es empfiehlt sich, zunächst die Kettiefgän-

ge mit Bleistift anzudeuten und dann alleKetthochgänge auszufüllen. Beachte: Auch beim Aneinanderreihen der Rapporte dürfen sich keine Bindepunkte berühren (Abb. 216).
Atlasbindungen haben an sich kaum Mustermöglichkeiten und Ableitungen. Man setzt sie ein, wenn man Kette oder Schuß in Farbe und Material besonders zur Geltung kommen lassen will. Besonders wirkungsvoll ist die Atlasbindung jedoch in zusammengesetzten Bindungen.
Will man die schwachen Grate der Atlasbindung noch mehr verschwinden lassen, kann man das durch Umstellen der Bindepunkte (Abb. 220), Zerlegung der Fortschreitungszahl (Abb. 221) oder Hinzufügen von Bindepunkten (Abb. 222) erreichen. Für einen 8bindigen Atlas teilt man die FsZ 5 in 2 und 3 und wendet diese beiden Zahlen abwechselnd an. Der Rapport vergrößert sich dadurch in Schußrichtung.

Kreuzatlas: Nach der vorher geübten Methode läßt sich für den 6bindigen Atlas kein geeignetes Zahlenpaar finden, nach dem er entwikkelt werden könnte (1 und 5 ungeeignet, 2 und 4 ungeeignet, 3 und 3 ungeeignet). Wenn wir es trotzdem einmal mit FsZ 2 oder 3 versuchen: Wir kommen immer an dem Bindepunkt an, der bei Fortzeichnung des Rapportes mit Punkt 1 zusammenstößt. Durch Austausch des 5. und 6. Kettfadens (Abb. 224) ergeben sich jedoch keine Berührungspunkte mehr, es bilden sich 2 kleine, gegeneinander laufende Grate, die dem Kreuzatlas den Namen geben (Abb. 223).

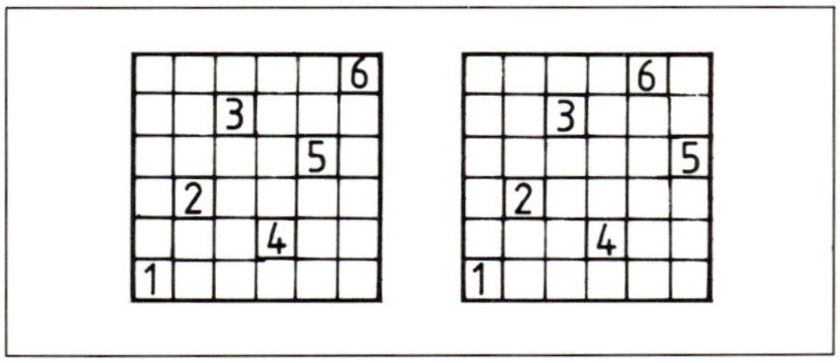

224: Entwickeln eines Kreuzatlas

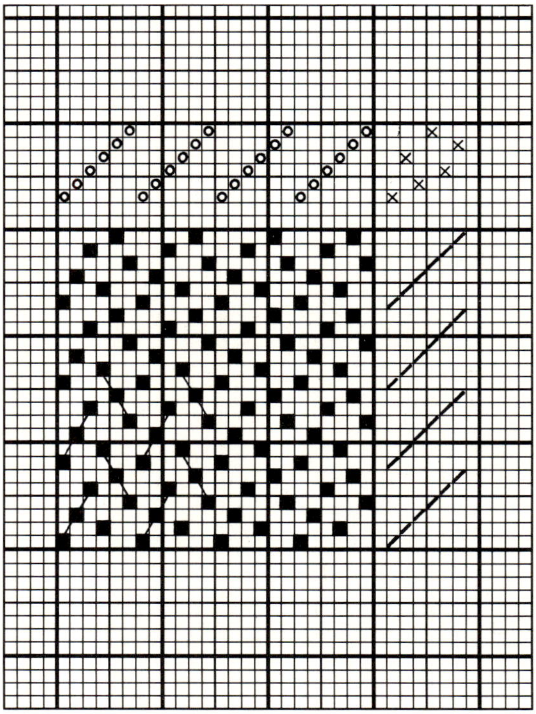

223: Patrone eines 6bindigen Schuß-Kreuzatlas

225: Gewebebild eines 6bindigen Kettkreuzatlas

Zusammengesetzte Bindungen

Durch Zusammensetzen verschiedener Bindungen oder gleicher Bindung mit Kett- oder Schußwirkung kann man in vielfältiger Weise mustern. Der Bindungsversatz kann streifenweise in Kett- oder Schußrichtung, kariert oder musterartig erfolgen. Dabei ist Voraussetzung, daß die aneinandergrenzenden Bindungen scharf abbinden: Ketthebungen oder -senkungen dürfen nicht von dem einen Muster in das andere hineinflottieren, da sonst die plastische Wirkung der Streifen oder Karos gemindert oder gar aufgehoben würde (Abb. 226). Die absetzende Wirkung wird erhöht durch entgegengesetzten Lauf des Grates und eine höhere Fadendichte in der Kette beim Längsstreifen oder im Schuß bei Querstreifen.

Um nicht insgesamt zu viele Schäfte zu bekommen, sollten die zwei (oder mehreren) Ausgangsbindungen möglichst einfach sein. Leinen, Panama, Ripse und verschiedene 3- und 4bindige Köper eignen sich gut. Kombinationen mit Leinen- oder Ripsbindungen sind nicht immer bindungsmäßig scharf abzugrenzen (Abb. 227, 228, 229).

Besondere Beachtung verdient die unterschiedliche Einarbeitung beim streifenmäßigen Zusammensetzen von Bindungen. Nur wenn in beiden Ausgangsbindungen die Ketthebungen und Kettsenkungen gleich oder fast gleich groß sind, arbeiten beide gleich stark ein und können ohne Schwierigkeiten zusammengesetzt werden. Das ist immer dann der Fall, wenn die gleiche Bindung einmal kett- und daneben schußbindig angewandt wird (Abb. 230, 231).

In Abbildung 227 sind jedoch Bindungen unterschiedlicher Einarbeitung zusammengesetzt. Während ein köpergebundener Kettfaden insgesamt 7 Auf-und-Ab-Bewegungen um die Schußfäden macht, hat der leinenbindige Kettfaden 14 Bindepunkte. Er benötigt also bedeutend mehr Länge. Für solche Gewebe benötigt man einen zweiten Kettbaum. Man schärt eine Kette für den leinenbindigen Grund und eine zweite für die Köperpartien. Jede Kette wird für sich auf einen eigenen Baum gewickelt, wobei sich die Ketten, mustermäßig zusammengesetzt, im Geschirr vereinigen. Diese Notwendigkeit ergibt sich auch, wenn man ein Gewebe in Kettrichtung mit Schwedenborte, Rosengang, Halbdrell usw. mustern will, um einen Längsstreifeneffekt zu erhalten. Im Kapitel „Webstücke zum Nacharbeiten“ wird das an praktischen Beispielen erläutert. Auch in Schußrichtung zusammengesetzte Bindungsstreifen (Abb. 233) zu weben, erfordert einige Übung, damit das Gewebe nicht unterschiedlich einzieht und dadurch wellig wird.

Beim Zusammensetzen von Kett- und Schußatlas (Abb. 236) müssen die richtigen Ansatzpunkte ermittelt werden. Nur durch Zufall könnte es gelingen, die richtige Verteilung der Bindepunkte im Rapport zu treffen, die auch den Anschluß im Bindungsversatz ermöglicht!

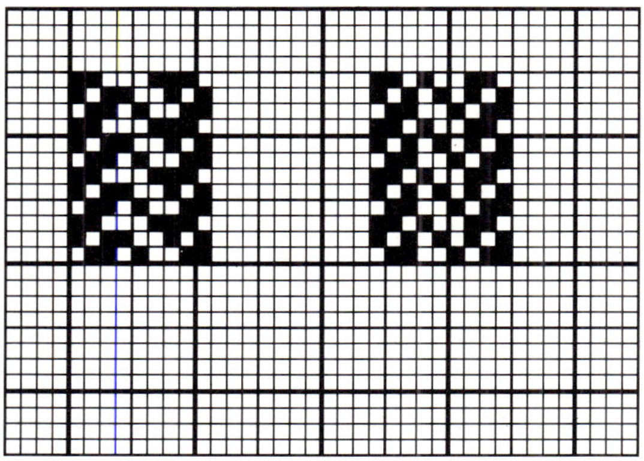

226: Falscher und richtiger Bindungsansatz

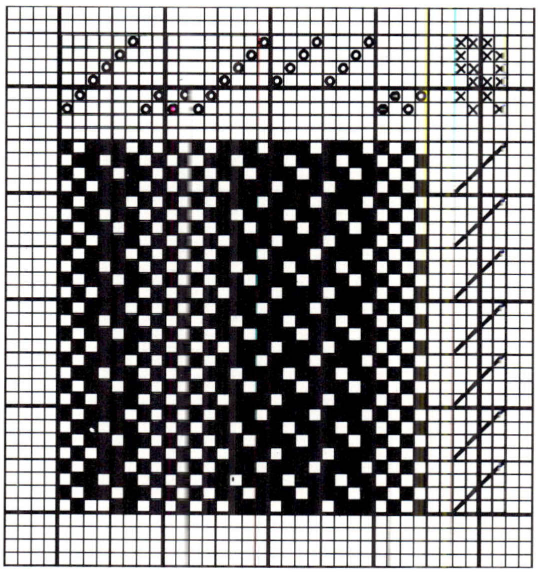

227: Leinenbindung – Kettkreuzköper

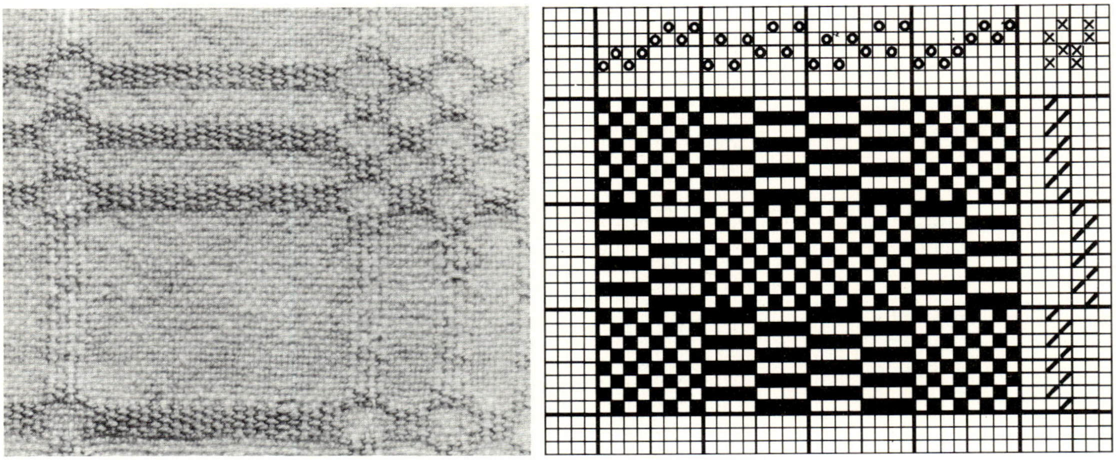

228: Gewebebild und Patrone vom Bettelmannsdrell, Leinen-Ripsbindung

In folgender Weise finden Sie die richtigen Ausgangsbindungen zum Zusammensetzen von Kett- und Schußatlas (Abb. 235):

1. Schritt: Zeichnen Sie den Rapport einer 5-bindigen Schußatlasbindung; Steigungszahl 2, Z-Grat (A $\frac{1}{4}$ Z). Daneben einen 5bindigen Kettatlas, Steigungszahl 2, S-Grat (A $\frac{4}{1}$ S), indem Sie mit der ersten Kettsenkung auf dem letzten (fünften) Kettfaden des Rapportes beginnen.

2. Schritt: Vergrößern Sie den Schußrapport zur Seite und nach oben, so daß Sie insgesamt 4 Rapporte Schußatlas haben.

3. Schritt: Nehmen Sie jetzt einen anderen Farbstift und übertragen Sie die Kettsenkungen der Ausgangsbindung in den erweiterten Schußrapport. Sie erkennen jetzt, daß sich an

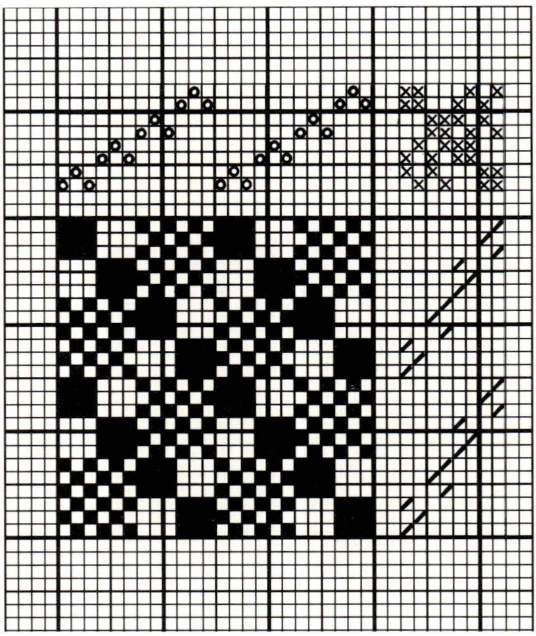

229: Leinen-Panama

230: Kett- und Schuß-Spitzköper in Kettrichtung

bestimmten senkrechten und waagerechten Linien die Ketthebungen der Schußatlasbindung und Senkungen der Kettatlasbindung gegenüberstehen. Zeichnen Sie dort Hilfslinien ein.

4. Schritt: Diese Kettfäden und Schußfäden sind die Grenzfäden der neu geordneten Rapporte.

5. Schritt: Ketthebungen und Kettsenkungen binden scharf gegeneinander ab.

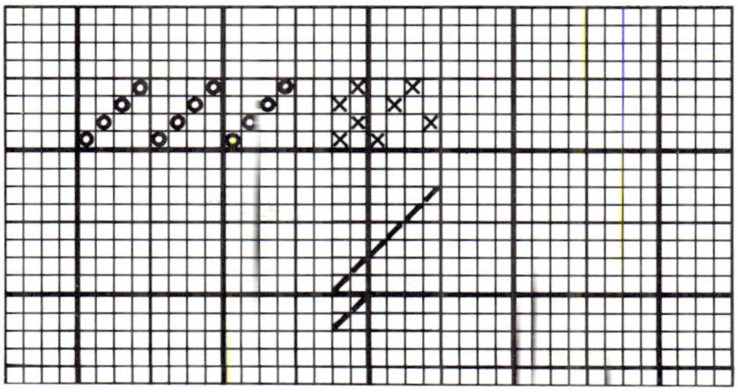

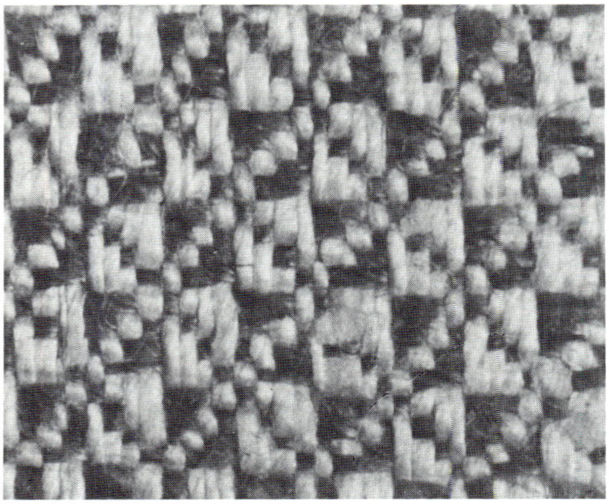

231: Gewebebild Kettköper und Schußköper

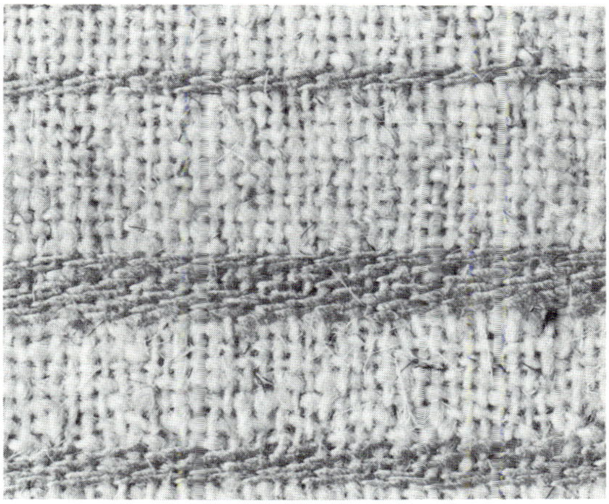

233: Leinenbindung und Schußköper

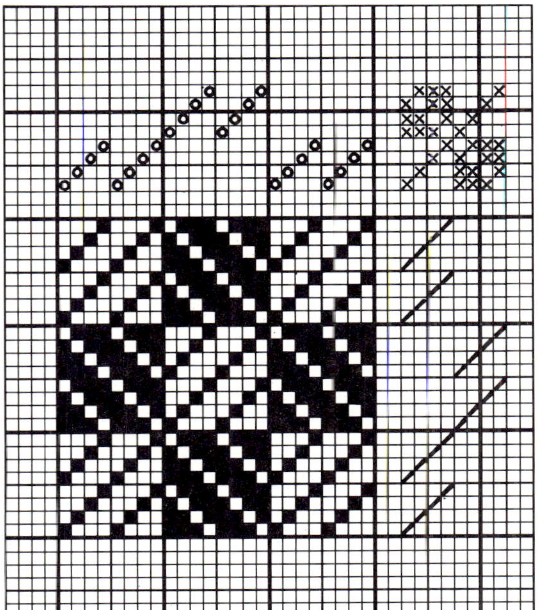

232: Kett- und Schußköper, würfelartig zusammengesetzt

234: Würfelatlas, Gewebebild zu Abbildung 235 e

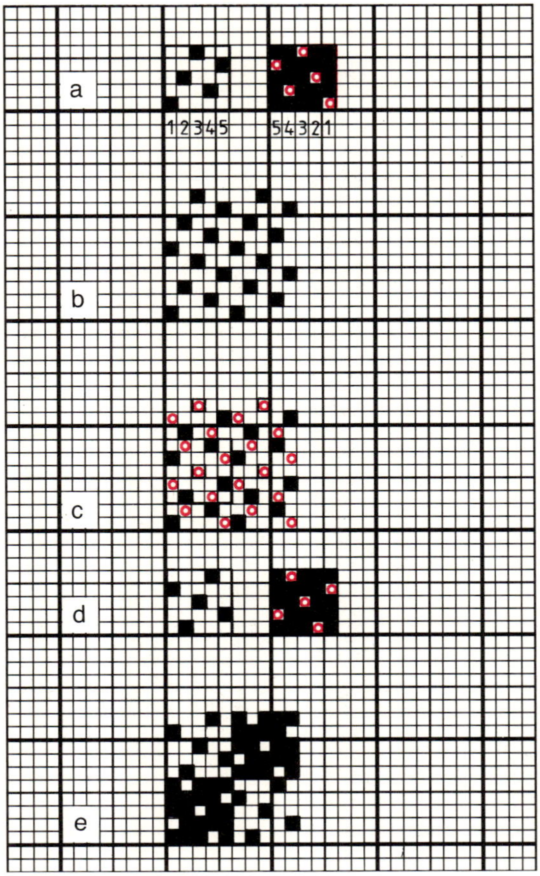

235: Entwicklung der Ansatzpunkte für Kett- und Schußatlas

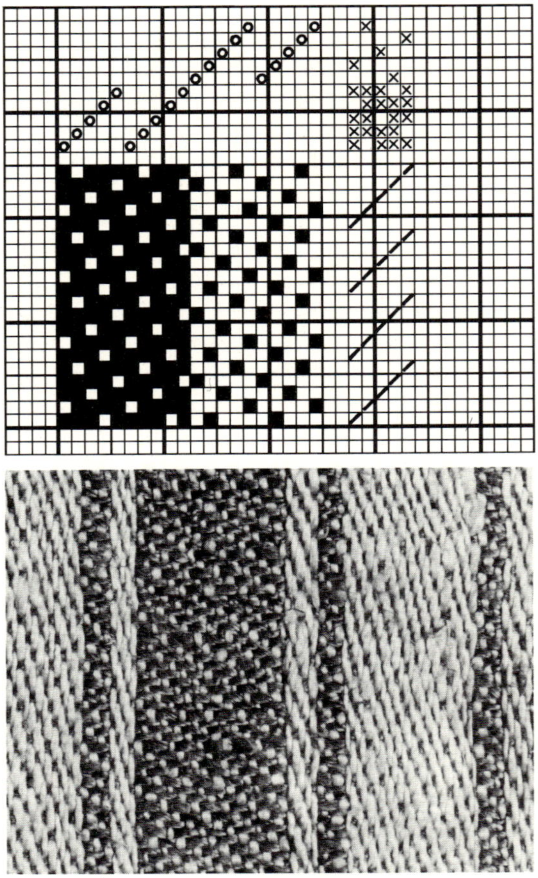

236: Patrone und Gewebebild eines 5bindigen Kett- und Schußatlas

Kreppbindungen
Während die bisher dargestellten Bindungen immer ein bestimmtes Muster oder einen Grat hatten, ist das Kennzeichen der Kreppbindungen ein verworrenes, unregelmäßiges, „moosiges" Bindungsbild. Die Gewebefläche hat eine körnige, griffige, manchmal elastische Struktur.
Wir kennen solche Stoffe zum Beispiel unter den Bezeichnungen Crêpe de Chine oder Crêpe Georgette. Das sind feine, weichfallende Seiden- und Wollstoffe, für die besonders hart gedrehte Garne in Z- und S-Drehung zur Verstärkung des Kreppeffektes der Bindung verwendet werden. In der Handweberei werden Kreppbindungen eingesetzt für Mantel-, Kostüm-, Möbel- oder Dekorationsstoffe, für die flächig strukturierte Gewebe ohne eigentliche Musterung gewünscht werden.
Kreppbindungen lassen sich auf verschiedene Arten entwickeln, z. B.:

1. Durch Hinzufügen (oder Auslassen) von Bindungspunkten in eine Grundbindung (Abb. 237 a).

2. Durch Übereinander- oder Ineinanderzeichnen zweier Bindungen (Abb. 237 c).

3. Durch Neuordnung einer Ausgangsbindung (Abb. 237 b).

4. Durch verdrehtes Aneinandersetzen einer kleinen Grundbindung (Abb. 237 d).

5. Durch freien Entwurf (Abb. 238).

237: Verschiedene Kreppbindungen durch Hinzufügen von Bindepunkten (a), durch Neuordnung einer Ausgangsbindung (b), durch Ineinanderschieben zweier Bindungen (c), durch Verdrehen einer Ausgangsbindung (d)

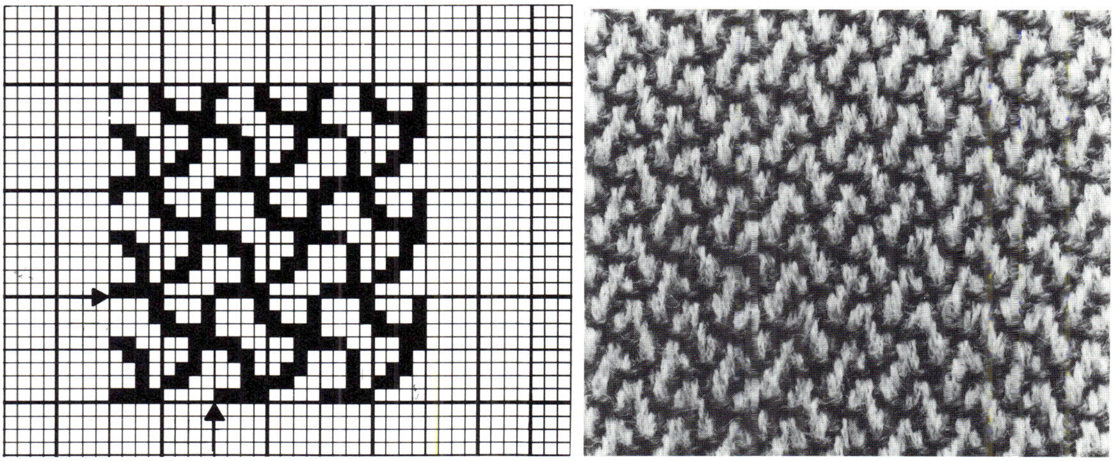

238: Kreppbindung durch freien Entwurf

Verstärkte Gewebe
Die Verstärkungen werden angewandt, um die Ware dichter, fülliger, wärmer zu machen oder auch, um Ober- und Abseite unterschiedlich zu mustern (Abb. 239). Schußverstärkte Gewebe haben ein Kettsystem und zwei Schußsysteme.
Der Unterschuß soll auf der Gewebeoberseite nicht sichtbar sein, deshalb muß die Schußhebung (= Kettsenkung im Unterschuß also) so angeordnet sein, daß der vorherige und der folgende Oberschuß sie verdecken.
In der Bindungspatrone wird das so dargestellt: Ein ausgefülltes Kästchen bedeutet Ketthebung im Oberschuß, während die Ketthebungen des Unterschusses, um das Bindungsbild etwas übersichtlicher zu machen, durch kleine Kreise gekennzeichnet sind (Abb. 240). Links neben der Patrone ist die Schußfarbfolge vermerkt.
1. Schritt: Wir zeichnen die Ausgangsbindungen für Ober- und Untergewebe: im allgemeinen einen Schußköper oder Schußatlas für die Oberbindung und die entsprechende Kettbindung für den Unterschuß (Abb. 240 a, b).
2. Schritt: Die beiden Ausgangszeichnungen sind so zusammenzusetzen, daß die Anbindung des Unterschusses dort liegt, wo vorher und nachher ein Oberschuß flottiert und damit die Anheftung verdecken kann (Abb. 240 c).
Wenn die Grundbindung einen Grat hat, muß er auf der Unterseite in der gleichen Richtung laufen (d. h. wenn die Oberseite einen Z-Grat hat, entwickelt sich unten, von der anderen Seite betrachtet, ein S-Grat).
Man wechselt den Schuß im allgemeinen 1:1, 2:2 oder, bei ungleichartigen Garnen, auch 2:1 (Abb. 242).
Schußverstärkte Gewebe benötigen keinen Schaft mehr als ihre Ausgangsbindung, jedoch doppelt so viele Tritte, die eine Hälfte für den Ober- und die andere für den Unterschuß.
Entsprechend der Schußverstärkung läßt sich auch die Kette verstärken. Diese Gewebe haben zwei Kett- und ein Schußsystem (Kettdoublé; Abb. 243, 244).
Die Punkte, an denen die Unterkette an den Schuß bindet (Anbindepunkte), müssen dort liegen, wo sie von beiden Seiten von einer Oberkettflottierung verdeckt werden können. Kettdoublés werden meist im Verhältnis 1:1 geschärt, möglich ist auch 1:2 und 2:2.

239: Schnitt durch ein schußverstärktes Gewebe

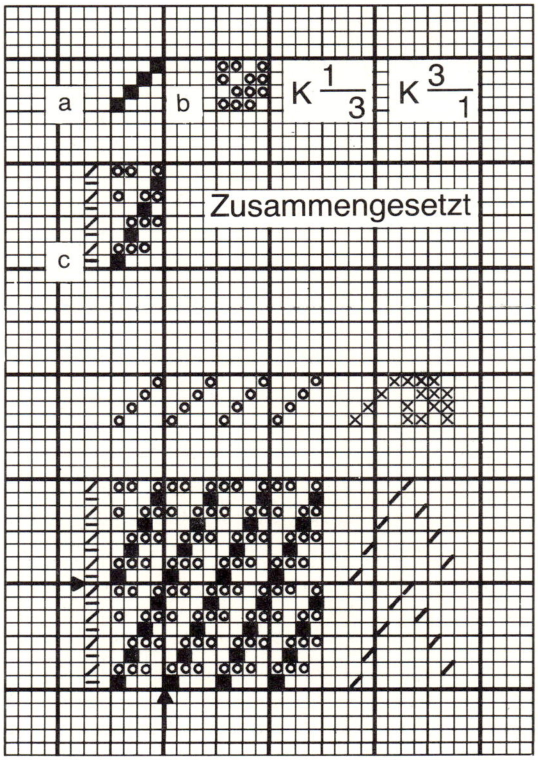

240: Verhältnis Oberschuß : Unterschuß 1:1

In Kettrichtung verdoppelt sich ein Rapport gegenüber seiner Ausgangsbindung, in Schußrichtung ist er gleich groß. Kettverstärkte Gewebe haben, um die Abdeckung der Anbindepunkte zu erleichtern, eine größere Kettdichte. Ausgangsbindung ist meist ein Kettköper oder Atlas, während die Unterkette entsprechend schußbindig arbeitet. Auf beiden Seiten der Ware flottiert also außen die Kette.
In kettverstärkten Geweben wird häufig ein choriger Einzug verwendet, weil dadurch sowohl Einzug als auch Verschnürung übersichtlicher werden. Die Fäden der Oberkette kommen

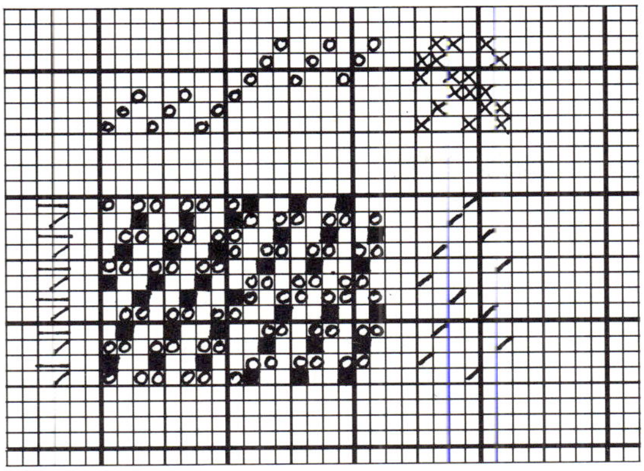

241: Schußverstärktes Gewebe mit Warenaustausch

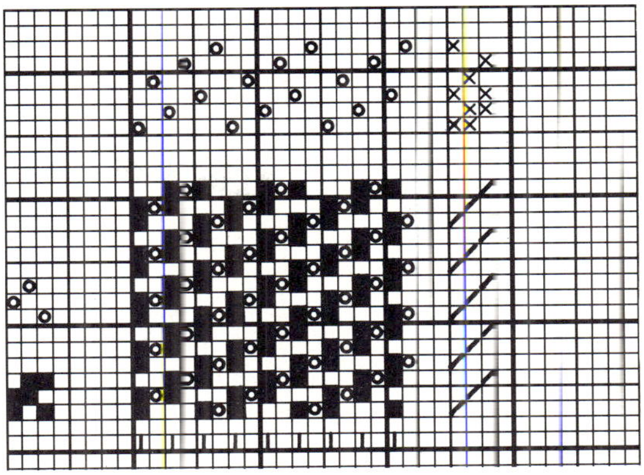

243: Kettverstärktes Gewebe

auf den einen, die der Unterkette auf den anderen Chor.

Man kann auch partieweise den Oberschuß auf die Unterseite absenken und den Unterschuß heraufholen bzw. die beiden Kettsysteme musterartig austauschen. Man spricht dann von einem „verstärkten Gewebe mit Warenaustausch" (Abb. 245). Jede neue Mustergruppe benötigt in Kettrichtung eine neue Schaftgruppe und in Schußrichtung eine neue Trittgruppe. Zeichnen Sie sich, um das Gewebebild zu verdeutlichen, einmal alle Schußflottierungen farblich aus (was man sonst an sich ja nicht tut). Man erkennt dann den Warenaustausch deutlich. Links neben der Patrone sind die verschiedenen Schußfarben durch schräge und gerade Striche angedeutet.

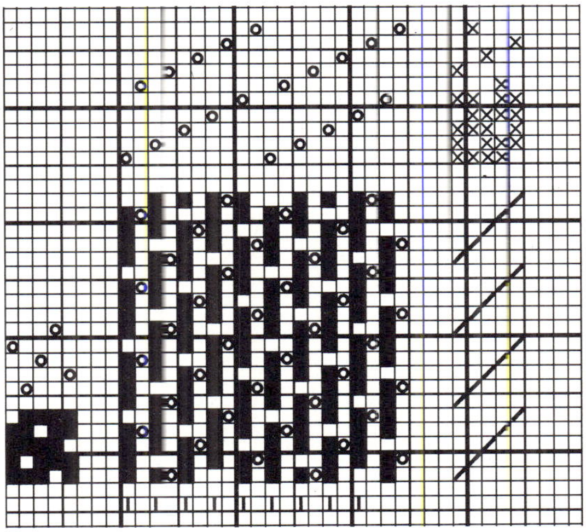

244: Kettverstärktes Gewebe

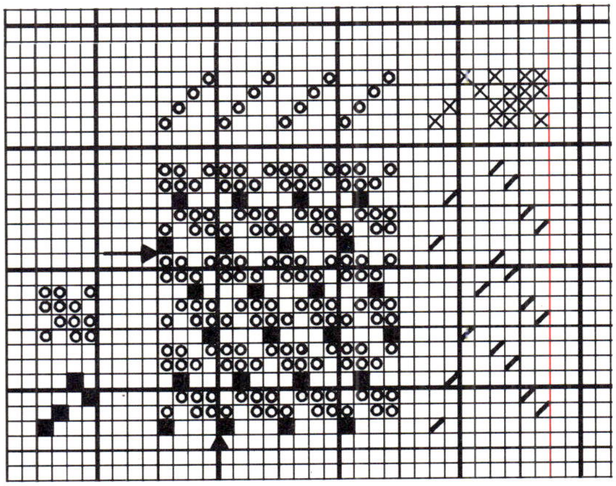

242: Verhältnis Oberschuß : Unterschuß 2 : 2

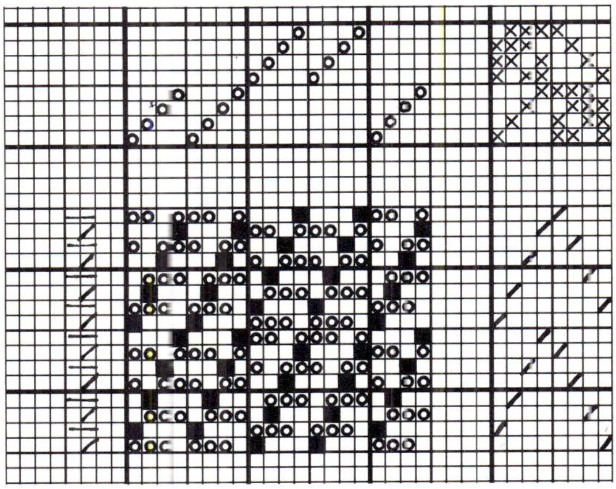

245: Schußverstärktes Gewebe mit Warenaustausch

Mehrfachgewebe
Im vorherigen Kapitel wurde dargestellt, wie man durch ein zweites Kett- oder Schußsystem eine Ware verstärken kann. Durch Anwendung von zwei Kett- und Schußsystemen stellt man, in einem Arbeitsgang und übereinanderliegend, gleichzeitig zwei Gewebe her, die an einigen Linien durch ihre Bindung fest zusammenhängen. Wir sprechen dann von Hohlgeweben. Weiterhin gibt es Doppelgewebe, die durch Anbindung, Abbindung oder Bindefaden innig miteinander verbunden sind.
Da in einem Arbeitsgang zwei Waren gewebt werden, benötigt man je eine Schaftgruppe für das Obergewebe und das Untergewebe, ebenso je eine Trittgruppe für jede Gewebelage.
Man ist natürlich bemüht, die Ausgangsbindungen für beide Waren einfach zu halten, um nicht zu hohe Schaft- und Trittzahlen zu bekommen. Beide Gewebe müssen in ihrer Stärke und Bindung aufeinander abgestimmt sein.

Man unterscheidet folgende Mehrfachgewebe:
1. Hohlgewebe (Schlauchgewebe, Doppelbreitgewebe, Hohlgewebe mit Warenaustausch)
2. Doppelgewebe mit An- oder Abbindung (oder beidem), oder mit Bindekette

Bindungspatronen für Hohl- und Doppelgewebe müssen zwei Schichten Gewebe ablesbar machen und benötigen daher zusätzliche Zeichen, die wir z.T. schon von den verstärkten Geweben her kennen.

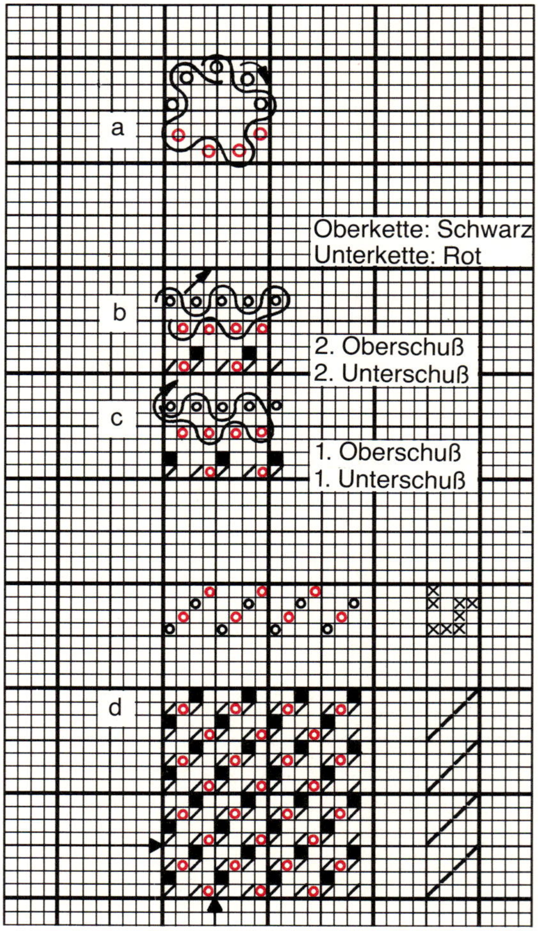

246: Entwickeln eines leinenbindigen Schlauchgewebes

Schlauchgewebe benötigen, wenn Ober- und Unterware leinenbindig sind, nur 4 Schäfte. Sie wurden früher aus festen, hart gedrehten Leinen- oder Hanfgarnen für Zucker- und Mehlsäcke hergestellt, weil sie nur am Boden eine Naht haben. Sie sind einfach zu weben, man muß nur Fadenzahl und Bindungsrapport aufeinander abstimmen, damit der Bindungsübergang an den „Knickstellen" von oben und unten fehlerlos bleibt; denn man soll ihn ja später möglichst gar nicht mehr erkennen. Der Schnitt durch ein leinenbindiges Schlauchgewebe (Abb. 246 a) zeigt, daß immer eine ungerade Kettfadenzahl erforderlich ist, um einen einwandfreien Übergang von oben nach unten zu gewährleisten. Der Schuß läuft abwechselnd durch das Ober- und das Untergewebe. Darunter ist der Schnitt als Patrone gezeichnet (Abb. 246 b, c, d). Die Oberkette ist schwarz, ausgefülltes Kästchen. Zwischen zwei Oberkettfäden bleibt immer der Platz frei für die Unterkette, die beim Oberschuß aber insgesamt gesenkt bleibt. In der nächsten Reihe darunter ist die Bindung im Untergewebe gezeichnet. Hebungen der Unterkette werden durch einen roten Kreis markiert. Während der Unterschuß mit der Unterkette abbindet, muß die ganze Oberkette gehoben werden, was durch schwarze Schrägstriche angedeutet wird.
Bei Köpern als Ausgangsbindung beeinflussen zwei Voraussetzungen die Entwicklung der Bindungspatrone: Die Richtung des Schützenlau-

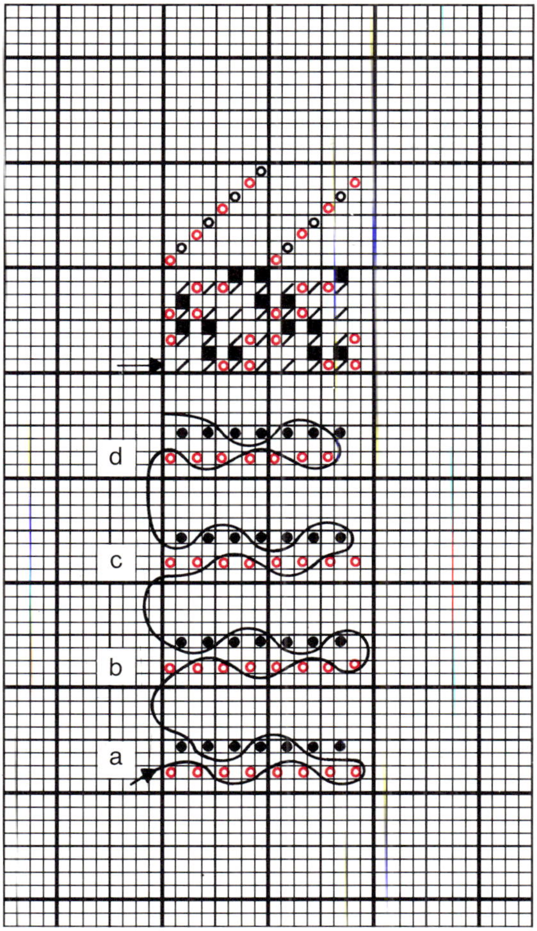

247: Entwickeln eines köperbindigen Schlauchgewebes

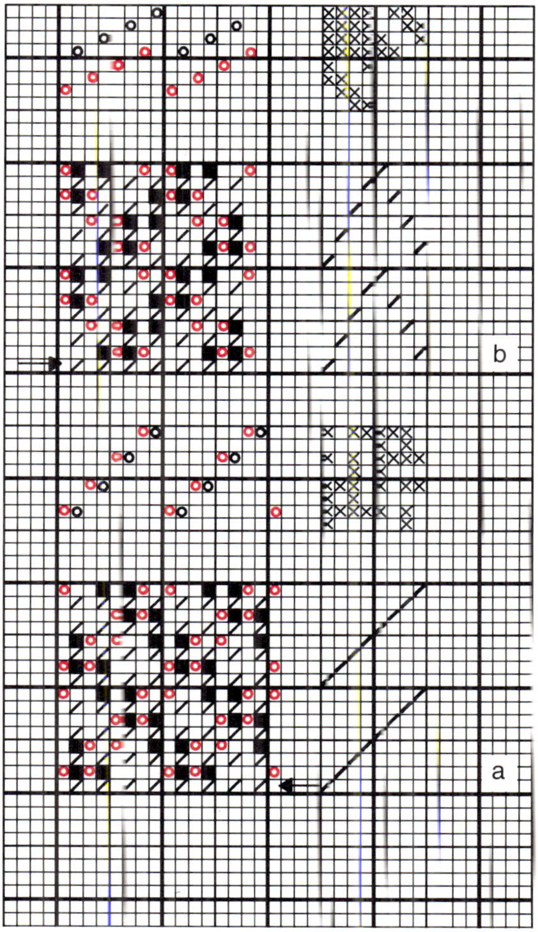

248: Schlauchgewebe mit unterschiedl. Schützenrichtung

fes und die Gesamtkettfadenzahl müssen aufeinander abgestimmt sein.
Bei Abbildung 247 sind die 4 Schüsse eines Köpers $K \frac{2}{2}$ Z dargestellt, der Schütze läuft im Obergewebe von links nach rechts. Die Gesamtkettfadenzahl muß ein Vielfaches vom Bindungsrapport sein, vermindert um einen Faden, wodurch das Fortschreiten des Bindungsgrates zwischen Ober- und Untergewebe ermöglicht wird (Abb. 248).

Beispiel:
Kettfäden in einem Köperrapport $K \frac{2}{2} = 4$.
Gesamtkettfäden: Vielfaches von 4, z.B. 100 Fäden, vermindert um 1 Faden = 99 Fäden.

Wenn man den Schützen in umgekehrter Richtung laufen läßt, entwickelt sich ein Rechtsgratköper $K \frac{2}{2}$ S. Man benötigt als Gesamtkettfadenzahl ein Vielfaches des Rapportes plus 1 Faden zum Anschluß an die Unterbindung, in unserem Beispiel also 101 Fäden (Abb. 248).
In Abb. 248 a sind Einzug und Tretweise geradedurch angeordnet. Bei Abbildung 248 b ist der Einzug chorig, d.h. die hinteren Schäfte nehmen die Oberkettfäden auf, die vorderen die Unterkette. Der linke Fuß tritt den Oberschuß, der rechte den Unterschuß. Diese Anordnung ist übersichtlicher und läßt sich schneller weben.

Doppelbreitgewebe sind Hohlgewebe, die nur an einer Seite geschlossen werden. Sie geben damit die Möglichkeit, auch auf schmalen Webstühlen größere Gewebebreiten zu erzielen. Für Tisch-, Bett- oder Reisedecken kann das sehr reizvoll sein. Besonderer Sorgfalt bedarf die Webekante, die später die Gewebemitte ergibt.
Die Gesamtkettfadenzahl ist ein Vielfaches des Grundrapportes. Der Schütze läuft jedesmal durch die gesamte (spätere) Gewebebreite und wieder zurück, also: oben/unten – unten/oben (Abb. 249). Dort, wo er in die andere Gewebelage tritt, schließt sich das Gewebe. Die Kette wird meistens 1:1 geschärt (Abb. 250; 1 Kettfaden Obergewebe, einer Untergewebe).

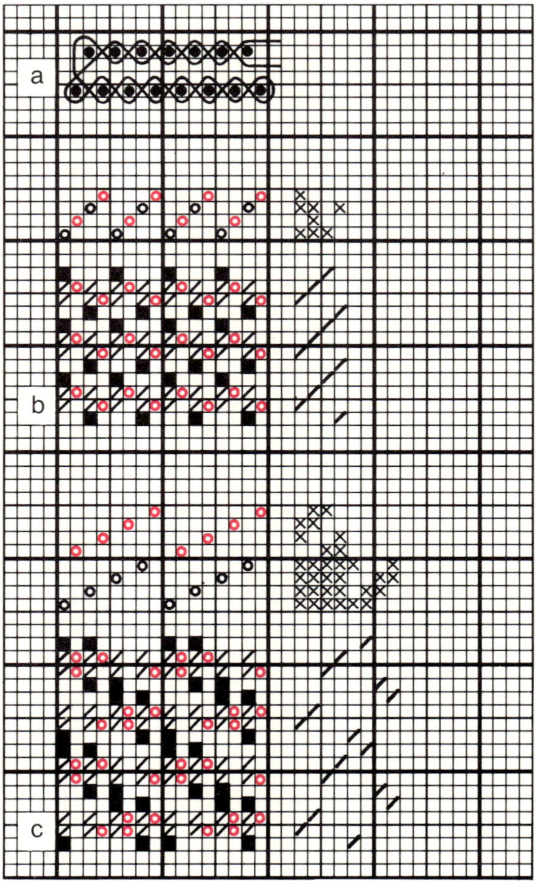

249: Schnitt (a), Patrone eines leinenbindigen Doppelbreitgewebes (b), Patrone eines köperbindigen Doppelbreitgewebes (c)

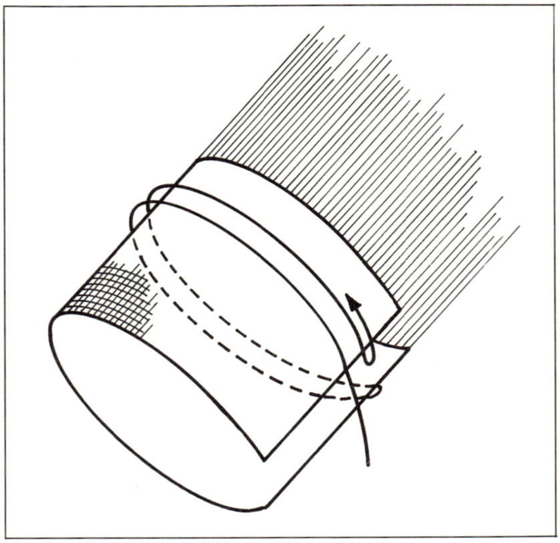

250: Doppelbreitgewebe, Schütze wechselt nur an einer Seite vom Ober- ins Untergewebe

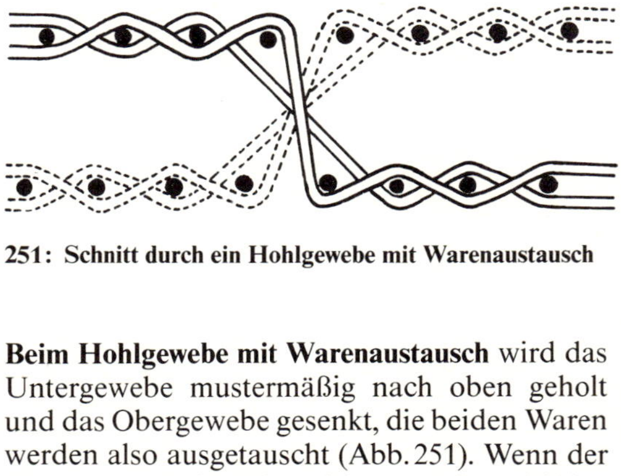

251: Schnitt durch ein Hohlgewebe mit Warenaustausch

Beim Hohlgewebe mit Warenaustausch wird das Untergewebe mustermäßig nach oben geholt und das Obergewebe gesenkt, die beiden Waren werden also ausgetauscht (Abb. 251). Wenn der Austausch nur in Schußrichtung erfolgt, bilden sich hohle Querstreifen über die ganze Gewebebreite. Der Warenaustausch benötigt eine neue Trittgruppe. Beim Austausch in Kettrichtung entstehen hohle Längsstreifen, eine weitere Schaftgruppe ist erforderlich.
Beim musterartigen Austausch von Ober- und Unterware wird die hohle Partie in Kett- und Schußrichtung abgebunden, dementsprechend benötigt jede ausgewechselte Warenpartie eine neue Schaft- und Trittgruppe. Die Ausgangsbindungen sollten auch hier wegen der Schaft- und Trittzahlen möglichst einfach gewählt werden (Abb. 252).

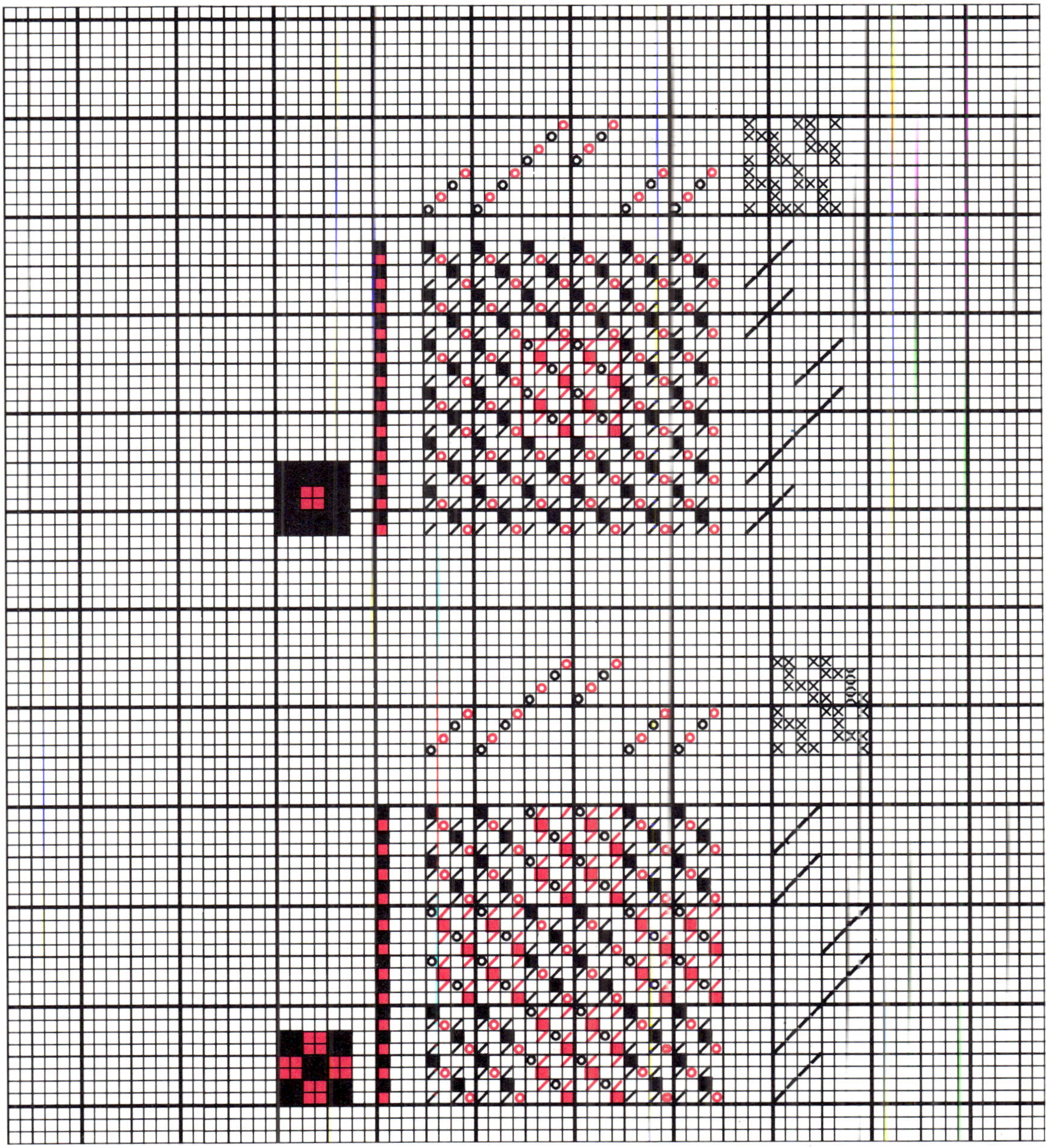

252: Erscheinungsbilder und Patronen für Doppelgewebe mit Warenaustausch

Abbildung 253 zeigt ein Gewebe, in dem ein 5-bindiger Kettatlas mit hohlen Streifen in Kettrichtung wechselt. Der hohle Streifen wird auf der Oberseite von einem Schußköper K½ gebildet, auf der Unterseite ist eine Leinenbindung. Wenn man die Patrone um 45° dreht (und die Tritte als Einzug betrachtet), entstehen die hohlen Querstreifen in Schußrichtung (empfohlener Blattstich 2+3 Fäden/Riet im Wechsel). Eine besondere Form des Hohlgewebes ist der

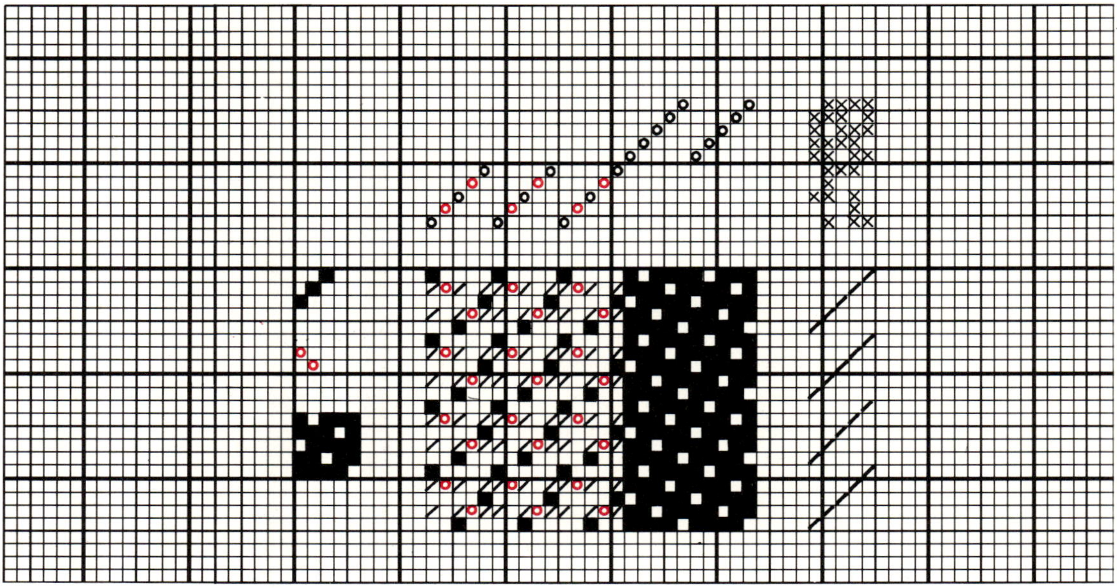

253: Kettatlas mit hohlen Streifen

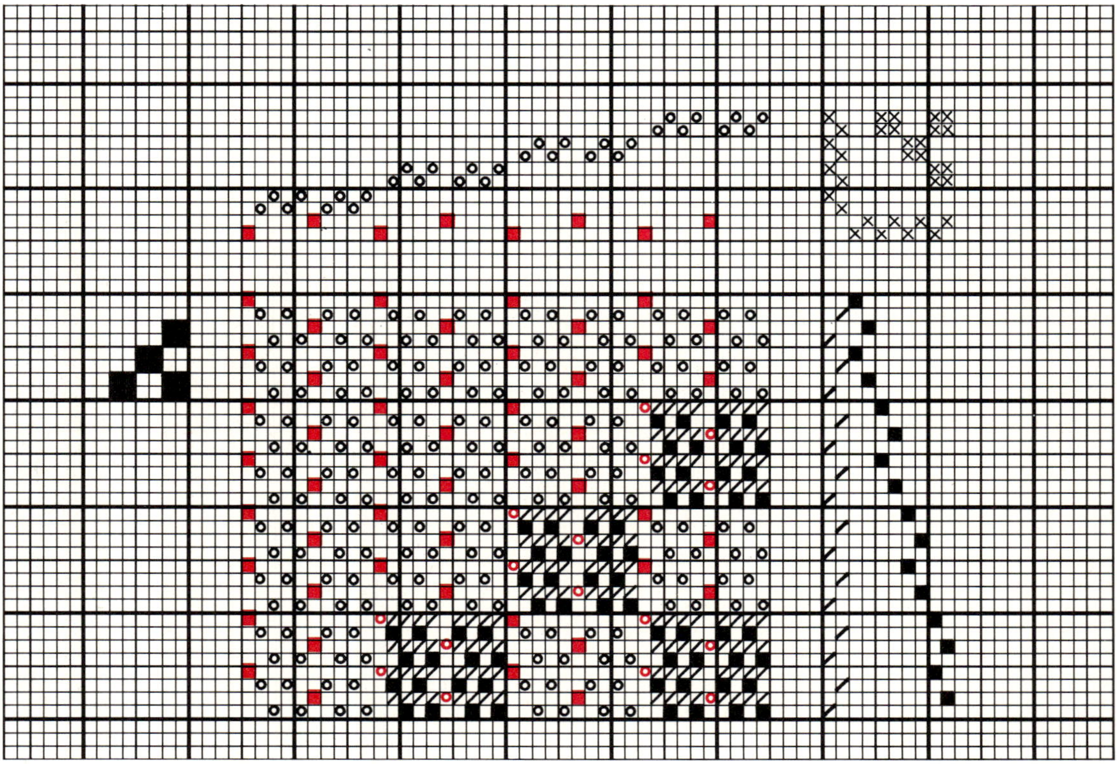

254: Mecklenburgischer Beiderwand, Mustergrund: schußverstärktes Gewebe; die Muster werden von hohlen Gruppen gebildet

Mecklenburgische oder Holsteinische Beiderwand. Hierbei wechseln hohle Gruppen mit einflächigem, verstärktem Gewebe ab, ähnlich wie in Abbildung 253.

Eine Kettmustergruppe beim Beiderwand wird auf 4 Schäften von 10 Fäden gebildet: 4 feine Fäden, die die hohlen Gruppen bilden, und ein farblich meist abstechender Faden gleicher Stärke für das verstärkte Gewebe, dann wieder 4 feine Fäden und ein zweiter Kettfaden für das verstärkte Gewebe. Jede weitere Mustergruppe benötigt zwei weitere Schäfte (Abb. 254). Geschossen wird abwechselnd mit einem feinen Baumwoll- und einem stärkeren Wollfaden. Die vorwiegend wollene Seite ist die Oberseite des Stoffes, die hohlen Gruppen bilden das Muster. Diese reich gemusterten Gewebe (siehe auch Abb. 17) lassen sich nur mit sehr hohen Schaftzahlen weben, meistens werden sie auf Schaftmaschinen oder Jacquardstühlen hergestellt. Die Patrone (Abb. 254) zeigt drei Musterpartien auf schußverstärktem Grund. Man kann gemusterten Beiderwand auch nach der Art der Stabdoppelgewebe (siehe S. 268) herstellen, das reicht dann jedoch schon mehr in das Bildnerische Weben hinein.

Bei den oben vorgestellten Geweben mit mehreren Kett- und Schußsystemen waren die beiden Waren an bestimmten Linien miteinander verbunden: an einer oder an beiden Seiten (Doppelbreitgewebe, Schläuche) oder innerhalb des Gewebes (Hohlgewebe mit Warenaustausch).

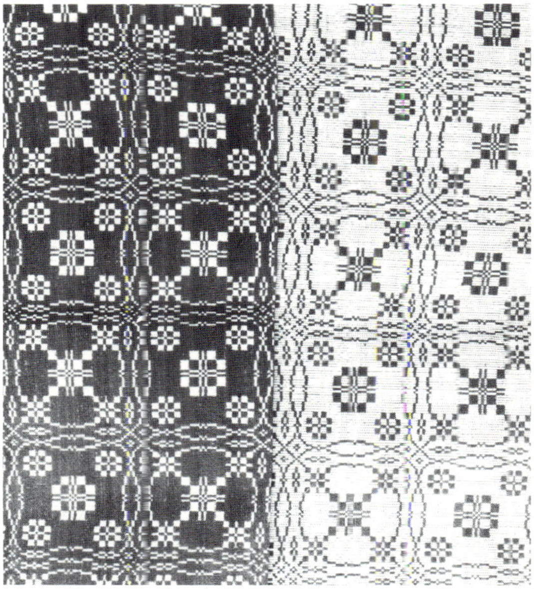

256: Schleswig-Holsteinischer Beiderwand von rechts (dunkel) und links (hell)

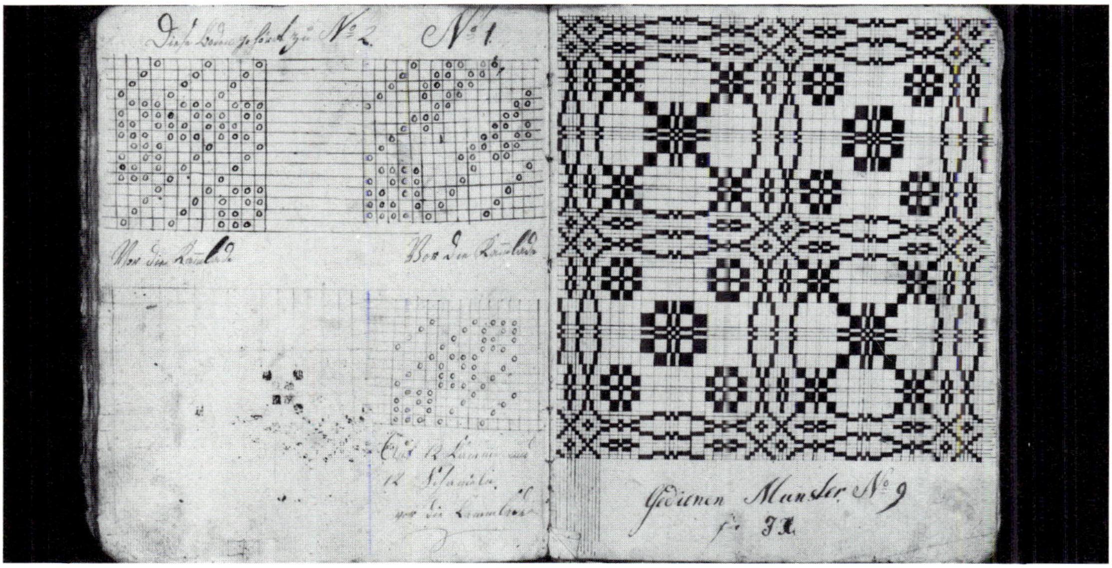

255: „Gedienen Munster" (Gardinen Muster) aus einem Webmusterbuch von 1835; Erscheinungsmuster wurde als Beiderwand, oft auch als sog. Drell gewebt (Kett- und Schußköper oder Kett- und Schußatlas), Museum Schloß Gottorf

Bei **Doppelgeweben mit Anbindung, Abbindung und Bindekette** sind beide Waren über die ganze Fläche miteinander verbunden.
Mindestens einmal je Rapport muß ein Faden der einen Ware in der anderen Ware binden. Wie wir es bei den verstärkten Geweben gesehen haben, geschieht diese Anheftung dort, wo sie von Flottierungen der anderen Ware verdeckt wird. Je häufiger beide Waren verbunden werden, desto fester, dichter, ja steifer wird der Stoff.
Gewebe dieser Art ergeben gute Mantel- und Kostümstoffe, Reisedecken, Bettüberwürfe.
Man spricht von Anbindung, wenn ein Kettfaden der Unterware im Obergewebe bindet (Abb. 257). Damit er nicht sichtbar wird, muß die Anbindung dort vorgenommen werden, wo sie zwischen Ober- und Unterketthebungen abgedeckt werden kann. Dieser Anbindepunkt ist in der Patrone jeweils durch ein rotes Kreuz gekennzeichnet.
Bei der Abbindung wird ein Kettfaden des Obergewebes beim Unterschuß gesenkt (Abb. 258). Das ist – sinngemäß – das gleiche wie Anbindung. Bei der Abbindung ist darauf zu achten, daß Kettsenkungen nicht markiert werden. Zur Verdeutlichung ist das entsprechende Kästchen umrandet (□).
Bei Doppelgeweben dieser Art sind beide Stofflagen fest miteinander verbunden und nicht zu trennen, ohne daß der Stoff zerstört würde. In Abbildung 259 ist das Prinzip der An- und Abbindung in einem Stoff verwirklicht.
Man kann die Verbindung der beiden Stoffe auch durch einen Bindefaden vornehmen, der entweder als dünner Kettfaden mitgeschärt wurde oder als Bindeschuß eingearbeitet wird. Wie in den vorher beschriebenen Geweben müssen die Bindepunkte des Bindefadens so liegen, daß sie von beiden Warenseiten nicht sichtbar sind. Die Bindekette heftet sich dort an einen Unterschuß (□ Senkung), wo vor- und hinterher die Unterkette gesenkt war, und dort an den Oberschuß (Ketthebung ×), wo an beiden Seiten die Anbindung durch Ketthebungen verdeckt wird (Abb. 260).
Ober- und Unterware müssen in ihren Garnstärken aufeinander abgestimmt sein, als Bindekette eignet sich ein möglichst feines Baumwoll- oder Kammgarn.
Diese Doppelgewebe sind als Doubleface be-

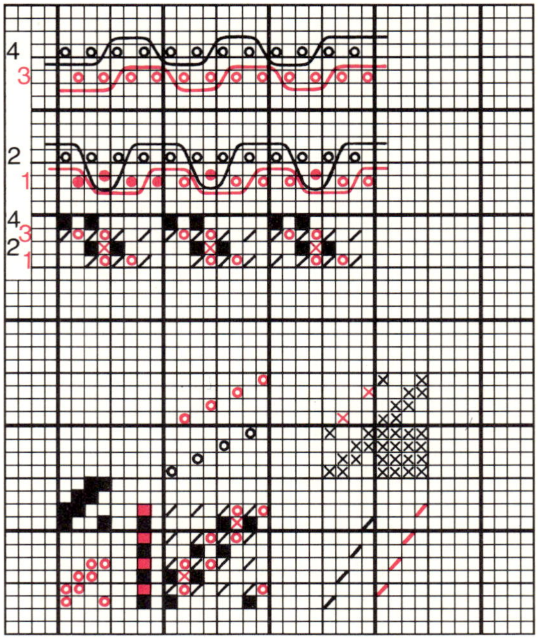

257: **Doppelgewebe mit Anbindung, oben S-Grat, unten Z-Grat**

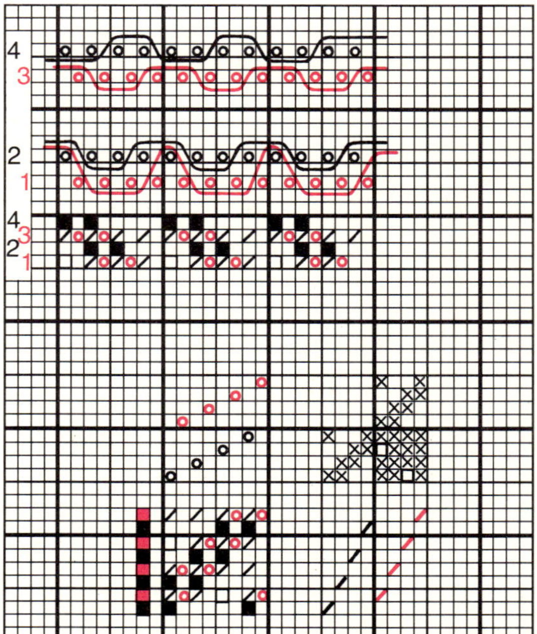

258: **Doppelgewebe mit Abbindung, oben S-Grat, unten Z-Grat**

kannt. Sie sind weicher im Griff, da die Bindekette die Gewebeschichten lockerer verbindet als die An- und Abbindung. Durch Auftrennen des Bindefadens bleiben beide Gewebeschichten unbeschädigt und können beim Schneidern gegeneinander versäubert werden.

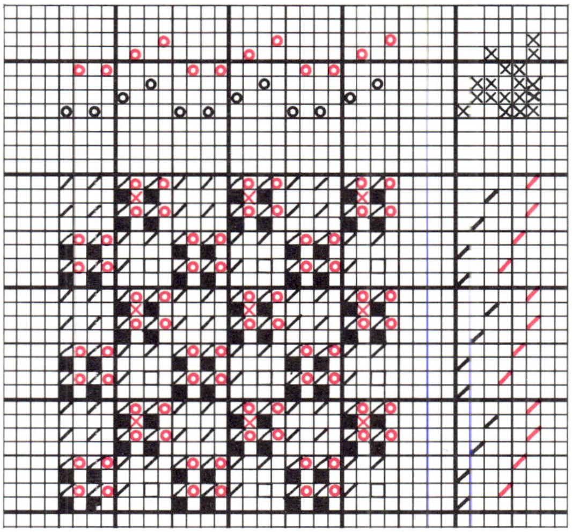

259: Doppelgewebe mit An- und Abbindung

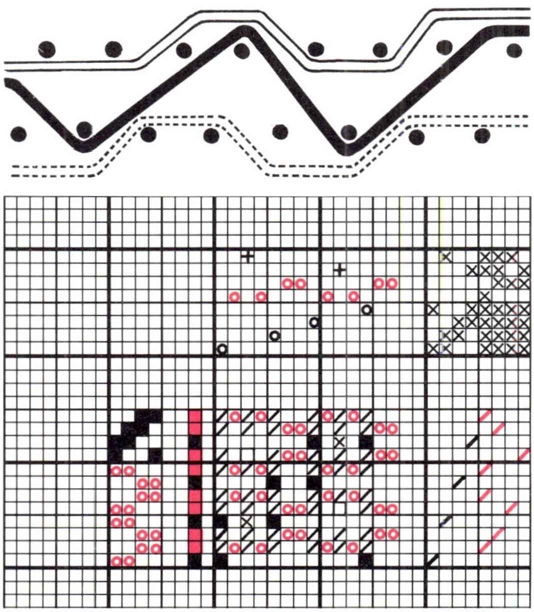

260: Gewebe mit Bindekette, Schnitt (oben) Patrone (unten)

Lancierte und brochierte Gewebe

In einem dichten, meist leinenbindigen Grundgewebe wird partieweise eine Musterkette (oder Musterschuß) an die Warenoberseite geholt, die in den ungemusterten Partien an der Unterseite flottiert. Lancégewebe haben also eine deutlich erkennbare rechte und linke Seite. Das Grundgewebe muß dicht genug sein, um die Flottierungen auf der Oberseite nicht durchscheinen zu lassen. Lances sind einfach zu weben, sie benötigen zwei Schäfte und 2 Tritte für den leinenbindigen Grund und Musterschäfte und Tritte, dem Entwurf entsprechend.

Beim Schußlancé (Abb. 262) wechselt ein leinenbindiger Grundschuß mit einem Musterschuß ab. Während des Lancéschusses liegen alle Grundkettfäden im Oberfach.

Beim Kettlancé (Abb. 261) hat die Musterkette wesentlich weniger Fachwechsel als der Grund, darum ist ihre Einarbeitung geringer als die der Grundkette. Man benutzt also möglichst einen 2. Kettbaum für die Musterkette. Wenn der nicht vorhanden ist, wendet man die Hilfe an, die bei „Plattweberei in Kettrichtung" (S. 217) ausführlich beschrieben wird. Man gibt also der im Laufe des Webens immer mehr durchhängenden Musterkette Spannung, indem man sie über eine Leiste legt, die man am Stuhlgestell festbindet.

261: Kettlanciertes Gewebe auf leinenbindigem Grundgewebe

Für die Patrone zeichnet man sich zunächst das Motiv, bestimmt die dafür notwendigen Schäfte und Tritte und setzt es kettfadenweise bzw. schußfadenweise in das Grundgewebe ein.
Brochierte Gewebe werden in der industriellen Weberei auf Spezialwebstühlen hergestellt. Dabei erfolgt der mustermäßige Eintrag in ein meistens leinenbindiges Grundgewebe immer in Schußrichtung. Er wird nicht, wie bei den Lancés, unter dem Gewebe weitergeführt, sondern immer nur so weit in das Fach gelegt, wie es die Musterkontur vorschreibt.
In der Handweberei ist das eine bildnerische Technik und wird auf Seite 173 beschrieben.

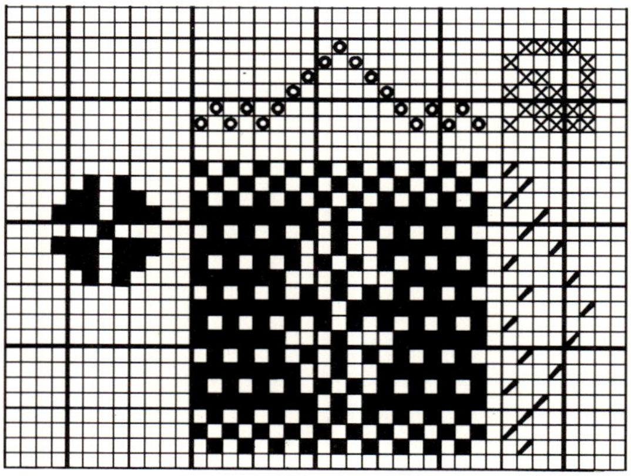

262: Schußlanciertes Gewebe

Gewebe mit farblichen Verflechtungen
Hierbei handelt es sich um eine Gruppe von Gewebemustern, die sich in einem ganz bestimmten Zusammentreffen von Bindung und Farbgebung bilden. Schon mit zwei Schäften lassen sich überraschende Effekte erzielen.
Man wendet dazu einfache Grundbindungen an und wechselt mit zwei kontrastierenden Farben Kett- und Schußfäden im Verhältnis 1:1, 2:2 oder mehr. Der Bindungsrapport muß ebenso groß sein wie der Farbrapport oder ein Vielfaches davon betragen.
Die Patrone allein zeigt nicht die Wirkung des Musters. In dem Bindungsbild ist deshalb, entgegen den Regeln, die Farbe des Schusses mit eingezeichnet (Abb. 264, 265, 266).

263: Farbverflechtung K$\frac{2}{2}$ zu Abbildung 264a

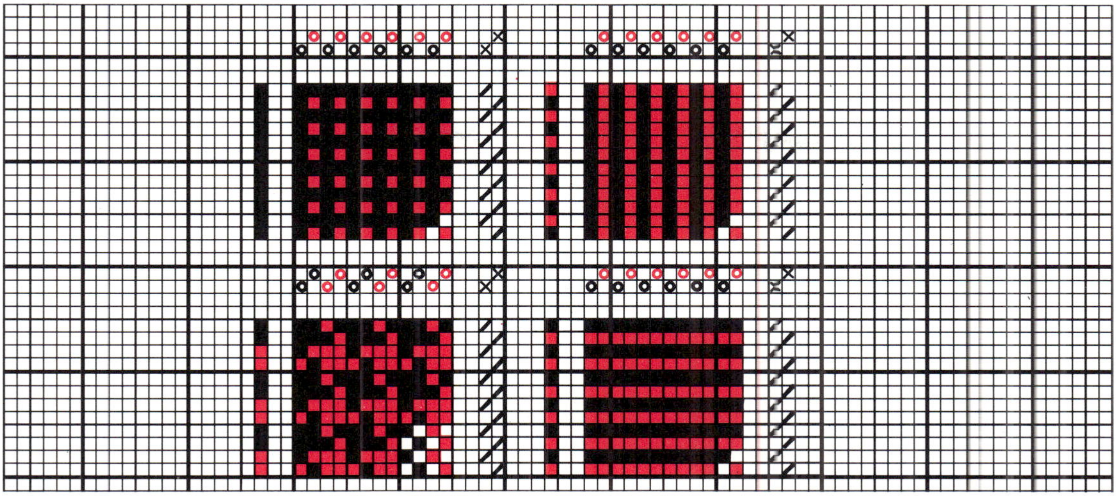

264: Farbverflechtungen mit 2 Schäften

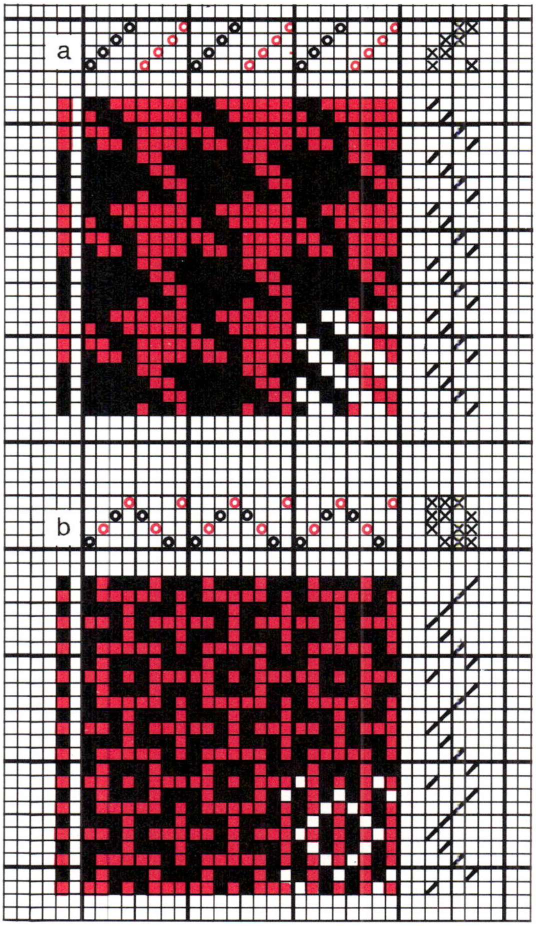

◁ **265:** Farbverflechtungen mit vier Schäften

266: Farbverflechtungen, Gewebebild und Patrone ▽

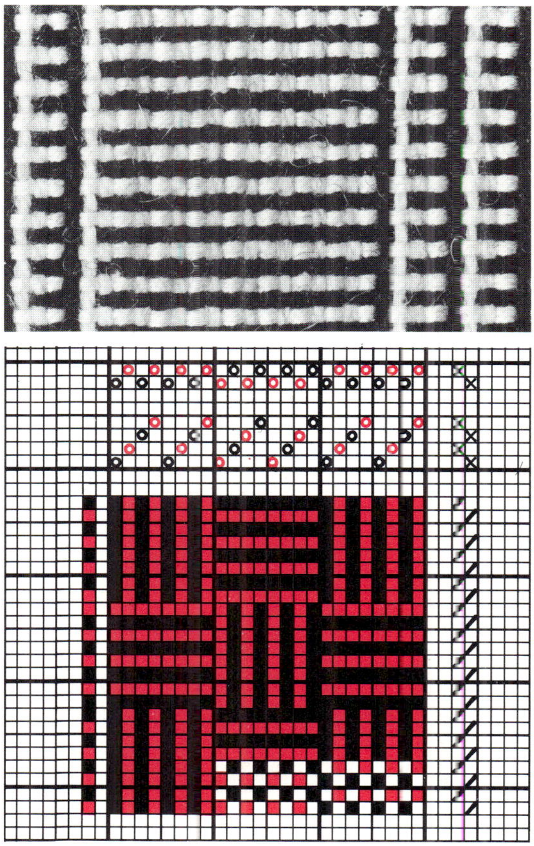

Damast

Den Namen Damast führt man zurück auf die Stadt Damaskus. Im Vorderen Orient wurde diese kunstvolle Technik des Webens am Zugwebstuhl schon sehr früh ausgeübt. Ihren Ursprung vermutet man in China, aus dem schon im Altertum derartige reichgemusterte Gewebe gekommen sein sollen.

Der Begriff „Damast“ wird in der Praxis oft nicht exakt angewendet. Nicht jeder bindungsgemusterte Stoff hat eine Damastbindung. Häufig handelt es sich dabei um Jacquardgewebe, die nach einem anderen Prinzip und auf anderen Webstühlen hergestellt werden. Beim wirklichen Damast, im technischen Sinne, ist nur je eine Kett- und Schußbindung vorhanden, die sich bei einwandfreier Gegenbindung an den Konturen mehrfädig abstuft. Diese drei Voraussetzungen müssen immer gegeben sein.

Damaste werden häufig einfarbig oder Ton in Ton gewebt. Ihre Muster erkennt man trotzdem durch die unterschiedliche Reflexion des Lich-

267: Kontermarschstuhl mit einer Zusatzeinrichtung für Damastweben

268: Damastmöbelstoff

tes in den Kett- und Schußpartien. Durch die Lichtwirkung auf den langflottierenden Fäden erklärt sich auch der schöne Glanz, der ihnen eigen ist. Außerdem werden für derartige Arbeiten nur die besten Materialien verwendet.

Auch auf einem Handwebstuhl sind die schönen, vielfältig gemusterten Damaststoffe herzustellen (Abb. 267). Allerdings bedarf es dazu einiger Zusatzeinrichtungen, denn so viele Schäfte, wie selbst zu einem einfachen Damast erforderlich wären, sind auf einem normalen Handwebstuhl nicht unterzubringen. Diese kurzen Ausführungen können die Damastweberei auch nicht annähernd erschöpfend darstellen. Es gibt verschiedene Techniken, Damast herzustellen, aber allen ist das folgende Prinzip gemeinsam: Es sind zwei Geschirre im Webstuhl. Das eine, hintere, hebt die Mustergruppen aus (Mustergeschirr), im sogenannten Vordergeschirr geschieht dann die Abbindung. In einem Damastgewebe liegen kettbindige Mustergruppen auf einem schußbindigen Grund. Bei der Bindung kann es sich sowohl um Köper als auch um Atlas handeln. Zur Ermittlung einer genauen Gegenbindung gilt, was im Kapitel „Zusammengesetzte Bindungen" (S. 147) gesagt wurde. Wenn der Damast zum Beispiel 4bindigen Kett- und Schußkreuzköper als Grundbindungen hat, bilden jeweils 4 Fäden eine Mustergruppe. Grundbindungen mit großen Rapporten (z. B. 8bindiger Atlas) können auch geteilt werden in zwei Mustergruppen zu je 4 Fäden, d. h. nach jeweils 4 Fäden können neue Muster ausgezogen werden. Eine Damastlitze im Mustergeschirr hat immer mehrere Augen. Sie nimmt so viele Fäden auf, wie Fäden in einer Kettmustergruppe sind.

Im Vordergeschirr wird dann abgebunden, indem aus den gehobenen Mustergruppen ein Bindefaden gesenkt, aus den schußbindigen Partien ein Bindefaden gehoben wird. Dazu sind im Vordergeschirr besondere Litzen erforderlich, die die notwendige Fachöffnung ermöglichen. Sie haben Litzenaugen von etwa 8 cm Höhe (Abb 55, S. 56).

Es entsteht also ein Kreuzfach zwischen den beiden Geschirren, gebildet aus den „Stehfäden" (bei diesem Musterschuß ohne Bindefunktion) und den gehobenen und gesenkten Abbindefäden (Abb. 269).

Das Fach, das auf diese Weise entsteht, ist ziemlich flach. Man verwendet daher besonders flache, feine Damastschützen. Ein Wechsel des Musterschaftes erfolgt erst, wenn so viele Schüsse eingetragen sind, wie für die kleinste Bindungsabstufung erforderlich ist.

Das Kettmaterial für Damastgewebe muß besonders hochwertig sein, da das Kreuzfach das Garn sehr stark beansprucht.

Unterschiedliche Methoden ermöglichen es, das Mustergeschirr auszuheben.

- Technisch am einfachsten ist es, die Musteraushebungen mit Hilfe von eingelesenen Musterstäben (Halbschäften) vorzunehmen. Jede Mustergruppe wird von einem „Schaft" mit Halblitzen aufgenommen, alle Halbschäfte liegen bei der Arbeit hinten auf der Kette. Eine Hilfsperson hebt den entsprechenden Musterschaft aus und schiebt eine breite Leiste zur Fachbildung hinter das Geschirr. Wer keine Hilfe hat, muß bei jedem Musterwechsel aufstehen und selbst das Mustergeschirr herrichten. Natürlich ist es sehr mühsam, auf diese Weise zu weben, aber man kann so doch echte Damaste auf einem normalen Handwebstuhl weben. In Skandinavien ist diese Art der Damastweberei auch heute noch sehr geläufig.
- In einem normalen, aber sehr lang und stabil gebauten Webstuhl haben die rückwärtigen Musterschäfte ihre eigenen Tritte, die aber nur mit Hochzügen angeknotet werden. Man hängt deshalb das Mustergeschirr etwas tiefer als das Vordergeschirr. Der Weber tritt mit dem einen

Fuß das Muster, mit dem anderen bedient er das Vordergeschirr zum Abbinden der Mustergruppen.

● Eine weitere Möglichkeit zur Aushebung der Musterschäfte bietet der Zugwebstuhl. In früheren Zeiten hängte man die Schäfte des hinteren Geschirrs an Schnüren auf, die unter der Decke des Arbeitsraumes nach hinten in den Raum hinter dem Webstuhl geführt wurden und dort von der Decke herabhingen. Manchmal endeten diese Schnüre in hölzernen Kegeln, man sprach dann vom Kegelstuhl, bei anderen wurden die Schnüre auf dem Boden befestigt, von wo sie aus der Vertikalebene gezogen wurden (Zampelstuhl). In jedem Fall war dazu eine Hilfsperson, der berühmte Zugjunge, erforderlich. Er war dafür verantwortlich, daß die richtigen Schnüre gezogen wurden.

Man wendet heute dieses Prinzip abgewandelt bei Handwebstühlen wieder an. Jeder Musterschaft des rückwärtigen Geschirres bekommt mit Hilfe eines Überbaues eine Zugvorrichtung nach vorne hin zum Weber, die dieser mit den Händen bedient. Das Vordergeschirr wird in der gewohnten Weise von den Füßen getreten. Man zieht also die erforderlichen Musterzüge aus, webt mit dem Vordergeschirr 2 bis 8 Schüsse (je nach Bindungskontur) und wechselt danach die Musterzüge. Das Zugmuster eines Stoffes entspricht seinem Erscheinungsbild (Abb. 270), das Trittmuster seiner Bindung.

● Wesentlich vielfältiger werden die Musterungsmöglichkeiten bei der Anwendung einer Schaftmaschine oder eines Jacquardwebstuhls, jedoch stehen diese teuren und aufwendigen Geräte in der Handweberei nur in den seltensten Fällen zur Verfügung.

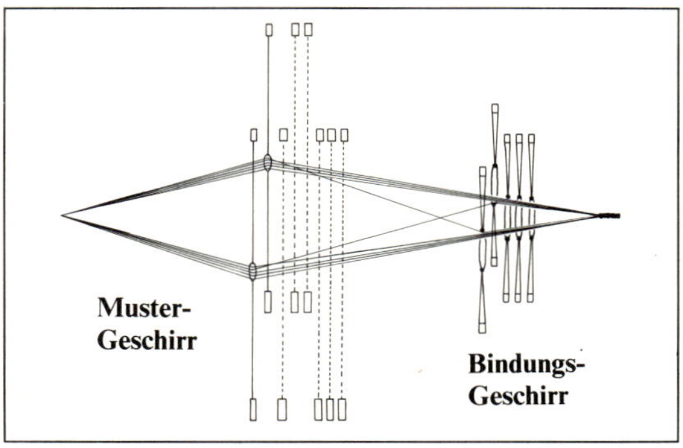

269: Kreuzfach beim Damastweben

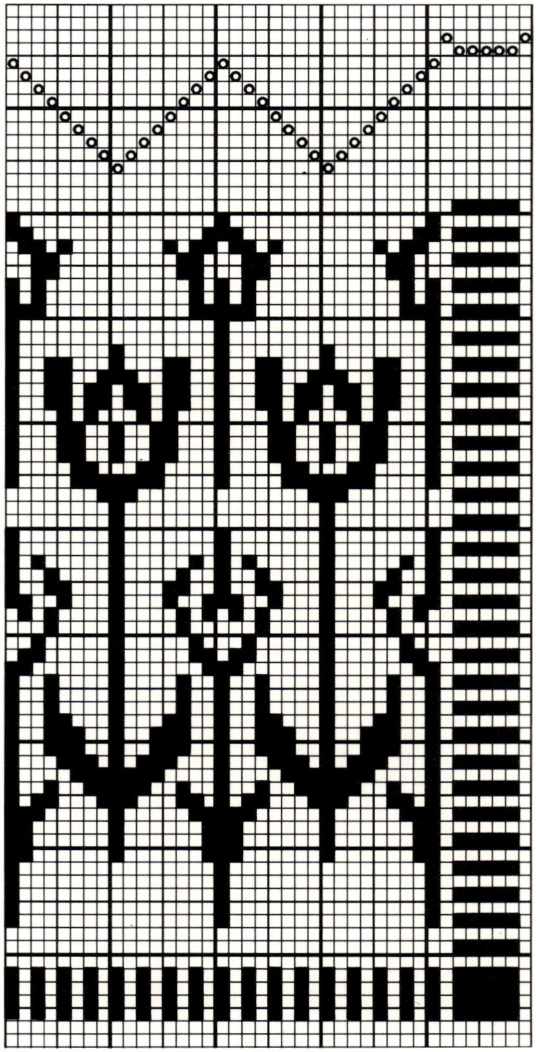

270: Damast, Erscheinungsbild und Gewebebild

Muster zerlegen

Wenn man einen vorhandenen Stoff nachweben möchte, dessen Bindung, Fadendichte und -feinheit, Materialqualität und vielleicht Farbrapport unbekannt sind, fertigen wir aus dem Stoffmuster eine Patrone an, die alle erforderlichen technischen Angaben erhält.
Manchmal ist das schwierig, denn alte Stoffe sind oft verfilzt oder aufgerauht. Gehen Sie dabei in folgender Weise vor:

1. Schneiden Sie sich – fadengerade – ein Stück Stoff aus (z. B. 10 × 10 cm groß). Scheren Sie eine eventuell vorhandene Aufrauhung ab, bis die Fadenstruktur sichtbar wird. Auch vorsichtiges Absengen der losen Fasern legt das Gewebe frei.

2. Bestimmen Sie die rechte Gewebeseite. Manche Stoffe sind gleichseitig („beidrecht"). Im allgemeinen ist die schönere die rechte Seite oder die, auf der das kostbarere Material vorherrscht.

3. Bestimmen Sie Kett- und Schußrichtung. Wenn eine Webekante (Leiste) vorhanden ist, läßt die Frage sich schnell beantworten. Ohne Webekante ist man auf einige Erfahrensregeln angewiesen.

- Das festere, schärfer gedrehte Material ist meist die Kette, das weichere, fülligere der Schuß.
- Bei unterschiedlichen Qualitäten ist die „unproblematischere" die Kette (z. B. bei Baumwolle/Leinen ist es die Baumwolle, ebenso bei Baumwolle/Wolle).
- Bei vielen Stoffen ist die Kettdichte höher als die Schußdichte. (Ausnahmen: z. B. Schußrips!)
- Wichtigste Erkennungsmethode ist die Dehnungsprüfung: Zocken Sie den Stoff mehrmals längs und quer. In Schußrichtung gibt die Probe meist mehr nach als in Kettrichtung. Sie hören es auch am Ton beim plötzlichen Ruck: In der straffer gespannten Kettrichtung klingt er etwas heller als in Schußrichtung.
- Karos sind oft in Kettrichtung etwas verlängert.
- Strichtuche sind in Kettrichtung gebürstet.

4. Die Bindung wird ermittelt. Bei gröberen Stoffen können Sie die Bindung mit dem bloßen Auge auszählen, für sehr feine Gewebe benötigt man eine Fadenzähllupe.

Man entfernt die ersten Schußfäden aus der Stoffprobe, so daß die Kette ungefähr einen halben Zentimeter Fransen bildet, und legt sie auf eine farblich gut kontrastierende Unterlage in Kettrichtung vor sich. Nun schiebt man den obersten Schußfaden mit einer Nadel vorsichtig ein bißchen frei, so daß er noch in den Kettfäden haftet, aber von seinem Schußnachbarn abgetrennt liegt. In das bereitgelegte Patronenpapier zeichnet man jetzt die erste Schußreihe Kettfaden für Kettfaden ein. Jede Kettheburg bekommt ein ausgefülltes Kästchen, jede Kettsenkung bleibt frei. Zeichnen Sie so viele Kettfäden, bis mindestens ein erkennbarer Rapport abgeschlossen ist, besser noch mehrere.
Danach entfernen Sie den ersten Schußfaden und lockern den zweiten ein wenig. Stellen Sie sicher, daß Sie wirklich immer mit dem gleichen Kettfaden zu zählen und zu zeichnen beginnen, sonst ist alle Mühe vergebens. Am besten zieht

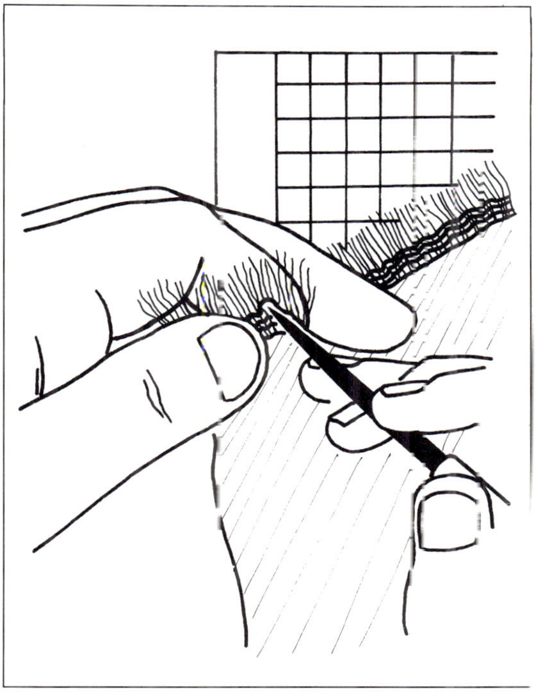

271: Muster ausnehmen

man einen Kettfaden aus dem Gewebe. Die erkennbare Fadengasse ist immer der Anfang. Fahren Sie so lange fort, bis auch in Kettrichtung mindestens ein Rapport festliegt.

Bei sehr hoher Fadendichte ist es unter Umständen bequemer, in Kettrichtung auszuzählen. Man lockert dafür einen Kettfaden und zeichnet seine Bindung von oben nach unten. Manchmal, bei feineren Stoffen, ist es praktischer, den Stoff in die linke Hand zu nehmen und immer jene Kettfäden zwischen Daumen und Zeigefinger festzuhalten, die gerade gezeichnet werden (Abb. 271).

Bei besonders feinen Geweben bedient man sich der Fadenzählupe. Ihr Ständersockel gibt einen Ausschnitt von genau 2 × 2 cm Gewebe frei. Im übrigen verfährt man, wie oben erklärt.

Farbrapporte werden ausgezählt und in Kett- und Schußrichtung an den Rändern der Patrone vermerkt (u. U. mit kleinen Symbolen wie × = rot, ○ = weiß, / = gelb usw.). Wenn mindestens ein Rapport in Kett- und Schußrichtung ermittelt ist, lassen sich daraus in der bekannten Weise, Einzug, Tretweise und Verschnürung ermitteln.

Werfen Sie die herausgelösten Fadenenden noch nicht fort. Damit werden jetzt genauere Materialangaben ermittelt. Die Einarbeitung (Kettrichtung) und das Einweben (Schußrichtung) bestimmt man durch Streckung des gewellten Fadens.

Kett- und Schußdichte werden festgestellt, indem man mehrere Zentimeter auszählt. Kalkulieren Sie dabei die Verluste durch Einweben, Einarbeiten und Einlaufen!

Soweit Aussehen und Griff nicht klar erkennen lassen, um welches Material es sich handelt, helfen die Lupe und die Brennprobe.

Am schwierigsten ist schließlich die Ermittlung der Garnfeinheit. Elektronische Garnwaagen, mit deren Hilfe man Fadengewicht und -länge in ein Verhältnis setzen und so die Stärke errechnen kann, stehen nicht zur Verfügung. So bleibt nur die Möglichkeit des Vergleichs mit anderen, ähnlichen Garnproben. Da man den Verlust durch Abrieb und Einlaufen beim alten Garn in Anrechnung bringen muß, erreicht man dabei häufig nur Annäherungswerte.

Mit den so ermittelten Angaben können Sie eine neue Gewebeplanung aufstellen.

Entwickeln eines Erscheinungsbildes

Ob Gerstenkorngruppen auf einem Handtuch anzuordnen sind, ein gemusterter Kettrips oder eine Tischdecke in Halbdrell entworfen werden soll, Bettelmannsdrell, Plattweberei oder auch durchgehende Bindungen mit Farbrapporten, alle diese Gewebe benötigen einen Entwurf.

Bindungsmuster sind manchmal sehr großflächig angelegt. Sie können, zum Beispiel bei Tischdecken, von einem Geweberand zum anderen reichen. Außerdem geben Patronen oft nicht den Eindruck wieder, den das fertige Gewebe macht, weil darin feinfädiger Grundschuß und stark auftragender Musterschuß in gleicher Stärke gezeichnet werden. Oder es werden im Gewebe Bindepunkte durch Fadenflottierungen verdeckt, die in der Bindungspatrone natürlich sichtbar sind. Die schwarz eingezeichneten Ketthebungen fallen auch stärker ins Auge als die weiß bleibenden Schußfäden, obwohl häufig gerade der Schuß die Musterung bildet. Auch verlangen manche Mustermotive nach mehrfachen Wiederholungen einen symmetrischen Abschluß, so daß der letzte Rapport, Musterabschluß genannt, unvollständig ist.

Aus diesen Gründen zeichnet man sich für gemusterte Gewebe vor und mit der Entwicklung der Bindungspatrone ein Erscheinungsbild.

Wie es entsteht, soll an einem Beispiel demonstriert werden. Wir benutzen dazu Patronenpapier oder größer kariertes Handarbeitspapier.

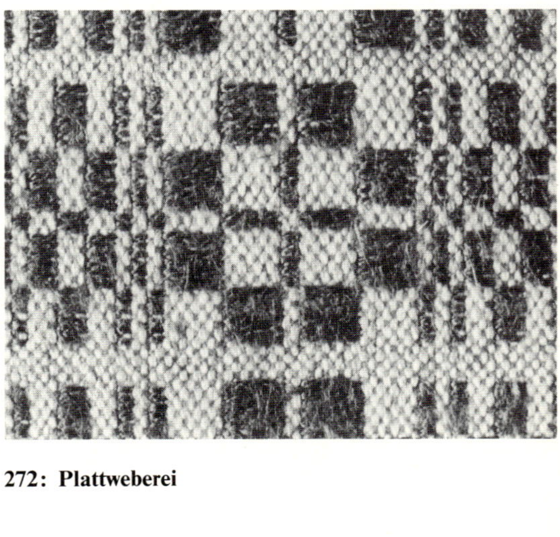

272: Plattweberei

● Die Bindung wird festgelegt. Geplant ist ein Tischläufer in Plattweberei (Abb. 272).

● Die gewünschte Gewebegröße, Kett- und Schußdichte werden bestimmt. Daraus ergibt sich die vorläufige Gesamtkettfadenzahl. Breite 40 cm, Länge 160 cm, Kettdichte 8 Fäden pro Zentimeter, Gesamtkettfadenzahl 320 Fäden, Grundschuß 8 F./cm, Musterschuß 8 F./cm.

● Im Erscheinungsbild wird das gezeichnet, was ins Auge fällt (Abb. 273 a). In unserem Fall ist das der Musterschuß. Es könnte auch z. B. eine Scheindrehergruppe sein oder zwei, vier oder mehr Ripsfäden eines Bettelmannsdrells usw.

Bei der Plattweberei werden nur die Musterschüsse gezeichnet. Wo sie auf der Unterseite liegen, bleibt das Kästchen weiß.

● Das Muster wird verkürzt, d. h. verkleinert dargestellt (Abb. 273 b). Man zeichnet nicht jeden einzelnen Faden. Ein ausgefülltes Kästchen bedeutet die kleinste Mustereinheit, die aus mehreren Fäden besteht.

Bei der Plattweberei flottiert der Musterschuß über mindestens zwei leinenbindige Kettfäden (Abb. 273 c). In unserem Fall ist das die kleinste Mustereinheit. Bei feineren Geweben könnte die kleinste Musterflottierung über 4 oder mehrere Fäden gehen. Ein ausgefülltes Kästchen des Erscheinungsbildes sagt also aus: 2 Kettfäden, 1 Grundschuß und 1 Musterschuß über 2 Kettfäden. Ein weißes Kästchen bedeutet: 2 Kettfäden, 1 Grundschuß (der Musterschuß liegt auf der linken Seite). Nach einer Anzahl von Musterschüssen kann man die Partien auswechseln. Wo vorher der Musterschuß auf der Oberseite lag, wird er in der anderen Partie auf die Unterseite gebracht. Es entsteht so ein zweiteiliges Muster (Abb. 273 b).

● Über dem Erscheinungsbild zeichnet man, ähnlich wie bei einer Patrone, den verkürzten Einzug. Das Zeichen „Kreis" bedeutet dann nicht eine Litze, sondern eine Schaftgruppe, die diese kleinste Mustereinheit bilden kann. Entsprechend verhält es sich bei den Tritten. Im Raum für die Verschnürung wird angekreuzt, welche Trittgruppe mit welcher Schaftgruppe arbeitet.

Jetzt prüfen wir, ob uns das Gewebebild, so, wie es entworfen ist, gefällt. Wahrscheinlich würde das Erscheinungsbild zu groß, wenn man das ganze Gewebe darstellen wollte.

● Darum verkürzen wir noch einmal und zeichnen das ganze Stück oder einen sinnvollen Teil davon maßstäblich auf, ordnen in Kett- und Schußrichtung die Muster an und zählen sie aus (Abb. 273 d).

Ein Kästchen des Erscheinungsbildes sind 2 Kettfäden, das ganze Motiv ist 29 Kästchen = 58 Kettfäden breit.

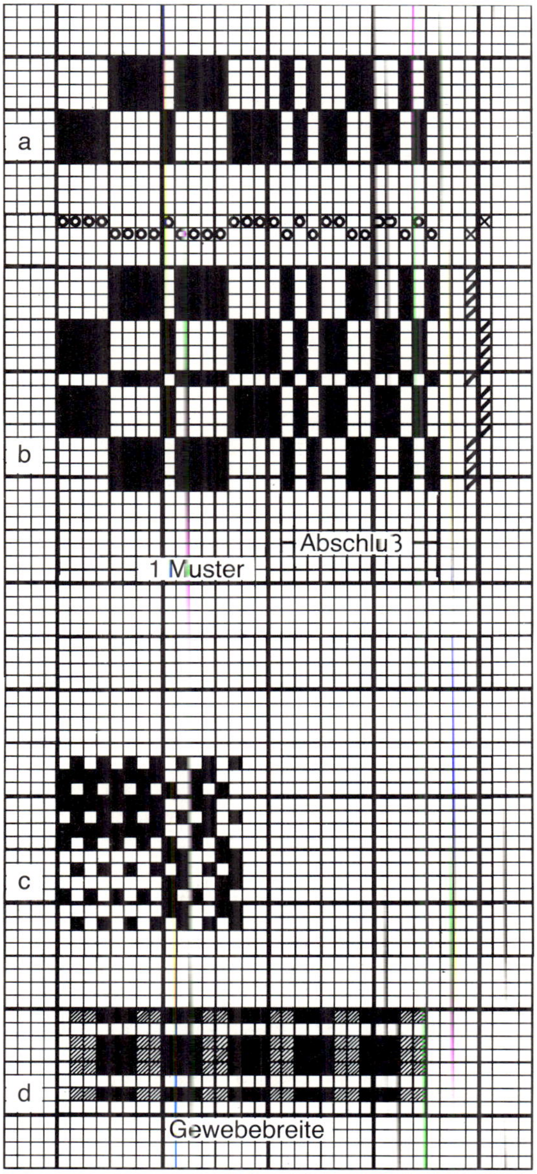

273: Entwickeln des Erscheinungsbildes zu Abb. 272

5 Motive benötigen 5 × 58 = 290 Fäden. Der Entwurf sieht ausgewogener aus, wenn der rechte Rand des Motivs als Abschluß der Musterreihe links noch einmal erscheinen würde (Musterabschluß). Die 12 rechten Kästchen des Motivs werden also als linker Abschluß wiederholt = 24 Fäden. Wenn wir jetzt noch auf jeder Seite 8 Fäden Randverstärkung berechnen, kommen wir auf eine Gesamtkettfadenzahl von 290 + 24 + 8 + 8 = 330 Fäden. Dadurch vermehrt sich die anfangs geplante Kettfadenzahl um 10 Fäden.

Bei großflächigen Musterbildern ist es manchmal schwierig, die Größe des Musterrapportes auf die geplante Breite und Kettfadenzahl abzustimmen. Dann muß man entweder den Musterabschluß erweitern oder schmaler ansetzen oder auch das ganze Motiv verändern.

● Zum Schluß wird die Bindungspatrone gezeichnet, sie muß aber nicht den ganzen Einzug umfassen. Es reicht, wenn man die beiden Mustergruppen entwickelt (Abb. 274 a). Für jede Mustergruppe wird die Einzugspartie gezeichnet, am Erscheinungsbild daneben läßt sich ablesen, wie oft die einzelnen Gruppen eingezogen werden.

Wenn Ihnen das anfangs noch zu unübersichtlich ist, zeichnen Sie sich den Einzug für einen Rapport ganz aus, der dann entsprechend wiederholt wird. Zuletzt folgt der Musteranschluß (Abb. 274 b).

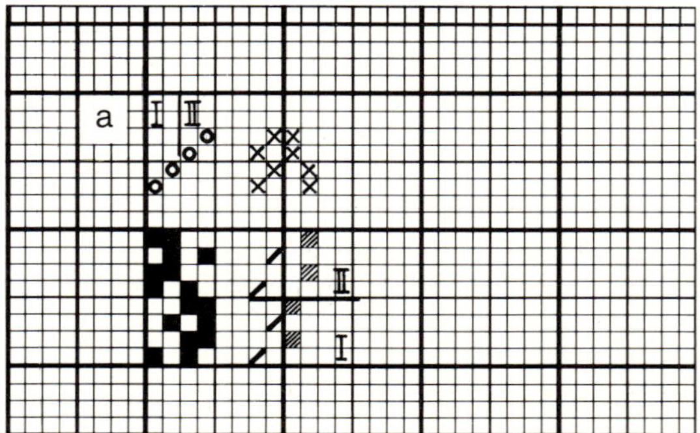

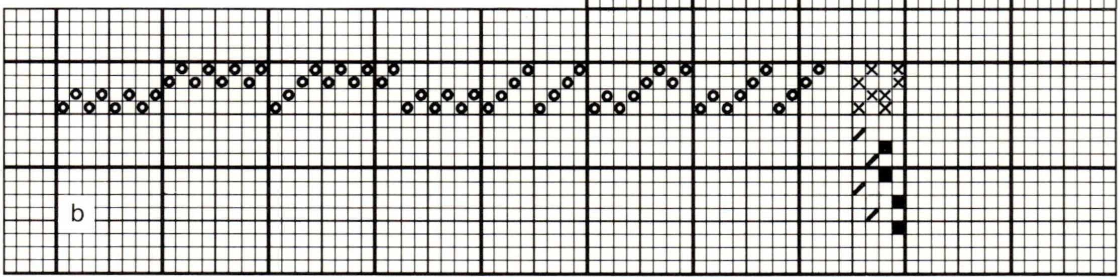

274: Einzugs- und Trittpartien für eine 4schäftige Plattweberei (a), Einzug für das Muster Abb. 273 b (b)

Bildnerisches Weben

Alle vorher besprochenen Gewebe haben ihre Musterung unter Einsatz verschiedener Materialien und Farben aus der Bindung erhalten. Der Schußeintrag geschah mit Hilfe eines Schiffchens über die gesamte Gewebebreite.
Die stilbildende Technik der Bildweberei ist eine andere. Sie verzichtet auf das schaftmäßige Mustern und arbeitet (von Ausnahmen abgesehen) auf der Grundlage der Leinenbindung. Die Kette hat häufig nur technische Funktion und verschwindet vollkommen unter der musterbildenden Abdeckung durch den Schuß.
Mit Ausnahme der Stabdoppelgewebe, die mindestens 4 Schäfte benötigen, sind alle diese Gewebe auf zweischäftigen Geräten herzustellen, also auch auf Rahmen. Besonders angenehm ist das Arbeiten an Hochwebstühlen, weil bei ihnen der sichtbar bleibende Bildausschnitt größer ist als bei Flachwebstühlen.

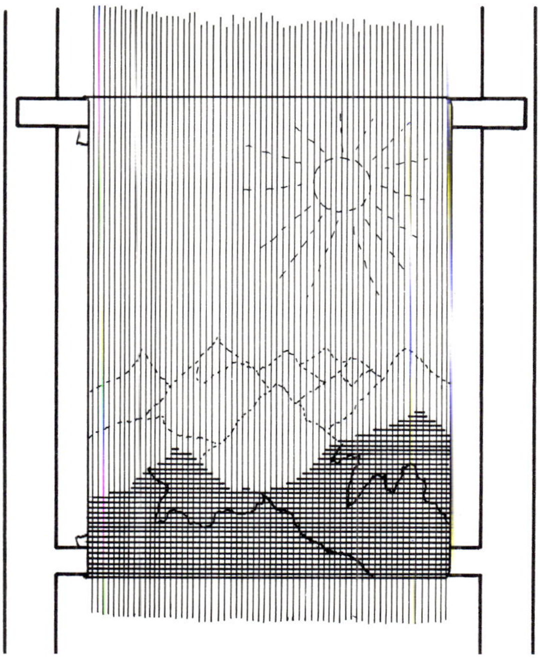

275: Der Karton unter der Kette

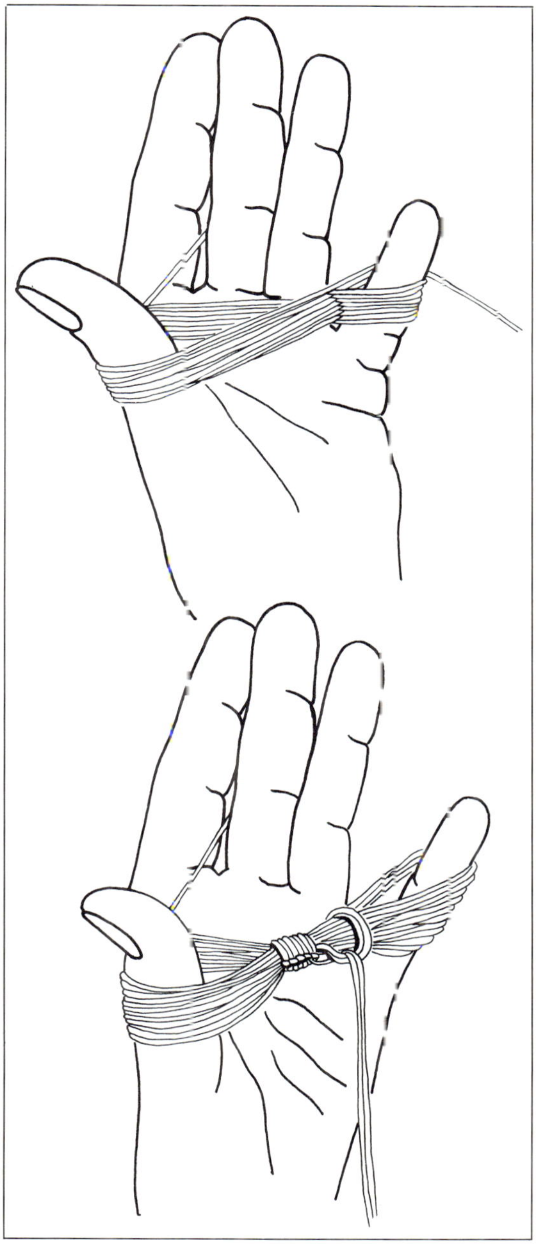

276: Herstellen eines Garnpüschels

Auch wer lieber frei und ohne Vorlage arbeitet, spontanen Einfällen folgen und Stimmungen den Lauf lassen möchte, sollte das Bildfeld zunächst in großen Umrissen gliedern. Man kann sich mit Schneiderkreide Linien auf die Kette malen, wenn diese später nicht sichtbar bleibt.

Für größere Bildteppiche sollte man einen Entwurf in natürlicher Größe anfertigen. Man nennt diese Vorlage im Verhältnis 1:1 den „Karton".

Der Karton wird, nachdem man angewebt hat, mit Stecknadeln unter die Kette, an das Gewebe geheftet. Man bindet eine Leiste einige Zentimeter tief unter die Kette (beim Hochwebstuhl hinter die Kette) und legt den Entwurf locker darüber, so daß man ihn immer durch die gespannten Kettfäden hindurchschimmern sehen

277: Bildgewebe in Wirktechnik

kann. Die Vorlage wird nicht mit auf den Warenbaum gerollt, weil sich dadurch die Längenverhältnisse leicht verziehen (Abb. 275).
Wenn der Musterschuß nicht über die ganze Gewebebreite eingetragen wird, arbeitet man nicht mit Weberschiffchen. Man fertigt sich Garnpüschel an, die sich weich und handlich durch die Kettfäden des Oberfaches stecken lassen (Abb. 276). Häufig wird auch mit Flieten gearbeitet. Das sind kleine hölzerne Spulen, an deren einem Ende das Garn aufgewickelt ist und die an der anderen Seite zu einer gut geglätteten Spitze auslaufen, mit der man den Schußfaden einstopfen und andrücken kann (Abb. 278).
Anfertigung eines Garnpüschels:

- Den Anfang des Fadens hält man zwischen Ring- und Mittelfinger fest
- und wickelt dann das Garn zwischen dem gespreizten Daumen und kleinen Finger in großen Achten auf.
- Zum Schluß sichert man das Fadenpaket mit einem Schling- oder Langettenstich, den man sehr festzieht. Das Fadenbündel läßt sich nun von innen her, also von dem Fadenende zwischen Ring- und Mittelfinger, aufziehen.

Bevor Sie sich eine große Aufgabe vornehmen, sollten Sie die im folgenden beschriebenen Techniken an kleinen Stücken ausprobieren. Bildnerisches Weben ist nicht schwierig, es verlangt nur eine gute Portion Phantasie, Gestaltungsvermögen, Handfertigkeit und viel Geduld. Die Arbeit geht keineswegs so schnell voran wie bei der Schaftweberei.

Brochieren
Bei brochierten Geweben arbeitet man mit zwei Schüssen. In ein meist leinenbindiges Grundgewebe wird ein Musterfaden eingetragen, der immer nur so weit im Fach bleibt, wie es die Musterkontur vorschreibt (Abb. 279, 280). Dadurch ist für jede Muster- oder Farbpartie ein „eigener" Schußfaden erforderlich.
In das geöffnete Fach legt man einen Grundschuß, schlägt ihn mit der Lade an und legt den Musterschuß in dasselbe Fach ein, indem man durch das Oberfach der Kette greift. Dann schlägt man, zusammen mit dem Fachwechsel, noch einmal an. Der Grundschuß wird natürlich mit einem Schiffchen eingetragen. Für den

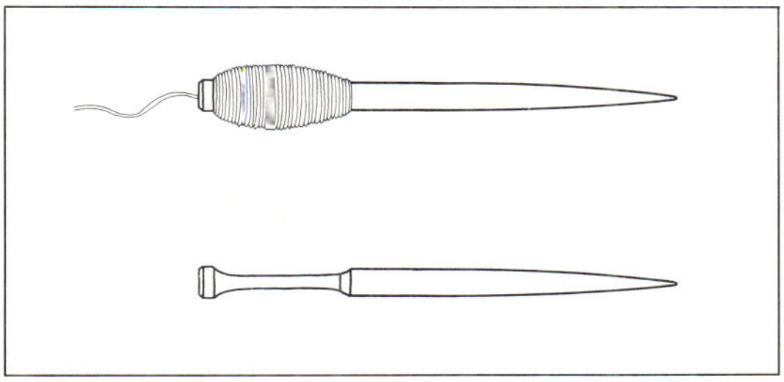

278: Fliete

279: Brochur

280: Schußripsgewebe mit Brochur

Musterschuß fertigt man sich Garnpüschel oder Fliete an. Für jede Musterfläche und Farbe benötigt man einen eigenen Wickel. Die Schußanfänge und -enden schneidet man kurz ab oder legt sie nur ein kleines Stück ins nächste Fach ein, damit sie das Bild nicht stören.

Der Musterschuß kann leinenbindig wie der Grundschuß sein. Wird er in einer anderen Bindung, z. B. Schußköper, gewebt, so kommt er stärker zur Wirkung. In dichten Geweben kann man auch mehrere Grundschüsse zwischen den einzelnen Musterschüssen weben, das Motiv wirkt dann zarter und leichter.

Auch mit allen Mustereinzügen (Schaftweberei) läßt sich brochieren! Mit einem Einzug in Rosengangbindung, Schwedenborte, Halbdrell usw., also immer, wenn es einen Grundschuß und einen Musterschuß gibt, kann man den Musterfaden nur über bestimmte Gewebepartien einlegen, durch das Fach wieder heraufholen und nach dem Wechsel des Grundschusses neben demselben Kettfaden wieder hineinlegen. Zum Beispiel kann man auf diese Weise Tischdecken eine „Umrandung" geben oder ein Motiv auf eine Serviette, eine Bluse oder einen Wandbehang „sticken", wie im Kittel auf Seite 215.

Die Brochur muß besonders sorgfältig vorgenommen werden, der Musterschuß darf nicht einziehen oder beim Eingang in das nächste Fach Schlaufen bilden. Manche Brochuren arbeitet man auf der linken Seite, damit die Umlegestellen und Farbwechsel nicht sichtbar werden. In anderen Fällen verstärken die Übergänge des Musterfadens die Kontur, was unter Umständen erwünscht ist.

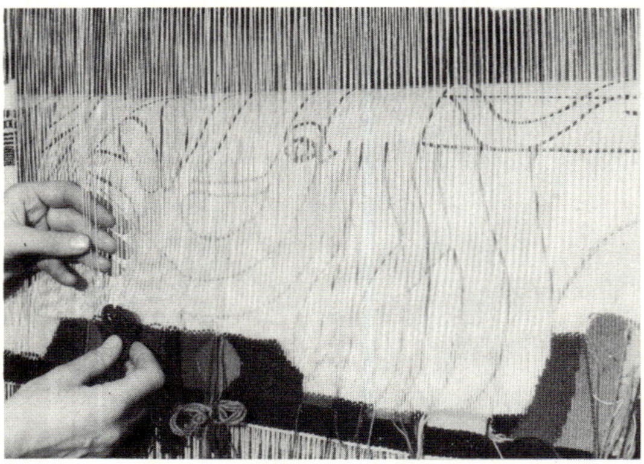

281: Arbeiten am Hochwebstuhl

Besonders reizvolle Wirkungen lassen sich erzielen, wenn man in ein leinenbindiges Grundgewebe von sehr lichter, weiter Kett- und Schußeinstellung brochiert. Der Gewebegrund wirkt transparent, nur in den gemusterten Flächen schließt sich die Oberfläche durch einen dicken, füllenden Schuß, so daß diese „Transparentgewebe" bei durchscheinendem Licht besonders ausdrucksvoll wirken (siehe auch S. 191). Sie eignen sich für Wandbehänge, Gardinen, Lampenschirme usw. Man wählt für solche Transparentgewebe ein festes, feines Material für die Kette, der Grundschuß sollte aus dem gleichen oder gleich starken Material bestehen, der Musterschuß muß 2–3mal so dick sein und gut füllen.

Kelim, Wirken

Diese Namen stehen für Techniken, die einander sehr ähnlich, manchmal gleich sind. Wahrscheinlich handelt es sich um die älteste Art, darstellend zu weben (Abb. 282).

Man arbeitet auf einer Kette aus glattem, festem Leinen-, Hanf- oder Baumwollgarn. Leinen und Hanf sind am schönsten, die Gewebe hän-

282: Kelimgewebe vom Balkan

gen und liegen besonders glatt, allerdings ist Baumwolle wesentlich leichter zu bäumen. Die Kette muß besonders straff gespannt und verhältnismäßig weit eingestellt sein, so daß sich der Schuß dicht zusammendrängen kann. In einem gut gewebten Bildteppich ist von der Kette höchstens der Fransenabschluß sichtbar!

Nehmen Sie sich für Ihre ersten Arbeiten noch keine komplizierten Muster vor. Rechtecke, Dreiecke, Rhomben geben genug Möglichkeit, die Fertigkeit zu üben. Machen Sie sich einen kleinen Entwurf, der Formen und Farben skizziert. Es ist leichter, horizontale als senkrechte Linien zu weben. Dementsprechend ordnen Sie Ihren Entwurf quer oder senkrecht zur Kette an.

Als Schußmaterial eignet sich vor allem Wolle; möglichst ein einfädiges Streichgarn, auch Handgespinste kann man gut verwenden. Die Stärke richtet sich nach dem Zweck (Teppich, Kissen, Wandbehang usw.) und nach der Ketteinstellung. Für die ersten Versuche ist eine Kettdichte von 20 Fäden auf 10 cm zu empfehlen, dazu Schußgarn Nm 1 bis Nm 2. Feinere Bildgewebe haben 4–5 Fäden pro Zentimeter in der Kette und als Schuß Spezialgarn Nm 7/2 oder 7/1.

Man beginnt (und endet) gern mit einer Maschenreihe, die sowohl optisch als auch technisch einen guten Rand bildet. Außerdem verteilen sich dadurch die Kettbündel gleichmäßig, so daß beim Anweben keine Gassen entstehen können. Als Material dazu dient Kettgarn oder ein anderes, farblich neutrales Garn. Der Faden liegt hinter bzw. unter der Kette, der Anfang wird links am Webstuhl festgebunden. Sie beginnen nun am linken äußeren Kettfaden und ziehen Luftmaschen wie beim Häkeln um jeweils zwei Kettfäden. Die Schlinge, die man heraufzieht, kann bequem groß sein, man zieht sie dann so fest, daß die Kettfäden einen korrekten Abstand haben. Jeweils um einen Kettfaden versetzt, kann man auch eine zweite Schlingenreihe darauf setzen. Den festgebundenen Anfang und das Ende des Fadens legt man ins erste Fach (Abb. 283).

Nun werden einige Reihen Grundschuß gewebt, wobei man darauf achten muß, reichlich Schußlänge zuzugeben, damit der Bildrand nicht einzieht. Das Mustern kann beginnen. Vom Schußmaterial hat man sich Garnpüschel gewickelt. Die Anfänge der Schußfäden werden ins Fach gelegt, für jede Musterfläche einen, alle in gleicher Richtung laufend. Das Fach wird gewechselt und die Schußfäden zurückgeführt. In der Bildweberei gehören immer ein Hin- und ein Rückgang des Schusses zusammen, man nennt das einen Doppelschlag. Der Schußfaden bildet im Fach einen kleinen Bogen, damit er genügend Länge hat, sich um den Kettfaden zu winden. Die Anfangsfäden legt man ins erste Gegenfach, nur ein kurzes Stückchen, damit sie nicht stören.

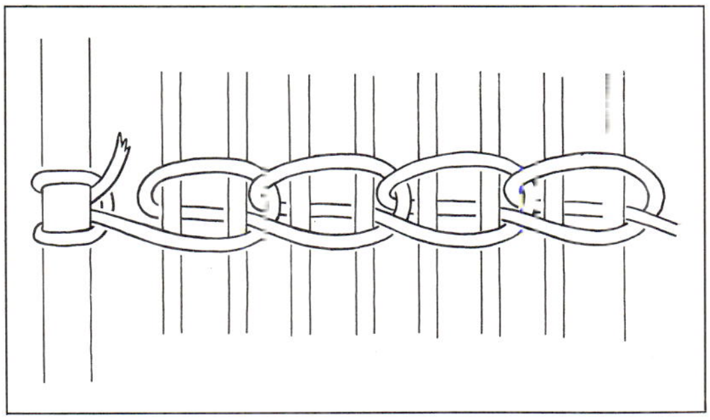

283: Schlingenreihe

284: Verbinden von Farbfeldern

Man kann die Anfänge auch grundsätzlich auf der linken Gewebeseite einige Zentimeter lang hängen lassen, allerdings ist dann das Gewebe nur einseitig zu nutzen. Früher wurde das bei den Bildteppichen sehr häufig gemacht. Das Versäubern der Fadenenden stört nämlich unter Umständen das Bild bei besonders feinen Konturen. Die vielen, hinten lose herunterhängenden Musterenden bildeten gewissermaßen einen Pelz, ein Wärme- und Luftpolster gegen die Feuchtigkeit der Wand. In anderen Teppichen wurden die Fäden nach dem Weben vernäht. Nach 2–3 Reihen wird der Schuß mit einem Klopfer, dessen Schwere sich nach der Feinheit der Arbeit richtet, zusammengeklopft. Sie werden sehr schnell herausfinden, wie die Konturen der Muster sich bilden, wenn sie steigen und fallen, flach oder steil, bogig oder gerade (Abb. 284). Wir wollen uns im einzelnen die Möglichkeiten ansehen, wie dieses „Zeichnen mit dem Faden" aussehen kann:

- Farbübergänge in Schußrichtung sind einfach zu erzielen. Man legt einen, dann zwei und immer häufiger Fäden der neuen Farbe in das Farbfeld der „alten", bis diese Farbe langsam überwiegt und die erste Farbe abklingt. Häufig arbeitet man auch nicht mit einem dicken, sondern mit mehreren feinen Fäden, die man farblich mischen und fein abstufen kann.
- Wenn zwei Farbflächen senkrecht aufeinandertreffen, bildet sich ein Schlitz, weil die Schußfäden wie bei einer Webekante immer um denselben Kettfaden zurücklaufen. Diese Erscheinung ist typisch gerade für Kelimgewebe (Abb. 285a). Man kann die Schlitze später von links zunähen – erforderlich ist es nicht. Im Gegenteil, manchmal wird die Schlitzbildung betont, indem man den Schußfaden (was wir sonst peinlich vermeiden!) einziehen läßt.
- Im Gegensatz dazu erreicht man eine sehr feste Verbindung von Farbflächen, wenn man in

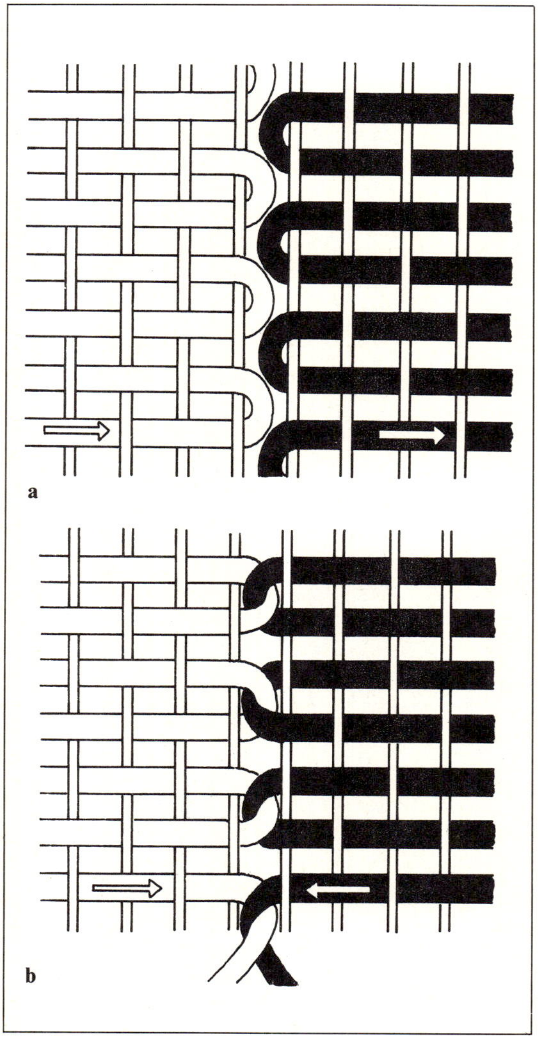

285: Schlitz weben (a), Verbinden von 2 Farbfeldern (b)

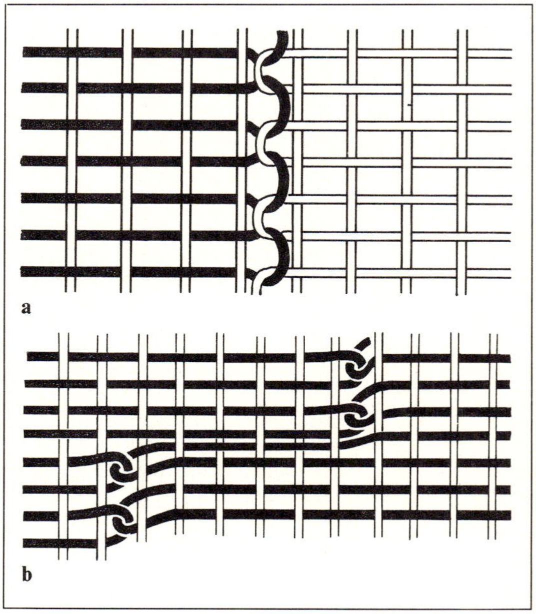

286: Verbinden (a) und Versetzen (b) von Farbfeldern

jeder oder jeder zweiten Reihe die Nachbarschüsse miteinander verschränkt (Abb. 286 a). Diese Verbindung sauber und gleichmäßig zu weben, ist schwieriger als Schlitze vorzusehen, weil die „Verschränkung“ leicht in das linke oder rechte Farbfeld hineingezogen wird und die Kontur nicht ganz gerade gerät (Abb. 285 b).

- Senkrechte Linien können auch regelmäßig um einen oder mehrere Fäden vor- und zurückspringen.
- Schräge Linien bilden sich, wenn der Schuß einen oder mehrere Kettfäden weiter fortschreitet. Dann liegen, über kürzere Strecken, zwei Fäden im Fach (Abb. 286 b), große Musterversätze beginnt man lieber mit einem neuen Fa-

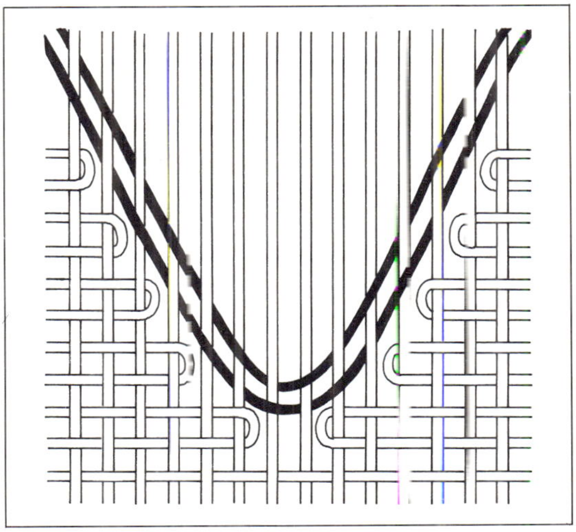

287: Kontur einlegen ▷

288: Koptisches Gewebe, 4.–5. Jahrhundert, Nereiden, Pelizäus-Museum, Hildesheim

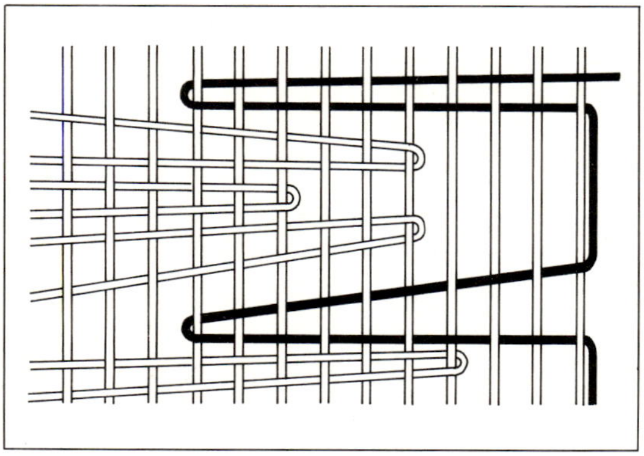

289: Schraffur

den. Es hängt von der Dicke des Materials und dem Verlauf der Kontur ab, wie oft man einen Schuß wiederholen muß.

● Streng geometrische Muster kann man gleichmäßig über die ganze Gewebebreite entstehen lassen. Wellen und Bogen, Muster, die sich nach oben verjüngen, baut man partieweise auf und setzt dann die nächste Fläche daneben (Abb. 290).

Je flinker und geübter Sie weben, desto anspruchsvoller werden Ihre Entwürfe. So möchte man zum Beispiel feine Linien zeichnen und Farben auch in vertikaler Richtung ineinander übergehen lassen (Abb. 289). Was die Farbabstufungen anbetrifft, gibt es stilistisch große Unterschiede. Man kann Fläche neben Fläche setzen, jede eine Nuance heller oder dunkler. Man kann aber auch Farbflächen ineinanderfließen lassen, indem einzelne Fäden der einen Fläche in die benachbarte eindringen. Schraffur nennt man dieses Verfließen von Farben, es gehört viel Übung und Einfühlung dazu, diese kunstvolle Technik zu beherrschen (Abb. 291).

● Für die besonders feine Zeichnung einer Form (Kontur, Umrandung) wählt man ein farblich intensives Garn und läßt es mit einem oder zwei Doppelschlägen um die ganze Figur laufen. In horizontaler Richtung ist das einfach, bei stark steigenden Linien müssen die Schußfäden unter Umständen große „Sprünge" machen, für senkrecht verlaufende Linien werden ein oder zwei Kettfäden umwickelt.

Sobald man den streng linearen Entwurfsaufbau der Kelimtechnik verläßt und Wellen und Bogen gestalten will, verläßt auch oft der Schußfaden den exakten horizontalen Fadenlauf und schmiegt sich den runden Formen an (Abb. 287). Dadurch bekommen die Motive eine gewisse Plastizität. Aber Vorsicht: Diese Partien neigen auch dazu, Beulen zu bilden! Die Kopten, die christlichen ägyptischen Weber der Alexanderzeit, haben dieses Stilmittel virtuos und unbekümmert eingesetzt und manchmal fast senkrecht zur Kette den Schuß eingelegt (Abb. 288).

Aus den koptischen Wirkereien kommt auch der Begriff der „Fliegenden Nadel": Ein Faden zeichnet Konturen auf die Figur, wird aber nicht voll in das Gewebe eingebunden, sondern liegt, einer Stickerei ähnlich, darauf.

● Schwierigkeiten bereitet es immer wieder, große ungemusterte Flächen neben stark gegliederten in ihrer Spannung auszugleichen. Die Schußzugabe in den kleinen Partien ist natürlicherweise größer als in den langen, so daß leicht Beulen entstehen. Man gleicht das aus, indem man auch die große Fläche gliedert und – Farbe in Farbe – Strukturen webt. Das hat nicht nur technische Vorzüge, sondern belebt auch optisch.

290: Aus einer Decke, Nordafrika

Bildgewebe verlieren wie alle anderen Gewebe an Länge, wenn sie entspannt werden. Man muß dem in verschiedener Weise entgegenwirken, damit die Figuren später nicht gestaucht erscheinen. Aufrecht (in Kettrichtung) gewebte Entwürfe müssen also beim Weben immer ein wenig gestreckt werden. Sehr oft webt man aber gerade figürliche Darstellungen quer zur Kette. Wenn dann das Gewebe zusammenspringt, erscheinen die Figuren dadurch schlanker und schmaler. In die anfängliche Schwierigkeit, liegende Formen zu gestalten, hat man sich bald eingearbeitet.

Die Arbeit wird beendet mit einigen Schüssen über die ganze Breite, wobei man wieder auf ausreichende Schußzugabe achten muß.

291: Wirkteppich aus Norwegen, 19. Jahrhundert

Halbkelim

Diese Gewebe findet man oft in der Volkskunst der Balkanländer. Kette und Schuß bestehen aus gleichartigem Material und bilden eine reine Leinenbindung, in der beide Fadensysteme sichtbar bleiben (beim Kelim verschwindet ja die Kette unter dem Schuß). Dementsprechend dämpft die Kette die Farbwirkung des Schusses. An senkrechten Konturen bildet man keine Schlitze, sondern verschränkt die Schußfäden miteinander (Abb. 292).

Diese Technik eignet sich außer für dekorative Gewebe auch für Bekleidungsstoffe (eingelegte Muster!), weil ihre Eigenschaften anderen leinenbindigen praktisch gleich sind.

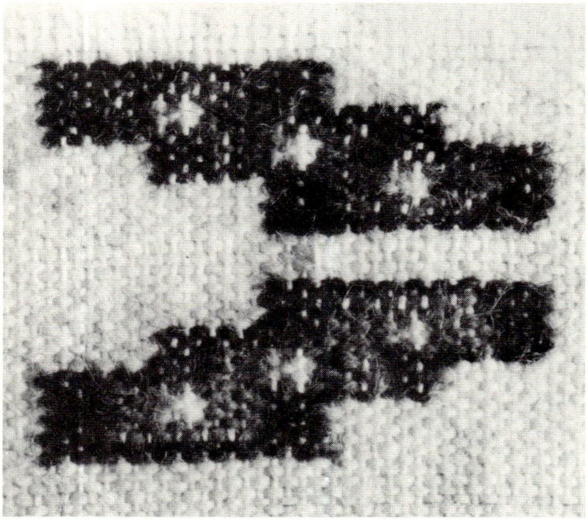

292: Halbkelim

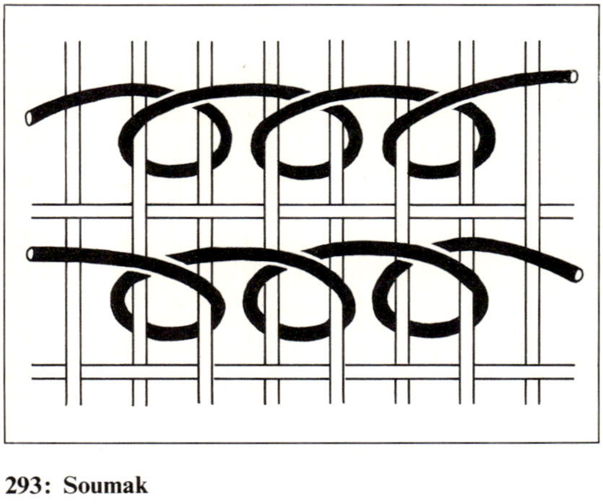

293: Soumak

Soumak

So nennt man einen Schlingenstich aus der vorderasiatischen Teppichweberei, den man bei geschlossenem Fach aus Schußgarn in die Kette einarbeitet. Der Soumakstich liegt auf dem Gewebe, er ist ein wenig erhaben und gibt den so gemusterten Partien eine plastische Wirkung. Man schlingt ihn mit einem Garnwickel entweder von rechts nach links oder umgekehrt oder auch hin und zurück. Die Schlingenreihen können gegenläufig gearbeitet werden oder in gleicher Richtung liegend. Auf jeden Fall befestigt man jede Soumakreihe mit mindestens einem Schußeintrag im Fach. Wie lang man die Schlingen über Kettfäden springen läßt, entscheiden Aussehen und Verwendungszweck (Abb. 293). Ähnlich in der Wirkung wie Soumak ist der Schlingenstich von Abb. 283, der auch ornamental eingesetzt werden kann.

„Perlen" weben

Eine weitere Möglichkeit, ein Gewebe plastisch zu mustern, ist die Perlweberei (Abb. 294). Man fertigt damit gewissermaßen ein Frottiergewebe an, allerdings bilden die „echten" Gewebe dieser Art die Schlingen in Kett- und nicht in Schußrichtung, wie hier beim Handweben. Man webt einen festen leinenbindigen Grund, in den in regelmäßigen Abständen ein Musterschuß aus gut gedrehtem und füllendem Material eingeschossen wird. Zum Auflesen der „Perlen" eignen sich dicke Stricknadeln, deren Stärke auf das Material und die gewünschte Größe der Perlen abgestimmt wird.

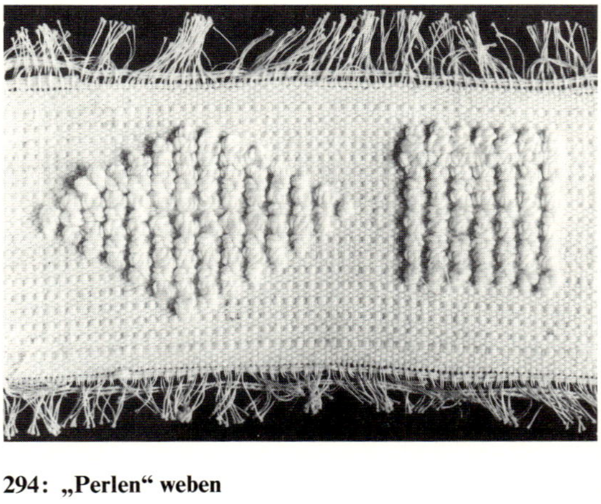

294: „Perlen" weben

Der Musterfaden unterläuft im allgemeinen zwei Kettfäden und überspringt drei für die Schlingenbildung. In der Bindungspatrone ergibt sich dafür ein Spitzeinzug (Abb. 295).
Nach einigen Reihen Grundschuß wird der Musterschuß eingetragen. Dann beginnt man bei geöffnetem Fach den Faden auf die Nadel zu lesen, und zwar von der Seite her, die ein Nachziehen der Fadenlänge erlaubt. Aufgenommen werden natürlich nur die Perlen, die das Muster bilden sollen, in den übrigen Partien bleibt der dicke Faden im Fach.
Beim Aufgreifen der Schlingen (Abb. 296) ist die Drehungsrichtung des Mustergarns von Bedeutung: Die Perlen liegen besser, wenn man ihrer Drehung den natürlichen Drall beläßt und nicht entgegenwirkt.
Nach aufgelesener Schlingenreihe folgen einige Reihen Grundschüsse, und zwar so viele, daß in Kett- und Schußrichtung im entspannten Zustand gleich viele Perlen stehen. Die Nadeln bleiben möglichst lange in der Schlinge; je mehr Reihen man darüber webt, desto fester sitzen die „Perlen".
Perlwebereien wirken sehr schön, wenn sie die Farbe des Grundgewebes haben. Durch die Plastizität der Schlingen tritt das Muster gut hervor.

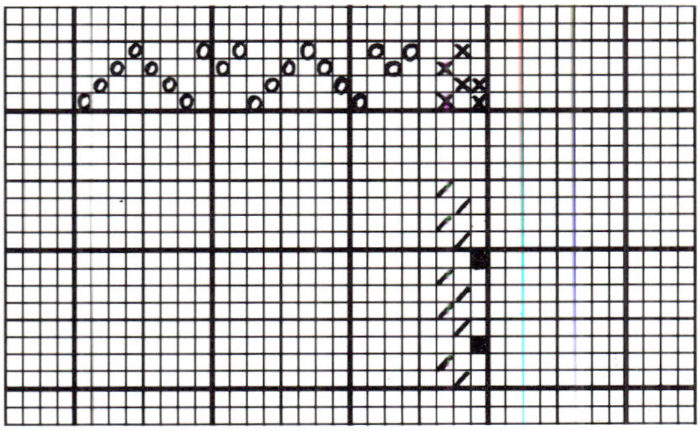

295: Einzug „Perlen" weben

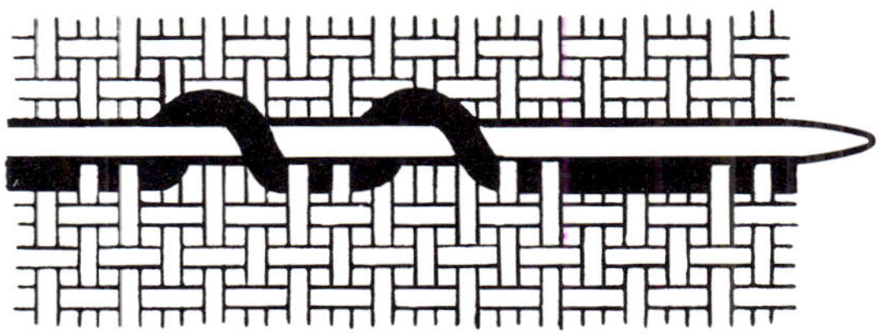

296: Aufnehmen der „Perlen"

297: Nubbenkissen, 19. Jahrhundert, Schleswig-Holsteinisches Landesmuseum, Schleswig

Noppen und Knoten

Sehr ausdrucksvolle und vielfältige Möglichkeiten plastischer Gewebemusterung ergeben sich durch Noppen und Knoten. Bei beiden wird, ohne Fachbildung, ein drittes Fadensystem zwischen Kette und Schuß eingearbeitet.
Knoten und Knüpfungen imitieren ein Fell, man kann annehmen, daß sie zu den ältesten Techniken der Weberei gehören.
Der asiatische und vorderasiatische Kulturraum hat einen unüberschaubaren, kunstvollen Reichtum an Knüpfteppichen und -decken geschaffen und eine dementsprechende Vielfalt in Technik und Gestaltung entwickelt. Daher haben sich auf diesem speziellen Gebiet der Weberei auch viele arabische Namen eingebürgert.
Aber es gibt auch eine reiche und alte Tradition für Knüpfungen im nordeuropäischen Raum. Die an der ganzen Ostseeküste bekannten „Nubbenkissen" und die mecklenburgischen und ostpreußischen Fischerteppiche sind ein Beispiel dafür (Abb. 297).
In der modernen Handweberei haben die schönen skandinavischen Rya-Gewebe diese Technik wieder zu Bedeutung gebracht. Langfloriger und gröber als die Orientteppiche geknüpft, besitzen sie eine große dekorative Wirkung.
Dabei ist Noppen und Knüpfen nicht schwer, kostet allerdings viel Zeit und Material. Die

298: Aufnehmen der Noppen

Vorgehensweise unterscheidet sich in Technik und Qualität (Festigkeit) grundsätzlich von den Knüpfarbeiten, bei denen man in ein fertiges Grundgewebe Fadenenden mit einer Nadel einarbeitet. Am Webstuhl werden Noppen und Knoten in einen Gewebegrund aus Schußrips eingeschlungen. Noppen bilden runde Schlingen, die nicht aufgeschnitten werden, während Knoten aus einzelnen Fadenenden bestehen. Schneidet man Noppen jeweils Reihe für Reihe auf, dann sehen sie genauso aus wie Knoten.

Noppen: Wir benötigen eine flache, geglättete Leiste, über die fortlaufend ein Faden geschlungen wird (Abb. 298). Die Höhe des Lineals bestimmt die Länge der Noppen, die je nach Materialart und -stärke auch weiter auseinandergesetzt werden können, so daß zwischen jeder Schlinge ein oder zwei Kettfäden stehenbleiben. Die Leiste bleibt in den Noppen, bis sie durch einige fest angeschlagene Grundschüsse gesichert sind. Man kann sie über die ganze Gewebefläche bilden und farblich mustern oder partieweise Schlingen bilden, so daß dazwischen das Schußrips-Grundgewebe sichtbar wird. Wenn man die Noppen aufschneiden will, empfiehlt sich eine spezielle Schiene mit einer Stahlnut, in der man mit einem scharfen Messer entlangzieht.

Knoten: Die feinsten persischen und chinesischen Knüpfteppiche haben auf 100 cm² 100 × 100 = 10000 Knoten und mehr! Dagegen nehmen sich unsere Wünsche bescheidener aus: Ein moderner Rya hat auf der gleichen Fläche zwischen 10 × 6 (60) und 15 × 10 (150) Knoten, feinere Knüpfryas bis 500 Knoten. Aus diesen Zahlen geht auch hervor, daß man bei langflorigen Knüpfungen weniger Knotenreihen in der Höhe als Breite hat. Wir wollen ja nicht, daß der Flor wie ein Schafpelz hochsteht, sondern dicht, aber locker liegt. Man erreicht das durch einige Schüsse in Ripsbindung zwischen den Knotenreihen. Andererseits: Wenn die Schußrips-Abstände zu lang werden, erscheinen die Knotenreihen streifenartig, und der Teppich wird zu flach.
Je feiner die Knüpfung ist, desto kürzer kann der Flor sein. Jede neue Reihe soll die Knoten und einen Teil der Fadenlänge der vorigen Reihe bedecken, dazu kommt die Entfernung von einer Knotenreihe bis zur nächsten (Zwischenschuß). Für eine Knüpfung von 12 Knoten auf 10 cm Breite und 9 Reihen in der Höhe kann jeder Knoten etwa 2,0–3,5 cm lange Enden haben. Dazu kommt der Längenverbrauch für den eigentlichen Knoten, der von der Art der Knüpfung und der Dicke des Materials abhängt. Legen Sie einige Proben an, ehe Sie sich größere Mengen Garn schneiden!
Das Knüpfmaterial wird vorbereitet, nachdem der Entwurf gezeichnet, die Dichte der Knüpfung festgelegt und die Länge der Knotenfäden bestimmt ist. Wenn kein Schneidegerät vorhanden ist, nehmen Sie sich eine Holzrolle oder Leiste, deren Umfang der von Ihnen benötigten Fadenlänge entspricht. Denken Sie dabei an den Längenverlust durch Streckung! Bewickeln Sie diese Leiste dicht bei dicht mit dem Knüpfmaterial. Zum Aufschneiden eignet sich ein scharfes (Rasier-)Messer besser als eine Schere. Legen Sie sich einen guten Vorrat von jeder Farbe in ein flaches Körbchen. Man beginnt mit einem Rand von 2 bis 4 cm Ripsgrund, dazu etwa 3 bis 4 cm für den Saum. Auch an beiden Seiten bleiben 2 bis 2,5 cm frei von Knoten.
Dann nehmen Sie, je nach Stärke des Knüpfmaterials, einen oder mehrere der zugeschnittenen Fäden und schlingen eine der Knotenarten in die Kette (Abb. 299). Anfangs geht das noch recht langsam, und Sie werden daher noch

mehr Bewunderung für die Feinheit der orientalischen Knüpfungen empfinden.

Neben jeder Knotenreihe webt man mit dem Garnpüschel mehrere Schußripsschläge, damit die Höhe der Knotung ausgeglichen wird.

Der Teppich endet mit einem Rand und Saum. Die Kettenden werden mit einem Katzenkopfknoten oder Kreuzknoten gut gesichert, kurz geschnitten und mit dem Saum nach links genäht.

Langflorige Knüpfteppiche eignen sich besonders gut zum Zusammensetzen einzelner Teile zu einem großen Teppich, weil die Nähte unter dem Flor vollkommen verschwinden.

Auch für besonders warme Decken oder Ponchos lassen sich Knüpfungen gut verwenden. Als Grundgewebe wählt man dann eine Bindung, die schmiegsamer ist als Schußrips, und setzt sehr viel weniger Knoten oder Noppen ein als für einen Teppich.

Die Knüpftechnik macht es uns leicht, die Farbgebung vielfältig und frei zu handhaben. Viel einfacher als z.B. beim Wirken, lassen sich Schattierungen durch Mischen von Farbtönen erreichen. Die Lichtbrechung ist anders als bei Geweben, die Farben wirken besonders intensiv. Arbeiten Sie einen kleinen Entwurf farbig aus und übertragen Sie die Umrißlinien in na-

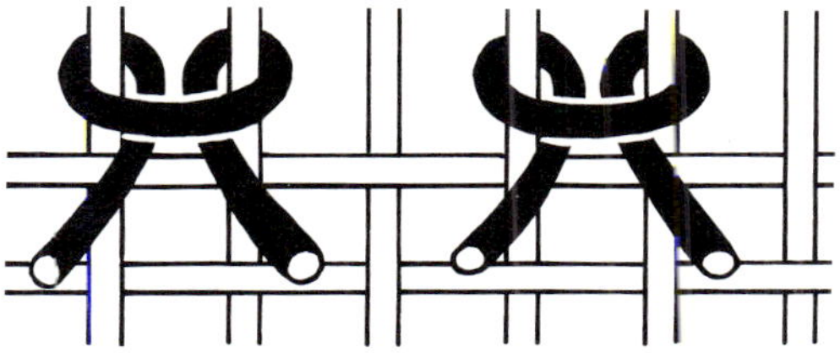

Der Ghordesknoten wird anfangs am häufigsten angewendet. Er ist einfach herzustellen und sitzt sehr fest.

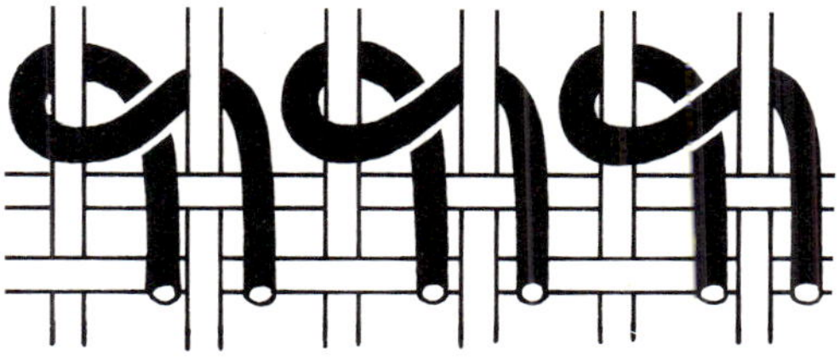

Der Sennehknoten scheint zunächst nicht so stabil. Er sitzt aber auch absolut fest, wenn einige Grundschüsse darüber gewebt sind. Er füllt besonders gut, da er nicht so stark gebündelt wird wie der Ghordes, auch braucht er etwas weniger Material.

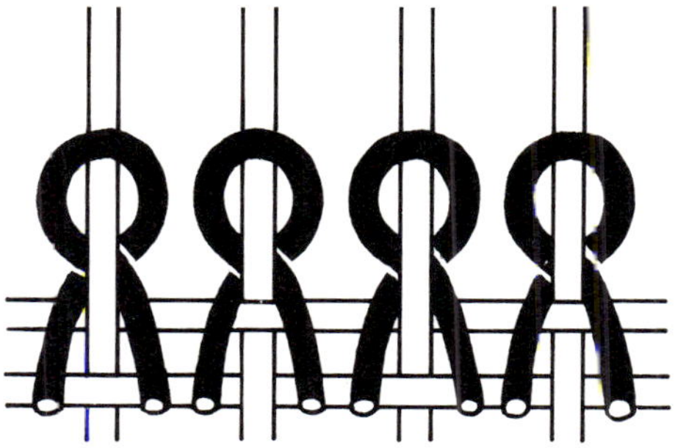

Dasselbe gilt für den Einfadenknoten, der in besonders feinen Knüpfungen verwendet wird.

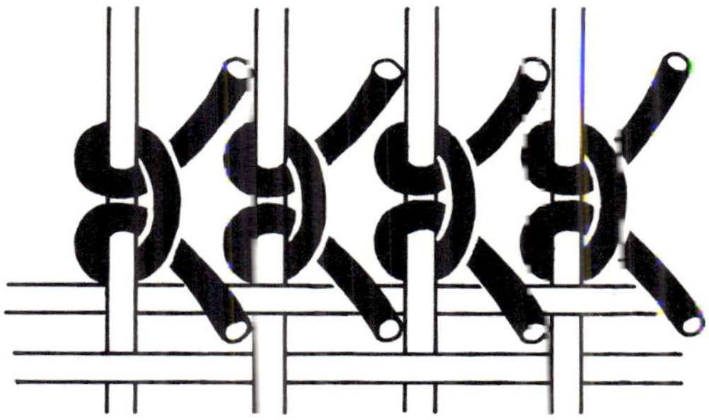

Seitwärts umschlingt man den Kettfaden, wenn der Knoten quer zur Kette fallen soll. Das kann z.B. bei langen Wandfriesen der Fall sein.

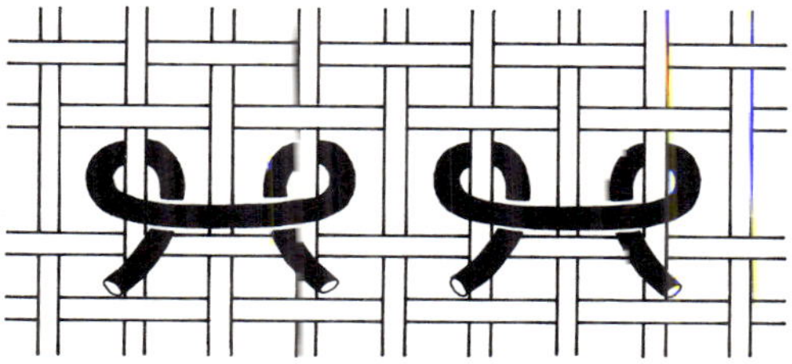

Ghordes bei dichterem Grundgewebe

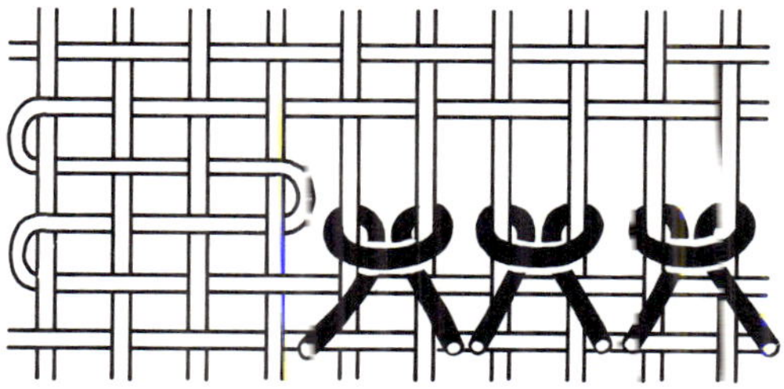

Schußrips befestigt den Teppichrand.

299: Verschiedene Knoten

300: Am Webstuhl

türlicher Größe auf die Kette (Schneiderkreide!). Dann knüpfen sie ohne strenge Vorlage und werfen nur hin und wieder einen Blick auf Ihr kleines Bild.
Wer weniger „malerisch" und mehr in grafischen Formen und Linien gestalten möchte, kann natürlich genau, sozusagen Punkt für Punkt, vorplanen. Zeichnen Sie sich dann den Entwurf in Farbe auf gerastertes Papier, wobei darauf zu achten ist, daß dann in der Höhe weniger Knotenreihen stehen als in der Breite. Als Kettmaterial für einen Ryateppich verwendet man Baumwoll-, Hanf- oder Leinenteppichgarn. Als Grundschuß eignet sich Wolle oder Haargarn Nm 0,5–1,5 oder feiner, je nach Kettdichte. Für den Flor sollte man unbedingt ein spezielles Ryagarn nehmen, das strapazierfähig ausgerüstet und fixiert ist (Stärke meist zwischen Nm 2,5/2 und 3/2; Materialverbrauch Knüpfgarn: ca. 3 kg/qm).

Webstücke zum Nacharbeiten

Material- und Gerätekunde, Fachrechnen und Bindungslehre sind notwendiges Rüstzeug, wenn man ein guter Weber sein will. Damit Sie nun aber über die Theorie hinaus auch Anleitung bekommen, praktisch am Webstuhl zu arbeiten, sind im folgenden Abschnitt Entwürfe ausgemustert.

Die Mustergewebe sind nach zweierlei Gesichtspunkten geordnet. Einmal folgen sie – im wesentlichen – der Gliederung der Bindungslehre. Dabei werden Sie feststellen, daß einige Webtechniken sich gewissermaßen aus dem trockenen Rahmen der „technischen" Bindungslehre herausgelöst und ein Eigenleben begonnen haben.

Die Volkskunst hat sich ihrer angenommen und auf der Grundlage ganz bestimmter Bindungen Gewebe von speziellem und typischem Aussehen entwickelt. Zu den häufigsten Techniken der bäuerlichen Heimweberei zählten zum Beispiel die Gerstenkornbindungen. Technisch gesehen, sind es Abwandlungen der Leinenbindung durch Hinzufügen und Fortlassen von Bindepunkten. Aber welche Vielfalt unterschiedlichster Gewebe hat sich aus dieser einfachen Bindung entwickelt! Oder nehmen wir die bekannte Rosengangbindung. Aus der Einzugsfolge des Gebrochenen Spitzeinzuges ist in der Volkskunst eine Gruppe besonders hübscher, dekorativer und vielfältiger Gewebe entstanden.

Eine Erweiterung der Möglichkeiten reiner Bindungen bietet die Anwendung von Grund- und Musterschuß oder -kette. Gerade diese Gewebe nehmen in der traditionellen Weberei einen großen Raum ein. Dazu gehören zum Beispiel die bekannten Plattwebereien und Halbdrelle mit ihren Abwandlungen, einfacher Rosengang oder die lancierten Gewebe.

In ein – meistens – leinenbindiges Grundgewebe wird ein farblich abstechender, oft auch dikkerer Musterfaden eingebracht. Die Grundbindung gibt dem Gewebe die notwendige Festigkeit, so daß das musternde Fadensystem länger flottieren kann. Dabei kommt man fast immer mit einer kleinen Anzahl von Schäften (vier) aus, zwei leinenbindende Tritte wechseln mit den Mustertritten. Die Verschnürungen werden partieweise (z. B. bei der Plattweberei) oder köperartig (Rosengang, Halbdrell) vorgenommen.

Ein anderer Gesichtspunkt für die Ordnung der folgenden Gewebe ist der Schwierigkeitsgrad. Im ganzen gesehen, steigen die Anforderungen vom Flickenteppich bis zu den Doppelgeweben. Das allerdings muß man mit Vorbehalt vermerken, denn die Schwierigkeit eines Webstücks liegt nicht allein in der Bindung und der Anzahl der Schäfte und Tritte, sondern oft vielmehr in der Widerspenstigkeit eines empfindlichen Materials, hoher Fadendichte usw.

So haben schließlich alle ausgemusterten Gewebe ein Etikett bekommen, an dem Sie erkennen können, welche Anforderungen es an Ihre Webkenntnisse stellt.

1 Schiffchen: für Anfänger geeignet,
2 Schiffchen: für Geübte geeignet,
3 Schiffchen: für Fortgeschrittene mit guter Weberfahrung geeignet

Die Erläuterungen für die einfachen Gewebe mit einem Schiffchen fallen im allgemeinen umfangreicher aus als die für die komplizierteren. Wer ein Hohlgewebe mit Warenaustausch weben will, kann sich die Materialmengen selbst errechnen und braucht keine Ratschläge für die Webekante.

Die hier gegebenen Anregungen haben keinen Anspruch auf Vollständigkeit. Sie bieten einen kleinen Ausblick auf das, was möglich ist.

Die Materialmengen sind rechnerisch und meistens durch Nachwiegen ermittelt. Trotzdem können sich Fehler eingeschlichen haben oder Schwankungen bei Lauflänge oder Gewicht vorkommen. Runden Sie beim Kauf die Mengen nach oben auf: Reste sollten Ihnen immer willkommen sein. Sie sind die Anregungen für spätere Arbeiten.

Einfache Leinengewebe

Flickenteppich

Flickenteppiche werden aus preiswertem Material hergestellt, sie sind daher besonders für einen ersten Webversuch geeignet. Man kann dazu, wie bei den Allgäuer Fleckerlteppichen, einfach in die Flickenkiste greifen und alle die kleinen bunten Reste durcheinander verarbeiten. Das sieht lustig und farbenfroh aus und paßt zu derben, einfachen Möbeln.

Man zerschneidet Gewebereste, so lang die Stücke es erlauben. Alle Enden müssen abgeschrägt werden. Die bunt gemischten Streifen legt man mit der Hand ins Webfach. Jeder neue Schußstreifen muß den alten um einige Zentimeter überlappen. Markante Farben werden gut über die ganze Fläche verteilt.

Sehr schöne Flickenteppiche entstehen aber auch, wenn die Farben des Schußmaterials sortiert und aufeinander abgestimmt werden. Bei dem Flickenteppich von Abbildung 302 sind ein blauer und ein grüner Vorhang verarbeitet worden, das Gelb wurde dazu passend aus Bettwäsche eingefärbt.

Die Stoffe werden zunächst nach Qualitäten sortiert. Wollstoffe können gut verwendet werden, doch sollten sie nicht zwischen Reste von Waschstoffen gemischt werden. Auch aus Frotteestoffen, alten Bademänteln usw. lassen sich schöne Vorleger, z. B. für das Bad, herstellen.

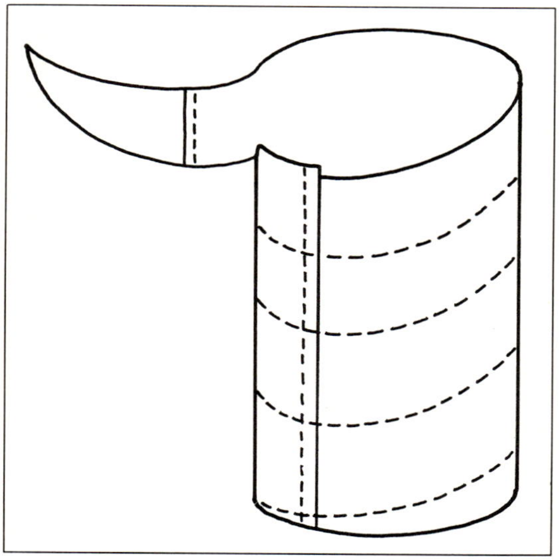

301: Zuschneiden von Stoffstreifen

Nun werden Säume und Nähte aufgetrennt und die Stoffe glattgebügelt. Um möglichst lange Stoffstreifen zu erhalten, näht man die Teile an ihren Langseiten mit einer festen Naht übereinander und zerschneidet diese „Röhre“ spiralförmig (Abb. 301). Die Breite der jeweiligen Streifen richtet sich nach der Dicke und Schwere der Stoffe: dünne Gewebe muß man breiter schnei-

Flickenteppich

Material Kette:	Hanfkettgarn Nm 5/2
Schuß:	Stoffreste von alten Vorhängen, Bettwäsche usw. aus Leinen und Baumwolle in verschiedenen Farben
Bindung:	Leinen- und Köperbindung (Patrone siehe unten)
Kettdichte:	2,5 Fäden je cm
Blatt:	25/10 oder 50/10, jedes 2. Riet frei
Fertige Breite:	88 cm
Einzugsbreite:	90 cm
Ges. kettf. zahl:	225 Fäden + 7 Fäden Randverstärkung = 232 Fäden
Schußdichte:	1,8–2 F./cm
Gewebelänge:	2,00 m
	+ 8% Einweben 0,16 m
	Weblänge 2,16
	+ Troddel 0,64 m
Kettlänge:	2,80 m
Materialbedarf:	280 g Hanfkette Nm 2,5 Schußmaterial etwa 1,5 kg je qm. Blau 2000 g, Gelb 170 g, Weiß 230 g Grün 400 g, Braun 80 g, insgesamt etwa 3000 g

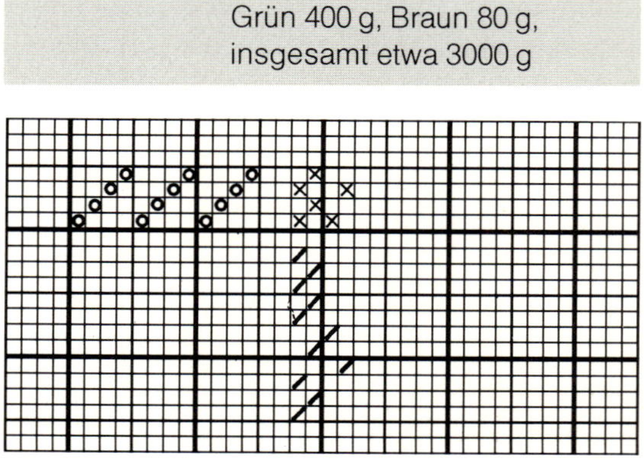

den als starke. Streifen aus Bett- und Tischwäsche sind etwa 3–4 cm breit.
Probieren Sie es aus, indem Sie einen Probestreifen wie einen Faden drehen, er sollte dann gut bleistiftdick sein.
Nun werden die Stoffstreifen nach Farben sortiert, auf Knäule gewickelt und gewogen. Wenn reichlich Material von jeder Farbe vorhanden ist, braucht man nicht lange zu rechnen. Wenn aber von einigen Farben nur wenig vorhanden ist, teilt man jede der vorhandenen Farbmengen in (z. B.) fünf gewichtsgleiche Teile und verwebt dann ein Fünftel nach dem anderen. Auf diese Weise werden die Farben gleichmäßig über die Fläche verteilt.
Wer vorher einen Entwurf machen möchte, muß rechnen, wieviel Zentimeter Gewebelänge höchstens aus einer bestimmten Gewichtsmenge Stoffstreifen herzustellen sind. Diesen Möglichkeiten entsprechend, zeichnet man sich dann den Entwurf.

Beispiel:
Vorhandene Menge: 2250 g Blau, 450 g Grün, 300 g Gelb, Rest reichlich.
Bei einer Breite von 1 m kann man mit 1500 g 1 m lang weben,
mit 2250 g (2250 : 1,5) 1,5 m lang,
mit 450 g (450 : 1,5) 0,3 m lang,
mit 300 g (300 : 1,5) = 0,2 m lang.
Für eine Teppichbreite von 90 cm rechnet man die erhaltenen Zahlen um:
Blau 1,5 m : 0,9 = 1,67 m Gewebelänge
Grün 0,3 m : 0,9 = 0,33 m Gewebelänge
Gelb 0,2 m : 0,9 = 0,22 m Gewebelänge
Im Entwurf darf die Summe der (z. B.) gelben Streifen also nicht länger als höchstens 22 cm sein.

Man beginnt mit 6–8 Schüssen aus dem Kettmaterial zur Befestigung des Randes, dem „Vorschuß", und wickelt sich die Stoffstreifen auf ein Teppichschiffchen. Den Anfang des Schußstreifens schneidet man schräg an, um Beginn und auch die Anlegestellen möglichst unauffällig auslaufen zu lassen.
Vom ersten Einschlag an muß man darauf achten, dem Schuß genügend Länge zu geben, indem man ihn in Bögen in das Fach legt (Abb. 155, S. 110). Wenn man das nicht ausreichend beachtet, wird man bald sehen, daß der

Streifen-Rapport:

15 cm Blau 1 cm Braun 3 cm Weiß 1 cm Braun	Rapport I	20 cm
5 cm Blau 4,5 cm Gelb und Blau 10 cm Blau 1 cm Weiß 7 cm Grün 0,5 cm Weiß	Rapport II 28 cm fünfmal wiederholen	140 cm
5 cm Blau 4,5 cm Gelb und Blau 10,5 cm Blau	Musteranschluß	20 cm
1 cm Braun 3 cm Weiß 1 cm Braun 15 cm Blau	Rapport I	20 cm
Insgesamt		200 cm

Teppich immer mehr einzieht, also schmaler wird. Die Randfäden der Kette werden mehr und mehr zusammengequetscht. Dabei hilft es gar nichts, am Rande eine größere Schußschlaufe stehen zu lassen: Das Gewebe wird nicht breiter, und man bekommt einen unordentlichen Rand dazu. Ein Breithalter erleichtert die Arbeit. Er wird alle 5–6 cm neu unter dem Geweberand eingesetzt.
Wenn ein Farbstreifen fertig gewebt ist, umschlingt man mit dem abgeschrägten Streifenende den äußeren Kettfaden und legt das Ende in das gleiche Fach zurück. Das ausgedünnte Ende der neuen Farbe legt man dann in das übernächste Fach.
Man kann Flickenteppiche auch bindungsmäßig mustern, z. B. mit Rosengang oder Schwedenborte, muß dabei aber beachten, daß die länger flottierenden Schüsse nicht als Stolperfallen wirken. Auch werden weniger abgebundene Streifen schneller abgetreten.
Viel Mühe muß man darauf verwenden, die Schüsse fest und dicht anzuschlagen! Das geht um so leichter, je schwerer und stabiler der

Webstuhl ist. Zusätzlich verwendet man einen Teppichklopfer. Schlagen Sie ruhig kräftig das Schußmaterial zusammen – die Kette hält das schon aus! Durch den fertigen Teppich darf man keinen Finger stecken können! – Man schließt das Gewebe wiederum mit 6 bis 8 Schüssen aus dem Kettmaterial ab und fertigt Fransen an (vgl. S. 113).

302: Flickenteppich

Teppich aus Haargarn oder Schurwolle

Material Kette:	Baumwolle, Teppichgarn Nm 20/3 × 4
Schuß:	Haargarn Nm 1,5/2–3fach, Weiß und verschiedene Brauntöne
Bindung:	Leinenbindung (Schußrips, Patrone siehe unten)
Kettdichte:	1,5 Fäden je cm
Blatt:	15/10 oder 30/10, jedes 2. Riet frei
Fertige Breite:	148 cm
Einzugsbreite:	150 cm
Ges. kettf. zahl:	225 und 7 Randfäden = 232 Fäden
Schußdichte:	etwa 3,5 Fäden/cm
Gewebelänge:	210 cm
Kettlänge:	300 cm
Materialbedarf:	470 g Teppichgarn Nm 20/3 × 4 3200 g Haargarn Nm 1,5/2, Weiß 1500 g Haargarn Nm 1,5/2, Braun

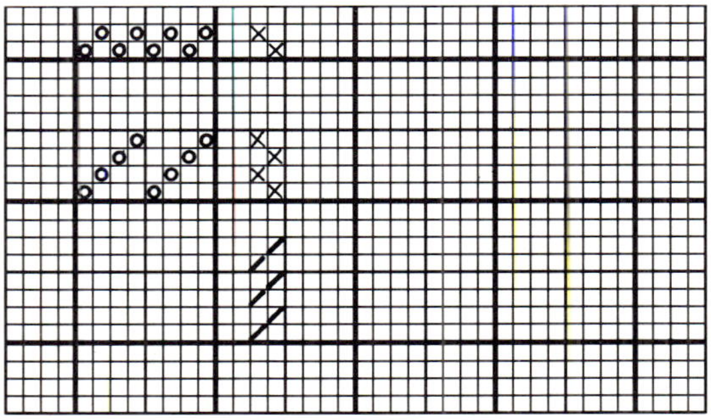

Die Kette muß gleichmäßig und sehr straff gespannt sein. Die ersten 6 bis 8 Schüsse werden als „Vorschuß" aus dem Material der Kette ausgeführt, dann erst legt man die Wolle (dreifach) ein. Nach etwa 20 cm weißen Streifen kommt der braune mit etwa 33 cm Länge, der mit dunklen Farbtönen beginnt und zum Mittelfeld hin immer heller wird (Weiß einmischen). Der zweite Streifen, am anderen Ende des Gewebes, verläuft umgekehrt.

Dieser Teppich wird nicht sehr dick, er enthält nur etwa 1,5 kg Schußmaterial je Quadratmeter. Das Haargarn ist aber sehr widerstandsfähig, schmutzabweisend und liegt gut auf dem Boden. Einen Teil des Haargarns kann man durch handgesponnenes dickes Schafwollgarn ersetzen, um die Oberflächenstruktur etwas lebhafter zu machen. Wer im ganzen versponnene oder unversponnene Schafwolle (etwa fingerdick!) verwenden will, benötigt etwa 2 kg je Quadratmeter. Der Teppich wird dann dicker, die Schußdichte beträgt 1–2 Fäden pro Zentimeter.

Handgesponnene und danach noch zu einem dicken Faden gezwirnte Schafwolle ergibt eine besonders schöne und feste Teppichstruktur.

Aber auch unversponnen läßt sich Wolle sehr gut verarbeiten, wobei die handgezupfte oder handkardierte Wolle ein lebhafteres und flauschigeres Gewebebild ergibt als maschinell kardierte. Man dreht auf dem Oberschenkel eine Handvoll Wolle zu einem dicken Faden, der in das geöffnete Fach gelegt wird, die Enden immer ein Stück übereinander. Schußripse benötigen besonders viel Zugabe, darum legt man immer den Schuß in Bögen ein. Ein Breithalter ist nützlich.

Gewebt wird mit doppeltem Schlag: Nach dem Fachwechsel wird die Lade sehr fest ein zweites Mal angeschlagen. Zusätzlich verwendet man die Anschlaggabel (siehe auch Flickenteppich). Solche Teppiche lassen sich besonders schön auf einem Hochwebstuhl weben. Der Schafwollteppich von Abbildung 308 (S. 192) hat einen besonderen „Pfiff". Auf einem kleinen schmalen Webstuhl wurden Teppichstücke von 50 × 50 cm Breite und Länge gewebt und schachbrettartig zusammengesetzt. Freilich macht das viel Mühe, aber man kann auf diese Weise Teppiche in beliebiger Größe herstellen. Dabei kommt es natürlich auf die genaue Einhaltung der Seitenlänge an. Jede „Fliese" wird mit zwei Schüssen aus dem Kettmaterial begonnen und beendet, dann läßt man 20 cm Kette frei, legt ein entsprechend breites Stück festen Karton in das Fach, das mit auf den Warenbaum gewickelt wird. Später werden dann je zwei Kettfäden mit einem Doppelknoten fest verknotet und die Enden in das Gewebe eingestopft. Die einzelnen Teppichfliesen verbindet man mit Teppichgarn und möglichst unsichtbaren Stichen.

Zwei warme Jacken aus Schurwolle

Material Kette:	Streichgarn Nm 6/2, rohweiß	
Schuß:	Naturgarn Nm 2,5, drei verschiedene Grautöne	
Bindung:	Leinenbindung und Köperbindung (Abb. 303)	
Kettdichte:	4,5 Fäden/cm	
Blatt:	45/10, 1	
Schußdichte:	3,5 Fäden je cm, im Köper 4 Fäden/cm	
Fertige Breite:	72 cm	
Gewebebreite:	82 cm	
Blattbreite:	85 cm, keine Randverstärkung	
Ges. kettf. zahl:	384 Fäden (durch 4 teilbar für den Köperrapport)	
Gewebelänge:		6,50 m
	+ Einwalken 12%	0,80 m
	+ Einweben 10%	0,65 m
	Weblänge	7,95 m
	+ Troddel	0,70 m
Kettlänge:		8,65 m
Materialbedarf:	Kette Streichgarn Nm 6/2 roh, 1200 g Schuß insgesamt 1050 g Naturgarn Nm 2,5	

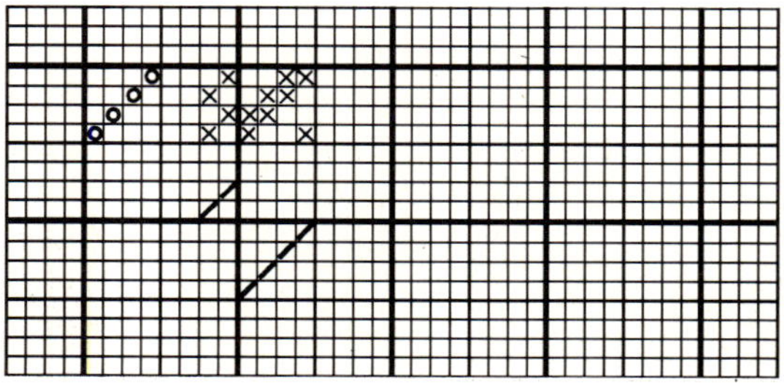

303

Der Stoff für die Jacken wurde aus ungefärbten, naturweißen und grauen Garnen gewebt und danach einer kräftigen Walke unterzogen, wodurch er in Kettrichtung 12% und in Schußrichtung sogar 18% eingelaufen ist. Das Gewebe wurde dadurch dicht und ließ sich sehr gut zuschneiden.

Beachten Sie beim Abpassen der Streifeneinteilung den Längenverlust durch die Walke! Vielleicht weben und walken Sie zunächst ein kleines Musterstück, das genau ausgemessen wird. Der Schrumpfungsgrad kann bei verschiedenen Garnen sehr unterschiedlich sein.

Ein besonderer Reiz bei handgewebten Stoffen ist es, „abgepaßte Stücke", wie der Schneider es nennt, herzustellen, was in der industriellen Weberei fast immer zu teuer ist. Dadurch bekommt ein Kleidungsstück seine reizvolle Eigenart und Unverwechselbarkeit.

Dementsprechend hängt es von den persönlichen Wünschen, der Größe usw. ab, wie breit die einzelnen Streifen werden. Im hier gewählten Beispiel (Konfektionsgröße 50/52) sind es: 35 cm Hellgrau, 32 cm Mittelgrau, 18 cm Dunkelgrau bei der Jacke ohne Kapuze. Nach Zugabe des Einwalkens webt man 40/35/20 cm je Jackenbahn, dazu zwei Ärmel von 60 (67) cm hellgrau und 14 (16) cm dunkelgrau.

Die zweite Jacke ist ganz mit hellgrauem Schuß gewebt, nur für die Passe wurden 60 cm in Köperbindung angefertigt, Farbe Dunkelgrau (Abb. 304).

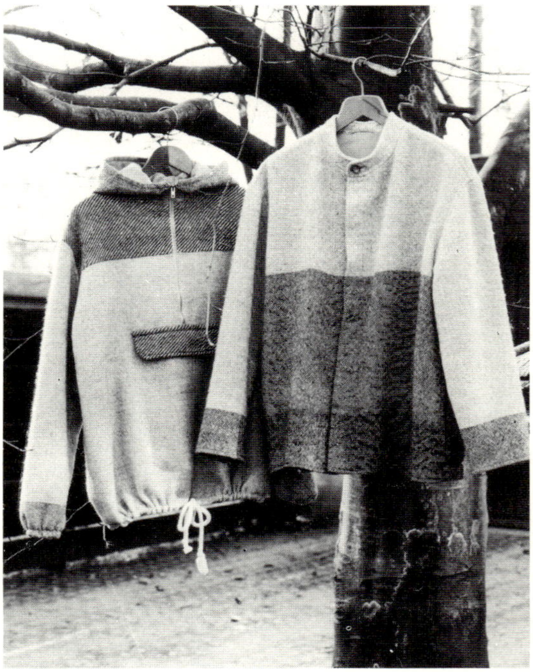

304: Zwei Jacken

Brochiertes Gewebe

Gewebe für einen Lampenschirm

Material Kette:	Leinen NeL 30/2 oder 16/1 (Nm 9,6), Rohleinen
Schuß:	Grundschuß wie Kette Musterschuß doppelt gespultes Schußmaterial, Farben Braun, Gelb und Rohfarben
Bindung:	Leinenbindung mit Brochur (Abb. 305, Brochur siehe S. 173)
Kettdichte:	6 Fäden/cm
Blatt:	60/10, 1 Faden/Riet
Schußdichte:	6 Fäden/cm (Grundschuß)
Gewebebreite:	42 cm (26 + 8 + 8 cm)
Blattbreite:	42 cm
Ges. kettf. zahl:	252 F. + 12 F. Randverstärkung = 264 Fäden
Gewebelänge:	80 cm
Kettlänge:	1,5 m
Materialbedarf:	Kette und Schuß zusammen 80 g, Brochur 50 g (Leinen Nm 9,6)

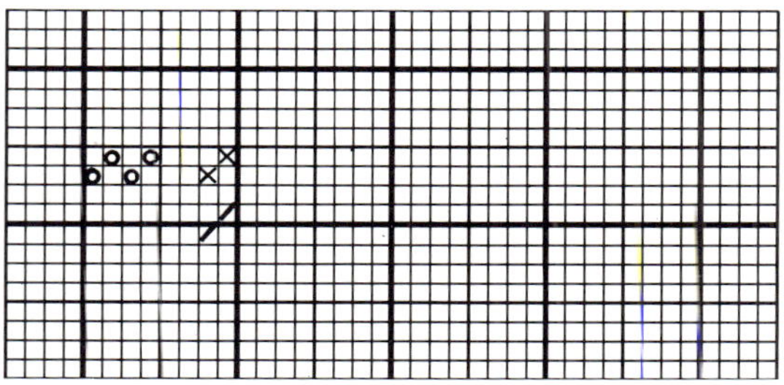

305

Die angegebenen Größen und Mengen sind berechnet für einen zylindrischen Lampenschirm von 26 cm Höhe und 25 cm Durchmesser (Abb. 306, 307).

In den Webekanten schärt man den zweiten und den vorletzten Faden aus besonders festem, gleichfarbigem Material. Diese Fäden werden später als Kräuselfäden zum Einziehen der Stoffbespannung benutzt.

Der Entwurf wird in natürlicher Größe auf Papier gezeichnet und mit Stecknadeln unter die Kette geheftet. Er ist so angelegt, daß die drei Streben des Lampenschirmes unter dem Muster verschwinden. Daher ist die genaue Einhaltung der Abstände wichtig.

Man webt einige Zentimeter mit Grundschuß für den Saum und beginnt dann zu mustern.

306: Lampenschirm mit brochiertem Gewebe

307: Vorlage für das Gewebe zum Lampenschirm

308: Teppich (von A. Bergmeier, siehe Seite 189) und Saunahandtuch (siehe Seite 236)

Handdreher

Stoff für einen Raumteiler

Material Kette:	Leinen Nm 10 in Kette und Schuß, halbgebleicht oder (leichter) Baumwolle Nm 28/2
Schuß:	Leinen Nm 10
Bindung:	Leinenbindung mit Handdrehern
Kettdichte:	8 Fäden/cm

Die echten, sogenannten Halb- oder Ganzdrehergewebe werden zwar auch auf Handwebstühlen gewebt, benötigen aber eine umfangreiche und komplizierte Zusatzeinrichtung. Dreherbindungen werden für dünne, zarte Gardinen angewandt. Die Fadenverkreuzung geschieht nicht durch ein einfaches Über- oder Unterlaufen des anderen Fadensystems wie bei jeder anderen Bindung, sondern der Schußfaden wird vom Kettfaden richtig umschlungen. Wir können das auch durch Handarbeit erreichen. Allerdings wäre es durch das ganze Gewebe, Schuß für Schuß, zu mühsam und sicher auch in der Wirkung langweilig. Wir wenden es musterweise an.

Man benötigt zu dieser Arbeit einen Auflesestab. Das ist eine gut geglättete Leiste, die an einem Ende zu einer abgerundeten Spitze ausläuft. Nach einem Stück leinenbindigen Grundgewebe legt man Kettfadengruppen verschränkt auf die Leiste (Abb. 310). Wie viele Fäden man nimmt, hängt vom Entwurf und von der Feinheit des Materials ab. Abbildung 309 zeigt ein dekoratives Gewebe mit Handdreherstreifen in einem leinenbindigen Grundgewebe aus reinem Leinen. Hier sind die Dreher über die ganze Gewebebreite eingelegt. Man erleichtert sich die Auflesearbeit durch einen geeigneten partieweisen Einzug. Will man z. B. jeweils 3 Kettfäden miteinander verschränken, ist Patrone 311a besonders bequem anzuwenden. Für 4 + 4 Kettfäden nimmt man Einzug b, für 5 + 5 Einzug c. Mit Tritt 1 und 2 bildet man Leinenbindung, Tritt 3 öffnet das Fach so, daß man jeweils zwei passende Bündel leicht aufnehmen und verschränken kann. Der Auflesestab liegt also, von der einen Hand geführt, auf dem Webfach, während die andere Hand die Bündel ver-

309: Handdreher-Gewebe, Annedore Iwersen, Flensburg

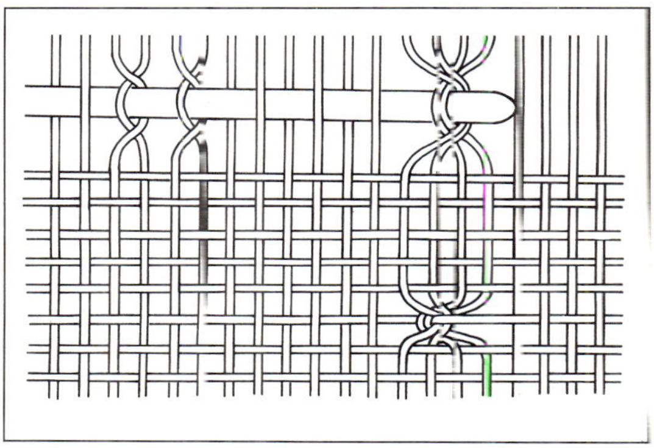

310: Gewebe mit musterweise eingelegten Drehern sollten möglichst elastisches Kettmaterial haben, das Spannungsunterschiede ausgleichen kann

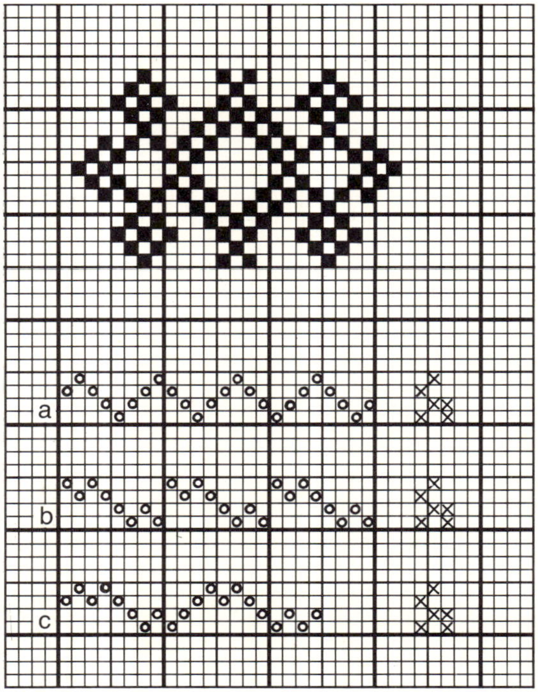

311: Erscheinungsbild und Einzüge für Handdreher

schränkt und auf die Leiste schiebt. Die Kettspannung wird für das Dreherfach etwas gelokkert, für die Leinenbindung wieder gespannt. Durch Aufrechtstellen des Auflesestabes bildet sich das Dreherfach, in das man ein flaches Schiffchen einwerfen kann.

Die Dreher können auch nur in bestimmten Schußpartien eingelegt werden, der Schußfaden bindet dann im übrigen Fach leinenbindig. Entwerfen Sie sich auf Patronenpapier ein Erscheinungsbild, jedes ausgefüllte Kästchen bedeutet einen oder mehrere Dreher. Hierbei sollten Sie jeweils nur einen und einen, höchstens 2 + 2 Fäden verschränken, damit die Gewebespannung nicht zu ungleich wird. Aus dem gleichen Grund legt man auch nicht zu viele Dreher übereinander auf dieselben Kettfäden. Der Auflesestab wird in das offene leinenbindige Fach gelegt. Dann werden sowohl die leinenbindigen als auch die Dreherfäden auf den Stab gezählt, „gelesen". Man kann auch neben größeren Drehern zum Ausgleich der Höhe den Schußfaden einige Male hin und zurückführen (siehe Abb. 299). Der Schußfaden, der den Dreher bildet, läuft jedoch über die ganze Breite.

Dreher eignen sich für alle leichten, lockeren Gewebe wie Gardinen, Raumteiler, Schals und Stolen und duftige Sommerstoffe.

In Abbildung 312 wurde eine ähnliche Technik wie die der Handdreher angewendet. In Kettrichtung blieben 3 bzw. 4 cm im Blatt frei. Der Schuß wird also in diesen Partien nicht abgebunden. Nach jeweils 10–12 Schußfäden wurde ein fester Faden um die losen Schüsse geschlungen und mit einem Schlingknoten festgezogen. Danach führt der Schuß nicht über die ganze Gewebebreite. Er wird bei jeder Musterpartie aus dem Fach genommen und hin und zurückgeführt. Auf diese Weise werden die äußeren Kettfäden am Rande der Musterpartien abgebunden, daß sie seitwärts nicht wegrutschen können.

312: Raffschlingen in Kettrichtung

Schußrips mit geknüpften Teilen

Wandbehang

Material Kette:	Langhanfkettgarn Nm 5/2
Schuß:	Schurwolle Nm 7/2 Schurwolle Nm 2,5/2 für Knüpfung
Bindung:	Leinenbindung – Schußrips (Abb. 313)
Kettdichte:	3 Fäden je cm
Blatt:	30/10
Fertige Breite:	98 cm
Einzugsbreite:	100 cm
Ges. kettf. zahl:	300 + 6 Fäden f. d. Rand = 306 Fäden
Schußdichte:	20 Fäden/cm
Gewebelänge:	200 cm + Einarbeitung 16 cm + Troddel 64 cm
Kettlänge:	280 cm
Materialbedarf:	Kette etwa 375 g Langhanfkette Nm 5/2 Schuß 1375 g Streichgarn Nm 7/2 in verschiedenen Farben Knüpfung (95 × 20 cm = 0,19 qm): 475–500 g Schurwolle Nm 2,5/2 in verschiedenen Farben

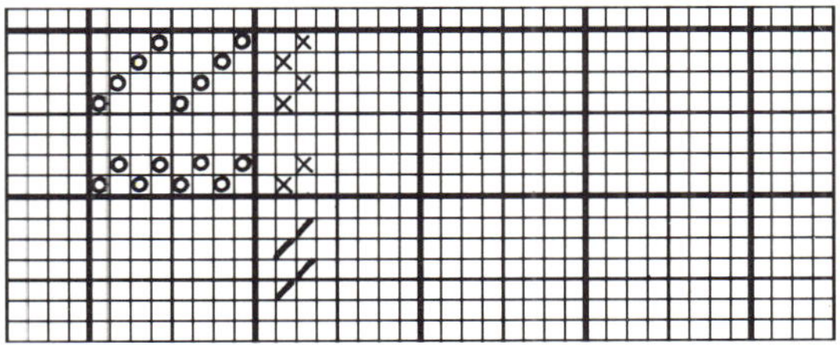

313

Der abgebildete Wandbehang (Abb. 314) ist ein Schußrips-Gewebe und eigentlich genauso herzustellen wie Fußbodenteppiche. Der Schuß braucht reichlich Längenzugabe, er wird in kleinen Bögen eingelegt (Abb. 155, S. 110). Man schlägt beim Fachwechsel an und nach dem Wechsel noch einmal, auf den Teppichklopfer kann man hier verzichten.

Das Material ist Schurwolle Nm 7/2 in mehreren aufeinander abgestimmten Farben. Während man bei den meisten Bindungen die Farbveränderungen durch das andere Fadensystem beachten muß, wirken die Farben in Ripsbindungen sehr intensiv und rein, weil die Kettfäden ganz oder fast ganz unter dem Schuß verschwinden.

314: Wandbehang Schußrips

Im Wandbehang (Abb. 314) ist auf bildnerische Gestaltung verzichtet, allein die leuchtenden Farbstreifen bilden eine farbliche Belebung in einem großen Konferenzraum. Im unteren Bereich sind geknüpfte Partien eingearbeitet, die den dunklen Untergrund beleben und plastisch machen. Ein solcher Wandbehang ist eine gute Vorübung für Bildnerisches Weben.
Die oberste Farbpartie wurde so weit verlängert, daß sie als Saum um eine stabile Aufhängeleiste genagelt werden konnte (Stahlnägel). Der untere Rand schließt mit Fransen ab, man kann auch jeweils 4 Kettfäden mit einem Katzenkopfknoten sichern, die Enden kurz schneiden und einen Saum einnähen.
Man beginnt mit etwa 20 cm Schwarzbraun, es folgen schmale Streifen Dunkelbraun, die langsam in eine Partie Dunkelbrombeer übergehen. Daran schließt sich ein hellerer Streifen an, auf dem fünf geknüpfte Quadrate stehen. Diese geknüpften Flächen haben, von außen schwarz beginnend, über verschiedene Blautöne innen einen leuchtend roten, runden Kern, der die Farbe des oberen Teppichrandes vorwegnimmt. Ein dunkles Moosgrün geht über in ein helleres, mischt sich in senkrechten Streifen mit Rot, das bis zum oberen Ende immer heller wird.
Senkrechte Streifen bilden sich, wenn man zwei Farben im Wechsel 1:1 schießt, schmale waagerechte Streifen entstehen beim Farbwechsel 2:2, 3:3 usw. (Abb. 316).
Um eine saubere Webekante beim Farbwechsel zu erhalten, müssen die Schußfäden so umeinander geschlungen werden, daß der äußere Kettfaden abgebunden wird (Abb. 315).

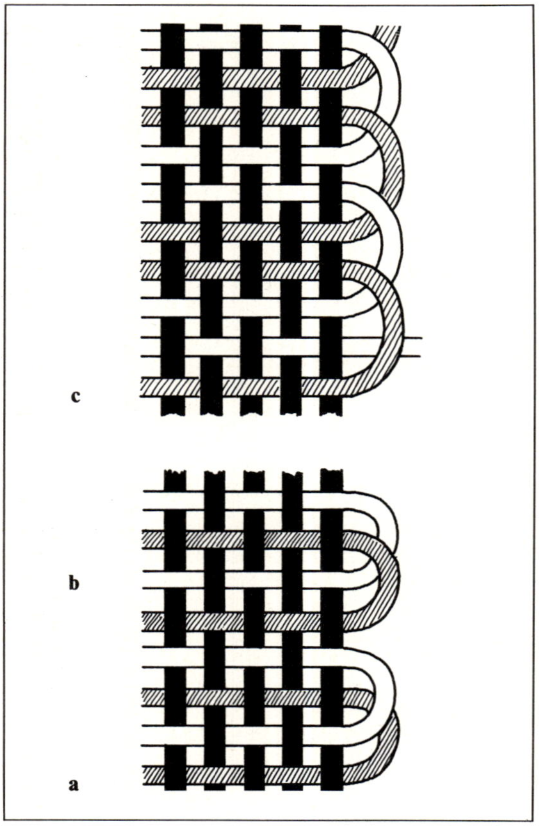

315: Farbwechsel 1:1, falsch (a) und richtig (b) abgebunden, Farbwechsel 2:2 (c)

316: Farbwechsel 1:1 (oben), 4:4 (Mitte), 2:2 (unten)

Kettrips und gemusterter Kettrips

Kettripse sind nicht schwer herzustellen. Wenn man sie trotzdem verhältnismäßig selten bei Handgeweben sieht, liegt das sicher daran, daß ihre hohe Kettdichte eine umfangreiche Vorarbeit nötig macht. Andererseits ist das Weben danach einfach und schnell getan.

Für Ripsbindungen benötigt man nur zwei Schäfte, in der Praxis wird man aber die Fäden wegen der hohen Litzenanzahl möglichst auf vier Schäfte verteilen. Während bei dem vorher gezeigten Schußrips bei einer weiten Ketteinstellung die Schußfäden stark zusammengedrängt werden, hat der Kettrips eine sehr dicht eingestellte Kette, unter der der Schuß fast ganz verschwindet. Wirkung und Musterung des Stoffes kann sich daher nur aus dem Kettmaterial entwickeln. Die Farben wirken um so intensiver und klarer, je dichter die Ketteinstellung ist, da sie durch den Schuß kaum gebrochen werden. Je höher die Fadendichte ist, desto fester wird der Stoff.

Beim ersten Beispiel (Abb. 317) ist ein Vorhangstoff ausgemustert, der mit einer Kettdichte von 12 Fäden pro Zentimeter bei Halbleinen Nm 6,4 einen schweren, weichen „Fall" hat. Dabei schimmert auch noch ein wenig die Schußfarbe durch, was dem Gewebe seinen Reiz und eine lebhaftere Struktur gibt. Die Kette wurde in Streifen aus matten Grün- und Olivfarbtönen geschärt, der Schuß besteht aus einem dicken orangeroten Faden (Nm 6,4, 3fach).

Man kann Ripsbindungen jedoch auch mustern, ohne deshalb mehr Schäfte einzusetzen. Zwei oder mehrere gut kontrastierende Farben werden im Wechsel geschärt und eingezogen. Geschossen wird abwechselnd mit einem dünnen und einem gut füllenden, dicken Schuß. Über dem dicken Schuß wölbt sich die Kette stark auf, während die dazwischenliegenden dünnen Schüsse fast verschwinden. In der einen Musterpartie zieht man auf Schaft 1 die hellen Kettfäden (bei 4 Schäften: auf Schaft 1 und 3), auf Schaft 2 die dunklen (Schaft 2 und 4). In der anderen Musterpartie liegen dann die dunklen auf Schaft 1 (1 + 3) und die hellen auf Schaft 2 (2 + 4). Wenn man im Gewebe in Kettrichtung

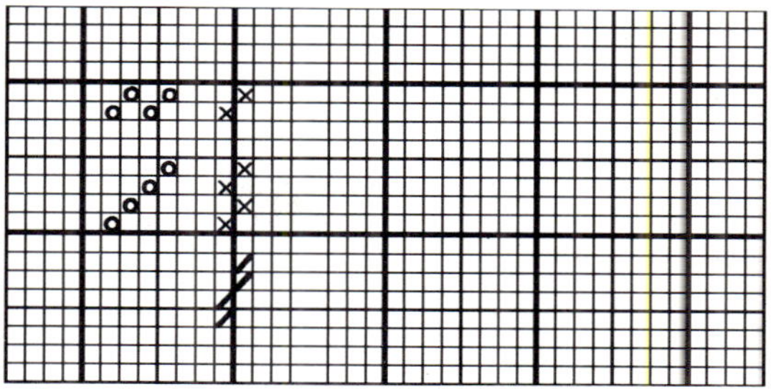

317

318: Kettrips, Vorhang (von B. Wißmann)

durchgehend ungemusterte Streifen erhalten möchte, schärt man allein mit einer Farbe.
Die Kette sollte man jeweils mit einem Fadenpaar Hell/Dunkel schären. Wenn man mit Lesebrettchen arbeitet, zieht man jeweils einen hellen und einen dunklen Faden zusammen in ein Auge. Als Einzelfaden im Fadenkreuz läßt sich der Entwurf (d.h. also die Einzugsfolge) später nicht mehr verändern.
Das Muster des abgebildeten Liegestuhlbezugs (Abb. 319) ist noch erweitert durch Quadrate in der Mitte der Felder, für die man zwei weitere

Liegestuhlbezug und Tischläufer

Material Kette: Halbleinen NeL 22/2 (Nm 6,4)
Schuß: 1 Faden Nm 6,4 und 4 Fäden Nm 6,4 im Wechsel. (oder anderes dickes Baumwollgarn, z. B. Kordonett Nm 20/3 × 4, farbig)
Bindung: Gemusterter Kettrips (Abb. 320)
Kettdichte: 16 Fäden/cm (18 F./cm)
Blatt: 40/10,4fach (45/10,4fach)
Fertige Breite: 43 cm (38 cm)
Einzugsbreite: 43 cm (38 cm)
Ges. kettf. zahl: 688 Fäden, keine Randverst.
Schußdichte: 6 F./cm (3 dicke, 3 dünne F.)

Gewebelänge:		
	1 Liegestuhlbezug	2,0 m
	6 Sets	2,0 m
	1 Tischläufer	1,5 m
		5,5 m
	+ 20% Einweben	1,1 m
	+ 10% Einlaufen	0,55 m
	Weblänge	7,15 m
	+ Troddel	0,65 m
Kettlänge:		7,8 m

Materialbedarf: Kette 850 g, davon 465 g dunkel und 385 g hell, Halbleinen Nm 6,4

Schuß 580 g Halbleinen Nm 6,4 Orange und 145 g Braun oder 620 Kordonett Nm 20/3 × 4 Orange und 145 g Braun Nm 6,4.

Schärzettel: Sie können die Kette 2-farbig arbeiten, dann sieht der Schärzettel so aus:

48 Fäden Dunkelbraun (Rand)
16 Fäden Orange (Rand)
560 Fäden Braun und Orange im Wechsel (also 280 braune und 280 orange Fäden)
16 Fäden Orange (Rand)
48 Fäden Braun (Rand)

Der abgebildete Stoff hat folgenden Schärzettel:

3 × 16 Fäden Dunkelbraun (d. br.)			48 Fäden
1 × 16 Fäden Beige			16 Fäden
1 × 16 Fäden d. br.	+ Sand (8 + 8)		16 Fäden
7 × 16 Fäden d. br.	+ Beige		112 Fäden
1 × 16 Fäden d. br.	+ Sand		16 Fäden
5 × 16 Fäden Mittelbraun	+ Sand	× 3	288 Fäden
1 × 16 Fäden d. br.	+ Sand		
7 × 16 Fäden d. br.	+ Beige		112 Fäden
1 × 16 Fäden d. br.	+ Sand		16 Fäden
1 × 16 Fäden Beige			16 Fäden
3 × 16 Fäden d. br.			48 Fäden
43 × 16 Fäden			688 Fäden

Litzenverteilung für den 6-schäftigen Einzug:
Alle Fäden, mit Ausnahme der für die drei Mittelquadrate, kommen auf die Schäfte 1–4, geradedurch eingezogen.
34 Kästchen im Erscheinungsbild = 16 × 34 = 544 Litzen. Je Schaft 136 Litzen

Musterquadrate: 9 × 16 F. = 144 Li. Je Schaft 72 Litzen.

Schaft	1	2	3	4	5	6	insgesamt
Litzen	136	136	136	136	72	72	688

319: Liegestuhl in Kettripsgewebe

Schäfte benötigt. Man kann also den Bezugsstoff auf vier Schäften herstellen, wenn man die dichten Litzenstände in den vorderen beiden Schäften in Kauf nehmen will (Abb. 320 a). Besser arbeitet es sich nach dem zweiten, dem sechsschäftigen Einzug (Abb. 320 b).

Für gemusterte Ripse zeichnet man sich zunächst ein Erscheinungsbild, anhand dessen man sich die genauen Fadenzahlen und Musterlängen ausrechnet.

Der Liegestuhlbezug wurde mit 16 Fäden je Zentimeter gewebt, für den Tischläufer wurde die Kette noch dichter eingestellt (18 F./cm). Ein Kästchen im Erscheinungsbild sind also 16 (bzw. 18) Fäden im Gewebe.

Die Schußfarben für den Liegestuhl sind Orange (dicker Faden) und Dunkelbraun (dünner Faden). Der Tischläufer wurde ganz in Dunkelbraun geschossen.

Man beginnt und beendet den Stoff mit einigen Schüssen aus dünnem Garn. Beim abwechselnden Schießen mit 2 Schützen ist besonders darauf zu achten, daß die äußeren Kettfäden abgebunden werden. Man erreicht das durch das richtige Verschränken beider Schüsse (Abb. 315).

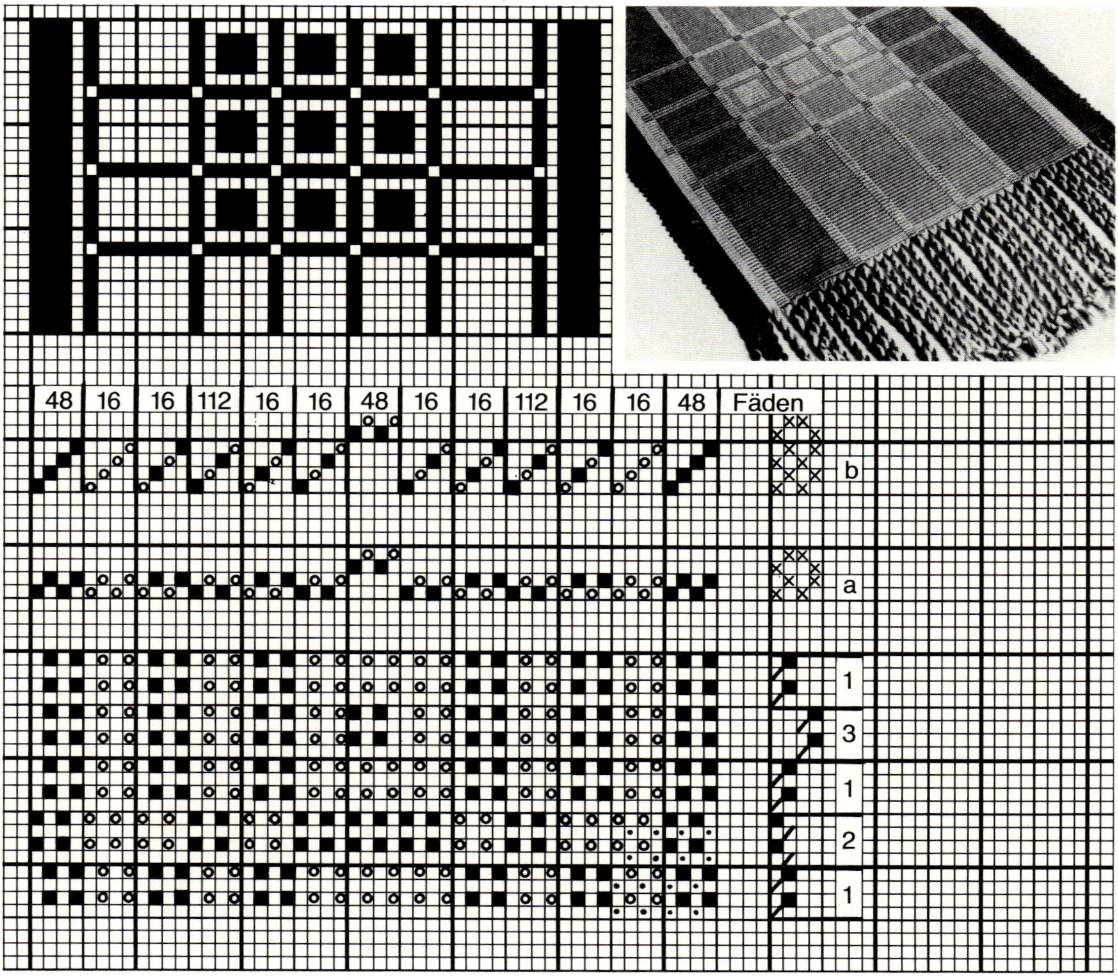

320: Gemusterter Kettrips, mittlere Einzugsfolge (16, 16, 48, 16) 3mal wiederholen (s. Schärzettel), 1–3: Trittmusterfolge

Gerstenkorn

Gerstenkornbindungen entwickeln sich aus der Leinenbindung. Sie entstehen durch Fadenflottierungen in der Kette oder im Schuß. Man arbeitet mit einem Schiffchen, d.h. also mit gleichem Material im leinenbindigen Grundschuß und dem Musterschuß. In der Bindungspatrone zeichnet man das durch hinzugefügte (Kettgerstenkorn) oder ausgelassene (Schußgerstenkorn) Bindungspunkte ein. Bei dichter Gewebeeinstellung werden die Flottierungen von den leinenbindigen Nachbarfäden hochgedrückt und verleihen dem Gewebe eine unebene und körnige Struktur, was sie für Haushaltswäsche, besonders Hand- und Tischtücher, geeignet macht. Je nachdem, ob der flottierende Faden drei, fünf oder sieben kreuzende Fäden überspringt, spricht man von einem drei-, fünf-, oder siebensprüngigen Gerstenkorn. Fadendichte und Verwendungszweck entscheiden darüber, wie lang die Flottierungen sein dürfen.

Das Schußmaterial nimmt man in der gleichen Stärke oder etwas stärker als das Kettmaterial, daher ist die schußbindig musternde Seite meist die rechte. Außerdem webt es sich schußseitig leichter, weil man weniger Ketthebungen hat. Schon mit zwei leinenbindenden und einem zusätzlichen Schaft kann man blockartige, einteilige Muster bilden (Abb. 321 a) oder die Gerstenkörner über die ganze Gewebebreite verteilt weben, wie das früher in den einfachen Handtüchern gemacht wurde (Abb. 322). Wenn man in Kettrichtung auf leinenbindende Partien verzichtet, kann man sogar auf 4 Schäften 3teilige Muster erhalten (siehe auch Abb. 332).

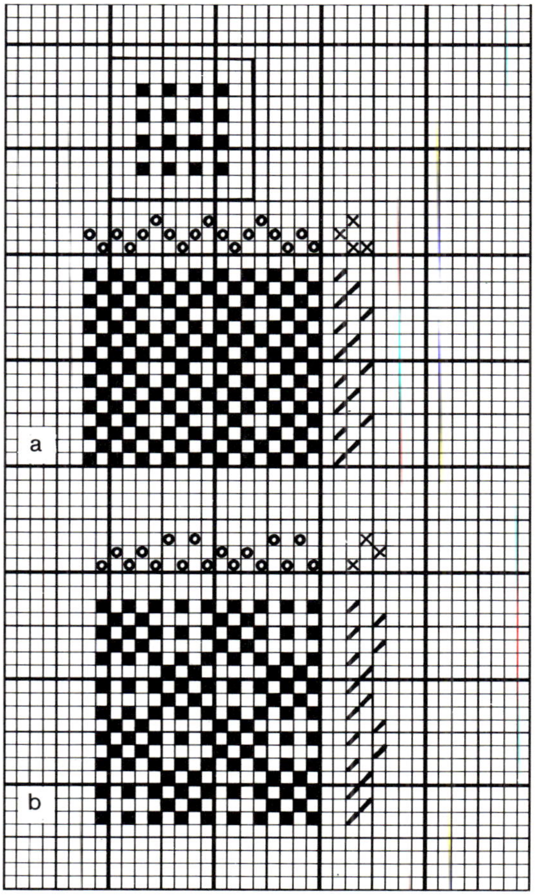

321: Gerstenkornbindungen 3- und 5sprüngig

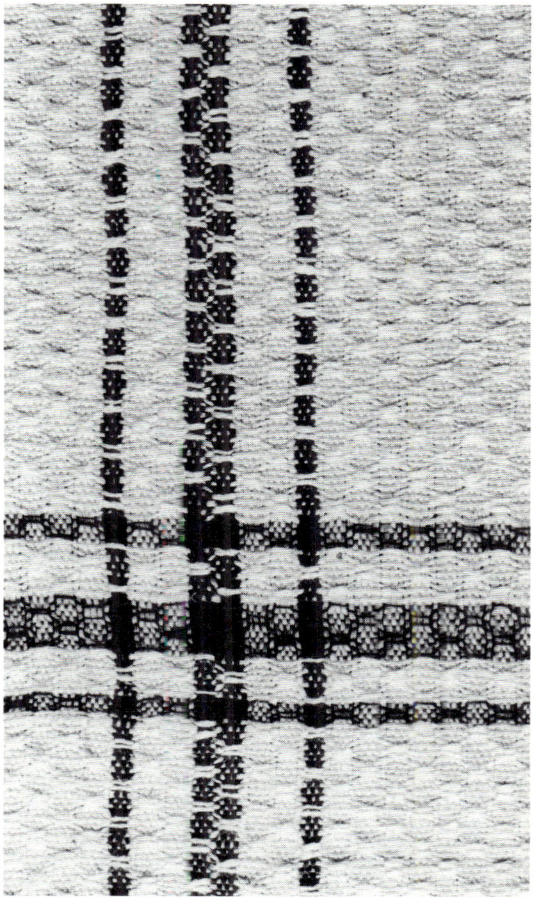

322: Altes Handtuch in Gerstenkornbindung (Abb. 321 b)

Gerstenkorngewebe sind einfach zu weben; der Einzug erscheint zwar zunächst etwas unübersichtlich, wenn man sich aber die Folge für ein Gerstenkorn einprägt, wird man nach kurzer Übung den Einzug nur anhand des Erscheinungsbildes ausführen können.

Durch Umstellung des Gerstenkorneinzugs zu einem Spitzeinzug benötigt man zwar unter Umständen mehr Schäfte, man erreicht dadurch aber eine ausgeglichenere Belastung der Schäfte und erhält gleichzeitig einen Einzug, der weitere Variationsmöglichkeiten enthält (Abb. 323).

Die alte Tischdecke aus Ostpreußen (Abb. 327) ist auf einem schmalen dreischäftigen Stuhl gewebt und hat in der Mitte eine Naht. Siebensprüngiges und einsprüngiges Gerstenkorn wechseln partieweise miteinander ab und bilden so Rechtecke. Hier sind 16 Fäden auf 1 Zentimeter verarbeitet, Garnstärke etwa Nm 10 bis Nm 12, handgesponnenes Leinen. Wer diese Decke nachweben möchte, kann das auch mit etwas gröberem Garn und weiterer Kettstellung muß dann aber fünf- und einsprüngiges Gerstenkorn einziehen und treten.

Ganz anders in ihrem äußeren Bild wirken Gerstenkörner, wenn man bei gleichem Material und derselben Bindung die Gewebedichte lokkerer einstellt und die Gerstenkorngruppen so nebeneinanderstellt, daß sie nur von einem lei-

Tischläufer mit 6 Servietten

Material Kette:	Leinen gebleicht Nm 12/2	
Schuß:	wie Kette	
Bindung:	5sprüngiges Gerstenkorn 3teiliges Muster auf leinenbindigem Grund (Abb. 324 a, b)	
Kettdichte:	8 Fäden/cm	
Blatt:	40/10, 2 Fäden im Riet	
Fertige Breite:	53 cm	
Einzugsbreite:	58,5 cm	
Ges. kettf. zahl:	468	
Schußdichte:	8 Fäden/cm	
Gewebelänge:	Tischläufer	2,5 m
	6 Servietten	3,3 m
	14 Säume	0,4 m
	20% Einweben + Einlaufen	1,2 m
	Weblänge	7,4 m
	+ Troddel	0,6 m
Kettlänge:		8,0 m
Materialbedarf:	Kette 650 g	
	Schuß 600 g Leinen Nm 12/2	

Litzenverteilung

Schaft	1	2	3	4	5	insgesamt
Litzen	234	150	48	24	12	468

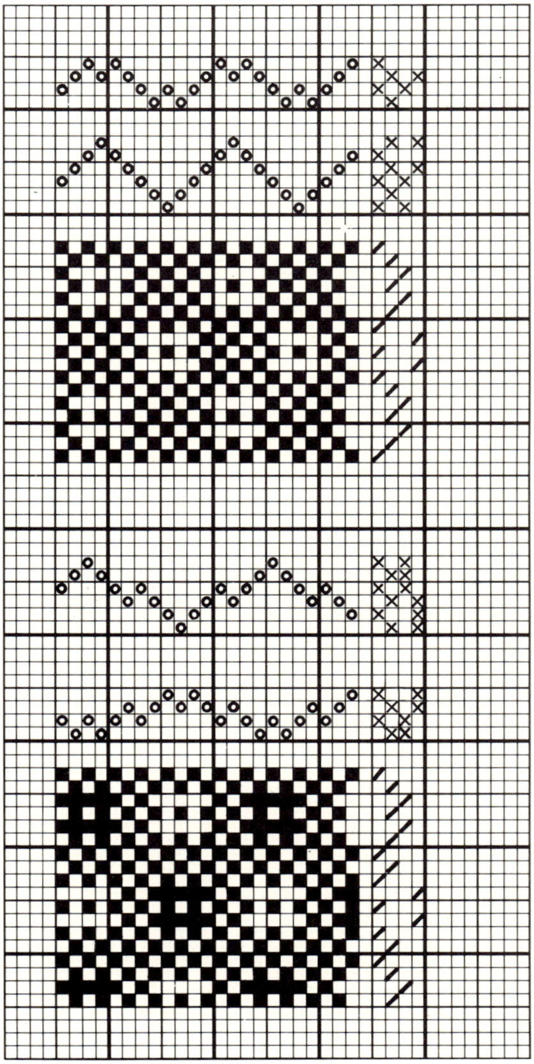

323: Gerstenkornbindungen

nenbindenden Faden voneinander getrennt werden. Dadurch bekommen die Flottierungen Platz und können zusammenrutschen. Zwischen den Gerstenkorngruppen steht dann ein einzelner Faden, der dem Gewebe das typische gitterartige Aussehen verleiht, es wird transparent (Abb. 325).

Man unterstützt diese Wirkung durch einen Blattstich, der die Gerstenkorngruppen in jeweils ein Riet zusammenfaßt und ein oder mehrere Nachbarriete frei läßt. Das geht allerdings nur bei durchgehend Gerstenkorn-gemusterten Geweben. Wenn leinenbindige Partien darunter oder darüber stehen, bleibt man beim gleichmäßigen Blattstich. Der volle Effekt der Gerstenkornbindungen zeigt sich erst, wenn man das Gewebe einmal gewaschen und anschließend gedämpft hat.

Obwohl diese Stoffe locker aussehen, sind sie solide abgebunden und eignen sich für Tischwäsche, Gardinen, Stolen, Blusen usw. (Abb. 326).

325: Gerstenkornbindung

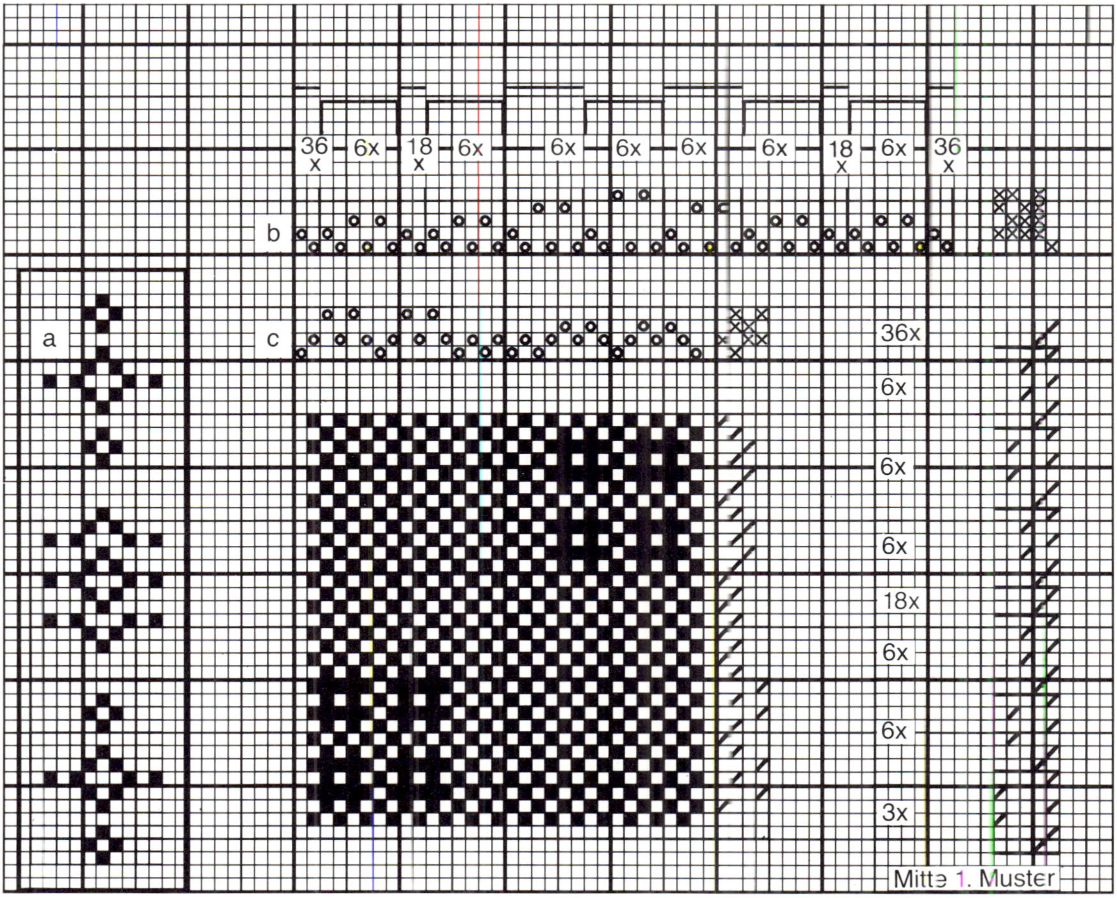

324: Erscheinungsbild (a) und Patrone (b) des Tischläufers; vierschäftige Gerstenkornbindung (zweiteiliges Muster) (c)

326: Tischläufer von Abbildung 324 a, b

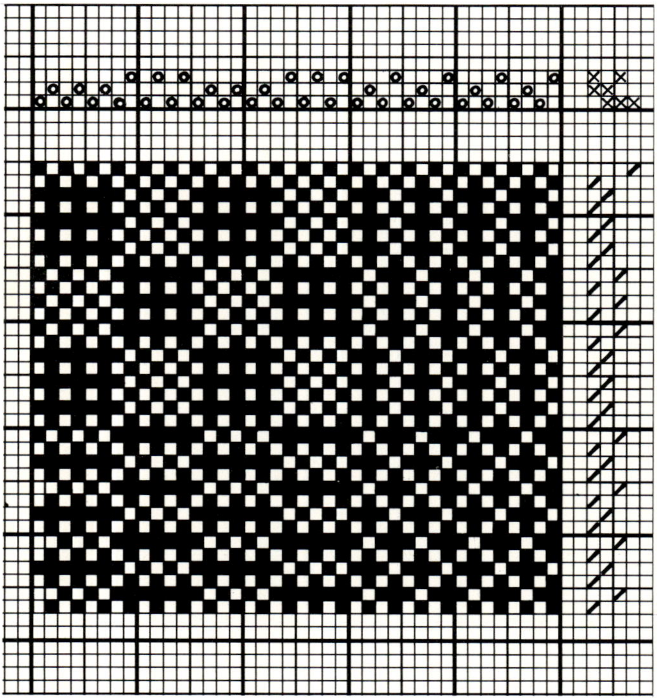

327: Patrone und Gewebebild einer alten Tischdecke aus Ostpreußen

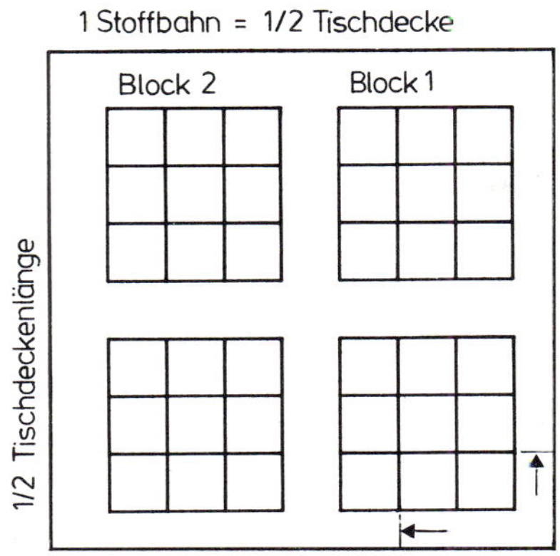

328: Anordnung der Gerstenkornzeichnung auf einem Viertel der Tischdecke

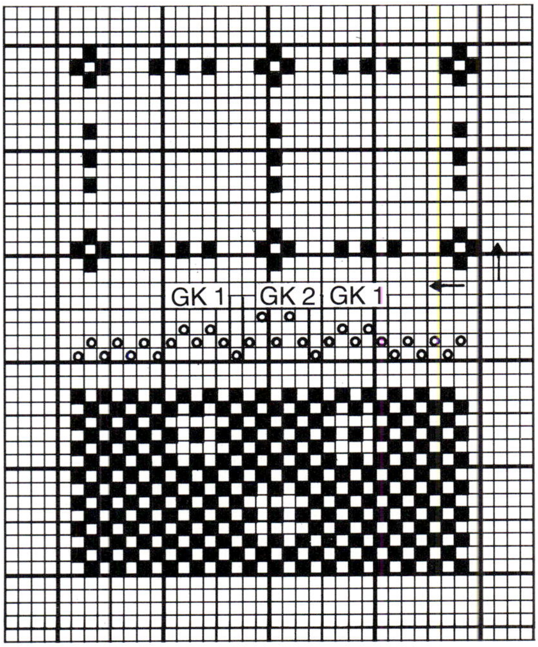

329: Erscheinungsbild und Patrone

Tischdecke mit Gerstenkornmuster

Bei unterschiedlichen Farben in Kette und Schuß kann man Musterkaros auf das Grundgewebe „zeichnen" (Abb. 331). Der Gewebeausschnitt zeigt eine halbleinene Tischdecke mit einem 7sprüngigen Gerstenkorn bei einer Feinheit von 20 Fäden je Zentimeter und Baumwollkettgarn Nm 50/2. Aber so fein brauchen wir nicht zu arbeiten, in etwas gröberem Material wirkt die Decke genauso schön. Das Gewebe ist hier für einen schmalen Stuhl ausgemustert, weil sich das grafische Muster gut zum unauffälligen Zusammensetzen zweier Bahnen eignet.

Prüfen Sie Ihren Einzug sorgfältig. Die Musterpartien werden jeweils gebündelt und deren Fadenzahl mit dem Einzugsplan verglichen.

Die Schußfolge entspricht der Reihenfolge des Einzugs, am rechten Rand begonnen. Allerdings werden die leinenbindigen Partien nicht gezählt, sondern gemessen; denn das Schußmaterial ist stärker als die Kette. Die entstehenden Quadrate dürfen etwas gestreckt sein, damit sie im entspannten Zustand genauso breit wie lang sind.

Die Litzenverteilung ist hier noch einmal so ausführlich dargestellt, damit Sie sich anhand dieses Schemas auch andere Muster und Maße ausrechnen können (siehe Seite 206).

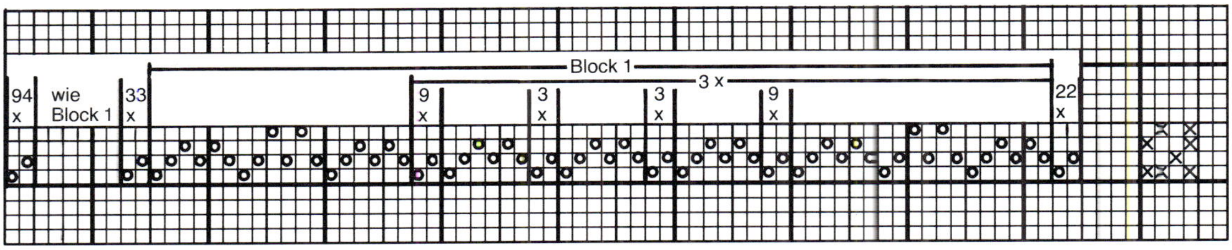

330: Einzug zu Abbildung 328 und Abbildung 329

Tischdecke mit Gerstenkornmuster

Material Kette: Baumwolle Nm 20/2, weiß
Schuß: Reinleinen, Nm 6, roh oder farbig
Bindung: Leinenbindung mit Gerstenkornmustern (Abb. 329, 330)
Kettdichte: 10 Fäden/cm
Blatt: 50/10, 2 Fäden im Riet
Fertige Breite: 160 cm, aus zwei Bahnen zu 80 cm zusammengesetzt
Einzugsbreite: 83 cm
Ges.kettf.zahl: 838 Fäden
Schußdichte: 8 Fäden/cm

Gewebelänge:	160 × 2	320 cm
	4 Säume	12 cm
	+ 10% Einlaufen	
	+ 10% Einweben	68 cm
	Weblänge	400 cm
	+ Troddel	70 cm
Kettlänge:		470 cm

Materialbedarf: Kette 420 g Baumwolle Nm 20/2
Schuß 450 g Leinen Nm 6
Für jeden weiteren Meter 110 g Kette und 135 g Schuß

Einzugsplan und Litzenverteilung Tischdecke Gerstenkorn

Schaft	1	2	3	4	insgesamt
Rand rechts	22	22			44
1. Quadrat	30	42	10	2	270 = 1. Block
2. Quadrat	30	42	10	2	
3. Quadrat	30	42	10	2	
Musterabschluß	3	9	4	2	
Leinen, 6,6 cm	33	33			66
2. Block (wie 1.)	93	135	34	8	270
Rand links	94	94			188
Litzen/Fäden:	335	419	68	16	838

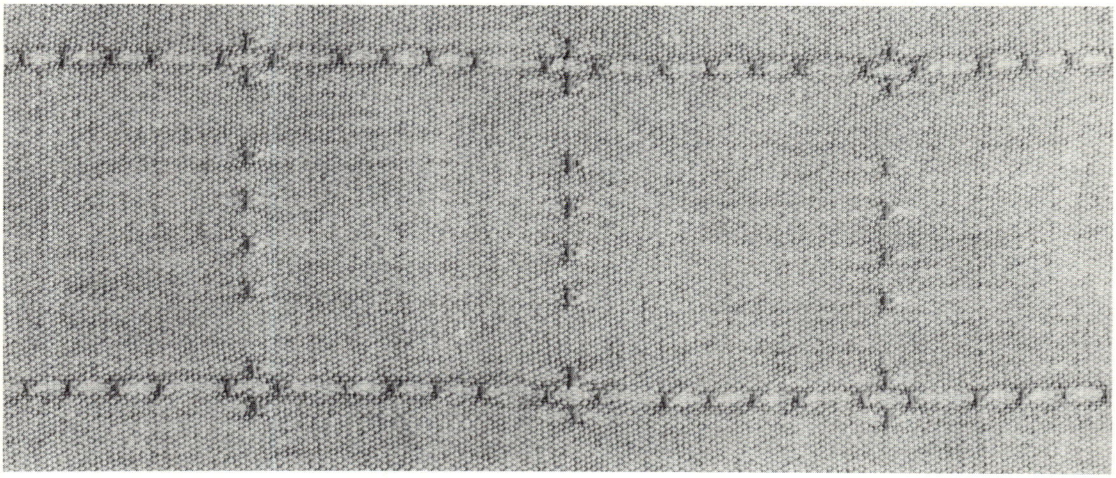

331: Gewebebild zu den Abbildungen 328–330

Gerstenkornhandtücher

Material Kette:	Baumwolle Nm 28/2
Schuß:	Leinen Nm 12, doppelt gespult
Bindung:	Gerstenkorn (Abb. 332)
Kettdichte:	14 Fäden/cm
Schußdichte:	etwa 10 Fäden/cm

Der Einzug wird in einer Richtung fünfmal wiederholt, bevor er wieder zurückläuft. Ein Rapport hat 112 Fäden. Musterabschluß 4 Fäden, jeder Rand 18 Fäden. Säume leinenbindig weben. Die Trittordnung entspricht dem Einzug.

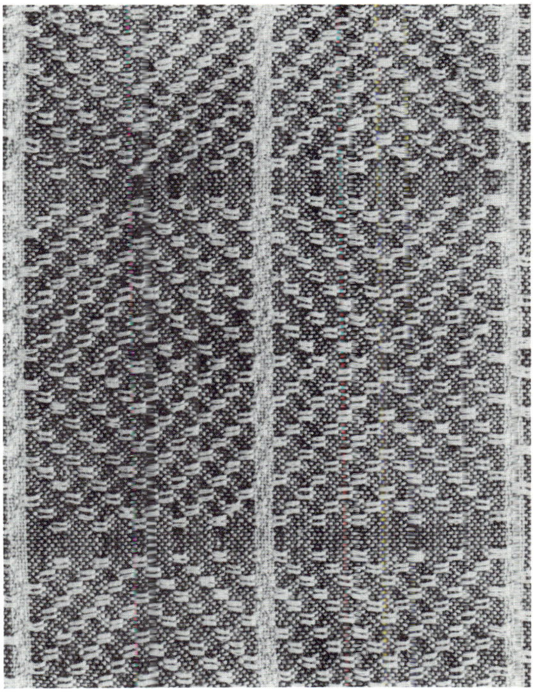

332: Gerstenkornhandtuch

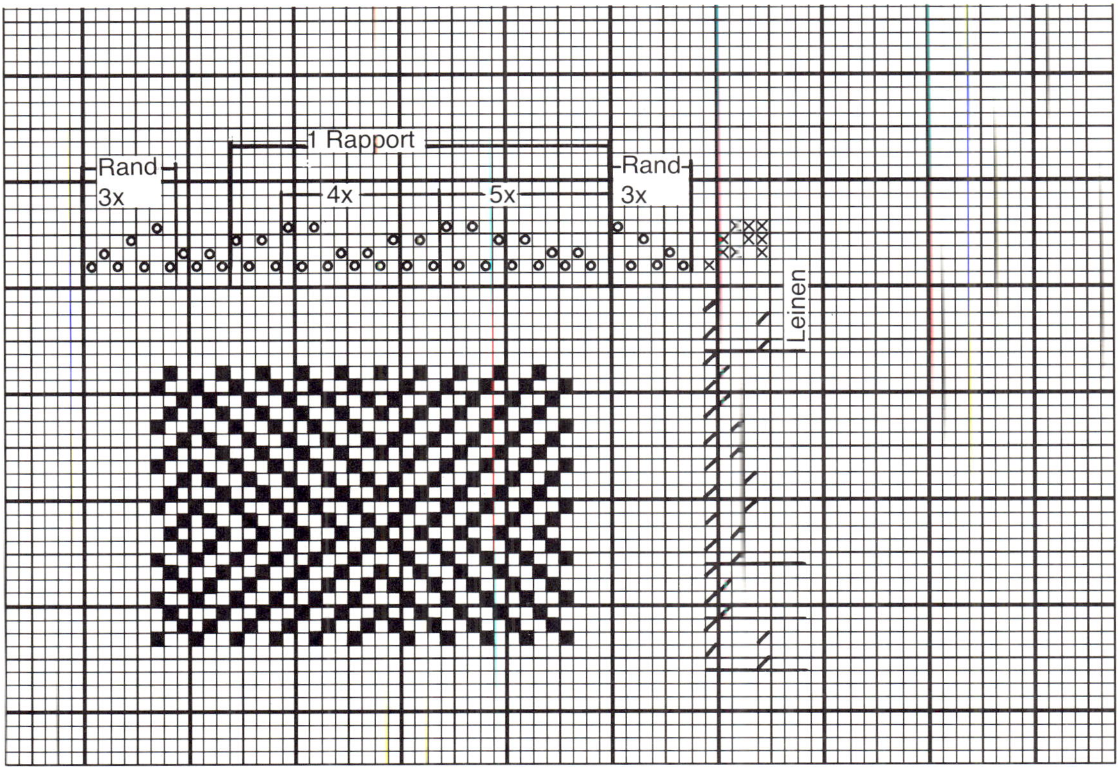

Scheindreher

Den Gerstenkornbindungen eng verwandt sind die Scheindreher. Hierbei stehen flottierende Schuß- und Kettfadengruppen nebeneinander, die nicht durch einen leinenbindigen Zwischenfaden gegeneinander abgebunden werden. Die Schußflottierungen rutschen in waagerechter, die Kettflottierungen in senkrechter Richtung zusammen. Die benachbarten Fäden jeder Mustergruppe binden genau entgegengesetzt (Abb. 333, 336). Das Gewebe wirkt transparent und wird daher auch Gitterbindung genannt. Scheindreher lassen sich wie Gerstenkornbindungen mustern. Zu beachten ist dabei, daß man gemusterte und ungemusterte Partien in ausgewogenem Verhältnis auf die Fläche verteilt: In den Mustergruppen hat der Faden weniger Abbindungen als in den leinenbindigen Partien, Einarbeitung ist also dort geringer.

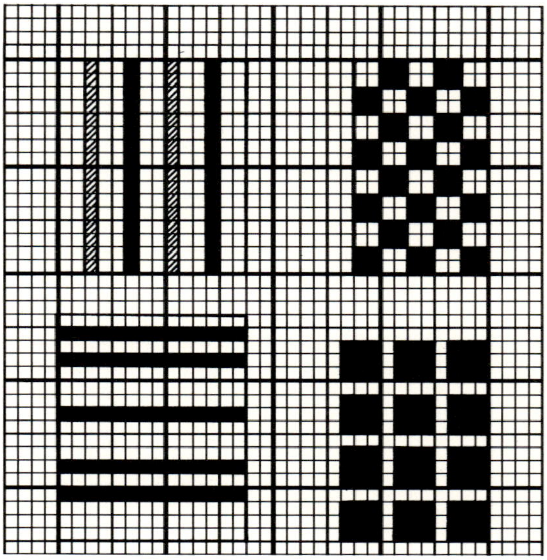

334: Erscheinungsbilder (a, b: oben; c, d: unten)

333: Scheindreher (Abb. 336 a)

335: Vorhang mit Scheindreherstreifen in Kettrichtung

Gardine mit Scheindreherstreifen

Material Kette:	Halbleinen, NeL 22/2 (Nm 6,4) Zartgelb, mit Streifen in 3 Grautönen
Schuß:	Rohleinen Nm 6 oder auch NeL 22/2
Bindung:	Leinenbindung und 3sprüng. Scheindreher (Abb. 334 a, 336 b)
Kettdichte:	6 Fäden/cm
Blatt:	30/10, i. d. leinenbind. Teilen 2 F./Riet; in den Scheindreherstreifen: frei – 3 F. – 3 F.
Fertige Breite:	130 cm
Einzugsbreite:	139 cm
Ges.kettf.zahl:	834 Fäden
Schußdichte:	6 Fäden/cm
Kettlänge	14 m. (20% f. Einweben u. Einlaufen ansetzen)
Materialbedarf:	Kette 1500 g Halbleinen Nm 6,4 gelb Kette Farbstreifen 400 g Halbleinen Nm 6,4 Schuß 2000 g Rohleinen Nm 6
Schärzettel u. Einzugsfolge:	10 cm

Leinbg. 7 cm	Gelb	60 F.	Rapp. 204 F 4 ×
Scheindr. 10 cm	Gelb	42 F.	
Leinbg. 7 cm	Gelb	60 F.	
Leinbg.	Farbstr.	42 F.	= 816 F.
3 cm Saumzugabe gelb			18 F.
Insgesamt			834 F.

Litzenvertlg:	Schaft 1 und 2 je 389 Litzen Schaft 3 und 4 je 28 Litzen

Die Gardine (Abb. 335) ist auf einem Stuhl mit zwei Kettbäumen gewebt worden. Der eine trug die leinenbindigen Streifen, der andere die Scheindreherpartien. Wer keinen zweiten Kettbaum hat, stellt den Entwurf ein wenig um (z. B. Abb. 334 b, c, d).

In Schußrichtung durchgehend gewebte Scheindreherstreifen bereiten weniger Schwierigkeiten, weil man die Spannungsunterschiede ausgleichen kann. Wenn Sie den Entwurf auf einem Kettbaum und mit der Hilfsmethode von Seite 217 weben wollen, sollten Sie für die Kette ein unproblematisches elastisches Material verwenden (siehe Musterzettel, auch Baumwolle und Wolle, nicht Leinen!) und gegebenenfalls nach ein oder zwei Stoffbahnen neu anknoten.

336: Scheindreherbindungen (a: oben, c: unten)

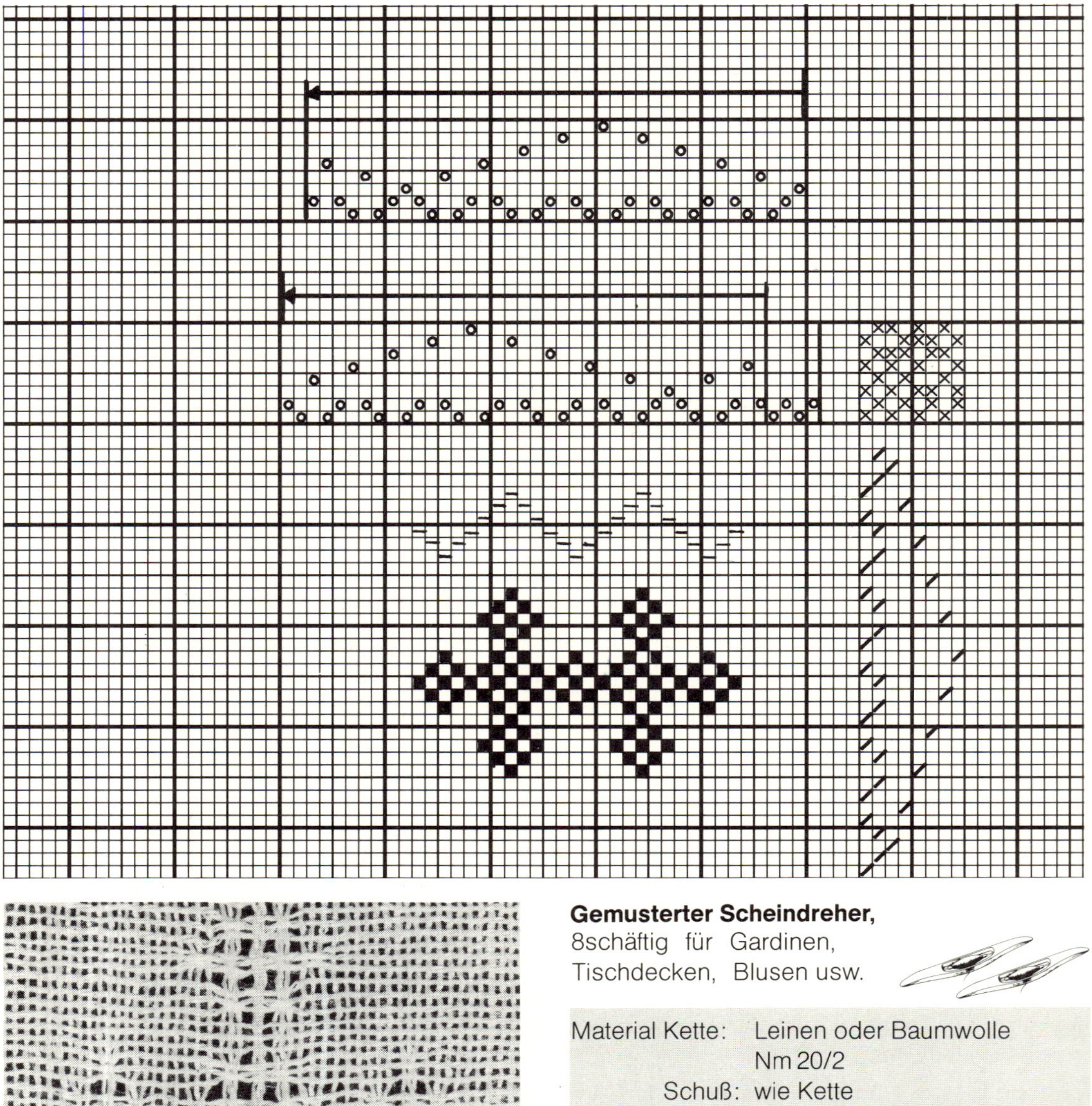

337: Achtschäftiger Scheindreher, 3sprüngig

Gemusterter Scheindreher,
8schäftig für Gardinen, Tischdecken, Blusen usw.

Material Kette:	Leinen oder Baumwolle Nm 20/2
Schuß:	wie Kette
Bindung:	gemusterter Scheindreher (Abb. 337)
Kettdichte:	8 Fäden/cm

Jedes ausgefüllte Kästchen des Erscheinungsbildes bedeutet ein 3sprüngiges Kettgerstenkorn. Ein Musterbild ist 25 Kästchen breit, also 3 × 25 = 75 Fäden je Muster. Zwischen den Mustern stehen leinenbindige Partien. Feinere Garne können bei dichterer Ketteinstellung 5sprüngig gewebt werden.

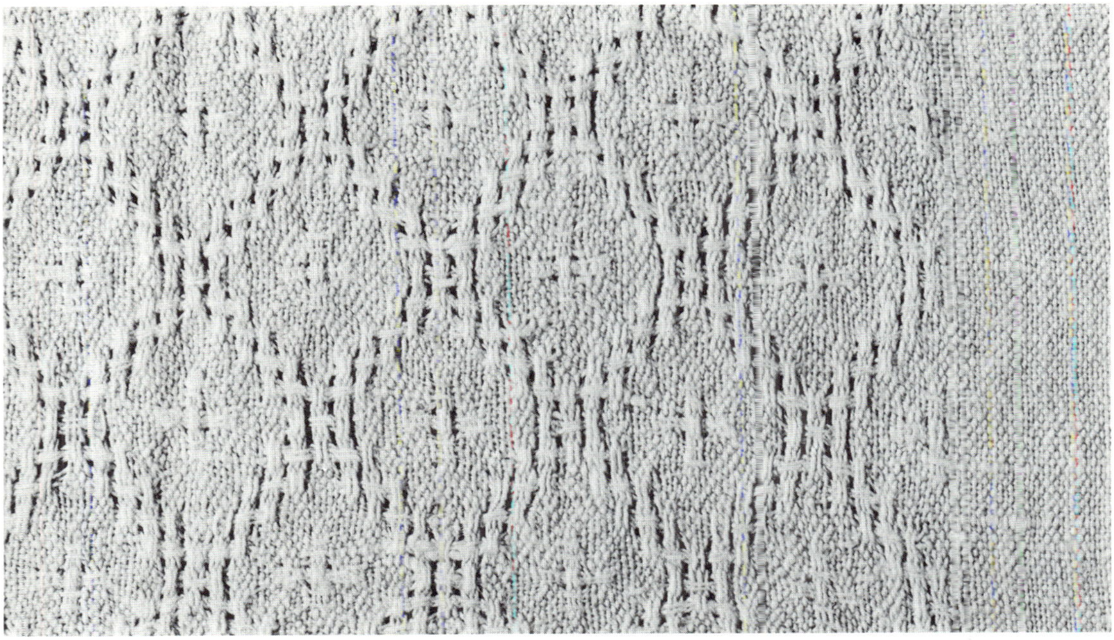

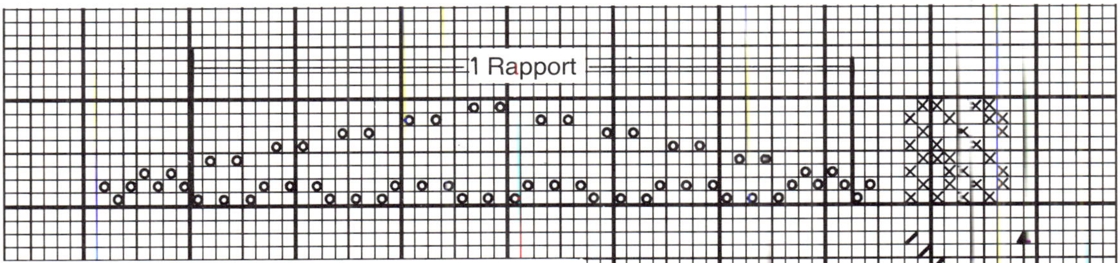

Gemusterter Scheindreher,
8schäftig für Tischdecken,
Vorhänge

Material Kette:	Baumwolle Nm 28/2
Schuß:	Leinen Nm 12
Bindung:	Gemusterter Scheindreher (Abb. 338)
Kettdichte:	14 Fäden je cm

Ein Musterrapport ist 50 Fäden breit.
Musteranschluß 5 Fäden

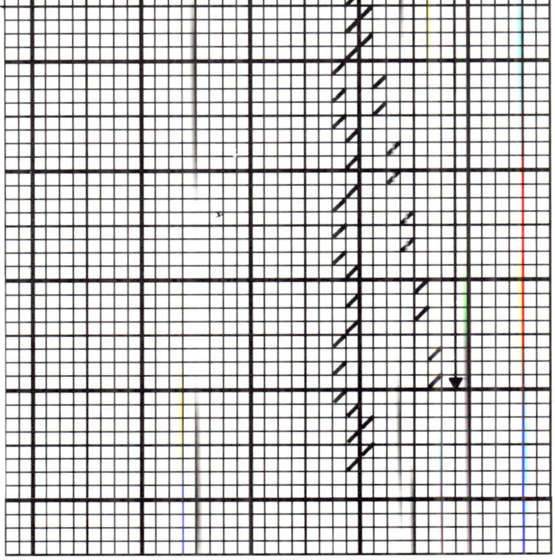

338: Achtschäftiger Scheindreher

Plattweberei

Für diese schöne, wirkungsvolle und technisch einfache Bindung, die viele Namen hat (Schwedenborte, Halbdamast, Blockdrell), gibt es fast unbegrenzte Verwendungsmöglichkeiten.

Man arbeitet bei dieser Technik in ein leinenbindiges Grundgewebe einen Musterschuß ein, der jeweils mehrere Kettfäden überspringt oder unterläuft. Während der Grundschuß in seiner Stärke der Kette entsprechen soll, verwendet man für den Musterschuß gern ein dickeres oder doppelt gespultes Garn. Je mehr Grundgewebe und Musterung farblich kontrastieren, desto stärker ist die plastische Wirkung der Bindung. Andererseits sieht auch ein „Ton in Ton"-Gewebe sehr gut aus. Die Fadenflottierungen des Musters reflektieren das Licht stärker als das leinenbindige Grundgewebe, so daß auch mit nur einer Farbe das Bindungsmuster gut sichtbar ist.

Bei dieser Technik wechselt immer ein leinenbindiger Grundschuß mit einem Musterschuß ab. Um sicherzugehen, daß man beim Weben die beiden Leinentritte ständig wechselt, schießt man beim linken Grundschuß von links, beim rechten von rechts, so daß man immer an der Lage des Schiffchens sieht, welcher Tritt an der Reihe ist. (Fehler im Leinenwechsel sind nicht immer gleich erkennbar!) Wenn man natürlich Grund- und Musterschuß aus dem gleichen Material und darum mit einem Schützen webt, hebt sich dieser Rhythmus auf. Abbildung 339 b zeigt den leinenbindigen Grund, bei Abb. 339 c sind 2 Musterpartien eingetragen. Den Einzug, der sich daraus entwickelt, nennt man „Partieweiser Einzug". Damit der leinenbindige Rhythmus auch in den Schäften sorgfältig eingehalten wird, sollten die Musterpartien immer geradzahlig sein. Wenn man trotzdem eine ungeradzahlige Mustergruppe wählt, muß man darauf achten, daß der leinenbindige Anschluß hergestellt wird. Die Kettfäden müssen also abwechselnd auf einen geradzahligen und einen ungeradzahligen Schaft gezogen werden (Abb. 339).
Der Anschlag muß fest sein. Die Anzahl der Grundfäden soll in Kett- und Schußrichtung möglichst gleich sein, in den leinenbindigen Partien wie auch in den Musterpartien.

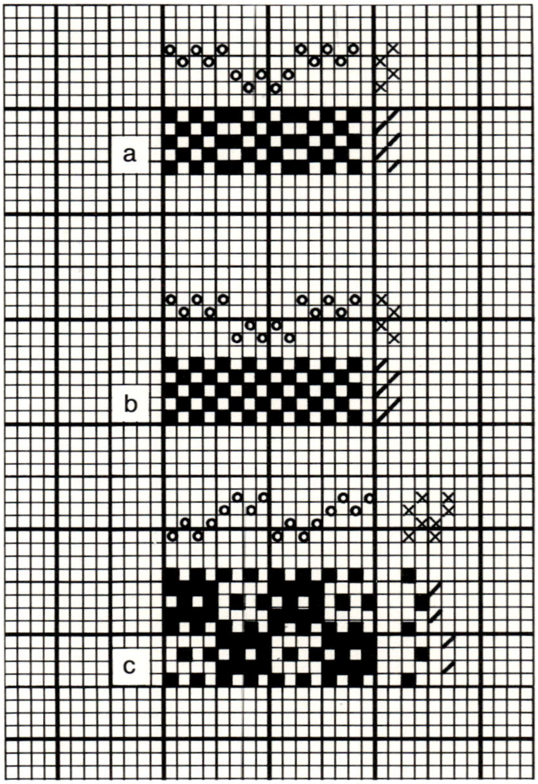

339: Partieweiser Einzug für Plattweberei, a) ungeradzahlig – falsch, b) richtig, c) geradzahlig

Wir entwerfen zunächst ein Erscheinungsbild und entwickeln daraus die Bindungspatrone. Bei vier Schäften erhält man ein zweiteiliges Muster, das immer im schachbrettartigen Versatz wechselt. Während man in Kettrichtung das Muster unbegrenzt wiederholen kann, denn der leinenbindige Grund sorgt für die Abbindung, muß man in waagerechter Richtung darauf achten, daß die Musterpartien nicht zu lang flottieren. Für eine dekorative Stola oder einen Wandbehang kann man Flottierungen von 12, 14 mm und mehr durchaus akzeptieren, aber für stärker strapazierte Stoffe wie Tischdecken oder Möbelbezüge wäre das zu lang. Feste Regeln kann man dafür nicht aufstellen, nach ein bis zwei Versuchen haben Sie Stil und Anwendungsmöglichkeiten der Technik verstanden und wissen dann auch, worauf es im einzelnen ankommt.

Kaminrock mit Muster in Plattweberei

Material Kette:	Schurwolle Nm 6 blau	
Schuß:	Grundschuß und Musterschuß wie Kette in verschiedenen Blau- u. Violettönen	
Bindung:	Plattweberei (Abb. 340)	
Kettdichte:	6 Fäden/cm	
Blatt:	60/10	
Fertige Breite:	91 cm	
Einzugsbreite:	94 cm	
Ges.kettf.zahl:	578 Fäden	
Schußdichte:	6 Fäden Grundschuß, 6 F. Musterschuß	
Gewebelänge:	2mal 1,2 m	2,40 m
	+ Einweben 10%	0,25 m
	Weblänge	2,65 m
	+ Troddel	0,65 m
Kettlänge:		3,30 m
Materialbedarf:	Kette 320 g Nm 6, blau Schuß 250 g, Musterschuß 125 g Nm 6 in verschiedenen Farbtönen Blau-Violett Jeder weitere Meter 110 g Kette, 110 g Grundschuß	

Ein Längsstreifen-Effekt bildet sich, wenn man nur eine Musterpartie erscheinen läßt, d. h. immer nur einen Mustertritt benutzt (Abb. 341). Nur über dem Saum ist das Muster dreimal durch die andere Trittpartie unterbrochen. Der Musterschuß ist hier nicht stärker als der Grundschuß, damit das Gewebe nicht zu dick und schwer wird. Die Farbübergänge im Musterschuß sind fließend. Man arbeitet mit mehreren Schiffchen, d. h. man legt in ein helles Feld zunächst einen, dann zwei und drei dunklere Farben ein, bis der helle Musterstreifen langsam in den dunkleren übergegangen ist.
Wenn in solcher Weise gemusterte Stoffbahnen nebeneinander genäht werden sollen, muß man sich ein genaues Schußfarbmuster aufzeichnen. Dazu benutzt man ein breites Wäscheband oder einen Streifen von altem Wäschestoff in entsprechender Länge, auf das man mit Buntstiften

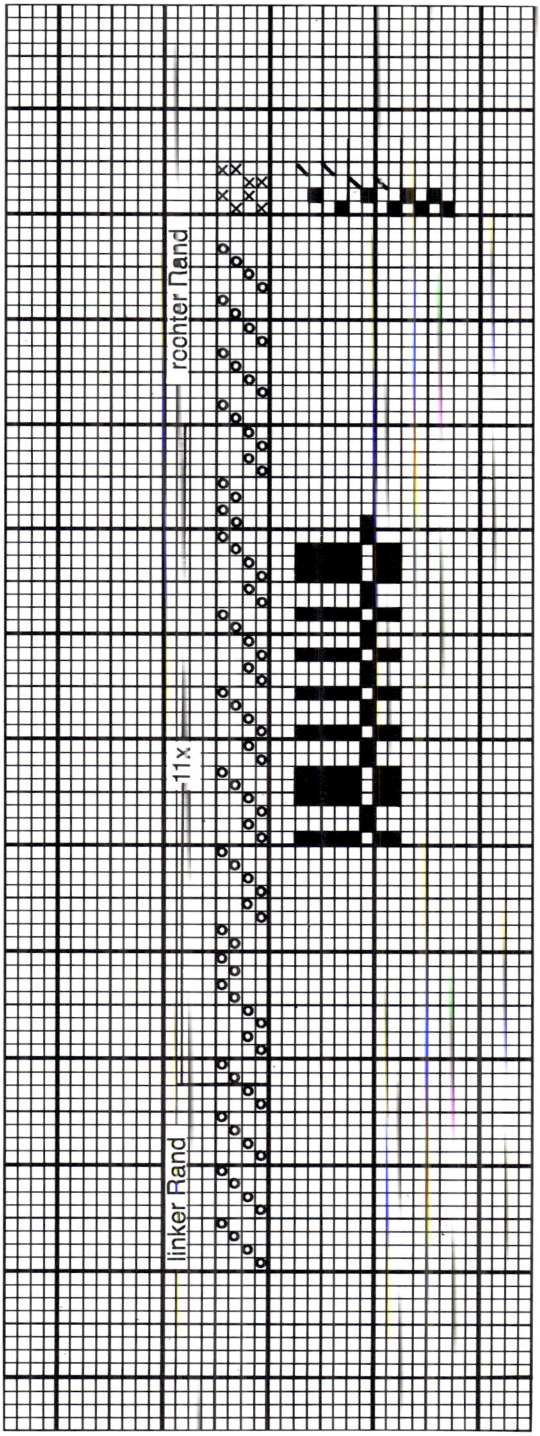

340: Einzug und Erscheinungsbild für den Kaminrock

341: Kaminrock △

342: Einzug für den Kittel (siehe auch Abb. 343) ▷

den Farbmusterrapport zeichnet und eventuell beim Weben der ersten Bahn die Anzahl der Schüsse vermerkt. Diesen Streifen heftet man mit Nadeln an den Stoff und kann das Muster daran ablesen. Beachten Sie dabei, daß der Stoff beim Weben in Spannung ist und nach dem Entspannen zusammenspringt.
Das Musterband wird nicht mit auf den Warenbaum gerollt, damit es sich nicht verzieht.
Man kann die Musterpartien über die ganze Gewebefläche ausdehnen oder auch Musterstreifen in Schußrichtung auf größere leinenbindige Partien setzen. Ebenso kann man kleine Musterpartien in dem Grundgewebe anordnen, indem man den Musterschuß nicht über die ganze Breite legt, sondern an der gewünschten

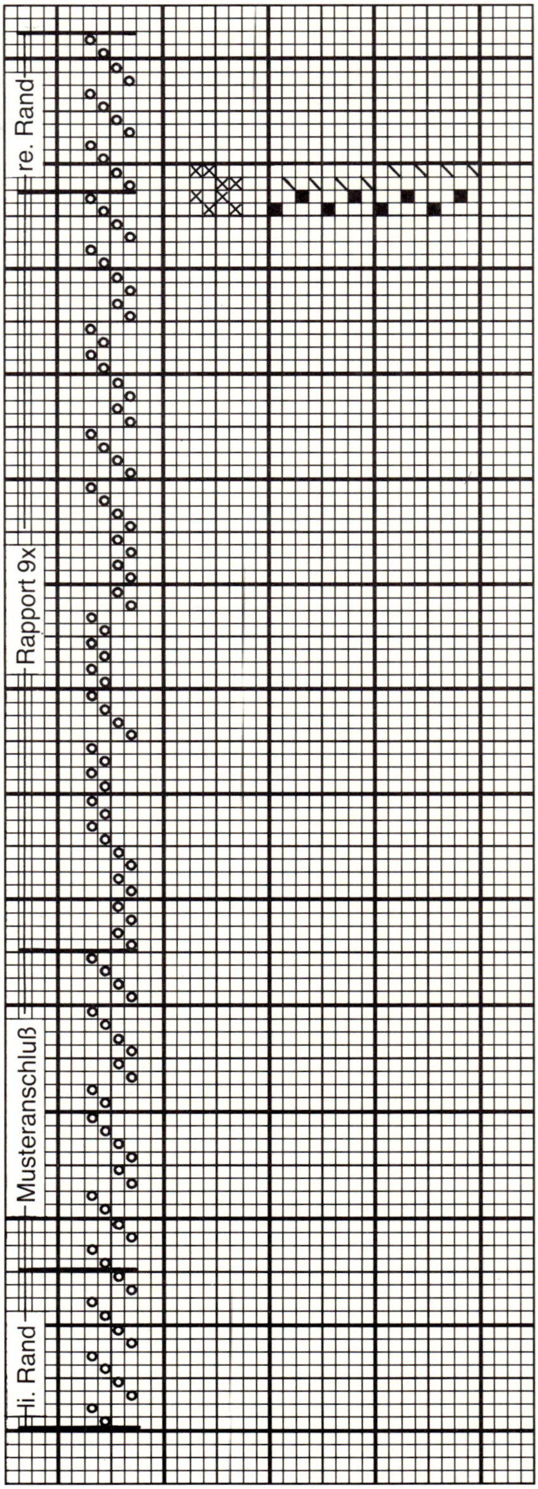

343: Kittel in Plattweberei

Stelle aus dem Fach herausnimmt. Sehr schöne Wirkungen lassen sich auch erzielen, wenn man die Farben des Musterschusses innerhalb eines Faches auswechselt, den Musterschuß also durch das Fach nach oben holt und mit einer anderen Farbe weiterarbeitet. Die Weboberseite wird später die linke Gewebeseite, damit die Umkehrstellen des Musterfadens nicht auffallen. Die Arbeitsweise braucht Zeit, ist aber sehr wirkungsvoll, weil man damit geradezu „bildnerisch“ arbeiten kann (siehe Kapitel „Brochieren“ S. 173).

Kittel aus Baumwolle und 2 Tischläufer

Material Kette:	Baumwolle Nm 20/2, rohweiß
Schuß:	für den Kittel Baumw. Nm 28/2, Grau als Grundschuß und Halbleinen Nm 6,4 als Musterschuß Für die Tischläufer Rohleinen Nm 10 in Grund- und Musterschuß
Bindung:	Plattweberei (Abb. 342, S. 214)
Kettdichte:	12 Fäden je cm
Blatt:	60/10, 2 Fäden im Riet
Fertige Breite:	43 cm
Einzugsbreite:	47,5 cm
Ges.kettf.zahl:	570 Fäden
Schußdichte:	Kittel: 12 F./cm in der Leinenbindung, 10 F. Grundschuß, 10 F. Musterschuß Tischläufer: 8 F. Grundschuß, 8 F. Musterschuß

Gewebelänge:	2 Tischläufer je 1,4 m	2,80 m
	4 Säume	0,15 m
	1 Kittel	3,20 m
		6,15 m
	+ 20% Einlaufen	
	+ Einarbeiten	1,25 m
	Weblänge	7,40 m
	+ Troddel	0,60 m
Kettlänge:		8,00 m
Materialbedarf:	Kette: 480 g Baumwolle Nm 20/2 Grundschuß u. Musterschuß für Tischläufer gleich, 250–280 g Rohleinen Nm 10 Grundschuß für den Kittel ≈ 165 g Baumwolle Nm 28/2 Musterschuß Kittel (für etwa 60 cm Muster) 50–60 g Halbleinen Nm 6,4 in verschiedenen Farben: Blau, Türkis, Gelb und Rot (Reste!)	

Litzenverteilung:

Schaft	1	2	3	4	insgesamt
1 Rapport	15	15	14	14	58
9 Rapporte	135	135	126	126	522
Musterabschluß	6	6	6	6	24
Rand rechts, links	6	6	6	6	24
Litzen/Fäden	147	147	138	138	570

Plattweberei in Kettrichtung

Man kann die Plattweberei auch in Kettrichtung anordnen, dazu bedarf es jedoch besonderer Überlegungen. Bindungstechnisch ist es sehr einfach: Man dreht die Patrone für ein schußgemustertes Gewebe um 90° und kann die vorherige Tretordnung nun als Einzug (Grund- und Musterkette im Wechsel) benutzen und den früheren Einzug als Tretweise. Man schießt dann nur mit einer, der Grundfarbe und kann daher sehr viel schneller arbeiten.

Innerhalb eines Rapportes bindet die Grundkette mit jedem Grundschuß (Leinenbindung!), der Kettmusterfaden überspringt jedoch viele Schüsse. Die Grundkette arbeitet also sehr viel mehr ein als die Musterkette, deren Fäden sehr bald durchhängen würden. Man benötigt dazu einen zweiten Kettbaum, der eine nimmt die Grundkette auf, der zweite die Musterkette, die beide getrennt geschärt und gebäumt werden. Die Musterkette wird entsprechend der vorgesehenen Anordnung mit der Grundkette zusammen im Reedekamm eingelegt.

Musteranordnungen in Kettrichtung eignen sich besonders für Vorhänge und Gardinen, die einen schönen „Fall" bekommen, wenn die Streifen in Kettrichtung laufen.

Wer über keinen zweiten Kettbaum verfügt (er läßt sich in fast jeden Webstuhl auch nachträglich einbauen), kann sich bei kleineren Gewebestücken in folgender Weise helfen: Man schärt Grund- und Musterkette getrennt, jede hat ihr eigenes Fadenkreuz und eigenen Anbindestab. Die Musterkette liegt über der Grundkette. Beide Ketten werden, dem Muster entsprechend, zusammen in den Reedekamm eingelegt, auf den Kettbaum gerollt und entsprechend der Patrone eingezogen, wobei man die Fäden einmal aus dem einen, dann aus dem anderen Fadenkreuz nimmt. Beim Bäumen ist häufiges Einlegen von Kettleisten erforderlich, vor allem, wenn die Plattmuster partieweise und nicht über die ganze Breite angeordnet sind, weil dadurch die verschiedenen Kettpartien unterschiedlich dick sind. Außerdem versucht man, der Musterkette mehr Spannung zu geben als der Grundkette, indem man sie immer wieder gesondert stark nachzieht.

Wenn sich beim Abweben nach 20 bis 30 cm das Lockerwerden der Musterkettfäden bemerkbar macht, legt man eine starke Leiste zwischen Muster- und Grundkette (Fadenkreuz der Musterkette anheben). Zunächst genügt es, diese Leiste zum Spannen auf den Kettbaum zu schieben, aber bald reicht das nicht mehr aus. Man zieht sie dann an mehreren Stellen mit starken Schnüren am Querholz des Webstuhlgestells fest. Bei jedem Kettenachziehen muß auch die Spannung der Leiste nachreguliert werden. Dieses Verfahren ist umständlich und für unelastisches Material wie Leinen nicht sehr empfehlenswert.

Nicht nur für Plattweberei, sondern auch für andere Bindungen, die in Kettrichtung verschieden stark einweben, läßt sich diese Arbeitsweise einsetzen. Elastisches Material wie Streichgarn oder Baumwolle erleichtert zusätzlich die Arbeit.

Vorhangstoff

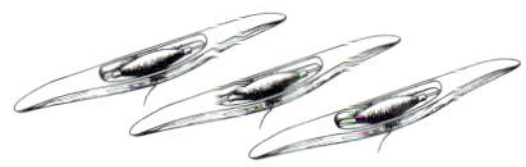

Material Kette:	Baumwolle Nm 16/2, Braun, Grundkette
	Baumwolle Nm 16/2, 3 Farben, oder Leinen Nm 6,4, Musterkette
Schuß	wie Grundkette oder Leinen Nm 10
Bindung:	Plattweberei in Kettrichtung (Abb. 345)
Kettdichte:	8 Fäden/cm in d. Grundkette, 8 Fäden/cm in d. Musterkette (d. h. in den gemusterten Partien 16 F./cm)
Blatt:	40/10, 2 Fäden im Riet (4 Fäden)
Fertige Breite:	85 cm
Einzugsbreite:	90 cm
Ges.kettf.zahl:	720 Fäden Grundkette, 256 Fäden Musterkette, insges. 976 Fäden

Schärzettel:

720 Fäden Baumwolle Nm 16/2 = 1. Kettzopf

Farbe I
16 F. Baumw. Nm 16/2
Farbe I + II
28 F. Baumw. Nm 16/2
Farbe II + III
84 F. Baumw. Nm 16/2 } 2mal = 2. Kettzopf

344: Vorhangstoff, Plattweberei in Kettrichtung

Litzenverteilung:

Schaft	1	2	3	4	insgesamt
Grundkette	360	360			720
Musterkette Partie I				152	152
Musterkette Partie II			104		104
Litzen/Fäden	360	360	104	152	976

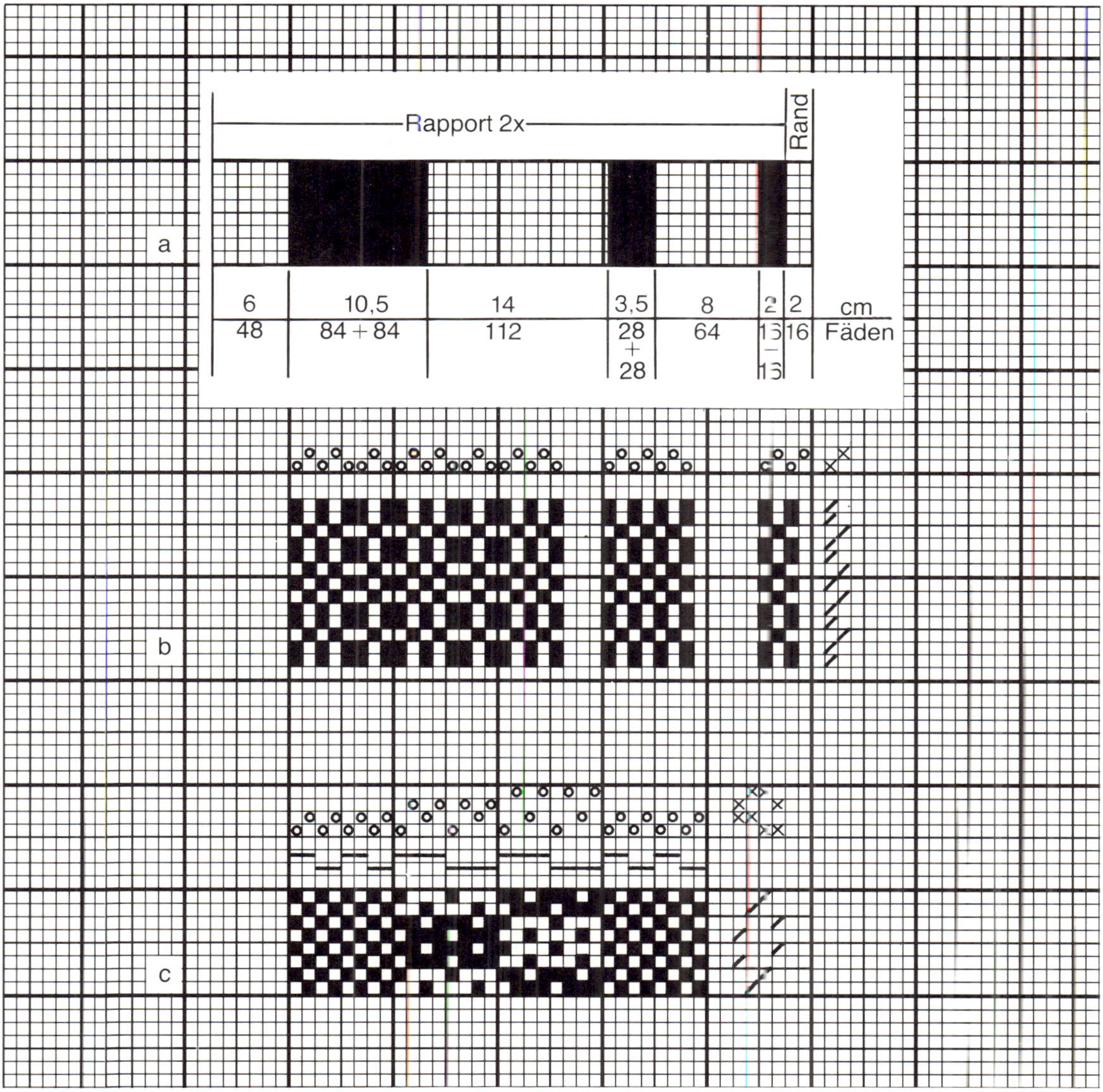

345: Plattweberei in Kettrichtung; Anordnung der Streifen auf der Grundkette, jedes Kästchen entspricht einem Zentimeter (a); Erscheinungsbild der drei Musterstreifen, einem Kästchen im Erscheinungsbild entsprechen vier Fäden Grundkette und 4 Fäden Musterkette = 0,5 cm (b); Bindungspatrone (c), im Einzug von rechts: Leinen, Mustergruppe I, Mustergruppe II, Leinen; im Erscheinungsbild (b) liest man ab, wie oft die einzelnen Partien eingezogen werden

Halbdrell

Halbdrellbindungen haben eine gewisse Ähnlichkeit mit der Plattweberei. Aber während bei dieser auf vier Schäften zweiteilige Muster entstehen, kann man mit Halbdrell sogar vierteilig weben.
Da immer ein Schaft der vorigen Mustergruppe zur Bildung der nächsten mit hinzugezogen wird, ist das entstehende Gewebebild nicht so scharf konturiert wie das der Plattweberei. Die Musterschüsse schimmern auch in den abgebundenen Partien ein wenig durch.
Halbdrellgewebe haben sehr vielfältige, ausdrucksvolle und bewegte Muster. Man wechselt jeweils einen Grundschuß in der Art und Stärke des Kettmaterials mit einem Musterschuß, der meist etwa doppelt so dick ist wie der Grundschuß, obwohl man das nicht als starre Regel betrachten muß. Praktisch jedes Material ist möglich und geeignet für diese Bindung. Sie müssen nur den Verwendungszweck beachten!

Wie entwickelt man nun einen Halbdrell?
Das Grundgewebe aus Kette und Grundschuß ist leinenbindig. Bestimmen Sie dafür die Kettdichte. Dann legt man fest, wie lang die Fadenflottierungen des Musterschusses sein dürfen. Hierbei gilt, was auch bei der Plattweberei gesagt wurde: In strapazierten Gebrauchsgeweben sollten die Flottierungen, je nach Material, nicht länger als 6–8 mm sein, dekorative Gewebe vertragen längere lose Mustergruppen.
Nun entwerfen Sie sich auf Patronen- oder Handarbeitspapier ein Erscheinungsbild. Ins Auge fallen die flottierenden Musterschüsse; die also werden gezeichnet. Wenn Sie anfangs noch unsicher sind, arbeiten Sie zunächst mit einem einfachen Muster (Abb. 346). Ermitteln Sie jetzt, wie viele Fäden im Gewebe einem Punkt Ihrer Musterzeichnung entsprechen. Am einfachsten erkennen Sie das an den flottierenden Musterfäden. Nehmen wir an, das Erscheinungsbild (Abb. 346 a) sei bestimmt für ein leichtes feines Schultertuch aus Kammgarn Nm 28/2, Kettdichte 12 Fäden je Zentimeter. Die langen Flottierungen des Erscheinungsbildes überspannen drei Kästchen. Angenommen jedes Kästchen ist 4 Kettfäden breit, dann flottieren die längsten Musterschüsse über $3 \times 4 = 12$ Fäden, also 1 cm. Das ist für ein dekoratives Tuch durchaus vertretbar.
Wenn dasselbe Erscheinungsbild für eine Tischdecke angewendet werden soll, die aus Baumwolle Nm 16/2 in Kette und Grundschuß und Leinen Nm 4,8 als Musterschuß, bei einer Kettdichte von 8 Fäden/cm, gewebt werden soll, wären Flottierungen über 12 Fäden 1,5 cm lang. Das ist für Tischwäsche nicht praktisch. In diesem Fall wird man nur zwei Kettfäden je Musterpunkt ansetzen und erhält Flottierungen über 6 Fäden = 0,75 cm.
Nun läßt sich aus dem verkürzten Einzug über dem Erscheinungsbild der tatsächliche Einzug ermitteln. Jede der vier Mustergruppen umfaßt zwei Schäfte. Die erste Musterpartie wird auf Schaft 1 und 2 eingezogen, die zweite auf Schaft 3 und 2, die dritte auf Schaft 3 und 4, die vierte auf Schaft 1 und 4. Abbildung 346 c zeigt die 4 Schaftgruppen. Achten Sie aber genau auf die Reihenfolge der Schäfte: Es folgen immer ein geradzahliger und ein ungeradzahliger Schaft aufeinander, damit der leinenbindige Versatz der Grundbindung erhalten bleibt.
Die Tritte werden am besten so geordnet, daß die beiden leinenbindigen Grundtritte von dem einen Fuß bedient werden. Die Mustertritte 1–4 (in der Tretweise als Kästchen gezeichnet) sollen mit dem anderen Bein getreten werden, so daß man immer mit dem rechten und linken Fuß im Wechsel tritt. Außerdem ist sorgfältig darauf zu achten, daß der Leinentritt jedesmal gewechselt wird. Diese Fehler fallen nicht gleich beim Weben ins Auge, stören aber später um so mehr. Die Reihenfolge ist also: Linker Leinentritt – Mustertritt I – rechter Leinentritt – Mustertritt I usw. Beim linken Leinentritt schießen Sie den Grundschuß von links, beim rechten von rechts. Wer eine Schnellade am Stuhl hat, benutzt den Schnellschützen für den dünnen Grundschuß, der Musterschuß wird mit dem Handschiffchen eingetragen.
Wie oft Sie den einzelnen Mustertritt wiederholen, hängt vom Entwurf ab, außerdem entwickelt man das oft erst beim Weben. Wenn man nur einen Mustertritt immer wiederholt, entstehen Längsstreifen, die in Gardinen- und Möbelstoffen besonders gut wirken (Abb. 353). Auch zwei- und dreiteilig getretene Muster sind sehr hübsch – den Versuchen und der Phantasie sind keine Grenzen gesetzt.

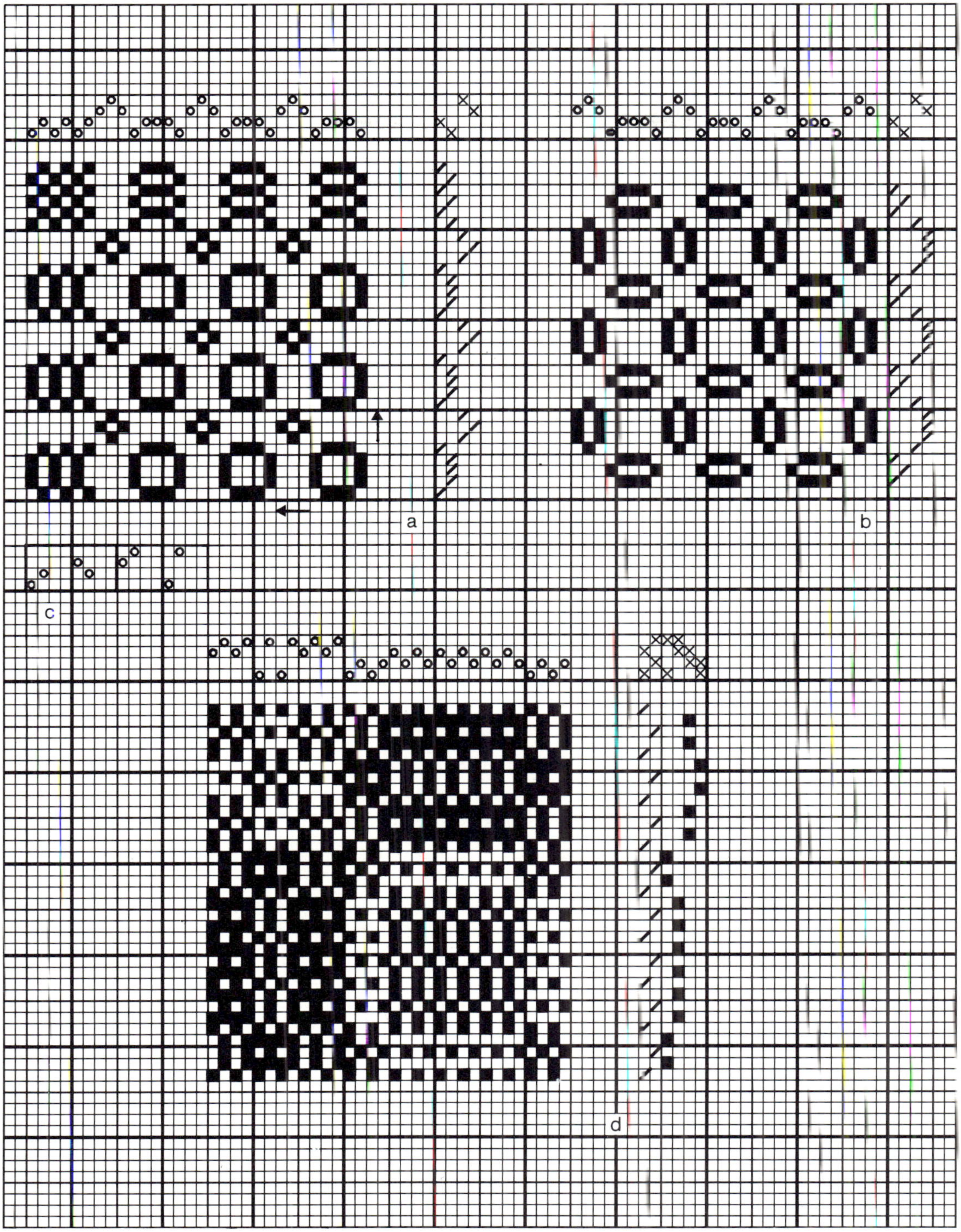

346: Halbdrell, Erscheinungsbilder (a, b), Einzugspartien (c), Patrone (d)

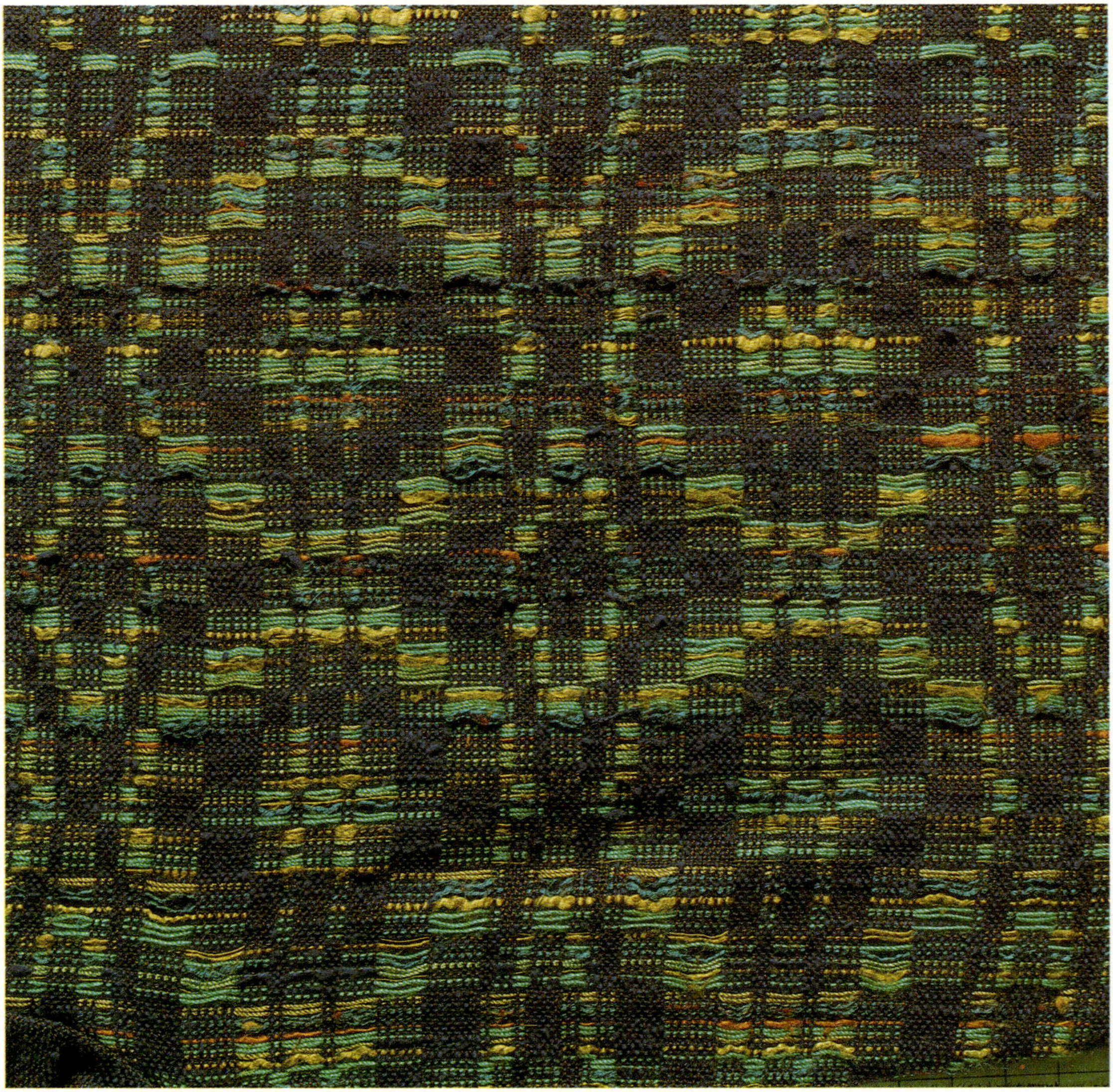

347: Halbdrell

Halbdrellgewebe sind von beiden Seiten zu benutzen, das Muster auf der Unterseite ist fast wie ein Negativ der rechten Seite. Abbildung 346b ist das Erscheinungsbild der linken Seite von Abbildung 346a.

Beim Halbdrell von Abbildung 347 sind auf einer Gewebebreite 10 Rapporte angeordnet, jeder Rapport hat 112 Fäden. Für den Musterabschluß sind auf jeder Seite 24 Fäden vorgesehen, die äußeren 8 Riete werden als Webekante verstärkt und 3fädig ins Blatt gezogen.

Wer die Kette für weitere Gewebe verlängern möchte, rechne je laufenden Meter etwa 85 g Kettmaterial, 70 g Grundschuß und 135 g Musterschuß.

Der Vorhangstoff von Abb. 353 ist auf der glei-

348: Erscheinungsbild zu Abbildung 347

chen Kette gewebt, Musterschuß Halbleinen Nm 6,4. Man benötigt dazu nur zwei Mustertritte.

Ein besonders hübscher Halbdrell ist dieses alte Fischermuster von der Küste Mecklenburgs und Pommerns (Abb. 351). Abbildung 352 zeigt das Erscheinungsbild, Einzug, Verschnürung und Tretweise für einen Fisch. Der nächstfolgende Rapport (Fisch) muß dann rückwärts, von links nach rechts, eingelesen werden, der dritte wieder von rechts nach links usw. Bei grobem Material (hier: Wolle Nm 7/2, 5 Fäden je Zentimeter) entspricht jedem Kästchen des Erscheinungsbildes ein Kettfaden. In den Zwischenpartien wird nur einer der vier Mustertritte benutzt.

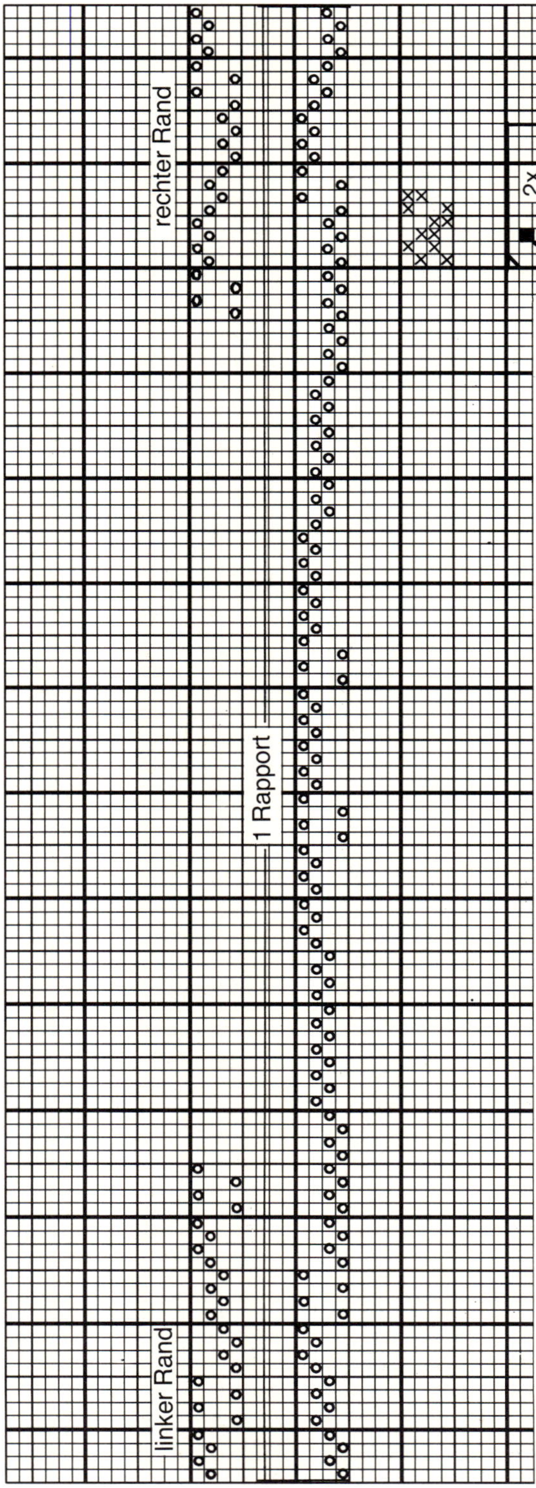
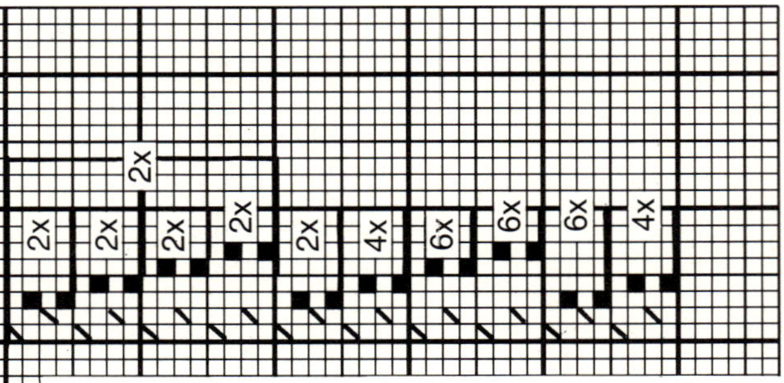

349: Einzug, Verschnürung, Tretweise zu Abb. 347 u. 348

Tischdecke in Halbdrell

Material Kette:	Baumwolle mercerisiert, Nm 34/2 – 28/2 braun
Schuß:	Grundschuß wie Kette, Musterschuß Tussahseide Nm 8, rohweiß
Bindung:	Halbdrell (Abb. 349, 350)
Kettdichte:	12 Fäden je cm
Blatt:	60/10, 2 Fäden im Riet
Fertige Breite:	94 cm
Ges.kettf.zahl:	1152 Fäden + 16 Fäden Randverstärkung = 1168 Fäden
Schußdichte:	10 Fäden Grundschuß und 10 Fäden Musterschuß je cm
Kettlänge:	3,5 m (12% Einarbeitung)
Materialbedarf:	

Kette	Baumwolle Nm 34/2	260 g
Schuß	Baumwolle Nm 34/2	180 g
	Tussah Nm 8	350 g

Je laufender Meter mehr: 85 g Kette, 70 g Grundschuß, 135 g Musterschuß

Litzenverteilung:

Schaft	1	2	3	4	Insges.
1 Rapport	24	32	32	24	112
10 Rapporte	240	320	320	240	1120
Rand re.	6	4	6	8	24
Rand li.	6	4	6	8	24
Litzen/Fäden:	252	328	332	256	1168

350: Tischdecke, Halbdrell

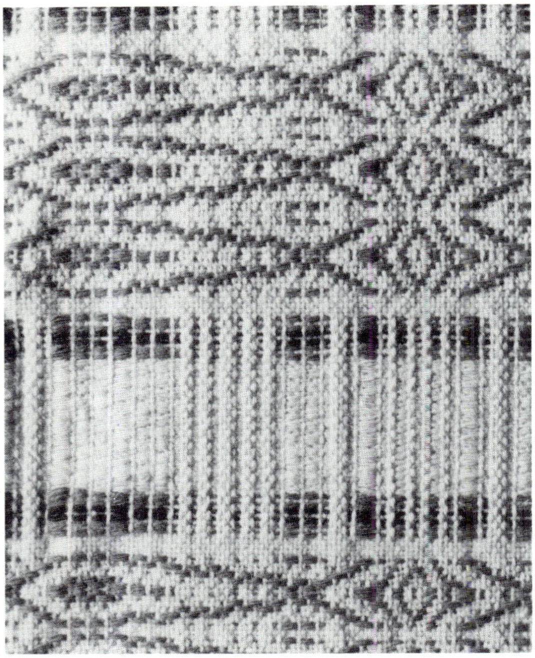

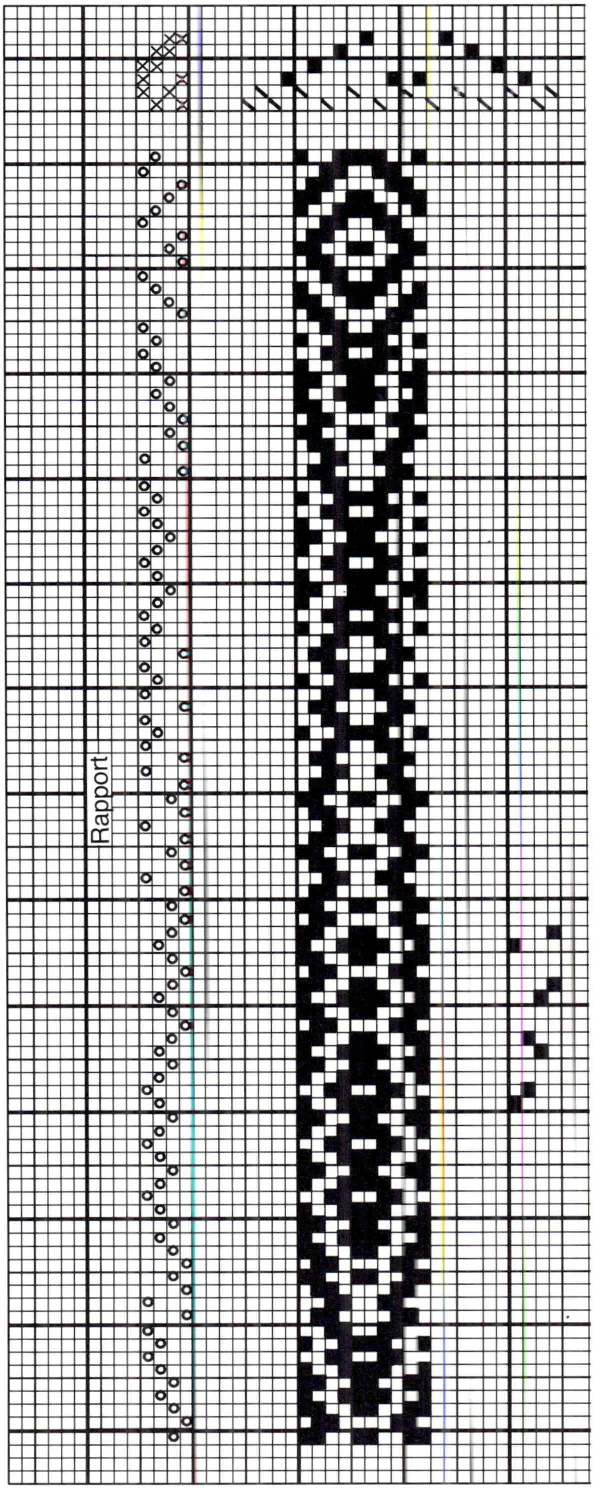

351: Altes Fischermuster aus Mecklenburg △

352: Patrone zum Fisch (siehe auch Abb. 351) ▷

353: Vorhang Halbdrell

Blockdrell

Aus einem Erscheinungsbild ist durchaus nicht immer abzulesen, in welcher Technik der Stoff dazu gearbeitet werden soll. Das Erscheinungsbild von Abbildung 355 könnte zum Beispiel für einen gemusterten Kettrips genauso angewendet werden wie für eine Plattweberei. In diesem Fall wollen wir eine besondere Form des Halbdrells daraus machen, deren Muster immer blockartig zweiteilig ist. Dazu muß man wissen, daß der Musterschuß bei dieser Technik nicht (wie bei der Plattweberei und den vorher beschriebenen Halbdrellgeweben) über alle schwarz ausgefüllten Kästchen im Erscheinungsbild flottiert, sondern nach jeweils einer bestimmten Anzahl von Kettfäden abgebunden wird. Dadurch kann man die einzelnen Musterquadrate auch in Schußrichtung beliebig groß machen. Die feinen Abbindungen nach jeder Einzugsgruppe sind im Gewebebild sichtbar, werden aber im Erscheinungsbild nicht dargestellt, weil sie so schmal sind.

Die Einzüge unterscheiden sich bei verschieden langen Musterflottierungen. Beim Einzug nach Abbildung 355b flottiert der Musterschuß über 5 Kettfäden (= ungerade Zahl), dann liegt der Abbindefaden immer auf dem benachbarten Schaft. Wenn der Musterschuß, wie beim Einzug nach Abbildung 355c, über 4 Kettfäden flottiert (= gerade Zahl), muß der Abbindefaden immer den Schaft wechseln, damit der leinenbindige Versatz erhalten bleibt. Beim Wechsel von der einen zur anderen Mustergruppe entfällt der Abbindefaden.

Der Blockdrell von Abbildung 354 ist sehr viel feiner gewebt als der unten ausgemusterte Stoff. Der Schußfaden überspringt 4 Kettfäden, die Kettdichte beträgt 24 Fäden pro Zentimeter, Material Baumwolle Nm 40/2. Zeichnen Sie einen Einzugsrapport nach Erscheinungsbild (Abb. 355a) ganz aus, damit Sie die genaue Kettfadenzahl berechnen können (Abb. 355b).

Tischdecke oder Kissen

Kette:	Baumwolle Nm 20/2 rohweiß
Schuß:	Grundschuß wie Kette, Musterschuß Leinen Nm 6
Bindung:	Blockdrell (Abb. 355 a) Für den rechten Rand sind 48 Fäden vorgesehen, der linke Rand hat 70 Fäden (Musterausgleich), jeder Block (= ½ Rapport) umfaßt 149 Kettfäden
Kettdichte:	12 Fäden/cm
Blatt:	60/10, 2 Fäden im Riet Die äußeren Fäden werden für die Webekante 3fädig gestochen
Schußdichte:	Je 9 Fäden im Grund- und Musterschuß.

354: Blockdrell

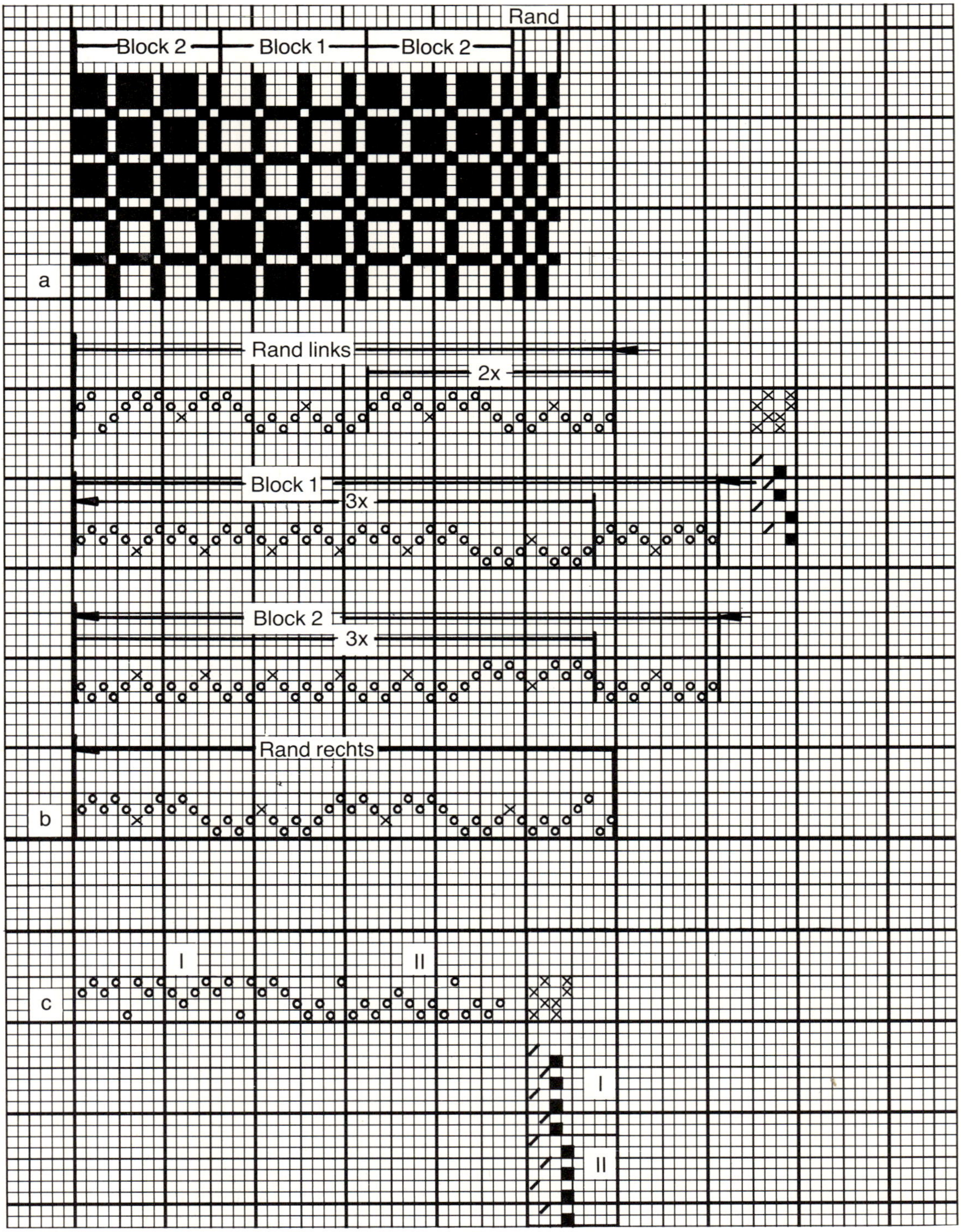

355: Erscheinungsbild und verschiedene Einzüge zum Blockdrell

Gänseaugen, Spitzenmuster und Hohlschuß

Wabenmuster oder Gänseaugen (Abb. 357, 358) nennt man eine Bindung, die mit dem Einzug für Plattweberei und einer veränderten Verschnürung hergestellt wird. Man benötigt zwei Leinentritte und vier Mustertritte. Die Bindung entsteht aus drei verschiedenen Schußpartien, die so unterschiedlich abbinden und einarbeiten, daß das Gewebe eine stark reliefartige Oberfläche bekommt. Man kann einen Stoff durchgehend in Gänseaugenbindung herstellen oder auf einen leinenbindigen Grund Musterstreifen weben. Dann muß man allerdings sehr bemüht sein, die Spannungsunterschiede zwischen den verschiedenen Bindungen auszugleichen. (Mit Breithalter in den Musterpartien arbeiten!)

Für eine Musterpartie webt man drei verschiedene Schußgruppen (Abb. 356 a):

- Die erste bindet mit der einen Schaftgruppe (Schaft 1 und 2, Tritt 5 und 6) und flottiert unter den Fäden der anderen,
- dann folgen durchgehend ein oder zwei Schüsse in Leinenbindung (Tritt 1 und 2),

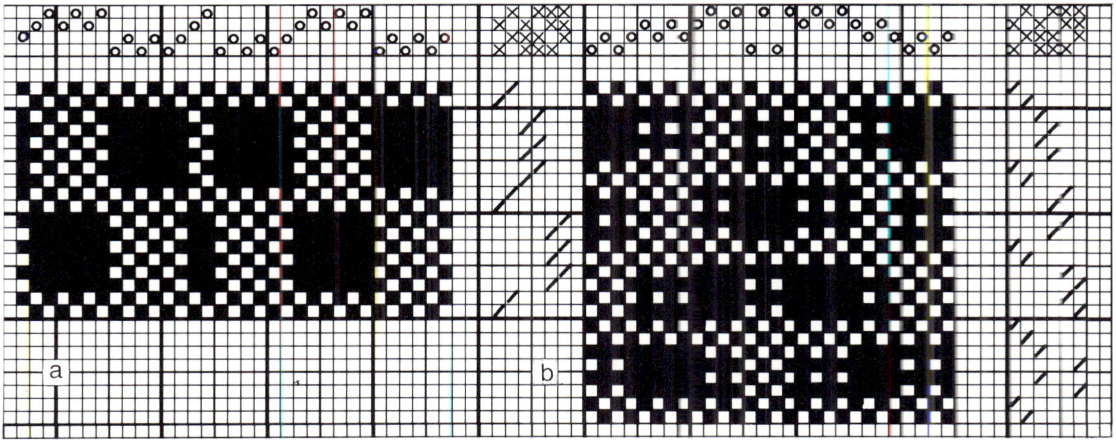

356: Gänseaugen und Spitzenmuster

357: Gewebebild zu Abbildung 356

358: Gänseaugen

● dann wird die andere Musterpartie mit der zweiten Schaftgruppe gebildet (Schaft 3 und 4, Tritt 3 und 4), wobei die Schußfäden unter der ersten Schaftgruppe flottieren.

Die dichten leinenbindigen Musterpartien drücken die auf der Rückseite flottierenden Schüsse zusammen, wodurch sich Wellenlinien in den durchgehenden Grundschüssen bilden. Für die Musterschüsse verwendet man elastisches Material in der Stärke der Kette, während die durchgehenden leinenbindigen Grundschüsse meist aus dickerem Material gebildet werden, um die plastische Wirkung der Bindung noch zu verstärken. Das Gewebe wird um so plastischer, je dichter die Kette und je höher die Anzahl der Musterschüsse ist.

Alle möglichen Farbkombinationen sind denkbar: Der Musterschuß kann farbgleich sein wie die Kette und der leinenbindige Grundschuß andersfarbig oder umgekehrt. Musterschuß I kann anders sein als Musterschuß II. Selbst wenn beide Musterschüsse, Grundschuß und Kette gleichfarbig sind, hat dieses Gewebe noch eine lebendige Struktur.

Die eigentliche Wirkung des Stoffes zeigt sich erst im entspannten Zustand. Man sollte daher Proben anlegen, die Kette entspannen und danach erst Farbe und Anzahl der Musterschüsse usw. festlegen.

Gänseaugen sind, wegen der flottierenden Fäden auf der Rückseite, nur einseitig zu verwenden. Sie eignen sich für gefütterte Bekleidungsstoffe, Bettdecken und dekorative Gewebe.

Als Material empfiehlt sich Wolle und Baumwolle. Wählen Sie nicht zu dickes Garn; die Flottierungen „polstern" das Gewebe ohnehin auf.

An dieser Stelle soll noch einmal darauf hingewiesen werden, daß die Verschnürung in der angegebenen Form für Kontermarscheinrichtungen gilt. Wer mit Rollenzugsystem arbeitet, knotet die weißen Kästchen der Verschnürung ein! Andernfalls läge die Abseite des Gewebes oben, und man könnte dann vom Muster wirklich nichts erkennen.

Ganz ähnlich wie die Wabenmuster oder Gän-

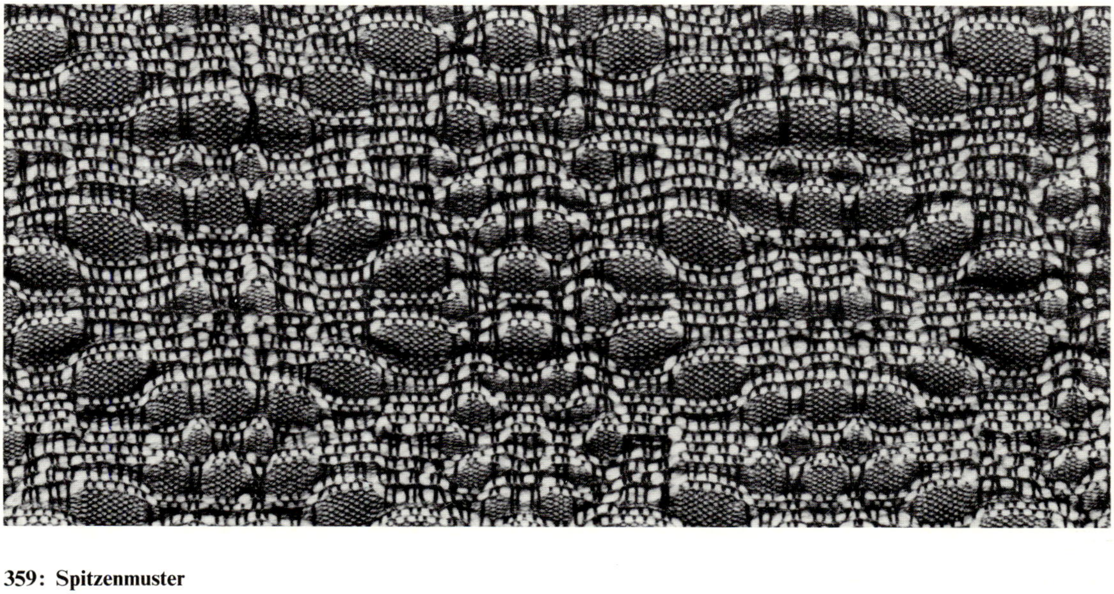

359: Spitzenmuster

360: Karierte Wolldecke, Köperbindung (links); verstärktes Gewebe (rechts, siehe auch Seite 262)

seaugen werden die Spitzenmuster (Abb. 359) gebildet. Sie sind eine Abwandlung der vierschäftigen Halbdrellgewebe, was man ihnen allerdings kaum ansieht. Auch hierbei wird die Verschnürung so umgestellt, daß der Schuß immer nur mit einer Mustergruppe abbindet, während er unter den anderen flottiert.

Bei den Gänseaugen hatten wir zwei Mustergruppen – hier sind es vier, die auch jeweils durch zwei leinenbindige Grundschüsse in dikkerem Material voneinander getrennt werden (Abb. 356b). Der Wechsel der festbindenden und flottierenden Schüsse bewirkt die wellenförmige Lage der Grundschüsse, die wie ein Netz über einem tiefliegenden Untergewebe gespannt sind, daher kommt ihr Name.

Für Spitzenmuster gilt noch in verstärktem Maße, was für Gänseaugen gesagt worden ist. Wählen Sie feines, elastisches Garn für Kette und Musterschuß, stärkeres für den leinenbindigen Grundschuß. Arbeiten Sie mit fester Kettspannung und festem Anschlag. Die Bindung „schluckt" viel Material. – Durch das Zusammenspringen im entspannten Zustand verliert das Gewebe viel Länge. (Zugabe mind. 15%!)

Auch für Gänseaugen und Spitzenmuster kann man Erscheinungsbilder zeichnen, wenngleich das für einen Laien zunächst schwierig oder unübersichtlich ist. Am besten folgen Sie zum Ausprobieren der Spitzenmuster einem Halbdrell-Erscheinungsbild und dessen Patrone; Sie brauchen ja nur die Verschnürung erweitern. Spitzengewebe und Gänseaugen werden in der Nachbehandlung von links leicht gedämpft.

Abbildung 361 zeigt einen Stoff in Cord- oder Hohlschußbindung. Jeder Schuß bindet mit (hier) vier Kettfäden leinenbindig und flottiert über der gleichen Anzahl Kettfäden. Der nächste Schußfaden arbeitet entgegengesetzt, er bindet dort, wo der vorherige Einschlag flottiert. So können die Schüsse dicht zusammenrutschen, sie bilden eine Art Verstärkung des Gewebes. Je feiner und elastischer das Material ist, desto stärker arbeitet das Gewebe ein, es bilden sich Rippen oder Aufwölbungen in Kettrichtung. Meistens werden diese Stoffe von der kettbindigen Seite genutzt, bei dem abgebildeten Westenstoff ist die schußbindige Seite die rechte. Cordbindungen eignen sich für alle Arten fester, dichter Stoffe.

Westenstoff

Material Kette:	Halbleinen Nm 6,4, roh
Schuß:	wie Kette, farbig
Kettdichte:	8 Fäden/cm
Schußdichte:	12 Fäden/cm

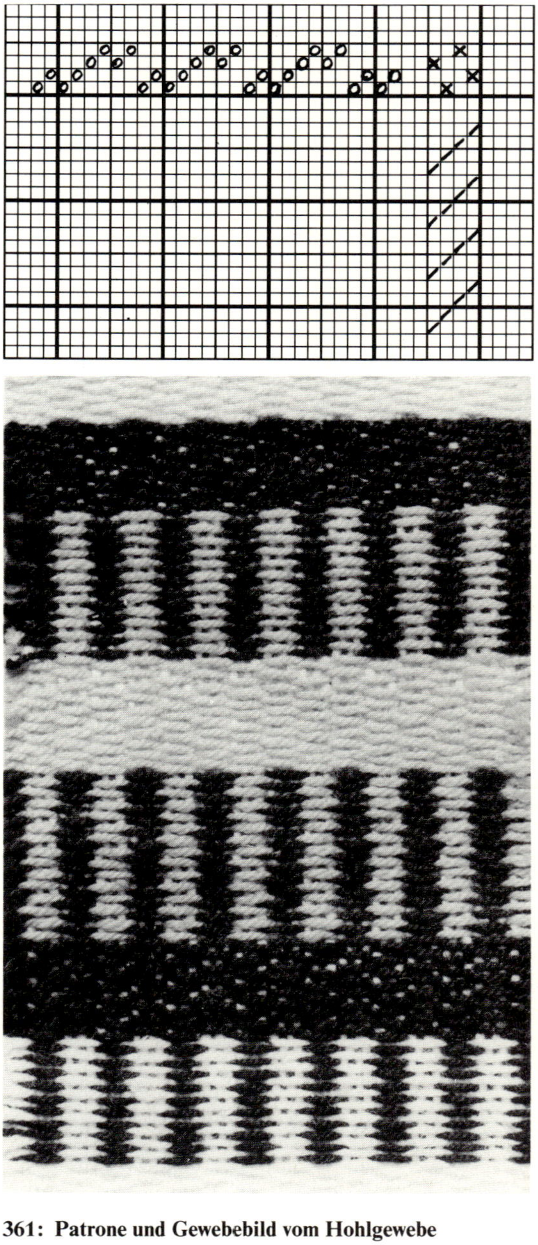

361: Patrone und Gewebebild vom Hohlgewebe

Gewebe mit Köperbindungen

Für die beiden Schals bäumt man zwei Ketten nebeneinander, zwischen beiden bleibt etwas Platz, damit man das Schiffchen bequem aus dem Fach nehmen kann. Da mit zwei Schiffchen gewebt wird, können beide Schals natürlich unterschiedlich gemustert sein.
Bei der karierten Wolldecke beginnt man mit 41,5 cm kaffeebraunem Schuß, dann folgen jeweils 21 cm Mittelbraun, Goldgelb, Orange, Goldgelb, Orange, Goldgelb, Mittelbraun und zum Schluß 41,5 cm Kaffeebraun.
Wichtig ist die exakte Einhaltung der Schußdichte. Durch zu festen Anschlag wird das Gewebe brettig, und durch unregelmäßigen Schußeintrag entstehen Schußbanden, die bei unterschiedlichen Farben in Kette und Schuß besonders stark hervortreten. Die Längen der Muster werden im entspannten Zustand gemessen. Diese Decke ist nicht sehr schwer. Mehr Fülle erreicht man mit Garn Nm 6/2.
Verwenden Sie Material, das besonders geeignet zum Aufrauhen ist, es bildet durch Walken und feuchtes Bürsten einen dicken weichen Flausch.

Zwei warme Schals

Material Kette:	Schurwolle zum Aufrauhen Nm 8/2 taubenblau	
Schuß:	wie Kette, dazu Beige und zwei weitere Blautöne	
Bindung:	Köper, gleichseitig	
Kettdichte:	4 Fäden/cm	
Blatt:	40/10	
Fertige Breite:	Jeder Schal 25 cm	
Einzugsbreite:	Jeder Schal 28 cm, dazwischen 5 cm frei lassen	
Ges.kettf.zahl:	224 Fäden	
Gewebelänge:		1,40 m
	+ Einweben	0,20 m
	Weblänge	1,60 m
	+ Troddel	0,50 m
Kettlänge:		2,10 m
Schußdichte:	4 Fäden/cm	
Materialbedarf:	Kette 65 g für jeden Schal	
	Schuß 50 g für jeden Schal	

Karierte Wolldecke

Material Kette:	Streichgarn Nm 8/2, Schurwolle zum Aufrauhen	
Schuß:	wie Kette	
	Farben Mittelbraun, Goldgelb, Orangebraun, Orange, Kaffeebraun	
Bindung:	Köper 2/2 (Abb. 360)	
Kettdichte:	6 Fäden je Zentimeter	
Blatt:	30/10, 2 Fäden im Riet	
Schußdichte:	6 Fäden je Zentimeter	
Fertige Breite:	136 cm	
Blattbreite:	140 cm	
Ges.kettf.zahl:	840 Fäden + 8 Fäden Randverstärkung = 848 F.	
Gewebelänge:		230 cm
	+ 14% Einweben	30 cm
	Weblänge	260 cm
	+ Troddel	60 cm
Kettlänge:		320 cm
Materialbedarf:	Kette: 720 g insgesamt, davon: je 185 g Mittelbraun, Goldgelb und Orangebraun 165 g Orange	
	Schuß: 580 g insgesamt, davon 165 g Goldgelb, je 110 g Mittelbraun und Orange, 195 g Kaffeebraun	
Schärzettel:	108 + 4 F. Mittelbraun (18 cm)	
	108 F. Goldgelb (18 cm)	
	108 F. Orangebraun (18 cm)	
	192 F. Orange (32 cm)	
	108 F. Orangebraun (18 cm)	
	108 F. Goldgelb (18 cm)	
	108 + 4 F. Mittelbraun (18 cm)	

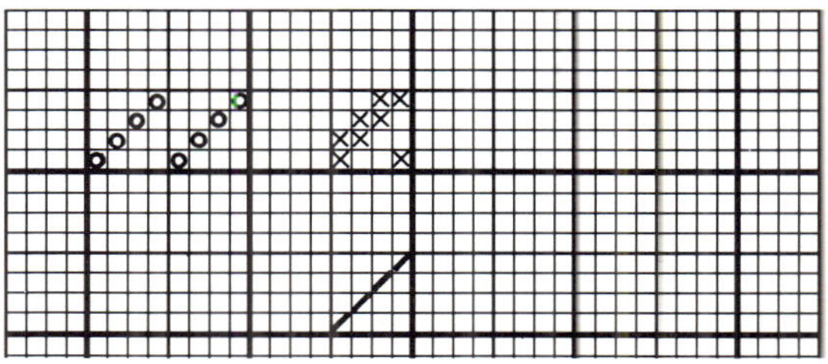

362: Schwerer Möbelbezugstoff

Schwerer Möbelbezugsstoff

Material Kette:	Schurwolle Nm 6/2, rohweiß und drei Naturfarbtöne
Schuß:	Streichgarn Nm 8/2 rohweiß
Bindung:	Kettköper (als Schußköper gewebt) (Abb. 363)
Kettdichte:	8 Fäden je Zentimeter
Blatt:	40/10, 2 Fäden im Riet
Fertige Breite:	72 cm
Einzugsbreite:	75 cm
Ges.kettf.zahl:	598 Fäden, keine Randverstärkung
Schußdichte:	6 Fäden je Zentimeter
Gewebelänge:	3,00 m
	+ 15% Einarbeitung
	+ 5% Einlaufen 0,60 m
	Weblänge 3,60 m
	+ Troddel 0,60 m
Kettlänge:	4,20 m
Materialbedarf:	Kette insgesamt 900 g Schurwolle Nm 6/2
	jeder weitere Meter etwa 260 g
	388 Fäden Weiß 582 g
	120 Fäden Beige 180 g
	78 Fäden Braun 117 g
	12 Fäden Dunkelbraun 18 g
	Schuß 450 g, jeder weitere Meter 100 g

Schärzettel:

120 F. Weiß — 120 F.

34 F.:
- 12 F. Weiß
- 3 ×: 2 F. Beige, 2 F. Weiß
- 10 F. Weiß

108 F. (74 F.) — Muster stürzen:
- 2 F. Braun
- 4 F. Beige
- 4 F. Weiß
- 6 F. Beige
- 2 F. Weiß
- 6 F. Braun
- 4 F. Beige
- 2 F. Braun
- 2 F. Beige
- 2 F. Dklbr.
- 3 F. Braun

1 Rapport 108 F. × 3 = 3 Rapporte = 324 F.

34 F.:
- 10 F. Weiß
- 3 ×: 2 F. Weiß, 2 F. Beige
- 12 F. Weiß

— 34 F.

120 F. Weiß — 120 F.

598 Fäden

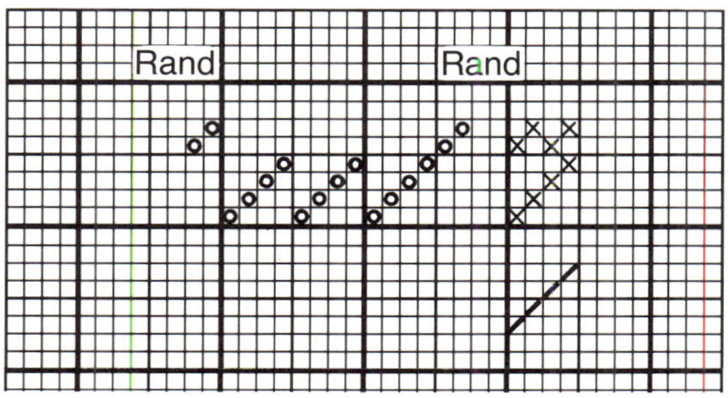

363

Eine farblich gemusterte Kette wie beim Möbelbezugsstoff von Abb. 362 muß besonders sorgfältig geplant und ausgemustert werden. Man kann sich dazu mit Farbstiften oder Aquarellfarben einen Vorentwurf machen, von dem ausgehend man Musterbreiten und Fadenzahl festlegt. Eine naturgetreue Vorstellung von Kett-(oder auch Schuß-)musterstreifen erhält man, wenn man ein Stück festen Karton oder Holz mit Garn so umwickelt, wie das Muster später erscheinen soll. Das kann, wenn der Farbrapport nicht zu groß ist, im Verhältnis 1:1 geschehen oder maßstabsgerecht verkleinert, wenn große Flächen einzuteilen sind.

Dieser Kettköper, geradedurch eingezogen, ist mit der linken Seite nach oben gewebt worden. Es tritt sich leichter, weil man nur einen Schaft hebt, und das Fach ist übersichtlicher. Andererseits sind Schußfehler nicht so leicht zu erkennen wie auf der rechten Seite. Prägen Sie sich ein, auf welchem Fuß Sie von rechts bzw. von links einschießen.

Bei einer Kettflottierung $K\frac{1}{3}$ oder $K\frac{3}{1}$ hat man unter Umständen Schwierigkeiten, eine schöne Kante zu weben. Wenn die äußeren 2 Kettfäden auf gesonderte Schäfte gezogen werden, binden die Randfäden besser ab.

Reines Leinen, wie bei den Saunahandtüchern, ist ungezwirnt als Kette nicht einfach zu verarbeiten. Entweder schlichtet man die Kette im Stuhl oder verwendet das sehr stabile gezwirnte NeL 16/2 (Nm 4,8) doppelt, der Schuß bleibt, wie im Musterzettel vorgeschlagen.

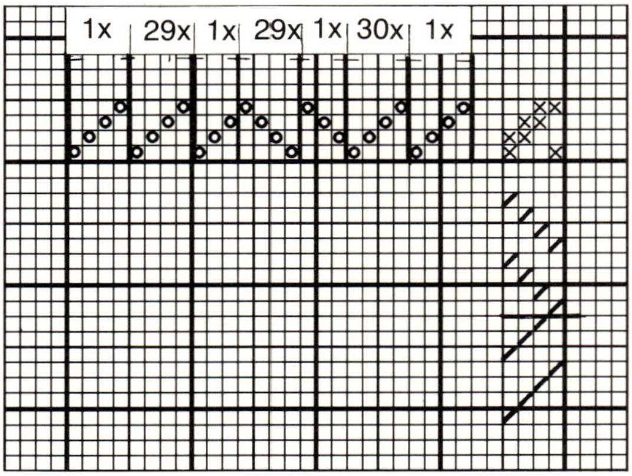

364: Saunahandtücher

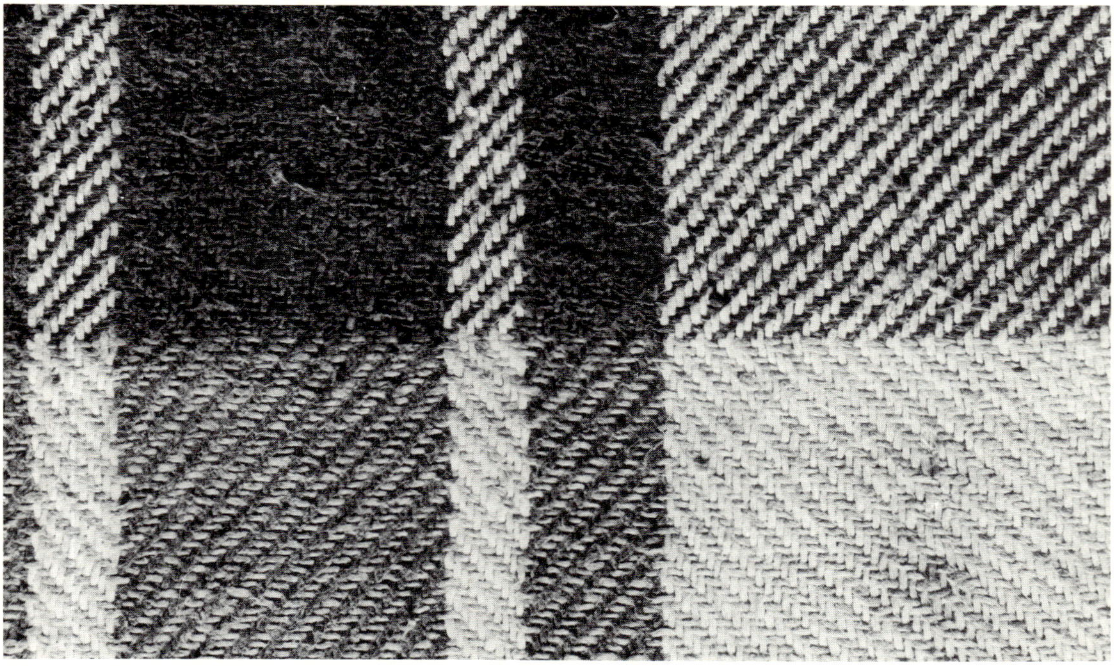

365: Saunahandtücher (siehe auch Abb. 308)

Saunahandtücher

Material Kette:	Leinen NeL 4 (Nm 2,4) halbgebleicht, goldgelb und braun	
Schuß:	wie Kette	
Bindung:	Köper 2/2 Z + S (Abb. 364, 365)	
Kettdichte:	6 Fäden je cm	
Blatt:	30/10/2 Fäden im Riet	
Fertige Breite:	59 cm	
Einzugsbreite:	61 cm	
Ges.kettf.zahl:	366 Fäden	
Schußdichte:	6 Fäden je cm	
Gewebelänge:	4 Handtücher à 1,85	7,40 m
	+ 12% f. Einarb. + Einlaufen	0,90 m
	Weblänge	8,30 m
	Troddel	0,70 m
Kettlänge:		9,00 m
Materialbedarf:	Kette 1400 g, jede Farbe ein Drittel	
	Schuß 1300 g, jede Farbe ein Drittel	
Schärzettel:	von rechts: 124 Fäden Weiß, 119 Fäden Braun, 123 Fäden Gelb. Die jeweils äußeren 4 Litzen werden dreifach ins Blatt gezogen (Webekante)	
Litzenverteilung:	Je 91 Litzen auf Schaft 1 und 4, je 92 Litzen auf Schaft 2 und 3.	
Schußfolge:	1. Handtuch weiß, a. d. Enden gelbe Streifen. 2. Handtuch gelb, a. d. Enden braune Streifen 3. Handtuch braun, a. d. Enden weiße Streifen 4. Handtuch: nach jeweils 20 cm Farbe wechseln Man kann die Tretfolge geradedurch wählen oder nach jeweils 20 cm wie im Einzug zurücklaufen lassen.	

Waffelbindungen

Waffelbindungen werden meistens aus Spitzeinzügen entwickelt. Hier wechseln leinenbindige und länger flottierende Fäden miteinander ab. Die engkreuzenden Fäden schieben die lockeren hoch, so daß sich eine reliefartige Oberfläche bildet. Die körnige Struktur macht sie besonders geeignet für Handtücher, frottierende Gewebe, warme Decken und Stolen.

Kinderbademantel aus Halbleinen

Material Kette:	Halbleinen NeL 22/2 (Nm 6,4)	
Schuß:	wie Kette ungebleicht und drei Rottöne	
Bindung:	Waffelbindung (Abb. 367, 368, 369)	
Kettdichte:	10 Fäden je Zentimeter	
Blatt:	50/10, 2 Fäden im Riet (Die jeweils äußeren 8 Riete dreifach stechen!)	
Fertige Breite:	62 cm	
Einzugsbreite:	69,6 cm	
Ges.kettf.zahl:	696 Fäden	
Schußdichte:	10 Fäden je Zentimeter	
Gewebelänge:		4,25 m
	+ 20% Einarb. + Einlaufen	0,85 m
	Weblänge	5,10 m
	+ Troddel	0,60 m
Kettlänge:		5,70 m
Materialbedarf:	Kette: 640 g Halbleinen Nm 6,4, roh 30/30/25 g drei Rottöne Schuß: 540 g Halbleinen Nm 6,4, roh 30/30/25 g drei Rottöne (Rohleinen hat eine geringere Lauflänge als gefärbtes Garn. Zuschlag bis zu 10%)	

Schärzettel:

32 F. roh	23 F. roh
33 F. Dkl.rot	9 F. Hellrot
23 F. Rosa	551 F. roh
25 F. Hellrot	

Litzenverteilung: Schaft 1 und 5 je 87 Litzen
Schaft 2, 3, 4 je 174 Litzen

366: Bademantel in Waffelbindung

Legen Sie den Kettzopf so auf den Reedekamm, daß der Farbstreifen, vom Weber aus gesehen, rechts liegt. Man beginnt den Einzug mit 32 Fäden Rohweiß. Der erste Farbstreifen beginnt dann auf Schaft 1 und endet mit dem 33. Faden wieder auf Schaft 1. So sind Farb- und Bindungsmuster aufeinander abgestimmt. Der Stoff springt im entspannten Zustand stark ein und läuft außerdem beim Waschen bis zu 10% ein.

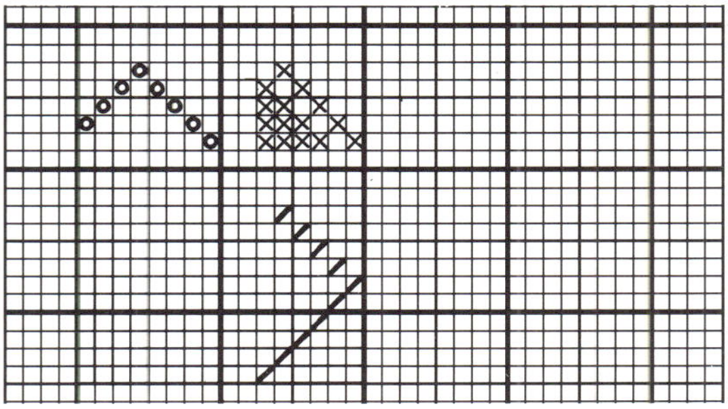

367

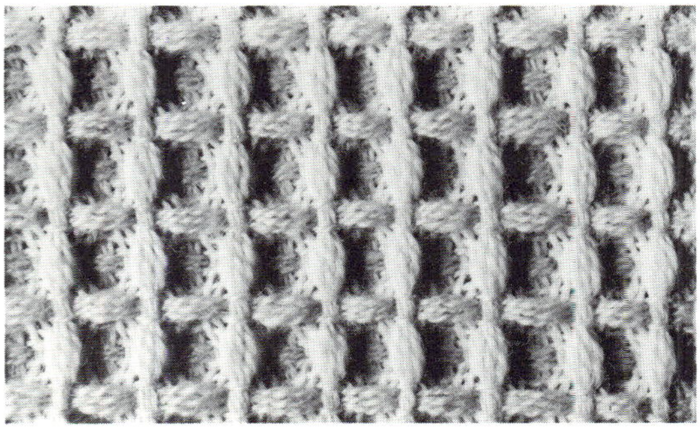

368: **Waffelbindung zu Abbildung 370 b**

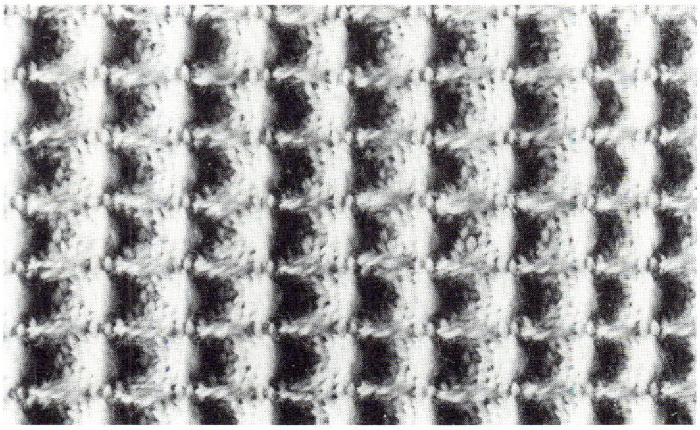

369: **Waffelbindung zu Abbildung 370 c**

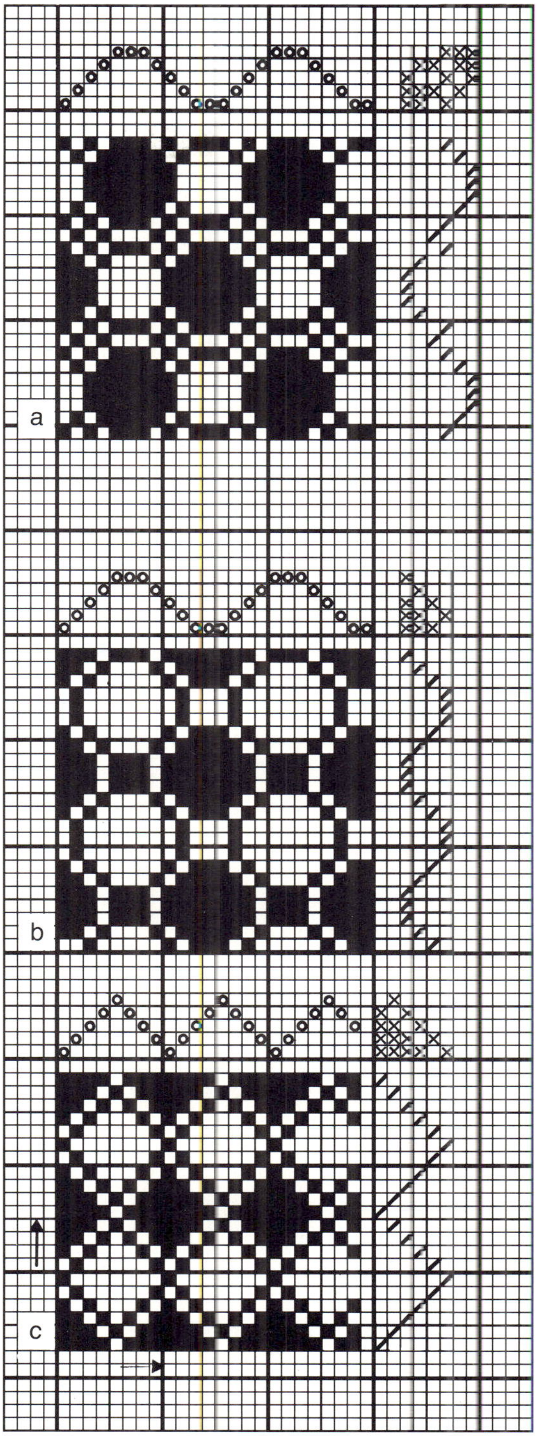

370: **Verschiedene Waffelbindungen**

Rosengang

Eine der bekanntesten und beliebtesten Techniken der Weberei ist der Rosengang. Zu eigentlich jeder Gewebeart lassen sich diese Muster einsetzen, weil sie im Aussehen wie in der Stoffstruktur sehr vielfältig sind. Man kann Rosengang auf einem zarten Blusenstoff ebenso anwenden wie für einen schweren Teppich. Zwar ist in allen Fällen der spezielle und typische Rosengang-Einzug gleich, doch sind für verschiedene Gewebetypen grundsätzliche Unterschiede technischer Art zu beachten.
Der Einzug entwickelt sich aus einem Spitzeinzug, das Besondere daran ist jedoch, daß man dessen Spitze auf den Ausgangsschaft zurücklegt. Man spart dadurch praktisch einen Schaft, oder, anders ausgedrückt, man hat bei gleicher Schaftzahl ein größeres Muster als beim reinen Spitzeinzug. Dieser Sprung im Einzug, der den Rosengang kennzeichnet, erscheint als Abbindepunkt in der Mitte jedes Musters.
Schon mit drei Schäften läßt sich eine Rosengangbindung bilden (Abb. 371 a), natürlich werden die Musterungsmöglichkeiten um so vielfältiger, je mehr Schäfte man einsetzt.
Bindungstechnisch kennen wir verschiedene Arten Rosengang, die alle, wie gesagt, auf dem gleichen Einzug basieren. Sie unterscheiden sich in der Verschnürung und Tretweise, aber auch in der Auswahl des Materials und der Einstellung der Gewebedichte.

1. Einfacher Rosengang

Er wird gebildet als Musterschuß auf einem leinenbindigen Grundgewebe (Abb. 372).
Grundkette und -schuß entsprechen sich in der Garnart, -farbe und -stärke, für den Musterschuß nimmt man ein farblich abstechendes stärkeres Material. Der Schuß sollte so fest angeschlagen werden, daß das Grundgewebe in Kett- und Schußrichtung fast gleiche Dichte erreicht und das Musterbild des Rosengangs sich schließt. Wir benötigen zwei Tritte für den leinenbindigen Grund, dazu die Mustertritte (Abb. 371 d). Wer nur vier Tritte hat, kann verschnüren, wie es daneben dargestellt wird, und für den leinenbindigen Zwischenschuß zwei Tritte gleichzeitig herunterdrücken.
Für diese Technik eignet sich fast jedes Material. Man kann auch gut kombinieren und Baumwolle für das Grundgewebe und Leinen oder Wolle für den Musterschuß verarbeiten. Wie immer muß man nur vorsichtig sein, innerhalb eines Fadensystems Material und Stärken zu wechseln. Wenn man z. B. Leinen- und Baumwollmuster-

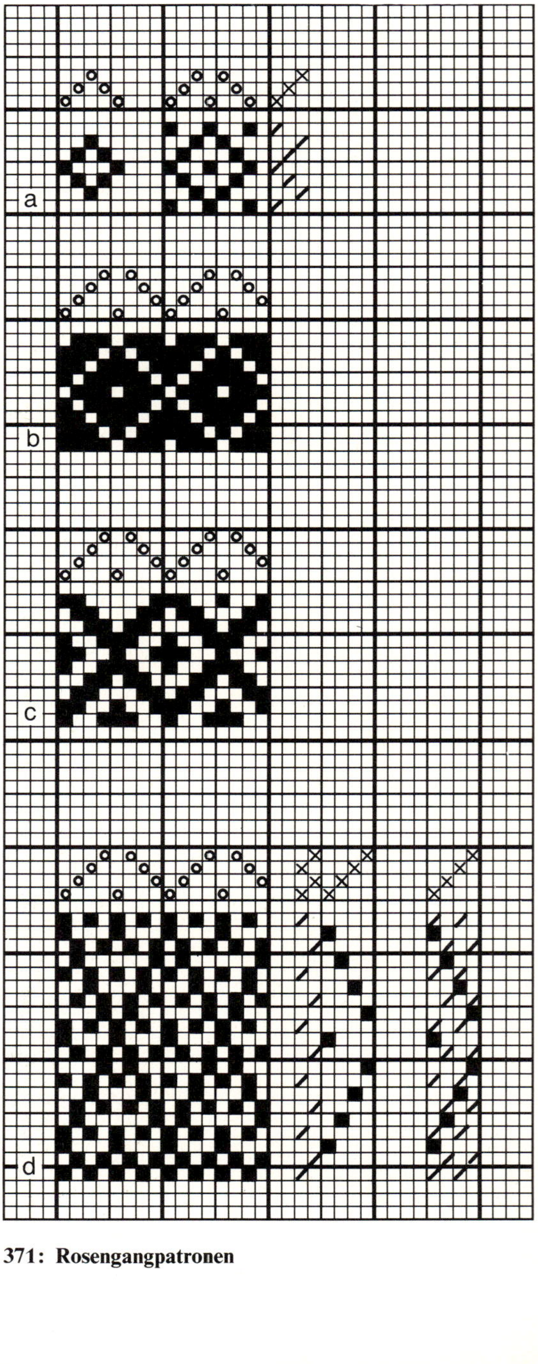

371: Rosengangpatronen

schuß partieweise wechselt, läuft man Gefahr, daß sie später unterschiedlich einlaufen.
Durch die Abbindung des Grundgewebes kann man einen Musterschuß beliebig oft wiederholen und dadurch das Muster in der Höhe strekken. Im Erscheinungsbild zeichnet man beim einfachen Rosengang nur das Muster, wobei ein Kästchen in der Zeichnung einen Kettfaden und einen Grund- und Musterschuß bedeutet. Wenn man den Rosengang ohne leinenbindigen Grundschuß webt (Abb 371 b, c, Abb. 373), entsteht ein köperbindiges Gewebe. Man kann dann einen Tritt natürlich nicht mehrmals nacheinander treten, weil sonst einige Kettfäden nicht abgebunden würden.

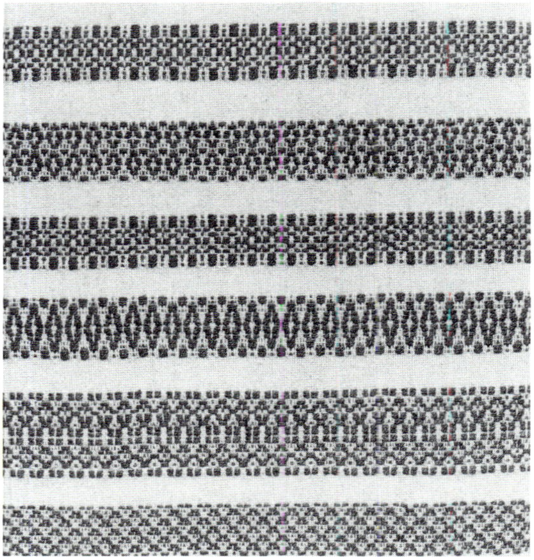

372: Rosengang mit leinenbindigem Zwischenschuß

373: Rosengang, Köperbindung

Einfacher Rosengang

Material Kette:	Halbleinen NeL 22/2 (Nm 6,4)
Schuß:	Baumwolle Nm 20/2 (Grundschuß) Halbleinen NeL 12/2 (Nm 3,6) 2fach (Musterschuß)
Bindung:	4schäftiger Rosengang mit leinenbindigem Zwischenschuß (Abb. 371 d)
Kettdichte:	8 Fäden/cm
Blatt:	40/10, 2 F./Riet
Schußdichte:	4 Fäden Grundschuß 4 Fäden Musterschuß

Einfacher Rosengang

Material Kette:	Halbleinen NeL 22/2 (Nm 6,4)
Schuß:	Baumwolle Nm 16/2 – 2fach oder Halbleinen NeL 12/2 (Nm 3,6)
Bindung:	4schäftiger Rosengang (Abb. 371 b, c)
Kettdichte:	10 Fäden/cm
Blatt:	50/10, 2 F./Riet
Schußdichte:	7 Fäden/cm

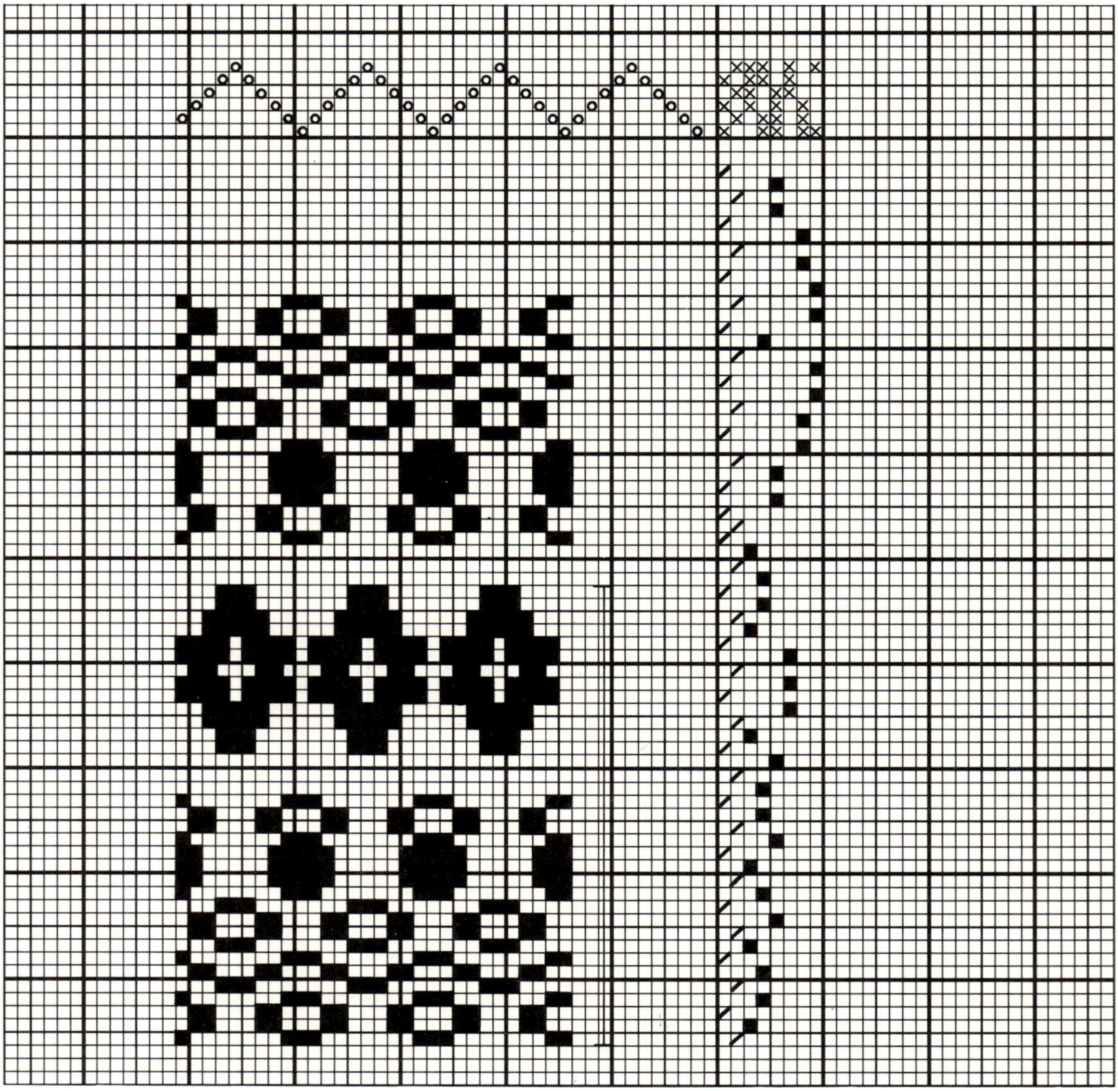

374: Bei diesem Einzug ist auf den typischen Rosengangpunkt verzichtet; der reine sechsschäftige Spitzeinzug ermöglicht vielfältigere Verschnürungen und damit Musterungsmöglichkeiten

Tischdecke, Servietten, Sets

Material Kette:	Baumwolle Nm 28/2 in verschiedenen Blautönen	Kettdichte:	12 F./cm
		Blatt:	60/10, 2 F./Riet
Schuß:	Grundschuß wie Kette Musterschuß Halbleinen Nm 6,4	Schußdichte:	In den leinenbindigen Partien 12 Fäden/cm In den Musterpartien 10 F. Grundschuß, 10 F. Musterschuß
Bindung:	6schäftiger Rosengang (Abb. 374, 375)		

375: Gewebe zu Abbildung 374

Wollstoff für Jacken, Kostüme, Kleider

Material Kette:	Kammgarn Nm 20/2, rohweiß
Schuß:	Grundschuß wie Kette, Musterschuß verschiedene Naturfarbtöne Alpaka Nm 9/2
Bindung:	6schäftiger Rosengang, verlängerter Einzug (Abb. 376, 377)
Kettdichte:	9 Fäden/cm
Blatt:	45/10, 2 F./Riet
Schußdichte:	7,5 Fäden Grundschuß, 7,5 Fäden Musterschuß

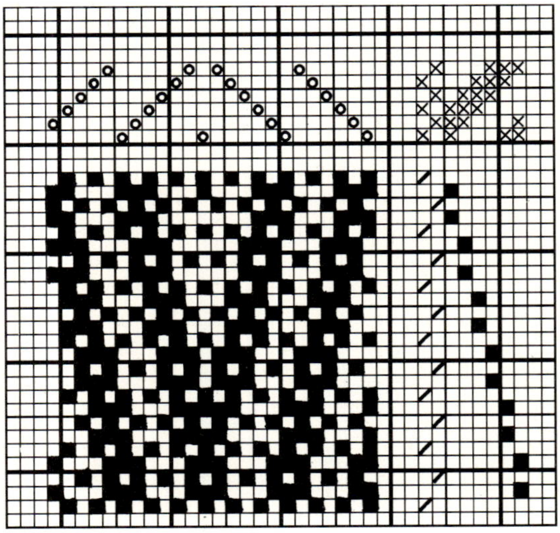

376:

377: Gewebebild zu Abbildung 376

2. Rosengang mit Gegenbindung

Trotz gleichen Einzugs unterscheidet sich diese Bindung vom einfachen Rosengang in ihrem Aussehen doch grundlegend (Abb. 379). Es gibt dabei kein leinenbindiges Grundgewebe, die Abbindung jedes Musterschusses geschieht durch Gegenbindung des ganzen Faches. Das heißt, daß sich bei jedem zweiten Schlag alle jene Fäden senken, die vorher gehoben waren. Das ergibt natürlich viel weniger Abbindungen als bei einem leinenbindigen Grundgewebe. Der Schuß kann stärker zusammenrutschen, das Gewebe wird dichter und fester. Damit das Muster hervortritt, hat der Gegenbindungsfaden eine gut kontrastierende Farbe. Man wählt also für den Gegenbindungsfaden zum Beispiel durchgehend Weiß und wechselt die Musterfarbe nach Wunsch.

Beim Weben muß man sehr auf die Trittfolge achtgeben. Es ist ja nicht so, daß man einen oder zwei Grundbindungstritte und verschiedene Mustertritte hätte, wie beim einfachen Rosengang. Alle Tritte sind abwechselnd Muster- oder Gegentritt. Abbildung 378 a, b verdeutlicht das Schema dieser Abbindung. Die Verschnürung wird ein bißchen umgestellt, damit die Tretfolge übersichtlicher wird.

Im Erscheinungsbild verzichtet man auf die

Zeichnung des Gegenbindungsfadens, nur der farbige Musterschuß wird eingetragen. Jedes Kästchen bedeutet also einen Kettfaden und zwei Schüsse (Abb. 378 c)! Die Kette verschwindet unter dem Schuß, die Ware hat schußripsartigen Charakter. Dementsprechend setzt man diese Technik für etwas schwerere und dekorative Gewebe ein. Dem Verwendungszweck angepaßt, wählt man auch das Material: Der Schuß soll füllig und schmiegsam sein, um die Kette abzudecken. Baumwolle/Wolle oder Wolle in Kette und Schuß haben sich besonders bewährt.

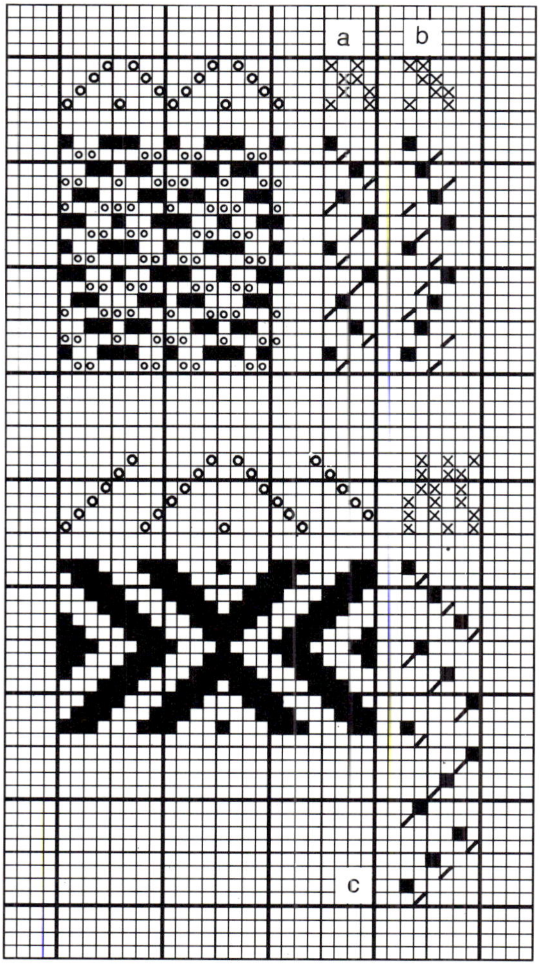

378: Rosengang mit Gegenbindung (Tretweise b ist übersichtlicher)

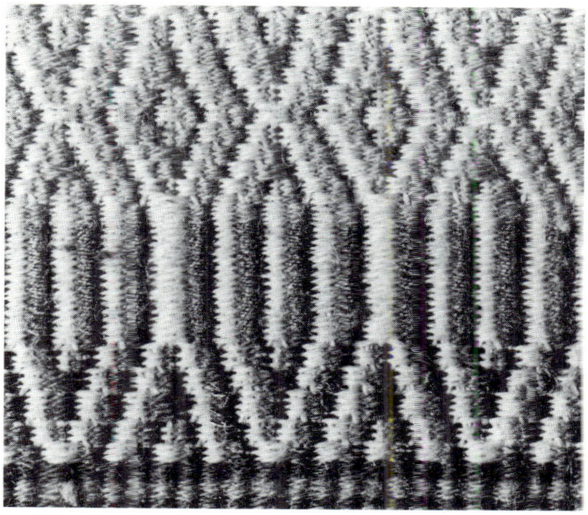

379: Rosengang mit Gegenbindung

3. Gebundener Rosengang

Wir haben wiederum den bekannten Rosengangeinzug, der kettbindig K 3/1 verschnürt wird. Ein Schußfaden liegt immer nur über den Kettfäden eines Schaftes und flottiert unter allen anderen. Der nächste Schuß hat eine andere Farbe, der 3. und 4. ebenfalls. Durch die langen Flottierungen und einfädigen Abbindungen können die Schüsse eines Rapportes so stark zusammenrutschen, daß sie wie eine Schußreihe aussehen. Durch mehrfaches Wiederholen dieses Farb- und Bindungsrapportes liegt die gleiche Schußfarbe immer über demselben Kettfaden, so daß sich in senkrechter Richtung Musterstreifen bilden. Das Muster schreitet weiter fort, wenn man, unter Beibehaltung der Tretfolge, die Farben austauscht.

Das klingt viel komplizierter, als es ist. Weben Sie zunächst, um sich die Technik zu verdeutlichen, eine Probe, in der Sie das Muster langsam aufbauen, z. B. so:

Tritt 1: weiß 2: weiß 3: weiß 4: dunkelrot
5× wiederholen

Tritt 1: weiß 2: weiß 3: dunkelrot 4: rot
5× wiederholen

Tritt 1: weiß 2: dunkelrot 3: rot 4: hellrot
5× wiederholen und alles wieder zurück

380: Frauen, gebundener Rosengang △

381: Soldaten, gebundener Rosengang ▽

Sie merken es schon: Diese Arbeit geht langsam voran und verbraucht viel Material. Der Stoff wird dick, fest und schwer. Aber mit dem gebundenen Rosengang kann man sehr schöne, vielfarbige Muster weben. Er eignet sich zum Beispiel für Taschen, Läufer, Kissen. Als Kettmaterial nimmt man einen festen, glatten Zwirn, z. B. aus Baumwolle, als Schuß feines Wollgarn in drei oder vier verschiedenen Farben. Der Einzug sollte 4 Schäfte nicht überschreiten, weil sonst die Fadenflottierungen auf der Rückseite zu lang werden.

Gebundener Rosengang

Material Kette:	Baumwoll-Kordonett 12/6
Schuß:	Schurwolle Nm 6
Bindung:	Gebundener Rosengang (Abb. 380–384)
Kettdichte:	4 Fäden/cm
Schußdichte:	etwa 12 × 4 = 48 Fäden/cm

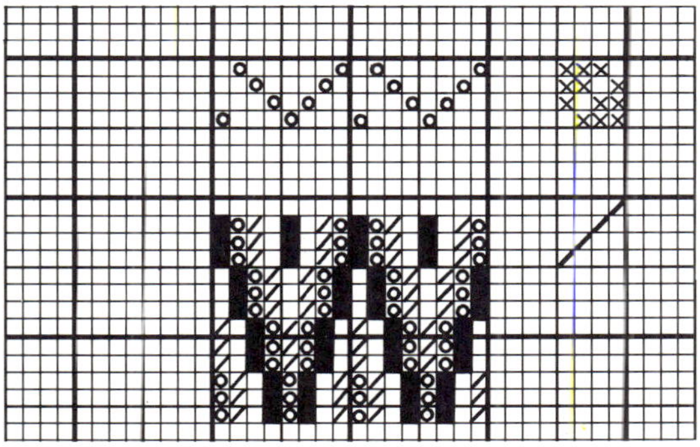

382: Patrone zu Abbildung 383

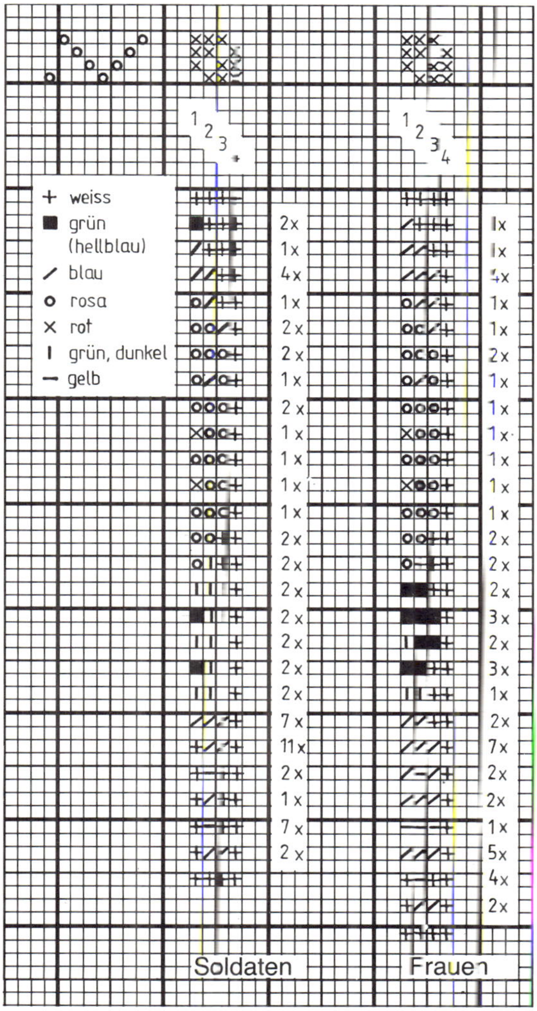

384: Trittordnung für die Figuren

383: Fester Stoff für einen Rucksack

Paradehandtuch

Früher hing in jeder gepflegten Küche über den Handtüchern des täglichen Gebrauchs das Paradehandtuch als Stolz der Hausfrau und Zierde des Raumes. Es war schön bestickt oder hatte feine gewebte Muster (Abb. 385). Der weiße Stoff mit blauen und weißen Streifen ist ganz aus feinstem handgesponnenem Flachsgarn gewebt. Die Kettdichte liegt bei etwa 16 Fäden pro Zentimeter, die Schußdichte bei 26 Fäden pro Zentimeter. Das Garn hat eine Stärke von Nm 10 bis Nm 12. Die Bindung ist eine 16schäftige Köpervariation, auf Spitzköper aufgebaut (Abb. 386).

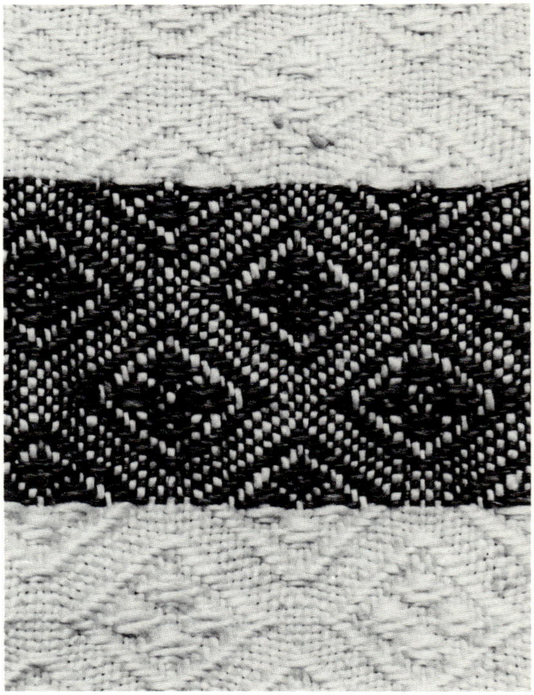

385: 16bindiges Paradehandtuch aus dem Städt. Museum Flensburg. Gewebebild ▷

386: Patrone zu Abbildung 385 ▽

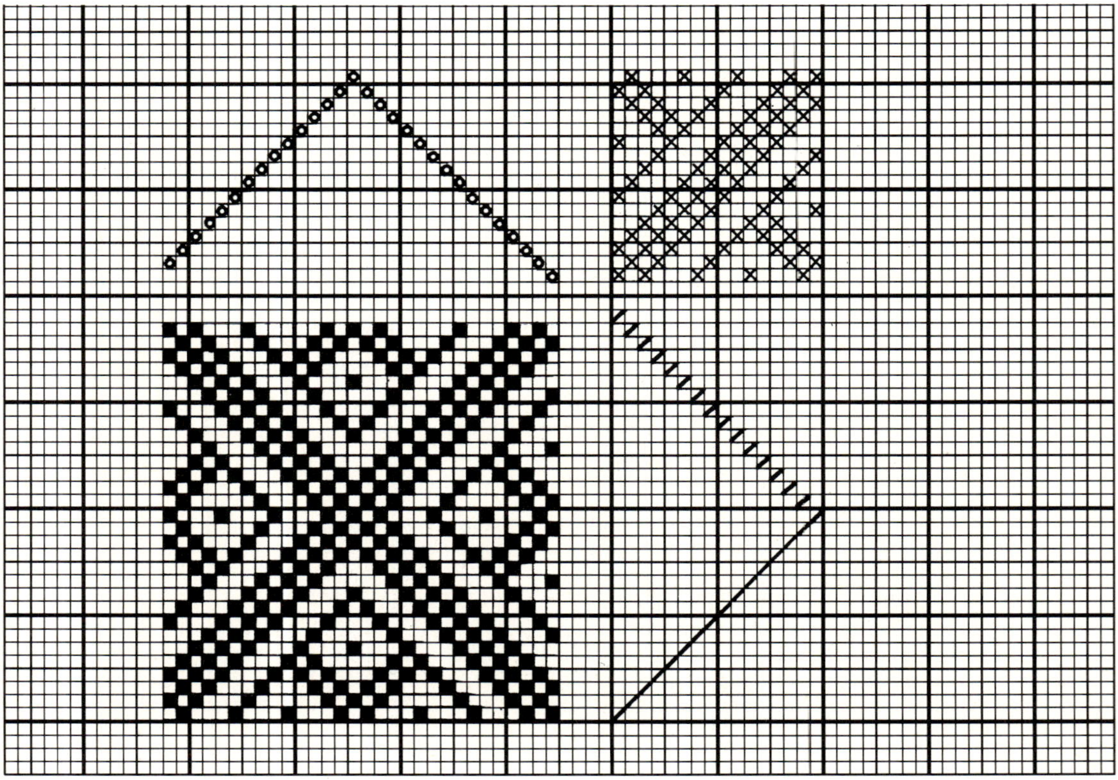

Läufer mit Rosengangmuster in Kettrichtung

Material Kette: Schurwolle Kettgarn Nm 12/2 weiß, grau und 2 Blautöne
Schuß: Schurwolle rohweiß Nm 1,3

Bindung: Rosengang in Kettrichtung (Abb. 387)
Kettdichte: 14 Fäden/cm
Blatt: 35/10, 4 Fäden im Riet oder 70/10, 2

Fertige Breite: 31 cm
Blatteinzug: 32 cm
Ges. kettf. zahl: 448 Fäden
Schußdichte: 7,5 Fäden/cm

Gewebelänge: 1,30 m + 15% Einarb. 1,50 m
+ Troddel 0,60 m
Kettlänge: 2,10 m

Materialbedarf:

Kette insgesamt	170 g
Weiß	110 g
Grau	25 g
Hellblau	15 g
Dunkelblau	20 g
Schuß	280 g

Litzenverteilung:

Schaft	1	2	3	4	Insges.
1 Rapport	26	22	26	22	96
3 Rapporte	78	66	78	66	288
Rand rechts	20	20	20	20	80
Rand links	20	20	20	20	80
Fäden/ Litzen	118	106	118	106	448

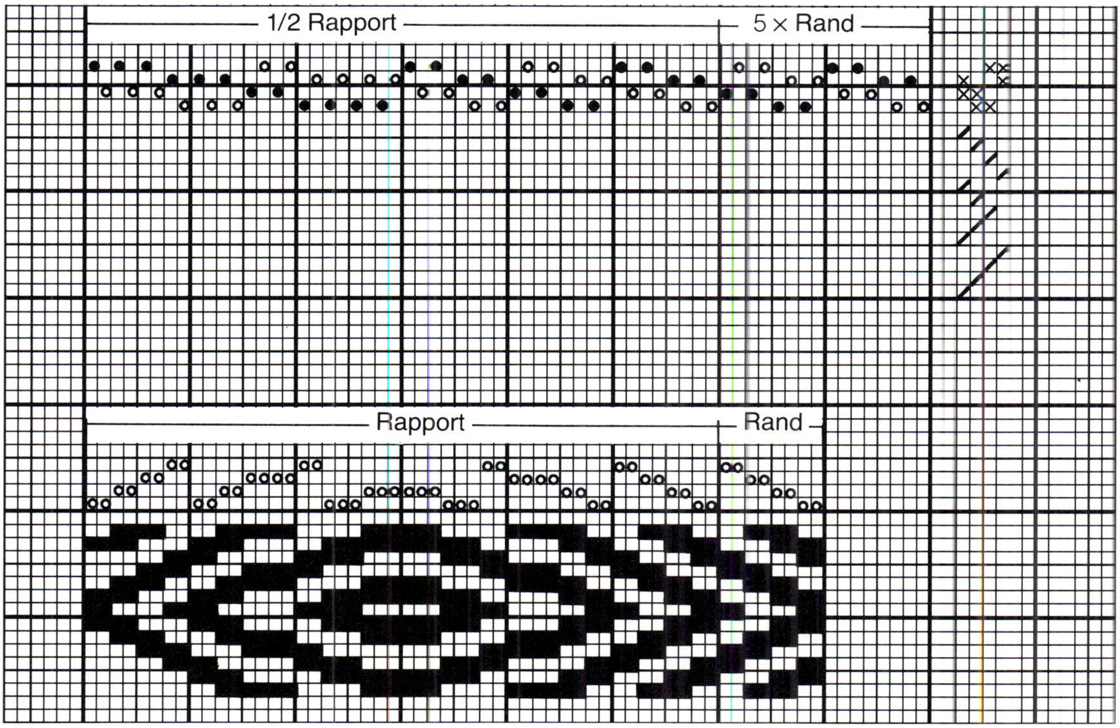

387: Läufer in Rosengang in Kettrichtung

Rosengang in Kettrichtung

Eine Sonderform des Rosengangs mit Gegenbindung entsteht, wenn man das Muster in Kettrichtung einsetzt. Drehen Sie die Patrone um 90° und betrachten Sie die vorherige Tretfolge jetzt als Einzug, den früheren Einzug als Tretfolge. Nun liegt der Gegenbindungsfaden im Einzug! Man schärt die Kette zwei- oder mehrfarbig, d.h. immer einen (bunten) Musterfaden und einen (weißen) Gegenbindungsfaden. Wenn beide (Muster- und Gegenbindungsfaden) gleichfarbig sind, erscheint das Gewebe in diesen Partien ungemustert, d.h. es wird nur eine gewisse Bindungsstruktur, aber kein Muster sichtbar.

Die Kettstellung ist dicht, die Ware hat Kettrips-Charakter. Die Tretweise ist nun sehr einfach geworden: Sie treten im Spitz mit dem Rosengangpunkt vor und zurück – mit Wiederholungen und Variationen nach Wunsch. Das ist einfacher als bei dem normalen Rosengang mit Gegenbindung. Nachteilig ist dagegen, daß man mit diesem Einzug und der gewählten Farbstellung festgelegt ist. Das Kettmaterial soll fein, füllig und schmiegsam sein, als Schuß eignet sich das Material des Gegenbindungsfadens, mehrfach gespult.

Bei dem Stoff (Abb.388) gibt es praktisch keine Grund- und Musterkette. Alle Kettfäden binden gleich oft, es gibt kein Problem durch unterschiedliche Kettspannung, wie es so leicht der Fall ist, wenn Bindungsmuster in Längsrichtung angeordnet sind. Das wäre der Fall, wenn man auf einen leinenbindigen Gewebegrund eine Musterkette in Rosengang setzt. Die Grundkette arbeitet mehr ein als die Musterkette, beide Kettsysteme brauchen eine eigene Kettspannung. Wer keinen zweiten Kettbaum hat, kann das im Kapitel „Plattweberei“ erklärte Verfahren anwenden (S.217). In den Musterpartien ist der Blattstich für die Grundkette genauso weit wie in den ungemusterten, dort liegen also Musterkette und Grundkette in einem Riet (Abb.389). Im Erscheinungsbild zeichnet man ein Kästchen für je einen Grund- und Musterkettfaden und einen Schußfaden.

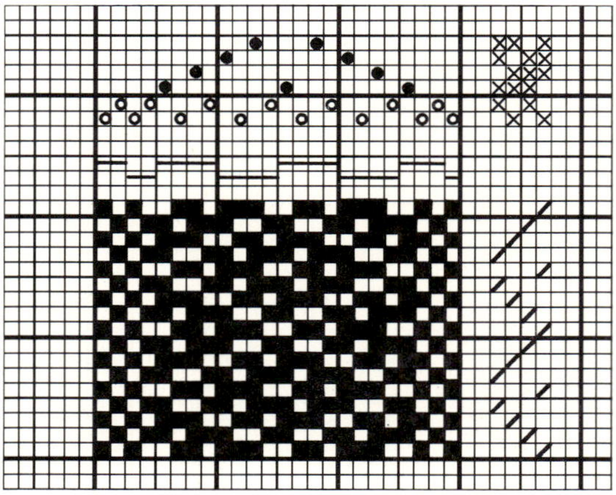

389: Rosengang in Kettrichtung auf leinenbindigem Grund

388: Gewebe zu Abbildung 387

Reinleinener Möbelbezug

Zur Verarbeitung von reinem Leinen in der Kette sollte man schon ein wenig Erfahrung haben! Einfacher zu weben und auch sehr schön in der Wirkung ist der Stoff Halbleinen NeL 12/2 (Nm 3,6).

Die Angaben über Materialmengen können schwanken, wenn Sie statt des gefärbten rohes Leinen verarbeiten. Rohgarne haben geringere Lauflängen als gefärbte, weil durch Bleichen und Färben ein Gewichtsverlust eintritt, sie laufen auch stärker ein als vorbehandelte.

Bei einer dicht eingestellten Leinenkette empfiehlt es sich, die ersten und letzten Randfäden in einem passenden festen Baumwollgarn zu schären (vor allem bei ungezwirnten Ketten).

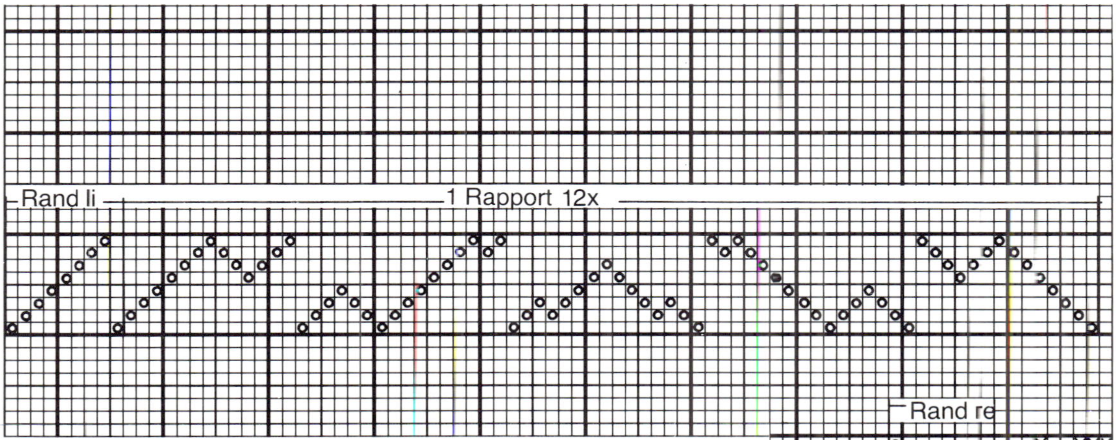

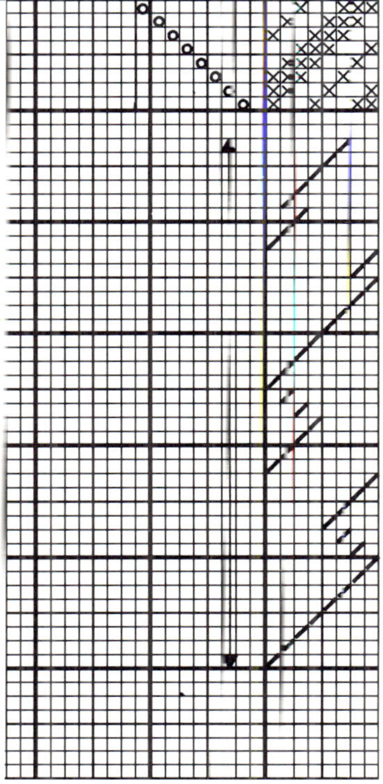

390: Reinleinener Möbelbezugstoff (siehe auch Abb. 32)

Reinleinener Möbelbezug

Der Einzug beginnt mit 8 Fäden geradedurch für den rechten Rand dann folgen 12 Rapporte nach Abb. 390, dann 8 Fäden geradedurch.
Nachbehandlung: Waschen, Stärken, Bügeln.

Material Kette: Flachsgarn NeL 12/2 (Nm 3,6), gefärbt in der Farbe von Rohleinen
Schuß: Leinen Nm 3,6, gebleicht.
Bindung: Köpervariation, gebrochener Spitzeinzug (Abb. 390)
Kettdichte: 10 Fäden/cm
Blatt: 50/10, 2 Fäden im Riet
Fertige Breite: 88 cm

Einzugsbreite: 90 cm
Ges. kettf. zahl: 905 Fäden
Schußdichte: 10 Fäden/cm
Gewebelänge: 6,00 m + 17% f. Einarbeiten u. Einlaufen 7,00 m
+ Troddel 0,70 m
Kettlänge: 7,70 m
Materialbedarf: Kette: 1950 g Leinen NeL 12/2 (Nm 3,6)
Schuß: 1750 g Leinen Nm 3,6
Wenn Sie mehr planen: je lfd. Meter Kette etwa 300 g, Schuß 300 g.

Litzenverteilung:

Schaft	1	2	3	4	5	6	7	8	Insgesamt
1 Rapport	7	12	12	8	8	9	10	8	74
12 Rapporte	84	144	144	96	96	108	120	96	888
Rand rechts	1	1	1	1	1	1	1	1	8
Rand links	2	1	1	1	1	1	1	1	9
Litzen/Fäden	87	146	146	98	98	110	122	98	905

Mustertücher

Jedes Muster hat 80 Fäden. Wählen Sie für die Kette nur helle, für den Schuß nur dunkle Farben aus, damit die Muster klar herauskommen. Sehr gut eignet sich auch Halbleinen Nm 6,4 in Kette und Schuß. Dann beträgt die Kettdichte 9 Fäden/cm.

Material Kette: Baumwolle Nm 10/2
Schuß: Baumwolle Nm 10/2
Bindung: 8 verschiedene Einzüge (Abb. 391), Verschnürung nebenstehend
Kettdichte: 8 Fäden/cm
Blatt: 40/10, 2 Fäden im Riet
Ges. kettf. zahl: 640 Fäden, + 16 Fäden Randverstärkung + 1 Faden Bindungsausgleich = 657 F.
Kettlänge: 2,5 m, für zwei Tücher

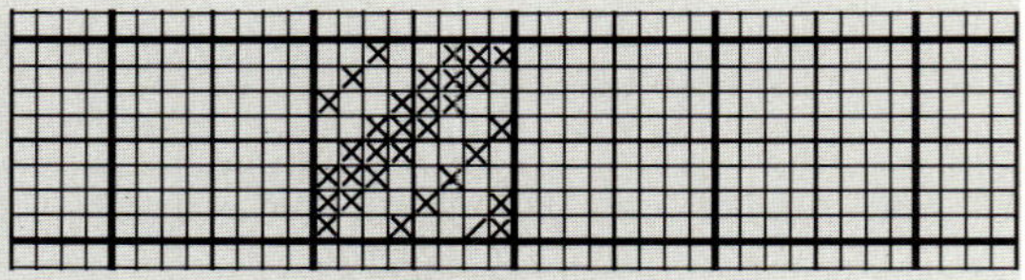

Litzenverteilung:

Schaft	1	2	3	4	5	6	7	8	insges.
1. Muster	11	11	11	11	11	11	11	11	88
2. Muster	10	10	10	10	10	10	10	10	80
3. Muster	4	13	13	6	4	16	16	8	80
4. Muster	8	10	10	7	8	12	14	11	80
5. Muster	10	10	10	10	10	10	10	10	80
6. Muster	10	12	12	12	12	10	6	6	80
7. Muster	6	6	13	13	14	14	7	7	80
8. Muster	9	9	9	9	15	15	15	8	89
Litzen/Fäden	68	81	88	78	84	98	89	71	657

Köpervariationen

Wer einmal ganz ausführlich mustern möchte, sollte sich an einem Mustertuch versuchen! Sie können die Einzüge, Verschnürungen und/oder Tretweise abwandeln und erweitern (Abb. 391). Es gibt Einzüge, die in den Kombinationen von Verschnürung und Tretweise zu lange Flottierungen ergeben und damit unbrauchbare Gewebeproben oder auch nichtssagende Muster. Das sind vor allem die gestreuten Einzüge (atlasartige, chorige). Geradedurch- und Spitzeinzüge lassen sich jedoch vielfältig abwandeln und kombinieren. Je mehr Schäfte man hat, desto vielfältiger werden die Muster. Dementsprechend sind die Kombinationen bei einem 4schäftigen Mustertuch geringer; man kann dann eventuell zwischendurch die Verschnürung umstellen.

Man beginnt und beendet den Einzug mit 8 (bzw. 9) Fäden geradedurch für den Rand. Als Tretweise ist hier zunächst die Anwendung der Einzüge vorgeschlagen, d. h. Sie drehen die Patrone um 90° und treten die Reihenfolge von unten nach oben oder umgekehrt. Am Ende werden Sie feststellen, daß jedes Muster einmal in Kettrichtung und einmal in Schußrichtung erscheint. Probieren Sie andere Tretweisen aus!

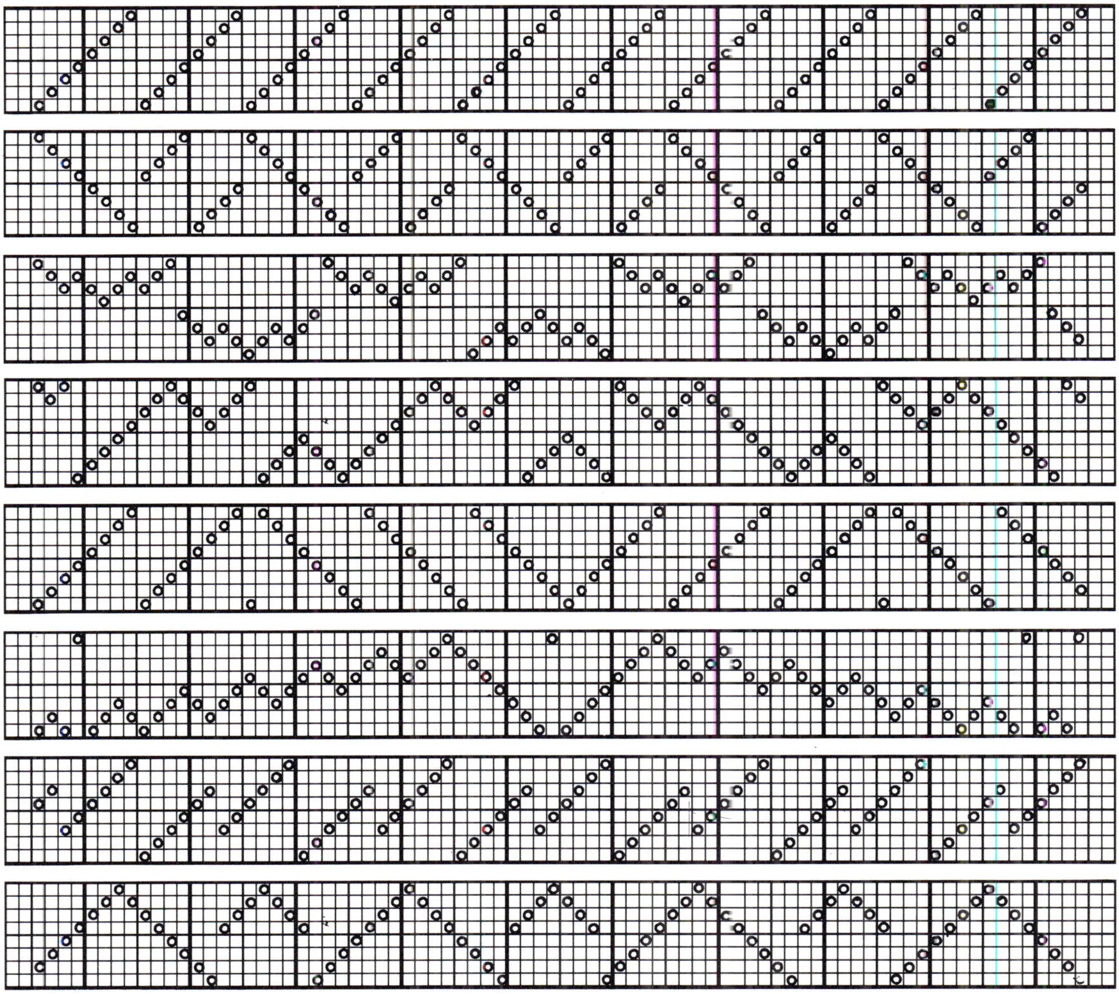

391: Einzüge zum 8schäftigen Mustertuch

392: Mustertuch, Gewebebild zu Abbildung 391

Bettelmannsdrell

Diese Bindung ist aus der alten Bauernweberei gar nicht wegzudenken. Weil man für einen echten Drell (eine zusammengesetzte Atlasbindung) 10 und mehr Schäfte benötigt, aber die alten ländlichen Stühle nur mit 4 Schäften arbeiteten, wandte man eine anspruchslosere Technik an, die eine entfernte Ähnlichkeit mit echtem Drell zeigt, den Bettelmannsdrell.
Hierbei wechseln leinen- und ripsbindige Partien miteinander ab (daher findet man auch manchmal den Namen Wechselmuster), die man in kleinen Rapporten oder großflächigen Mustern über die ganze Fläche verteilt. Der Bettelmannsdrell ist ein schlichtes, zweiteiliges, auf beiden Gewebeseiten gleiches Muster. Er wirkt besonders hübsch, und die Bindung tritt stärker hervor, wenn Kette und Schuß unterschiedliche, aber doch ähnliche Farben haben. Doch sind die typischen Bettelmannsdrells in alten Geweben aus Leinen in Kette und Schuß (gebleicht – ungebleicht). Diese einfache alte Technik läßt sich für Tischwäsche und Handtücher, Vorhänge, Bekleidungs- und Möbelstoffe einsetzen.

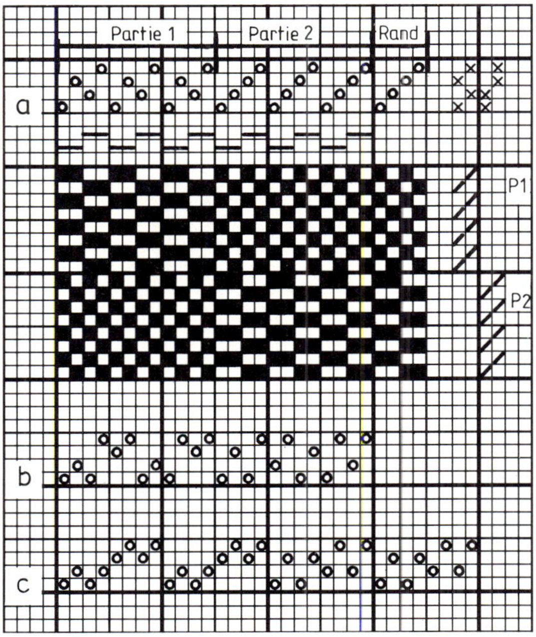

393

Geschirrhandtücher in Bettelmannsdrell

Material Kette:	Baumwolle Nm 20/2
Schuß:	Leinen Nm 8 bis 10
Bindung:	Zusammengesetzte Bindung Leinen und Rips (Abb. 393, 394)
Kettdichte:	12 Fäden/cm
Blatt:	60/10/2 Fäden im Riet
Fertige Breite:	50 cm
Einzugsbreite:	53 cm
Ges. kettf. zahl:	636 Fäden + 8 Randfäden = 644 F
Schußdichte:	12 Fäden/cm
Gewebelänge:	6 Handtücher je 75 cm 4,50 m + 12 Säume je 3 cm 0,40 m + 10% Einweben und + 10% Einlaufen 1,00 m Weblänge 5,90 m + Troddel 0,60 m
Kettlänge:	6,50 m
Materialbedarf:	Kette: 440 g Baumwolle Nm 20/2 Schuß: 390 g Leinen Nm 10 Jeder Meter Gewebe mehr: 85 g Kette und 80 g Schuß.
Litzenverteilg.:	4 Schäfte mit je 161 Litzen

Gewebt wird nach Erscheinungsbild (Abb. 394)

1 Kästchen im Erscheinungsbild	12 Fäden
1 Rapport = 10 Kästchen	120 Fäden
5 Rapporte	600 Fäden
+ Musterabschluß 3 Kästchen	36 Fäden
+ Rand (2 × 4 Fäden geradedurch)	8 Fäden
insgesamt	644 Fäden

Alle Arten von Material eignen sich für die Technik, elastisches Garn läßt die Bindung stärker hervortreten.
Man zeichnet sich zunächst ein einfaches Erscheinungsbild, in dem die Ripspartien auf dem leinenbindigen Grund möglichst gleichmäßig verteilt werden, um Spannungsunterschiede zu vermeiden.
Bei grobem Material überspringt der Schußfaden in den Ripspartien zwei Fäden (Einzug Abb. 393 a), für feine Garne kommen Einzug b und c in Frage.
Die Bindungspatrone (Abb. 393) zeigt nur einen Rapportausschnitt. 12 Fäden in der Patrone entsprechen einem Kästchen im Erscheinungsbild. Sie führen den Einzug mit Hilfe dieser beiden Zeichnungen aus. Beginnen Sie mit 4 Fäden geradedurch für den Rand, dann folgen 12 Fäden geradedurch (Partie 2), dann 12 Fäden Partie 1, 12 Fäden Partie 2 usw., wie es über dem Erscheinungsbild angezeichnet ist. Ein Rapport (120 Fäden) wird 5mal wiederholt, dann folgt der Musterabschluß und wieder 4 Fäden Rand.

Möbelstoff

Material Kette:	Wollgarn Nm 7/2	
Schuß:	Wollgarn Nm 7/2	
Bindung:	Bettelmannsdrell (Abb. 395)	
Kettdichte:	8 Fäden/cm	
Blatt:	40/10 – 2 Fäden im Riet	
Fertige Breite:	86 cm	
Einzugsbreite:	90 cm	
Ges. kettf. zahl:	720 Fäden	
Schußdichte:	8 Fäden/cm	
Gewebelänge:		5,00 m
	+ 10% Einweben	0,50 m
	Weblänge	5,50 m
	+ Troddel	0,60 m
Kettlänge:		6,10 m
Materialbedarf:	Kette: 1400 g Schuß: 1250 g für jeden weiteren Meter Gewebe 250 g Kette und 250 g Schuß	
Litzenverteilg.:	4 Schäfte mit je 180 Litzen	
Einzug:	nach Patrone und Erscheinungsbild (Abb. 395)	

Die Fäden für die Webekante kommen also einzeln in die Litze, im Blatt werden dann die äußeren 4 Riete dreifädig gestochen, die übrigen zweifädig.
Die Handtücher sehen besonders hübsch aus, wenn man die Aufhänger mit einem Bandwebbrettchen selbst webt.

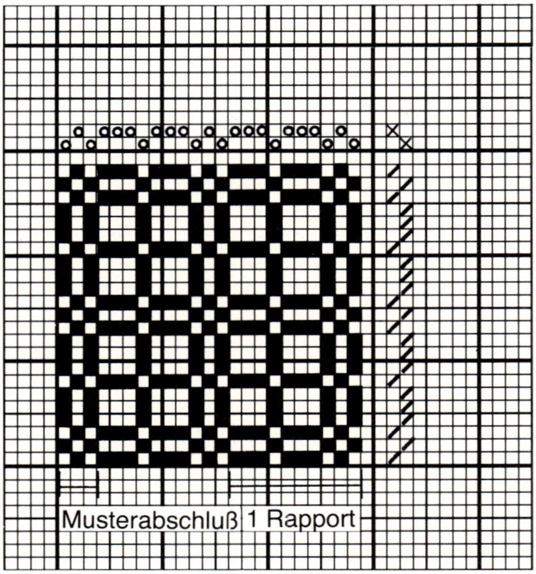

394: Erscheinungsbild (Geschirrhandtuch)

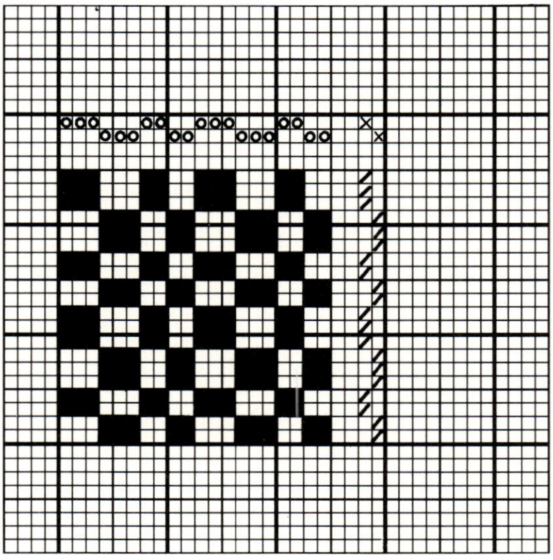

395: Erscheinungsbild (Möbelbezugstoff)

Leinen-Rips-Panama

Schultertuch oder Decke aus Wolle

Material:	Schurwolle Nm 8/2 in Kette und Schuß
Bindung:	Zusammengesetzte Bindung aus Leinen, Panama und Rips (Abb. 396)
Kettdichte:	6 Fäden/cm
Schußdichte:	6 Fäden/cm
Gewebebreite:	100 cm
Blattbreite:	107 cm

Ges. kettf. zahl:	640 Fäden	
Gewebelänge:		100 cm
	+ 15% Einweben	15 cm
	+ Troddel	70 cm
Kettlänge:		185 cm
Materialbedarf:	520 g Schurwolle Streichgarn Nm 8/2 Jeder weiterer Meter 400 g	

Diese stark strukturierende Bindung (Abb. 396, 397) eignet sich auch für andere dekorative Gewebe. Die unterschiedliche Einarbeitung der leinen-, rips- und panamabindigen Partien bewirkt, daß sich das Gewebe, wenn es vom Webstuhl kommt, stark zusammenzieht und „beult". Nach einer sanften Wäsche und Mangel wird der Stoff wieder glatt. Manchmal wird die starke Strukturierung sogar erwünscht.

Neben den Panamagruppen ist in Kett- und Schußrichtung jeweils ein leinenbindiger Faden gesetzt, damit die Flottierungen nicht zu lang

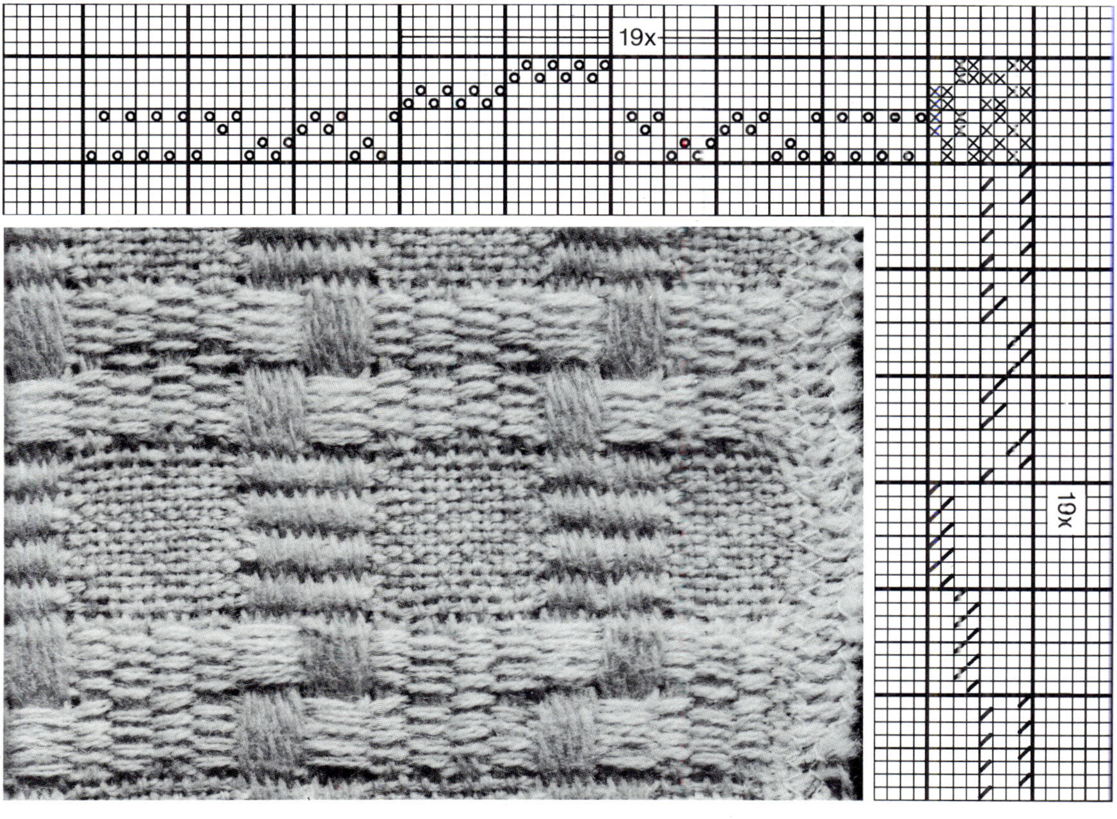

396: Einzug und Gewebebild, Leinen – Rips – Panama

werden. Um das ganze Gewebe herum ist ein leinenbindiger Rand vorgesehen, den man nach Belieben vergrößern oder verkleinern kann. Besonders wichtig ist es, auf die genaue Einhaltung der Anschlagsdichte sorgfältig zu achten, denn die Panama-/Schußripspartien drücken sich leichter zusammen als die Schüsse mit Leinenbindung.
Die jeweils 16 panamabindigen Schußfäden wurden nach außen zu Schußfransen verlängert, indem sie um einen fest gespannten Faden geführt wurden (Schußfransen siehe S. 112). Die dazwischen liegenden 16 Schüsse Leinen-/Kettripsbindung bilden dagegen eine Webekante um die äußeren Kettfäden.

397: Schultertuch

Kettköper – Schußköper

Der Entwurf für den Poncho sieht auf einem schußköperbindigen Grund zwei Streifen von je 30 cm Breite in Kettköper vor. Jeder dieser Streifen besteht aus drei Blautönen, und zwar Dunkeltürkis, Helltürkis und Blau. Dieses Blau wird auch für den schußbindigen Grund verwendet (Abb. 398).
Beim Entwickeln der Bindung muß man darauf achten, eine saubere Abbindung zwischen dem Kettkreuzköper und dem Schußköper zu finden. Die Senkung des äußeren Kettköperfadens muß genau neben der Hebung des letzten Kettfadens des Schußköpers liegen, damit die Bindungen plastisch heraustreten.
Die Fadenzahlen, die entsprechend der gewünschten Musterbreiten errechnet wurden, müssen ein wenig auf- oder abgerundet werden, um sie mit dem Bindungsrapport abzustimmen:

Sehen wir uns den Einzug und Litzenplan des Ponchos genauer an:

- Zunächst sind am rechten Rand 20 cm Schußköper eingezeichnet.
20×5 Fäden = 100 Fäden.
100 Fäden auf vier Schäfte verteilt = $25 \times$ geradedurch einziehen (Schaft 1–4).

- Dann folgen 30 cm Kettköper auf Schaft 5–8.
30×5 Fäden = 150 Fäden. 150 lassen sich nicht auf 4 Schäften verteilen, wir müssen also 2 Fäden mehr schären, um 38mal Schaft 5–8 einziehen zu können.

- Für 50 cm Schußköper (Mitte) benötigen wir
50×5 Fäden = 250 Fäden.
250 : 4 = 62 volle Rapporte, 2 Fäden Rest.

Tatsächlich benötigen wir aber noch einen Faden weniger durch die Umkehr des Köpergrates in der Mitte des Gewebes, also genau 247 Fäden. Man zieht 30mal einen S-Köper ein (Schaft 1–4), dann 7 Fäden für die Spitze, dann wieder 30mal geradedurch, Z-Einzug (Schaft 4–1).
Dann folgen 152 Fäden für den Kettköper auf Schaft 8–5 und 100 Fäden auf Schaft 4–1.
Wenn die Bindung entwickelt und die Fadengruppen ausgezählt sind, kann man daraufhin die Litzenverteilung vornehmen. In die Schäf-

398: Poncho

Poncho

Material Kette: Streichgarn Schurwolle Nm 6/2, versch. Blautöne

Schuß: Noppengarn Schurwolle Nm 2,5, petrol

Bindung: Zusammengesetzte Bindung Kettkreuzköper K3/1, Schußköper K1/3 Patrone siehe unten

Kettdichte: 5 Fäden/cm

Blatt: 50/10, 1 Faden im Riet

Schußdichte: 3,5 Fäden/cm

Fertige Breite: 147 cm

Blattbreite: 150 cm

Ges. kettf. zahl: 750 Fäden, 1 Faden Bindungsausgleich

Gewebelänge:

	160 cm
+ Kapuze, Säume	60 cm
+ Einweben	22 cm
Weblänge	242 cm
+ Troddel	63 cm
	305 cm

Kettlänge:

Materialbedarf: Kette: Blau = 585 g, Türkis hell 100 g, Türkis dunkel 140 g, Streichgarn Nm 6/2
Schuß: 520 g Noppengarn Nm 2,5

Schärzettel:
100 Fäden Blau
62 Fäden Türkis dunkel
45 Fäden Türkis hell
45 Fäden Blau
247 Fäden Blau
45 Fäden Blau
45 Fäden Türkis hell
62 Fäden Türkis dunkel
100 Fäden Blau

Litzenverteilung:

Schaft	1	2	3	4	5	6	7	8	insgesamt
Schußköper	25	25	25	25					100 (20 cm)
Kettköper					38	38	38	38	152 (30 cm)
Schußköper	62	62	62	61					247 (50 cm)
Kettköper					38	38	38	38	152 (30 cm)
Schußköper	25	25	25	25					100 (20 cm)
Fäden/Litzen	112	112	112	111	76	76	76	76	751 (150 cm)

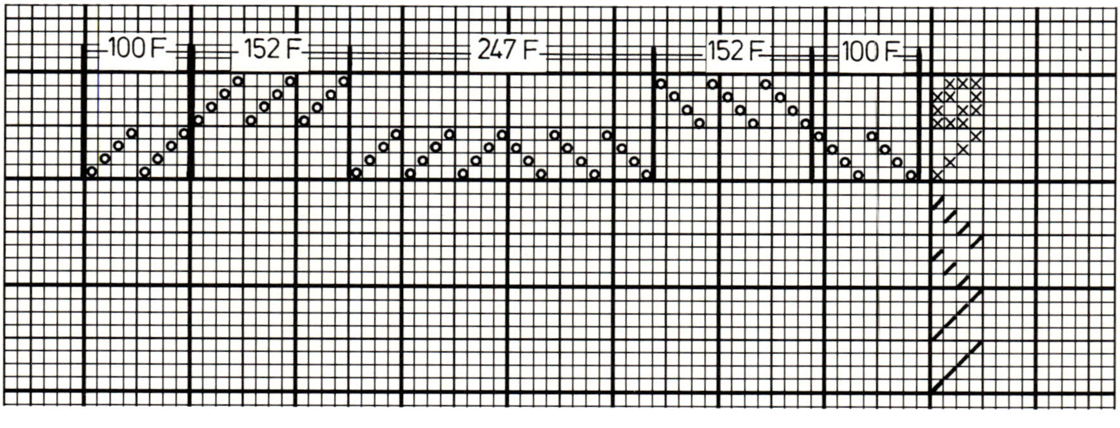

te 5–8 wird der Kettköperstreifen eingezogen, Schäfte 1–4 nehmen den Schußköper auf. Die stärker belasteten Schäfte liegen gleich hinter dem Blatt. Man benötigt nur 4 Tritte, die geradedurch getreten werden. Nach der Mitte des Stoffes wird das Muster umgekehrt, damit der Köpergrat auch auf dem Rücken nach oben zeigt.

Bei dem abgebildeten Poncho (Abb. 398) ist der Halsausschnitt nachträglich eingeschnitten. Wer das nicht möchte, kann auch einen Ausschnitt einweben. Für den eingewebten Halsausschnitt wird nach 60 cm mit zwei Schiffchen gewebt. Man nimmt das erste Schiffchen in der Mitte des Faches heraus und schießt mit dem zweiten weiter usw. So bilden sich in der Mitte zwei weitere Webekanten. Nach weiteren 25–30 cm führt der Schußfaden wieder über die gesamte Gewebebreite. (Auf diese Weise kann man auch Knopflöcher, Taschen usw. in Kettrichtung einarbeiten.)

Ein praktischer Verschluß für den eingewebten Halsausschnitt ist es, wenn man alle 4–5 cm rechts und links mehrere Schußfäden 25 cm heraushängen läßt und daraus Kordeln bildet.

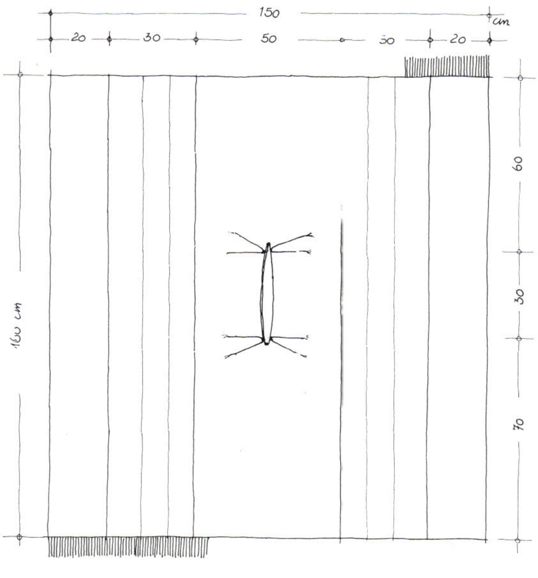

399: Maße für den Poncho

Zusammengesetzter Atlas

In diesem dekorativen Stoff aus Halbleinen NeL 22/2 (Nm 13/2) sind 5bindiger Kett- und Schußatlas zusammengesetzt (siehe Seite 147). Der Farbmusterrapport der Kette reicht über die ganze Gewebebreite, sorgfältig sind Farb- und Bindungsfelder aufeinander abgestimmt.

Aus feinem reinen Leinen gewebt, wurde zusammengesetzter Atlas früher für kostbare Tischtücher und andere Gewebe eingesetzt. Jede neue Mustergruppe erfordert, bei 5bindigem Atlas, fünf weitere Schäfte (siehe auch Abb. 17). Reich gemusterte Stoffe dieser Art nennt man Damast, für die einfacheren findet man häufig den Ausdruck „Drell", der allerdings mundartlich und regional sehr unterschiedliche Bedeutung hat. Drell (auch Drill, Drillich, Zwillich) ist immer ein besonders dicht und fest gewebter Leinen-, Halbleinen- oder Baumwollstoff in streifen- oder blockartigem Versatz von Atlas- oder Köperbindungen.

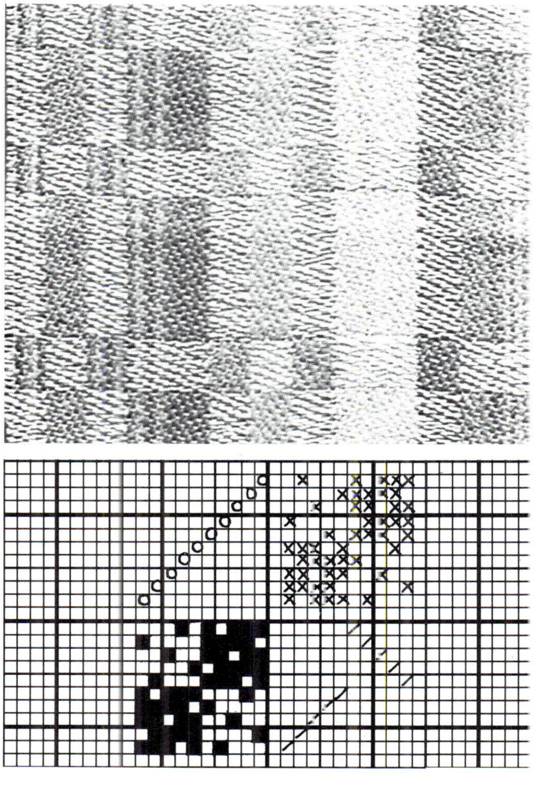

400: Zusammengesetzter Atlas

Verstärkte Gewebe

Zwei Wolldecken

Eine rohweiße Wollkette mit einem vierschäftigen Einzug „geradedurch“ kann Grundlage für eine Vielzahl schöner Gewebe sein. Neben der Leinenbindung und Köpervariationen kann damit auch schußverstärktes Gewebe gebildet werden.
Hier sind zwei unterschiedliche Wolldecken auf einer Kette ausgemustert, für die Sie nur die Verschnürung umzustellen brauchen.

1. Decke: Man arbeitet mit zwei Schiffchen, die im Wechsel geschossen werden. Die helle, ungemusterte Fläche liegt auf der Unterseite. Wenn das Mohairgarn sehr flauschig ist, arbeitet man mit einer Webnadel besser als mit einem Schiffchen. Die Oberseite kann man mit Streifen mustern oder aber auch brochieren wie die abgebildete Decke (S. 231).
Brochieren: Man öffnet das Fach für den Oberschuß und legt im Wechsel helle und dunkle Schußfäden ein, so wie der Entwurf es vorsieht. Danach erfolgt Anschlag und Fachwechsel. Man webt das Unterfach und wechselt zum nächsten Oberfach. Die Anfänge der Schußfäden aus der Brochur werden in das neue Fach gelegt und die nächste Brochurreihe gebildet (vgl. S. 173).

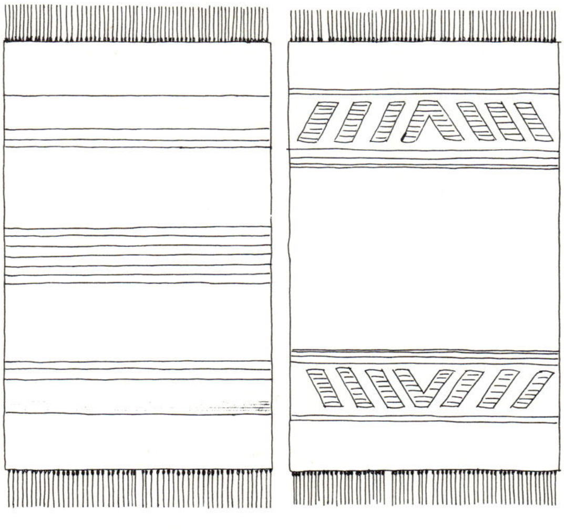

401: Muster für zwei Wolldecken

Wolldecken

Material Kette:	Streichgarn Nm 8/2 rohweiß	
Einzug:	geradedurch, 4schäftig	
Kettdichte:	5 Fäden je Zentimeter	
Blatt:	50/10, 1 Faden im Riet	
Blattbreite:	150 cm	
Ges. kettf. zahl:	750 Fäden, 2 F. Bindungsausgleich = 752 F.	
Gewebelänge:	Jede Decke 2,4 m =	4,80 m
	+ 12% Einweben	0,50 m
	+ 2 x Fransen	0,40 m
	Weblänge	5,70 m
	+ Troddel	0,60 m
Kettlänge:		6,30 m
Materialbedarf:	Kette 1250 g Streichgarn Nm 8/2	

Erste Decke

Bindung:	Schußverstärktes Gewebe Oberschuß K 1/3 Untersch. K 3/1 (Patrone siehe unten, a; Abb. 401)
Material Schuß:	Oberschuß Mohairgarn, handgesponnen, ungefähr Nm 2, verschiedene Grüntöne Unterschuß Streichgarn Nm 8/2, doppelt gespult, rohweiß
Schußdichte:	3,5 Fäden im Oberschuß, 3,5 Fäden im Unterschuß
Materialbedarf:	Oberschuß Mohair Nm 2 = 710 g, davon 80 g Dunkelgrün, Unterschuß Streichgarn Nm 8/2 = 740 g

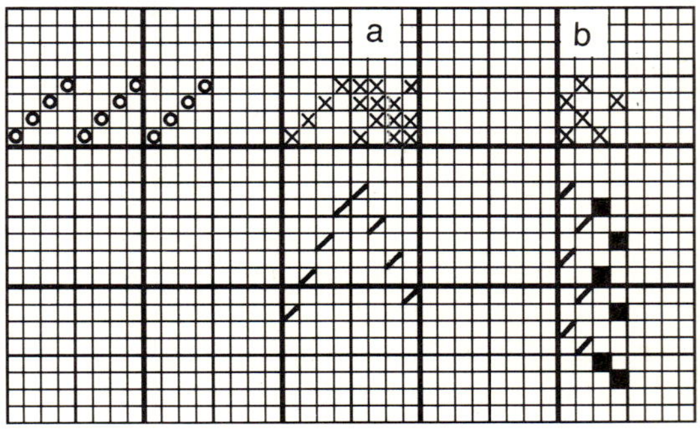

Da diese Decke zwei Schußsysteme hat, ist sie besonders warm und dicht.

Natürlich kann man auch andere als die hier vorgeschlagenen Materialzusammenstellungen benutzen, muß allerdings darauf achten, daß beide Schußsysteme etwa gleich dick sind, damit die Bindepunkte der jeweils anderen Seite gut abgedeckt werden.
Man kann Ober- und Unterseite auch im Verhältnis 1:2 weben. Dann muß die eine Schußsorte etwa doppelt so dick sein wie die zweite. Jede Seite hat ihr eigenes Aussehen und ihre eigene Farbe.

2. Decke: Die Menge des Musterschusses kann nur ungefähr angegeben werden, weil die Lauflänge handgesponnener Garne oft schwankt. Nach 4 bis 6 leinenbindigen Grundschüssen beginnt man, Grund- und Musterschüsse abwechselnd zu weben. Werfen Sie beim linken Leinentritt den Schützen von links, beim rechten von rechts, dann vermeidet man Fehler, die erst später ins Auge fallen.
Der Musterschuß flottiert vorwiegend auf der rechten Gewebeseite und bestimmt daher das Farb- und Bindungsbild. Auf der Unterseite sieht man nur das leinenbindige Grundgewebe und die Abbindepunkte des Musterschusses – die Decke sieht also in diesem Fall fast weiß aus.

Zweite Decke

Bindung:	Leinenbindiges Grundgewebe Musterschuß (siehe Patrone links, b; Abb. 401)
Material:	Grundschuß Streichgarn Nm 8/2 rohweiß Musterschuß handgesponnene braune und weiße Wolle, etwa Nm 1 oder stärker.
Schußdichte:	etwa 3,2 Fäden/cm Grundschuß und 3,2 Fäden/cm Musterschuß
Materialbedarf:	375 g Schurwolle Nm 8/2, etwa 1300 g Handgespinst Nm 1

Kuvikas
Diese verstärkten Gewebe mit Warenaustausch haben eine Technik aus Finnland, sehr pfiffig ausgedacht und sehr vielgestaltig in ihren Möglichkeiten. Sie ist allerdings auch nicht ganz einfach zu verstehen und hat gegenüber anderen Geweben einige Besonderheiten.
Wir haben beim Kuvikas zu unterscheiden:
1. ein leinenbindiges Grundgewebe (Kette und Schuß bestehen aus dem gleichen Material).
2. den Mustergrund (er wird gebildet aus zwei unterschiedlich bindenden Schüssen in dickerem, farbig abstechendem Material und bedeckt das ganze Gewebe, Ausnahme: Musterpartien).
3. die Musterpartien (hier wird der Mustergrund auf die linke Gewebeseite abgesenkt. An diesen Stellen kommt dann das leinenbindige Grundgewebe zum Vorschein, die Abbindepunkte des Musterschusses schimmern allerdings ein wenig durch).
Man benötigt zwei Schäfte für die Grundbindung und für jede Mustergruppe einen weiteren Schaft. Achten Sie beim Zeichnen des Erscheinungsbildes aber darauf, daß schon der Mustergrund die erste Mustergruppe darstellt. Das Erscheinungsbild von Abbildung 402 a, b hat drei Musterpartien, es erfordert also 2 und 3 = 5 Schäfte, bei Abbildung 402 c, d sind es 2 und 4 = 6 Schäfte.
Für die Tretweise gilt: Die beiden Grundbindungsschäfte bilden den einen Leinentritt, die

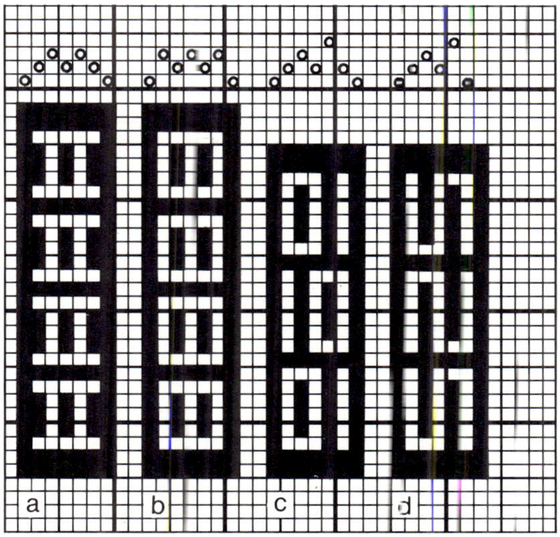

402: Erscheinungsbilder Kuvikas

Gesamtheit der Musterschäfte den zweiten. Außer den beiden Leinentritten benötigt man für jede Musterpartie zwei Mustertritte. Bei dem Muster von Abbildung 402 c, d wären das also $2 + (2 \times 3) = 8$ Tritte. Bei vielgliedrigen Mustern würde das sehr schnell die Möglichkeiten des Handwebstuhls übersteigen. Man wendet daher einen Kunstgriff an und tritt einen Grundbindungstritt und einen Mustertritt gemeinsam nieder. Aber da entsteht sofort eine Schwierigkeit bei der Verschnürung! Das Fach wäre blockiert, wenn man zwei gegensätzlich wirkende Tritte gleichzeitig bediente.

Man braucht für Kuvikas einen Kontermarschstuhl, und auch dort kann man zwei Tritte gleichzeitig nur treten, wenn nicht alle Gegenzüge angebunden werden! Mit anderen Worten: Man knotet die mit ⊠ markierten Verschnürungen wie gewohnt an den unteren Querschemel (Hebung!), die freien □ Kästchen an den oberen (Senkung). Aber dort, wo in der Verschnürung ein ⊡ angegeben ist, unterbleibt die Verbindung Schaft – Querschemel. Es leuchtet ein, daß die Fachbildung dadurch beeinträchtigt ist: Einen Kuvikas webt man nicht sehr schnell.

Der Kuvikas ermöglicht auch vollkommen freie Musterung. Man arbeitet dann mit der Stabeinlesetechnik wie beim Hohlgewebe mit Warenaustausch. Dann reichen drei Schäfte (zwei Grundbindungs- und ein Musterschaft) aus.

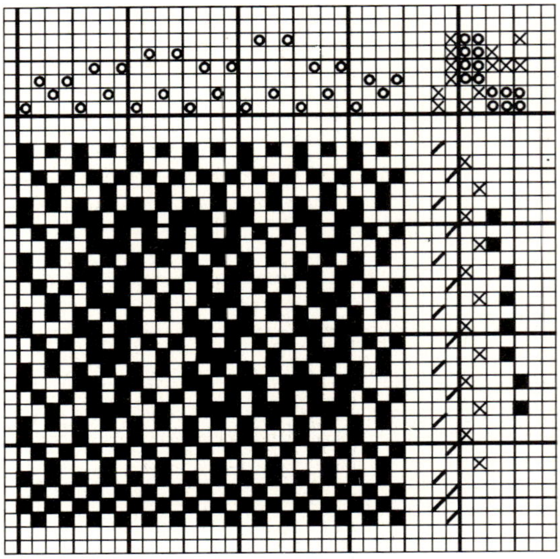

403: Patrone Kuvikas

404: Gartenkissen

Gartenkissen

Material Kette:	Baumwolle Nm 10/2, roh
Schuß:	Grundschuß wie Kette Musterschuß Leinen NeL 4 = Nm 2,4, farbig
Bindung:	Schußverstärktes Gewebe mit Warenaustausch, Kuvikas (Abb. 402 c, d, 403, 404)
Kettdichte:	8 Fäden/cm
Blatt:	40/10, 2fach
Schußdichte:	In den leinenbindigen Teilen 8 F./cm, in den gemusterten Partien 6 F. Grundschuß, 6 F. Musterschuß

Tischläufer

Material Kette:	Baumwolle Nm 20/2, roh
Schuß:	Grundschuß wie Kette Musterschuß Leinen Nm 4,8, roh u. farbig
Bindung:	Kuvikas (Abb. 405)
Kettdichte:	10 Fäden/cm
Blatt:	50/10, 2 Fäden/Riet
Schußdichte:	In den leinenbindigen Partien 10 F./cm, in den gemusterten Partien 8 Fäden Grundschuß und 8 Fäden Musterschuß/cm

Ein Rapport hat 128 Fäden, der Musterabschluß 24 Fäden.

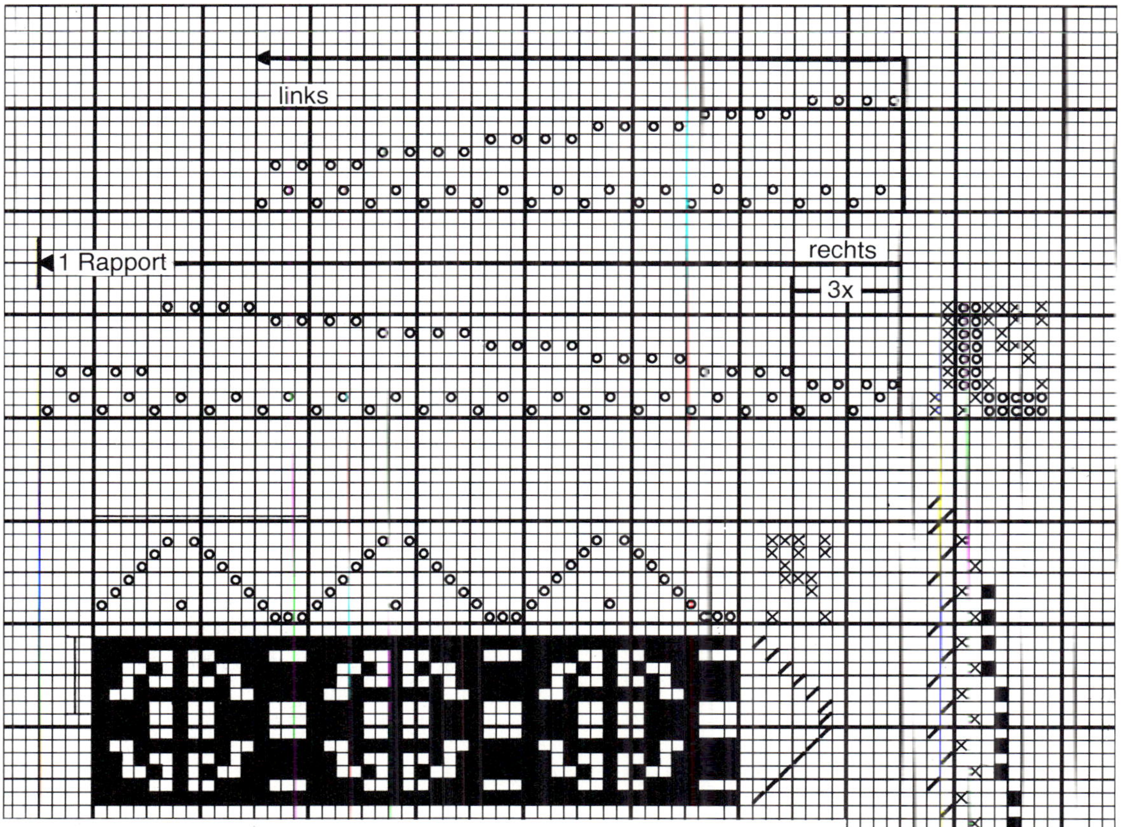

405: Ungemusterte, leinenbindige und gemusterte Partien wechseln ab; geeignet für Tischdecken und Vorhänge

Doppelbreitgewebe

Durch Anwendung der Hohlgewebebindung mit einer offenen Seite können wir doppelte Gewebebreiten erreichen. Man webt zwei Gewebelagen übereinander, die an einer Seite miteinander verbunden sind (siehe S. 156).

Beim Weben des Obergewebes liegen alle Fäden der Unterkette im Unterfach und werden also nicht gebunden. Bei der Bildung des Untergewebes liegen alle Fäden des Obergewebes im Oberfach und werden auch nicht gebunden.

Wichtig sind Richtung und Reihenfolge des Schusses. Weben Sie immer: Obergewebe – Untergewebe – Untergewebe – Obergewebe (Abb. 250, S. 156). Wenn Sie auf der rechten Seite vom Obergewebe ins Untergewebe wechseln, schließt sich das Gewebe rechts – wenn Sie links von oben nach unten wechseln, bildet sich der Gewebeumbruch links. Auf diese Weise können Sie auf der Kette zwei verschiedene Tischdecken weben. Die eine hat eine farbige Umrandung und eine ungemusterte Mitte, während die andere kreuzweise gestreift ist

406: Doppelbreitgewebe

Zwei quadratische Tischdecken aus Leinen

Material:	Kette und Schuß Leinen NeL 4 = Nm 2,4, Farben halbgebleicht, 3 verschiedene Rottöne, Schilfgrün
Bindung:	Hohlgewebe mit einer offenen Seite (Abb. 407)
Kettdichte:	9 Fäden je cm
Blatt:	45/10, 2 Fäden im Riet
Einzugsbreite:	75 cm, keine Randverstärkung
Fertige Breite:	2 × 74 cm = 148 cm
Ges. kettf. zahl:	676 Fäden. Die Zahl muß wegen des Einzugsrapportes durch 4 teilbar sein.

Gewebelänge:	2 × 1,5 m	3,00 m
	4 Säume	0,16 m
	15% Einarbeiten + Einlaufen	0,47 m
	Weblänge	3,63 m
	+ Troddel	0,67 m
Kettlänge:		4,30 m

Materialbedarf:	Kette	Schuß	Farbe	insges.
	860 g	720 g	Weiß	1580 g
	100 g	80 g	Rosa	180 g
	125 g	105 g	Rot	230 g
	110 g	95 g	Dkl. rot	205 g
	40 g	35 g	Schilf	75 g
	1235 g	1035 g		2270 g

	1.	2.	3.
Schärfolge:	20 F. Rot	40 F. D'rot	20 F. Rot
	20 F. D'rot	16 F. Rosa	8 F. Rosa
	4 F. Rosa	12 F. Schilf	8 F. Weiß
	8 F. Schilf	28 F. Rot	16 F. Rosa
		8 F. Rosa	468 F. Weiß

Schußfolge: 3 cm (für den Saum) und 52 cm Weiß, dann sinngemäß die Reihenfolge der in der Kette geschärten Farbstreifen: 16 Schüsse Rosa (8 im Ober- 8 im Untergewebe) usw. Bei dieser Schußfolge schließt man das Gewebe auf der gestreiften Seite.

Bei der zweiten Tischdecke, die eine Umrandung hat und in der Mitte weiß bleibt, beginnt man mit den Farben zu schießen, die gestreifte Seite der Kette wird die offene.

(Abb. 408). Der Umbruch fällt am wenigsten auf, wenn er im Streifenteil liegt. Bei sorgfältiger Arbeit ist er jedoch fast gar nicht zu sehen und verschwindet nach der ersten Wäsche ganz. Schwierigkeiten kann es geben, wenn das Material zu rauh und flauschig und nicht kettfest versponnen ist. Aber gerade die unregelmäßige Struktur des Garnes macht die Leinenbindung des Gewebes interessant. Schlichten Sie die Kette im Stuhl und legen Sie beim Arbeiten ein feuchtes Tuch auf die Kette. Leinen hat im nassen Zustand eine höhere Reißfestigkeit als im trockenen. Wenn das Material Feuchtigkeit aufgenommen hat, ist es glatter und fester. Wer sich das Arbeiten mit ungezwirnter Leinenkette noch nicht zutraut, kann statt dessen Halbleinen NeL 22/2 (Nm 6,4) doppelt für die Kette verwenden und nur mit reinem Leinen NeL 4 schießen.

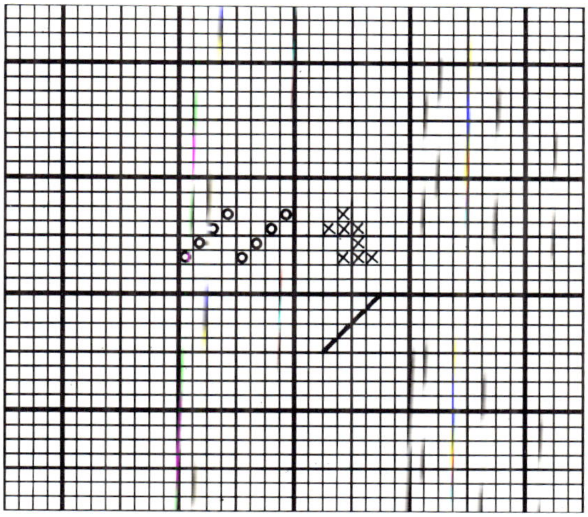

407

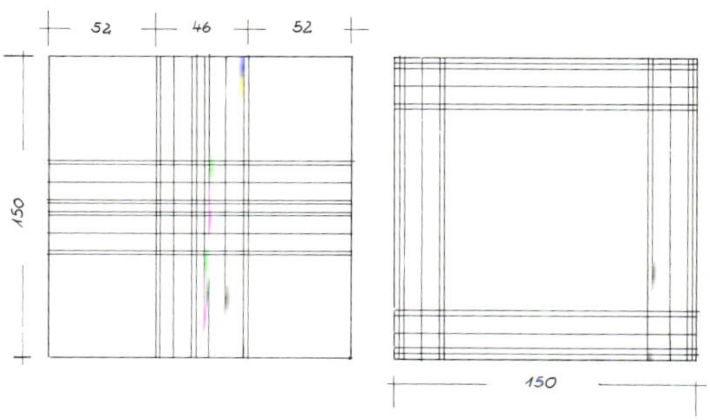

408: Maße und Musteranordnung für Doppelbreitgewebe „Tischdecken“

Hohlgewebe mit Warenaustausch

Wir haben Hohlgewebe kennengelernt, in denen Ober- und Untergewebe durch den Schußfaden an einer Webekante miteinander verbunden waren (Doppelbreitgewebe).
Beim Hohlgewebe mit Warenaustausch werden die beiden Gewebeschichten mustermäßig miteinander verbunden. Für beide Webebenen wählt man kontrastierende Farben. An bestimmten Stellen wird das Untergewebe heraufgeholt und das obere statt dessen gesenkt. Dadurch entstehen hohle Gruppen, die gegen ihre Nachbarmuster fest abgebunden sind und klare Konturen bilden.

Gemusterte oder Stabdoppelgewebe
Mit Hilfe der Stabdoppelgewebe kann man vollkommen frei mustern. Diese alte Technik finden wir in der Textilkunst vieler Völker. Von den Alt-Peruanern, die so hervorragende und erfindungsreiche Weber waren, sind mehrschichtige Gewebe als Gürtel, Taschen und Decken erhalten, die wahrscheinlich noch aus der vorinkanischen Epoche stammen (Abb. 409). In Europa haben sich gemusterte Doppelgewebe in verschiedenen Landschaften besonders entwickelt. Alte Gewebe sind uns erhalten aus Norwegen, Schweden, Ostpreußen, Polen, Rußland und Spanien, wobei die Skandinavier, vor allem die Finnen, diese schöne Kunst in einer ungebrochenen Tradition pflegen konnten.
Nur wer die Technik schon sicher beherrscht, kann hierbei spontan und ohne Vorlage arbeiten. Für Ihre ersten Stabdoppelgewebe sollte daher ein Entwurf genau ausgearbeitet werden. Beschränken Sie sich auf einfache, ruhige Formen. Geometrische Flächen wie Rechteck, Dreieck, Haus, Turm, Kirche und schließlich Blatt, Baum, Ornament eignen sich für den Anfang.
Die Technik der Stabdoppelgewebe beruht auf einer scherenschnittartigen Hell-Dunkel-Wirkung (Abb. 412). Man muß – zunächst jedenfalls – auf Schattierungen und farbliche Abstufungen verzichten. Später werden Sie von selbst darauf kommen, wie man durch mehrfarbig geschärte Musterkette und verschiedene Farben im Musterschuß das Gewebe beleben kann.
Arbeitsweise: Stabdoppelgewebe haben zwei Kett- und zwei Schußsysteme. Sie werden (bei Leinenbindung im Ober- und Untergewebe) auf 4 Schäften und mit 4 oder 6 Tritten gewebt. Es sind 2 Schäfte und 2 Tritte für den Mustergrund (wir nennen ihn Obergewebe), 2 Schäfte und 2 Tritte für das Muster (Untergewebe) und zwei Tritte zum Trennen der beiden Ketten beim Einlesen des Musters.
Ist eine der beiden Grundbindungen ein vierbindiger Köper (Abb. 412), benötigt man 6 Schäfte und 8 Tritte. Aber beginnen wir einmal mit der einfachsten Möglichkeit, bei der in der oberen und unteren Gewebelage Leinenbindungen liegen.
Als Hilfsmittel benötigt man zwei Leisten, flach und gut geglättet, die an einem Ende zu einer Spitze auslaufen. Wir nennen sie Stab A und Stab B. Sie müssen etwas länger sein, als das Gewebe breit ist.

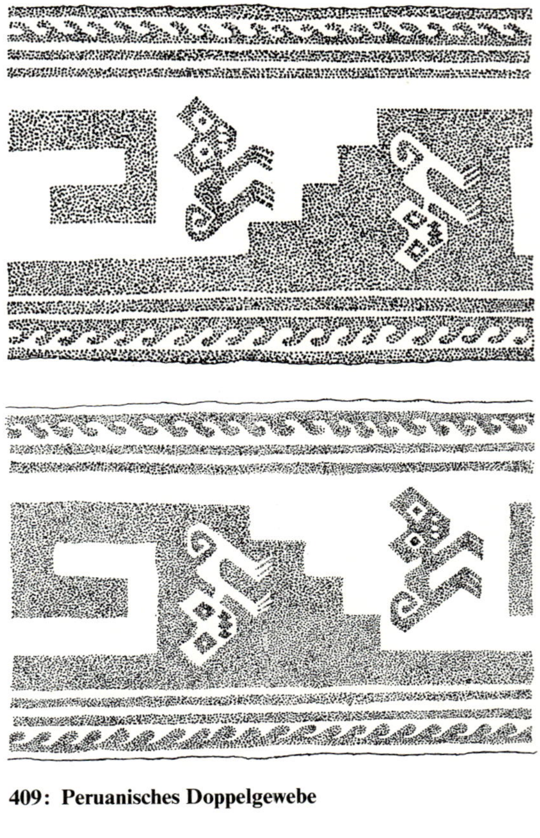

409: Peruanisches Doppelgewebe

Das Material für die Kette soll gut gedreht und elastisch sein. Für die ersten Arbeiten eignen sich Webwolle Nm 8/2 oder 7/2, stärkere Baumwollgarne oder Halbleinen. Reines Leinen ist auch sehr schön, aber schwieriger zu verarbeiten und daher nicht für den Anfang geeignet. Das Schußmaterial entspricht in der Stärke dem der Kette, es kann aber weicher gedreht und fülliger sein, auch reines Leinen eignet sich gut. Folgende Ketteinstellungen können empfohlen werden:

	Fäden je cm	Blatt
Wolle Nm 8/2	8–9	40/10/2 (45/10/2)
Nm 7/2	8	40/10/2
B'wolle Nm 10/2	10–12	50/10/2 (60/10/2)
Nm 16/2	16–18	40/10/4 (45/10/4)
H'leinen Nm 6,4	12–16	30/10/4 (40/10/4)

Schären Sie für Ihr erstes Stück eine kleine Kette, vielleicht 50–60 cm breit und 2,5 m lang. Ober- und Untergewebe müssen gut voneinander abstechen. Wählen Sie zunächst nur zwei Farben, wir bezeichnen sie mit „hell“ für den Mustergrund und „dunkel“ für das Muster. Jeweils ein heller und ein dunkler Faden liegen zusammen im Fadenkreuz. Die Kette wird gebäumt und eingezogen. Andere Einzüge und Verschnürungen als die in Abbildung 410 gegebenen sind ebenfalls möglich, dann muß man allerdings auf die veränderten Schärfolgen achten (zwei Fäden hell, zwei Fäden dunkel, Abb. 411).

Beim Rollenzug- oder Wippenstuhl arbeitet man nach Abbildung 410b und 411b mit 6 Tritten. Wenn nur vier Tritte vorhanden sind (Abb. 410c, 411c), senkt man zum Trennen der Ober- und Unterkette zwei Tritte gleichzeitig.

Die Verschnürung für den Kontermarsch weist eine Besonderheit auf, die wir auch bei den Kuvikasgeweben kennengelernt haben: Bei einigen Tritten werden nicht alle Verbindungen zu den Querschemeln hergestellt. Auf diese nicht auszuführenden Verbindungen wird in der Verschnürung durch ein [o] hingewiesen (Abb. 410, 411, 412).

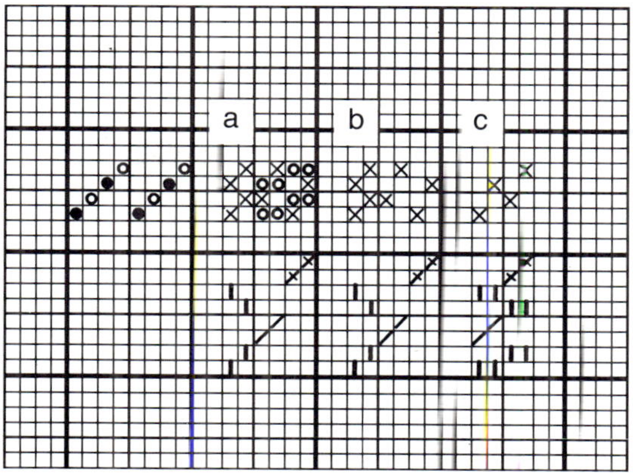

410: Patrone Farbwechsel 1:1

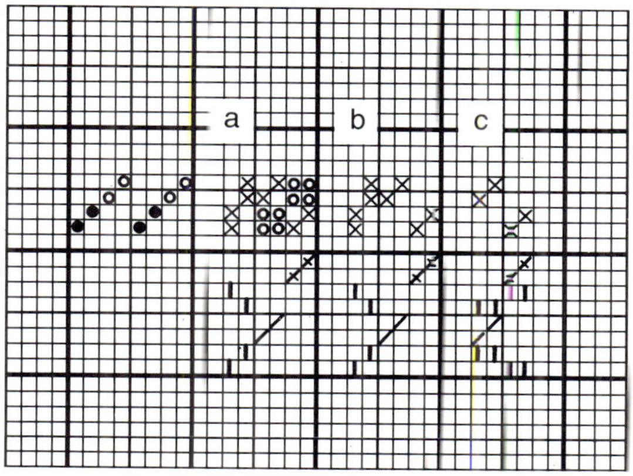

411: Patrone Farbwechsel 2:2

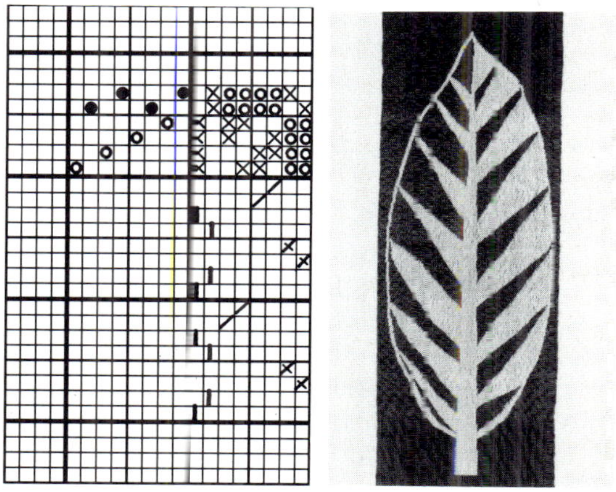

412: Hohlgewebe Leinen-Köper

Die Verschnürung ist also so zu lesen:

☒	Hebung	(Verbindung zum unteren Querschemel)
☐	Senkung	(Verbindung zum oberen Querschemel)
⊡	Stehfach	(Keine Verbindung)

Die Schußfolge ist entweder 1:1 oder 2:2. Wenn man nach Auflesen des Musters (was im nächsten Absatz beschrieben wird) nur einen Schußfaden einlegt und dann das Gegenfach aufliest, spricht man von einer Schußfolge 1:1. Häufig werden jedoch für einen Auflesevorgang zwei Schüsse gewebt (2:2). Die feineren, glatteren Konturen entstehen natürlich beim Wechsel 1:1.

Das Gewebe beginnt mit einem ungemusterten Grund:
Tritt 2 hebt Oberkette (hell) und senkt Unterkette (dunkel). Legen Sie Stab A zwischen Blatt und Schäften in das Fach.

Tritt 3	1 Schuß Hell
Tritt 4	1 Schuß Hell
Tritt 5	1 Schuß Dunkel
Tritt 6	1 Schuß Dunkel

Wiederholen Sie das, bis Sie genug Mustergrund gewebt haben.

Jetzt beginnt das Mustern (Abb. 413, 414):

1. Schritt:
   Tritt 1 — Dunkle Kette heben
   Im Oberfach wird das Muster auf Stab A gelesen. Dann stellt man die Leiste aufrecht ans Blatt und schiebt Stab B hinter dem Blatt in dieses Fach.
   Stab A heraus.
2. Schritt:
   Tritt 2 — Die helle Kette ist jetzt im Oberfach, außerdem die Musterpartien, die durch Stab B oben festgehalten werden. In dieses so entstandene Kreuzfach wird, hinter dem Blatt, unter Stab B Stab A eingelegt. Stehen Sie die ersten Male dazu auf und sehen Sie (so gut das eben geht, wenn man den Fuß auf dem Tritt hat) von der Seite hinter dem Blatt ins Fach.
3. Schritt:
   Tritt 3 — ist für den ersten Schuß, hell
   Tritt 4 — ist für den zweiten Schuß, hell.
   Sie bilden jetzt den Mustergrund im Obergewebe und das Muster im Untergewebe. Die dunkle Kette liegt in den Musterpartien im Obergewebe. Sie ist jetzt (noch) nicht abgebunden.
   Hinter dem Blatt wird Stab A, der untere, entfernt.
4. Schritt:
   Tritt 2 — Die helle Kette hebt sich.
   Hinter dem Blatt zeigt Stab B die Musterkontur an (Abb. 414). Stehen Sie ein wenig auf und lesen Sie hinter dem Blatt, im geöffneten Fach, alle hellen Kettfäden des Mustergrundes auf Stab A.
   Stab B wird herausgezogen.
5. Schritt:
   Tritt 1 — Die schwarze Kette hebt sich, unter Stab A entsteht ein Fach, in das Sie Stab B einlegen.
   Dieser Schritt entspricht Schritt 2.
6. Schritt:
   Tritt 5 — dunkler Schuß
   Tritt 6 — dunkler Schuß
   Schritt 6 entspricht dem 3. Schritt.
   Hier wird das Muster im Obergewebe gebildet und der Grund im Untergewebe.

Bei einem 4trittigen Wippenstuhl werden die Ober- und Unterkette durch zweifaches Treten getrennt. Lesen Sie in der Arbeitsanweisung statt „Tritt 1" Tritt 1+2 und statt „Tritt 2" Tritt 3+4. Alle übrigen Schritte sind gleich.
Schließen Sie das Gewebe ebenso ab, wie Sie es begonnen haben: mit einem ungemusterten Stück Grund. Eine Aufhängevorrichtung läßt sich einfach und sauber einweben: Stab A, der Ober- und Unterkette beim Gewebegrund getrennt hält, wird herausgenommen. Treten Sie Tritt 1 (Unterkette hoch) und schießen Sie 4 Schüsse (dunkel – dunkel – hell – hell). Dann wechseln Sie wieder zum hellen Obergewebe und weben noch einige Zentimeter weiter. Das Gewebe wird abgeschnitten, am Beginn und Ende nach innen verstürzt und zusammengenäht. In die am Ende entstandene Schlauchtasche schiebt man einen Aufhängestab.

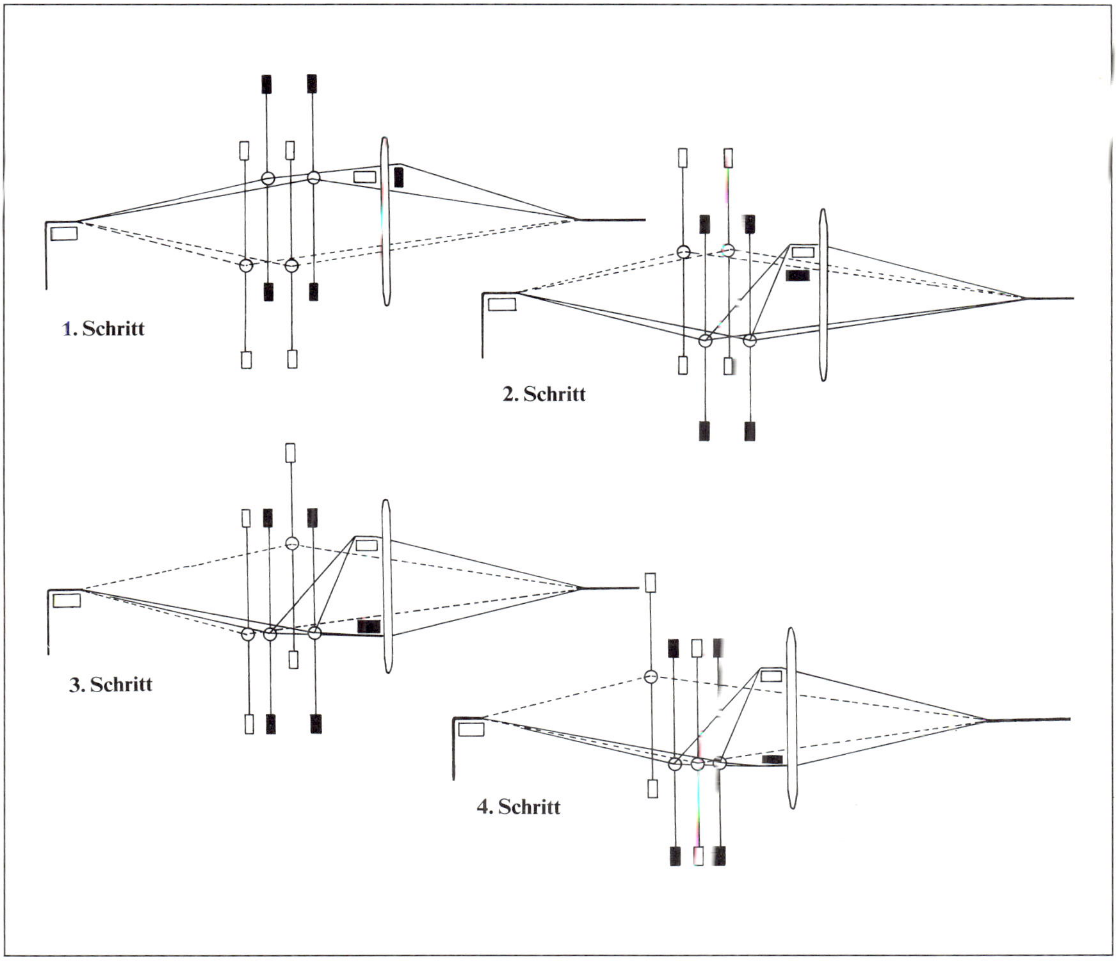

413: Arbeitsfolge beim Mustern von Stabdoppelgeweben

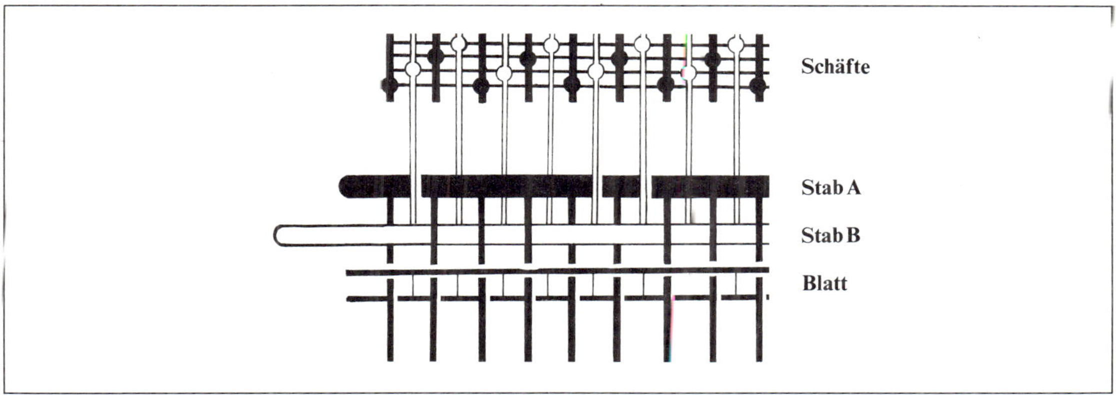

414: Die Musterfarbe wird aufgelesen; Stab A nimmt die Fäden hoch, die vorher gesenkt waren

Schaftgemusterte Hohlgewebe mit Warenaustausch

Man benötigt vier Schäfte, zwei für die Ober- und zwei für die Unterbindung, auf der Grundlage von Leinenbindung (Abb. 416). Jede neue Mustergruppe in Kettrichtung erfordert eine neue Schaftgruppe, jedes anders bindende Muster in Schußrichtung erfordert vier weitere Tritte. Für ein zweiteiliges Erscheinungsbild wie in Abbildung 417 benötigt man also 2 × 4 = 8 Schäfte und ebenso viele Tritte.

Der besondere Reiz dieser Webtechnik liegt in der Farbgestaltung, die sie ermöglicht. Bei einflächigen leinenbindigen Geweben erhalten wir bei zwei verschiedenen Farben in Kette und Schuß immer eine Farbmischung. Bei Hohlgeweben erreichen wir durch den Warenwechsel sowohl reine als auch Mischfarbfelder. Mit drei Farben im Gewebe (z. B. Schwarz, Weiß und Blau) bilden sich außer den reinen Farbtönen die Mischungen Blau/Weiß, Blau/Schwarz und Schwarz/Weiß, also 6 Farbnuancen.

Der Reiz, mit vielen Farben zu „spielen“, birgt die Gefahr, daß der Entwurf zu wirr wird. Beginnen Sie daher mit wenigen Farben!

Eine weitere, amüsante Möglichkeit bietet ein Gewebe, bei dem man die Hohlräume beim Weben ausstopfen kann (Abb. 415). Dazu bieten sich Wollvlies oder Garnreste (Troddel!) an, praktisch ist auch eine synthetische Faserfüllung aus Polsterwatte oder Schaumstoff, die sich waschen läßt und nicht zusammenklumpt. Wenn Sie eine Musterpartie fertig gewebt haben, stopfen Sie die Füllung vorsichtig und sorgfältig hinein, denn nach dem Musterwechsel ist die Tasche für immer verschlossen. Die ersten Schüsse der neuen Partie müssen besonders fest angeschlagen werden. Solche Polsterdecken eignen sich für Sitzkissen, Liegedecken, Bezüge für Kinderkarren usw.

Zum Weben von Hohlgewebe brauchen Sie Zeit, Geduld und auch eine gute Portion Weberfahrung. Sie stellen ja in einem Arbeitsgang zwei Gewebe her! Probieren Sie die Technik an einem kleinen Stück mit robustem Material aus.

Der Vorhang (Abb. 418) wurde nach der gleichen Bindung gewebt (Abb. 417), natürlich müssen Maße und Fadenzahlen verändert werden. Das Material ist Baumwolle Nm 34/2 in der Kette und Kammgarn Nm 20/2 im Schuß. Kettdichte 20 Fäden/cm.

Sets

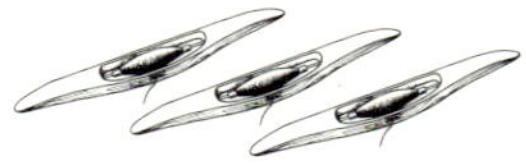

Material:	Halbleinen NeL 22/2 = Nm 6,4 in Kette und Schuß
Bindung:	Hohlgewebe mit Warenaustausch (Abb. 417)
Kettdichte:	12 F./cm, 6 F. Ober-, 6 F. Untergewebe
Blatt:	30/10, 4 Fäden im Riet
Fertige Breite:	40 cm
Einzugsbreite:	44 cm
Ges. kettf. zahl:	528 Fäden
Schußdichte:	12 F./cm, 6 F. Ober-, 6 F. Untergew.
Gewebelänge:	nach Wunsch, 10% Einarbeitung, 10% Einlaufen und 80 cm Troddel
Materialbedarf:	Je lfd. Meter fertigen Stoff (gewaschen) etwa 200 g, Troddel 70 g
Schärzettel:	4 × 12 = 48 Fäden Weiß
	3 × 12 = 36 Fäden Farbe I + II (18 + 18)
	2 × 12 = 24 Fäden Farbe III + I(12 + 12)
	1 × 12 = 12 Fäden Farbe I + II(6 + 6)
	2 × 12 = 24 Fäden Weiß
	1 × 12 = 12 Fäden Farbe I + III (6 + 6)
	18 × 12 = 216 Fäden Weiß
	1 × 12 = 12 Fäden Farbe I + III (6 + 6)
	3 × 12 = 36 Fäden Weiß
	1 × 12 = 12 Fäden Farbe I + II (6 + 6)
	8 × 12 = 96 Fäden Weiß
insgesamt	528 Fäden
Schußfolge:	Partie I im Wechsel weiß und Farbe (weiß für das Obergew. Partie II weiß im Ober- und Untergewebe.

Litzenverteilung:

Partie I: 7 × 12 = 84 Fäden: 4 Schäfte = 21 Litzen

Partie II: 37 × 12 = 444 F. 4 Schäfte = 111 Litzen

Schaft 1–4 je 111 Litzen/Schaft 5–8 je 21 Litzen

415: Hohlgewebe

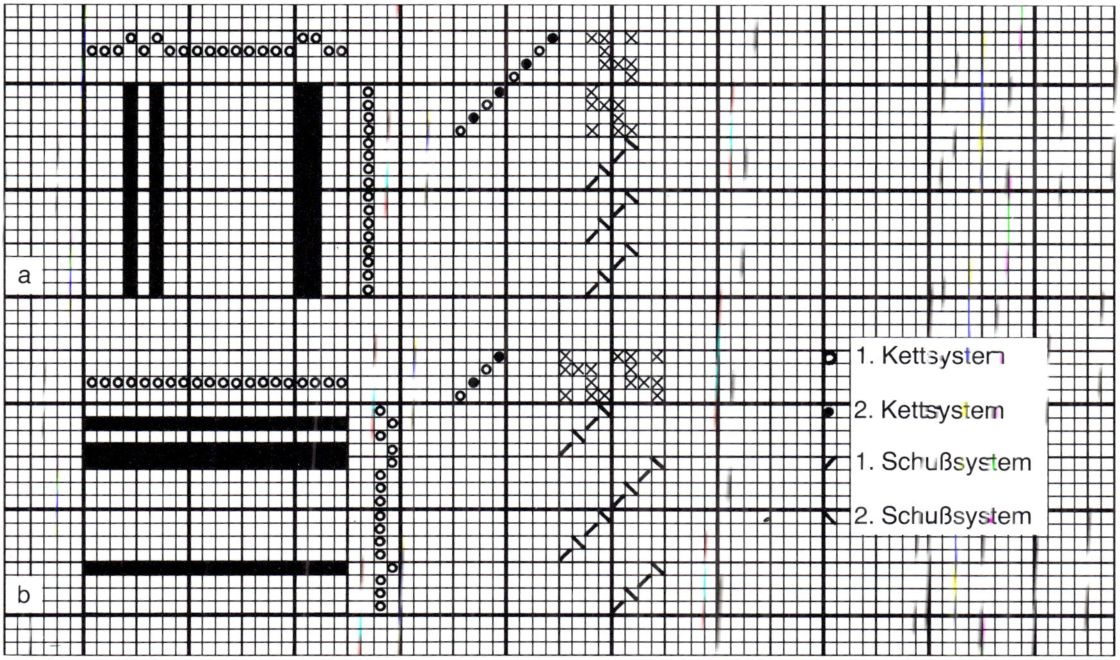

416: Erscheinungsbilder mit hohlen Gruppen; in Kettrichtung (a), in Schußrichtung (b)

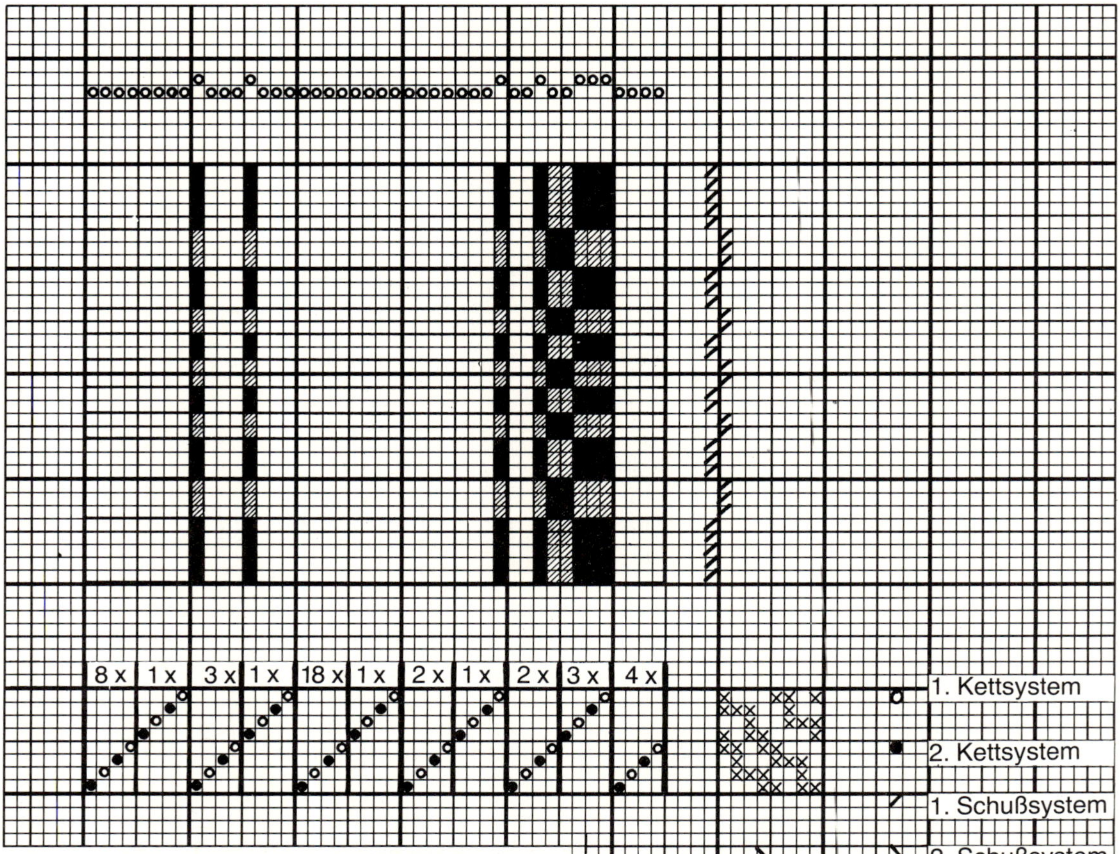

Die Kontur des Warenwechsels ist auch dort etwas zu sehen, wo Ober- und Untergewebe die gleiche Farbe haben. Wenn man die Kettdichte auf 2 × 8 = 16 Fäden erhöht, wird das Gewebe besonders fest und dicht, die Unterware schimmert nicht durch. Die Fadenzahlen des Schärzettels müssen dann entsprechend geändert werden.

417: Sets in Hohlgewebetechnik

418: Vorhang in Hohlgewebetechnik mit Warenaustausch

Doppelgewebe mit Anbindung und Abbindung

Die letzte Gruppe der Doppelgewebe, die hier ausgemustert werden, sind die, bei denen Ober- und Untergewebe nicht nur an bestimmten Linien miteinander verbunden werden, sondern über ihre ganze Fläche hin, d.h. also in jedem Rapport mindestens einmal (Abb. 419, 421). Wir stellen also ein Gewebe her, dessen beide Lagen entweder durch Anbindung der Unterkette an den Oberschuß oder durch Abbindung der Oberkette an den Unterschuß zu einem Stoff werden.

Wir haben schon bei den verstärkten Geweben mit einer Kette und zwei Schußsystemen gearbeitet (bzw. mit zwei Kettsystemen und einem Schußsystem). Genau wie dort muß auch bei dieser Gruppe der Doppelgewebe genau beachtet werden, daß die An- oder Abbindepunkte durch Fadenflottierungen auf der anderen Seite gut verdeckt werden. Die Garnstärken der beiden Gewebelagen müssen daher gut aufeinander abgestimmt sein (siehe S. 160).

Die doppelte Gewebelage gibt Dichte und Wärme. Der besondere Reiz dieser Stoffe liegt aber darin, daß man Ober- und Untergewebe unterschiedlich mustern kann. Man wendet sie daher gern für schwere, wärmende Vorhänge, Raumteiler und Decken an oder verarbeitet sie zu ungefütterten Mänteln, Capes und Kostümen.

Bei dieser Kette wechselt die Farbe so oft, daß es am praktischsten ist, sie nur mit zwei Fäden

Mantelstoff

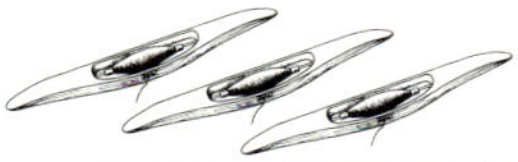

Material: 1. Ungemusterte Stofflage (Untergewebe)
- Kette: Webkammgarn oder Streichgarn Nm 8/2 hellbraun
- Schuß: Naturwolle Nm 2,5 oder Handgespinst in entsprechender Feinheit, naturbraun

2. Gemusterte Stofflage (Obergewebe)
- Kette: wie im Untergewebe, dunkelbraun u. weiß
- Schuß: wie Kette (Nm 8/2) schwarzbraun und weiß

Bindung: Doppelgewebe mit An- und Abbindung. Die gemusterte Gewebelage ist die obere. Das Einstellungsverhältnis von Oberkette zu Unterkette ist 1:1, Oberschuß zu Unterschuß ebenfalls 1:1 (Abb. 420)

Kettdichte: 10 Fäden je cm, 5 Fäden Oberkette, 5 Fäden Unterkette

Blatt: 50/10, 2 Fäden/Riet

Fertige Breite: 108 cm

Einzugsbreite: 110 cm – Keine Randverstärkung

Ges. kettf. zahl: 1096 Fäden

Kettlänge: Gewünschte fertige Länge, + 12% Einweben + 80 cm Troddel

Schärzettel: nach Erscheinungsbild hb = hellbraun, w = weiß, db = dunkelbraun

linker Rand: 1 hb + 1 db x 20 = 40 F.

1 Rapport:

1 hb + 1 w		2 F.
1 hb + 1 db	x 2 =	4 F.
1 hb + 1 w	x 4 =	8 F.
1 hb + 1 db	x 2 =	4 F.
1 hb + 1 w	x 2 =	4 F.
1 hb + 1 db	x 8 =	16 F.
1 hb + 1 w		2 F.
1 hb + 1 db	x 20 =	40 F.

1 Rapport		80 F.
13 Rapporte		1040 F.
rechter Rand	1 hb + 1 db x 8	16 F.
insgesamt		1096 F.

419: Gewebe zu Abbildung 420

zu schären (1 hb + 1 db bzw. 1 hb + 1 w). Nur wenn Gewebe und Kette sehr lang werden, lohnt es sich, für die jeweils 16 und 40 Fäden Hell- und Dunkelbraun vier oder auch acht Spulen extra auf das Spulgestell zu stecken und diese Gänge mit Augenbrettchen zu schären.
Der Schußrapport entspricht dem Schärrapport. Auf Wunsch kann man die Karos ein wenig strecken, indem man zwei oder drei Schüsse Hellbraun/Dunkelbraun hinzufügt.
Dieser Stoff hat ein Warengewicht von etwa 600 g/m². Wenn Sie eine etwas leichtere Ware weben wollen, können Sie die Ketteinstellung auf 9 Fäden je Zentimeter erweitern (Blatt 45/10/2). Die Karos, die bei der gegebenen Ausmusterung 8 × 8 cm groß sind, werden dann etwa 9 × 9 cm groß. Sie schären dann, je nach gewünschter Breite, 1–2 Rapporte weniger. Auch die Verwendung eines feineren Schußgarnes im Untergewebe (ungemustert) macht den Stoff schon leichter. Prüfen Sie aber gut, ob die Abbindungen des weißen Karos nicht durchscheinen!

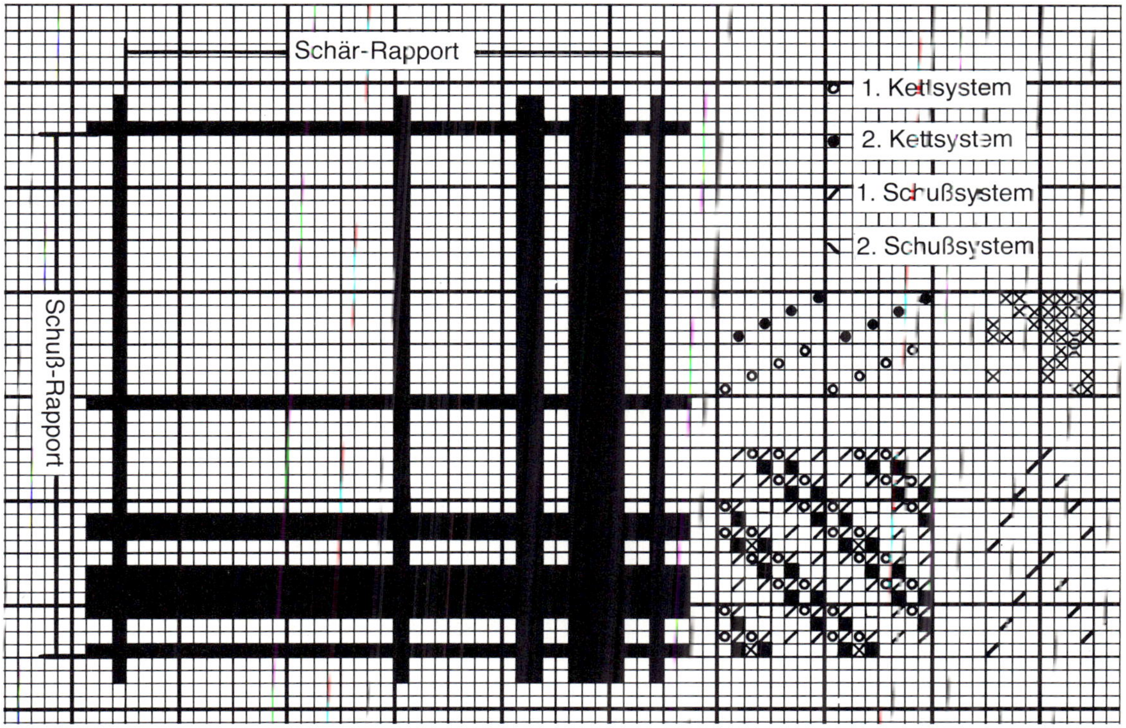

420: Erscheinungsbild und Patrone eines Doppelgewebes mit An- und Abbindung

Das dekorative Gewebe von Abbildung 421 ist in Kette und Schuß aus Baumwolle 18/3 gewebt. Wenn dieses Material nicht zur Verfügung steht, kann man Halbleinen NeL 22/2 (Nm 6,4) verwenden. Die Farben sind Schwarz und Weiß für die beiden Gewebelagen und grellbunte Streifen (gelb, orange, blau, grün) an den Rändern und in der Mitte.

421: Doppelgewebe mit Anbindung (Annette Hübotter, Hannover)

Register

Literatur

Autorenkollektiv: Grundlagen der Gewebetechnik. VEB Fachbuchverlag, Leipzig 1968

Gräbner, E.: Die Weberei. VEB Fachbuchverlag, Leipzig 1951

Heinz, D.: Europäische Wandteppiche. Klinkhardt & Biermann Verlag, Braunschweig 1963

Jacoby, H./Erdmann, K.: Teppich im ewigen Eis. In: Orion, Heft 9/10, S. 336, 1954

Jaques, R.: Deutsche Textilkunst. Rembrandt Verlag, Berlin 1942

Koch-Satlow, F.: Großes Textillexikon. dtv, München 1966

Schimmelmann, A. v.: Am Handwebstuhl. Konradin-Verlag, Stuttgart 1951

Schimmelmann, A. v.: Volkstümliche Handwebtechniken. Konradin-Verlag, Stuttgart 1954

Schlabow, K.: Der Thorsberger Prachtmantel. Wachholtz Verlag, Neumünster 1965

Schoneweg, E.: Das Leinengewerbe in der Grafschaft Ravensberg. Bielefeld 1923

Wingler, H. M.: Das Bauhaus. Verlag Gebr. Rasch & Co. und M. DuMont Schauberg, Bramsche 1968

Bildquellen

Abb. 1 Diözesanmuseum Regensburg, Regensburg

Abb. 2 Jacoby, H./Erdmann, K.: Teppich im ewigen Eis. In: Orion, Heft 9/10, S. 336, 1954

Abb. 3 und Abb. 4 Schlabow, K.: Der Thorsberger Prachtmantel. Wachholtz Verlag, Neumünster 1965

Abb. 5 Textilmuseum Neumünster

Abb. 6 Sens, Kathedrale. H. Schmidt: Alte Seidenstoffe. Klinkhard & Biermann, Braunschweig 1958

Abb. 7 Wartburg-Stiftung, Eisenach

Abb. 8 Germanisches Nationalmuseum, Nürnberg

Abb. 9, Abb. 10 und Abb. 11 Ev. Stadt- und Domgemeinde Halberstadt, Domschatz, Inventarnummern 517, 516, 520

Abb. 12 Schloßkirche Quedlinburg, Schatzkammer

Abb. 13 Angers, Musée des Tapisseries, Château du Roi René. Heinz, D.: Europäische Wandteppiche. Klinkhardt & Biermann, Braunschweig 1963

Abb. 14 Kunstgewerbemuseum, Schloß Charlottenburg, Berlin

Abb. 15, Abb. 16, Abb. 17, Abb. 18 Schleswig-Holsteinisches Landesmuseum, Schloß Gottorf, Schleswig (Foto von Abb. 15 und 16: H. Windszus, Hildesheim)

Abb. 19 Museum für Kunst und Gewerbe, Hamburg

Abb. 20 Schleswig-Holsteinisches Landesmuseum, Schloß Gottorf, Schleswig

Abb. 21 Bauhaus-Archiv, Museum für Gestaltung, Berlin

Abb. 23, Abb. 24, und Abb. 25 Internationales Baumwoll-Institut, Frankfurt/Main

Abb. 26 Leinen-Studio, Internationales Beratungszentrum für Leinen, Düsseldorf

Abb. 29, Abb. 30 Commission européenne promotion soie, Düsseldorf

Abb. 35 Simmons, P.: Spinnen und Weben mit Wolle. Otto Maier, Ravensburg 1982

Abb. 38 und Abb. 39 Schleswig-Holsteinisches Landesmuseum, Schloß Gottorf, Schleswig

Abb. 42 Simmons, P.: Spinnen und Weben mit Wolle. Otto Maier, Ravensburg 1982

Abb. 47 Werkfoto Kircher, Marburg/L.

Abb. 48 Werkfoto Glimåkra

Abb. 49 Schleswig-Holsteinisches Landesmuseum, Schloß Gottorf, Schleswig

Abb. 62 Werkfoto Kircher, Marburg/L.

Abb. 65 Werkfoto Varpapuu, Pieksämäki, Finnland

Abb. 66 und Abb. 67 Werkfoto Kircher, Marburg/L.

Abb. 68, Abb. 71 und Abb. 72 Werkfoto Glimåkra

Abb. 73 und Abb. 74 Werkfoto Kircher, Marburg/L.

Abb. 75 Werkfoto Glimåkra

Abb. 83 Städtisches Museum Flensburg

Abb. 167 Klippans Yllefabrik AB, Schweden
Abb. 255 und Abb. 256 Schleswig-Holsteinisches Landesmuseum, Schloß Gottorf, Schleswig (Foto von Abb. 255: H. Windszus, Hildesheim)
Abb. 281 Eberhard Arndt, Hildesheim
Abb. 288 Pelizäus-Museum Hildesheim
Abb. 291 und Abb. 297 Schleswig-Holsteinisches Landesmuseum, Schloß Gottorf, Schleswig
Abb. 380 Eberhard Arndt, Hildesheim
Abb. 392 Thomas Alexander Weiß, Ravensburg
Abb. 400 Eberhard Arndt, Hildesheim

Alle anderen Fotografien: Lutz Engelhardt, Hildesheim

Hersteller

Für Geräte und Garne

Friedrich Traub KG
Schorndorfer Str. 4
7065 Winterbach

Handarbeiten, weben und gestalten
Dr. Pabst & H. Reuschel
Hauptstraße 31
5250 Engelskirchen-Ründeroth

Zum Ausrüsten von Geweben

Fa. Jackel
Lindenstraße
6306 Hungen

Wulff & Sohn
Kringelkrug
2240 Heide

Dank

Bei den Vorarbeiten für dieses Buch habe ich vielfache Unterstützung erfahren. Anregungen von Werkstätten und Firmen, besonders aber auch von Lernenden aus meinen Kursen sind in die Gestaltung der Texte und Abbildungen eingeflossen.

Die grafische Konzeption dieses Buches hat mein Mann, Eberhard Arndt, maßgeblich mitgestaltet.
Vor allem wurde meine Arbeit freundlich unterstützt von Herrn Dr. Lühning (Schleswig-Holsteinisches Landesmuseum, Schloß Gottorf), Frau Dr. Glüsing, (Städtisches Museum, Flensburg), Herrn Klaus Tidow, (Textilmuseum, Neumünster) und Frau Dr. Eggebrecht (Pelizäus-Museum Hildesheim).

Beim Weben haben mir Christa Fiebig, Sabine Jacobs, Dorothee Kunze, Frauke Pezold, Maria Töpper und Siegrun Visbeck geholfen.

Ihnen allen gilt mein herzlicher Dank!

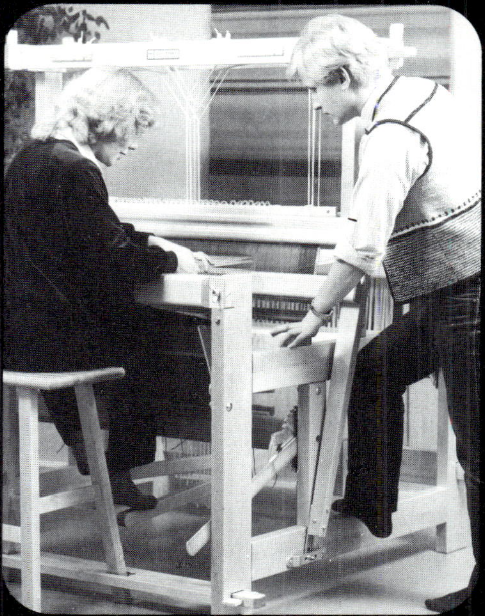